알면 다르게 보이는

일본 문화

알면 다르게 보이는 일본 문화
- 45인의 덕후가 바라본 일본 이야기

초판 1쇄 펴낸날 | 2021년 5월 3일
초판 8쇄 펴낸날 | 2024년 5월 15일

지은이 | 이경수·강상규·동아시아 사랑방 포럼
펴낸이 | 고성환
펴낸곳 | (사)한국방송통신대학교출판문화원
　　　　주소 서울특별시 종로구 이화장길 54 (03088)
　　　　전화 1644-1232
　　　　팩스 (02)741-4570
　　　　홈페이지 http://press.knou.ac.kr
　　　　출판등록 1982년 6월 7일 제1-491호

출판위원장 | 박지호
편집 | 신경진
편집 디자인 | (주)성지이디피
표지 디자인 | 플러스

ⓒ 이경수·강상규·동아시아 사랑방 포럼, 2021
ISBN 978-89-20-04036-8　03730

값 18,000원

알면 다르게 보이는

일본 문화

이경수·강상규·
동아시아 사랑방 포럼 지음

지식의날개

차례

들어가기

일본은 어떤 나라일까? 경제 대국이자 관광 대국이다. 그럼 그 힘은 어디서 나오는 것일까? 한마디로 대답하기 어려운 질문이다. 일본에 잠시 살거나 일본어를 좀 안다고 마치 일본 전문가처럼 행동하는 사람도 있다. 이런 '근자감'이 때때로 본질적인 일본보다는 단편적인 일본을 소개해 일본에 대한 편견을 키우기도 한다. 아주 천천히 변하는 진정한 일본의 모습은 무엇일까? 한 사람이 일본의 모든 모습을 다 알 수 있을까? 조심스럽게 접근해야 할 주제다.

이 책은 자만심을 내려놓고 일본이라는 나라를 편견과 왜곡 없이 다양하고 입체적으로 보자는 취지에서 시작했다. 유명한 우화 〈코끼리와 장님〉을 생각해 보자. 앞이 안 보이는 여러 명이 각자 코끼리의 여러 부분을 만진다. 누구는 다리를, 누구는 코를, 누구는 몸통을 만질 것이다. 그러나 다리, 코, 몸통, 머리 등 각자 만진 코끼리의 부분을 합치면 결국 코끼리의 전체 모습이 얼추 보인다. 여기서 영감을 얻어 이 책에서는 일본을 연구하는 다양한 배경의 한국인, 자국 일본을 나름의 관점으로 분석하는 다양한 일본인의 글을 주제별로 모아 편집했다. 집필을 마친 후에도 온라인과 오프라인 회의를 통해 꼼꼼한 수정과 검토, 토의를 여러 번 거쳐 조심스럽게 세상에 내놓았다.

한국과 일본은 묘하게 비슷하면서도 다르다. 일본은 막연히 한국과 비슷한 나라일 것이라고 생각하는 안일한 태도, 일본은 한국과 달라

이상한 나라라고 생각하며 그냥 무시하는 태도는 일본을 탐구하고 한일관계의 실타래를 풀어가는 데 전혀 도움이 되지 않는다. 일본에 환상을 가지고 동경하며 한국을 폄하하거나, 반대로 무조건 일본을 비하하며 한국이 낫다며 우월감을 느끼는 것은 한국에 전혀 이득이 되지 않는다.

좋든 싫든 한국과 일본은 지리적으로 가깝고 여러 분야에서 반목과 협력을 하며 얽혀 있기에 일본을 제대로 알아야 한국에도 이익이다. 한일관계의 어려움 속에서 일본을 바르게 이해하고 싶어서 일본학을 전공한 교수와 강사, 대학원생 그리고 전문가들이 한자리에 모여 이야기할 수 있는 공간을 마련했다. 한국방송통신대학교 일본학과 강상규 교수와 함께 뜻이 있는 사람들이 모여 자유로이 발표하고 토론하는 '동아시아 사랑방 포럼'이라는 모임이 바로 그것이다. 이 포럼에 공감하는 사람이 의외로 많았다. 이런 생각을 구체적으로 한 것은 필자가 2017년에 나고야대학에 연구년을 보냈을 때다. 나고야대학에 있을 때 교수들과 함께 매주 교육과 연구를 하는 모임을 했다. 일본인의 연구방법과 교육방법 등 많은 것을 배우고 느낀 연구년이었다. 당시 강상규 교수를 비롯한 교수, 학생, 친구들이 나고야 중부지방을 자주 방문했다. 같은 곳을 여러 번 가도 늘 새로웠다. 아는 만큼 보이는 것이다. 일본을 제대로 알고 싶은데 책으로만 알기에는 한계가 있어 될 수 있는 한 다양한 사람을 만나고 다양한 장소를 다니고 다양한 음식을 먹어도 보았다. 일본의 도도부현 47곳 중에 41곳을 다니면서 다양한 체험을 했다. 유학시절에는 돈이 없어서 못 갔지만 그 이후에는 일본을 바르게 알고 이해하기 위해 발품을 많이 팔며 직접 경험해 보았다. 그 과정에서 한국과는 다른 일본의 특성, 일본의 '속살'이 조금씩 보이기 시작했다. 알면 알수록 일본은 특이한 매력이 있는 나라다. 하지만 단순히 '특이하고 이상한 나라'라고 그냥 넘기는 것이 아니라 왜 일본은 이런 특성을 지녔는지 알아갈 필요가 있다. 이런 일본을 이해하는 일은 결코 쉽지 않다. 이 책에는 일본을 진지하게 연구하는 한국인, 그리고 일본인의 눈으로 본 다양한 일본 이야기가 있다. 책과 경험을 통해 일본을 바르게 보려는 노력의 결실이 일본에 관심이 많은 독자에게 자극과 영감을 주었으면 좋겠다. 그래서 일본을 더욱 객관적이고 입체적으로 인식하려는 독자가 늘어난다면 이 책이 세상에 나온 보람이 있다고 생각한다. 이 책이 일본과의 거리를 좁히는 데 작은 디딤돌이 되었으면 한다.

끝으로 원고 모집에서 정리까지 도움을 주신 동아시아 사랑방 포럼의 공동대표 강상규 교수를 비롯하여 고성욱, 신재관, 박경애, 정은순, 정수미, 이주영, 김민철 님과 출판 과정을 맡아준 출판문화원 신경진 선생님께 진심으로 감사드린다.

저자를 대표하여
동아시아 사랑방 포럼 공동대표 이경수

일본 지역 사회의 소프트 파워

쓰레기 섬 나오시마, 예술로 다시 태어나다
철도 여행을 통한 일본의 철도문화
나고야의 파워, 공장 도시에서 친환경 도시로 탈바꿈

쓰레기 섬 나오시마,
   예술로 다시 태어나다

이경수(방송대 일본학과 교수)

산업 폐기물 섬에서 예술의 섬으로

나오시마는 가가와현에 속하는 작은 섬이다. 경제가 활력을 잃고 인구가 도시로 빠져나가자 마을에서는 이를 해결하기 위해 미쓰비시광업을 유치했다. 미쓰비시광업에서 나오시마에 구리제련소를 건설했고, 이 조그만 섬은 기업도시로 비약적인 발전을 이루었다. 그러나 그것도 잠시, 구리제련소에서 나오는 산업 폐기물과 유독 가스로 환경이 심각하게 파괴되고 구리 가격까지 폭락해서 공장이 문을 닫자 사람들은 섬을 떠났고 쓰레기만 남았다.

베네세와 안도의 만남

일본의 교육출판기업인 베네세 그룹이 세계적인 건축가 안도 다다오와 손을 잡고 이 쓰레기 섬을 되살리는 '나오시마 문화마을 구상' 계획을 발표하고 나서 쓰레기 섬은 예술의 섬으로 탈바꿈되었다. 호텔과 미술관이 접목된 '베네세 하우스', 세토 내해의 경관을 해치지 않기 위해 땅속에 건설한 '지중地中미술관', 방치되어 있던 빈집에 현대 미술의 숨결을 불어 넣는 프로젝트를 통해 지금은 해마다 수많은 관광객이 찾아오는 세계적인 명소가 되었다. 인간이 망친 자연을 인간이 예술로 다시 살려 낸 것이다. 나오시마는 예술이 어떻게 환경을 치유하고 자연을 재생하고 인간을 감동시키는지 보여 주는 살아 있는 증거가 되었다.

구사마 야요이의 빨간 호박 노란 호박

나오시마 하면 구사마 야요이草間彌生와 안도 다다오安藤忠雄, 이우환, 그리고 이에家 프로젝트를 빼놓을 수 없다.

검은 점이 무수히 찍힌 구사마 야요이의 '빨간 호박'과 '노란 호박'은 누구나 한번은 보았을 나오시마의 상징이다. 검은 점이 수없이 찍힌 빨간 호박은 인증샷 명소로도 유명하다. 왜 하필 호박일까. 구사마 야요이는 말한다. "호박은 애교 있고 야성적이고 유머러스한 분위기로 사람들의 마음을 끝없이 사로잡는다. 호박은 내 마음에 시적인 평화를 가져다준다. 나는 호박이 너무 좋다"라고. 그 정도였으니 호박이 등장한다고 해서 이상할 것도 없다. 그렇다면 점은 왜 등장할까? 구사마 야요이는 어렸을 때부터 강박증을 앓아 수많은 점이 눈앞을 가득 메우는 환각에 시달렸다. 그 고통에서 벗어나기 위해 점을 하나하나 떼어 내어 작품으로 옮긴 것이 구사마 야요이 예술의 시작이라고 한다. 점을 빼놓고는 생각할 수 없을 정도로 점은 구사마의 예술의 중요한 소재가 되었다. 작품을 보는 사람들은 '점이 많기도 하네'라며 대수롭지 않게 여길지 모르나, 무수한 점들이 항상 눈앞에 따라다닌다는 것은 상상만으로도 끔찍하다. 끔찍한 점을 하나하나 떼어 작품 속에 옮겼으니 작품마다 그렇게 점이 많을 수밖에 없다. 떼어 내고 또 떼어 내도 눈앞에

구사마 야요이의 노랑 호박 물방울과 빨간 호박 물방울

서 아롱거리는 점, 점, 점…. 꽃에도 나비에도 옷에도 벽에도 온통 점이 찍혀 있다.

고졸 출신의 안도가 세계적인 건축가이자 교수가 되는 나라

　베네세 하우스와 지중地中 미술관을 건립해서 나오시마에 현대 예술을 뿌리내리게 한 안도 다다오는 고등학교 시절에 아마추어 복싱 선수로도 활약했다. 경제적인 이유로 대학을 가지 못해 건축에 관한 전문 교육은 받지 못했지만 혼자 힘으로 공부해서 건축사 시험에 합격했다. 그리고 미국, 유럽, 아프리카, 아시아를 돌며 이름난 건축물을 답사했다. 건축계의 노벨상이라고 하는 프리츠커상을 수상했으며, 고졸 학력으로 일본의 최고 명문인 도쿄대의 교수가 되었다.

　안도 다다오 하면 '노출 콘크리트'가 절로 떠오른다. 콘크리트를 아무런 장식도 덧입히지 않은 채 그대로 드러내는 기법이다. 건축의 기초 공사에 쓰이는 거친 콘크리트가 안도의 손을 거치면 자연의 일부가 되어 다소곳해진다.

안도 다다오가 설계한 지중미술관 외부 전경과 작품

그가 설계한 지중地中 미술관은 세토 내해의 경관을 해치지 않기 위해 이름 그대로 땅속에 만들었다. 위에서 내려다보면 정사각형, 직사각형, 삼각형 모양의 구멍만 보이고 그 외에는 모두 흙이다. 미술관은 천정이 크게 열려 있어 들어오는 햇빛의 각도에 따라 작품의 표정이 바뀐다. 빛과 바람을 작품의 일부로 끌어들인 것이다. 안도 다다오는 "건축은 말을 많이 해서는 안 된다. 건축은 조용히 있고 대신 바람과 빛이 말하도록 해야 한다"라고 말한다. 말 그대로 안도 건축의 중심은 '비움'이다. 지중미술관은 빛과 바람과 비움, 곧 자연이 주인이다. 여기서는 모네, 제임스 터렐, 월터 드 마리아 세 작가의 작품만 영구 전시하고 있다.

일본에서 인정받는 이우환

안도의 이런 사고는 한국인의 긍지를 높인 이우환 미술관에서도 읽을 수 있다. 이우환은 '모노하もの派 이론'을 정립한 화가다. '모노'는 사물, 물체를 뜻하는데 모노하란 나무, 돌, 철판 같은 소재를 거의 가공

하지 않고 그대로 제시함으로써 사물 고유의 관계를 드러내는 현대 미술 사조다. 다시 말하면 인간이 손으로 만드는 것을 거부하거나 비판하는 움직임이다. 그래서인지 이우환의 작품은 커다란 캔버스에 점 하나가 달랑 그려져 있거나, 철판 하나를 배경으로 바위 하나가 덩그러니 놓여 있다. 또는 텅 빈 공간에 콘크리트 기둥 하나가 높다랗게 서 있을 뿐이다. 따라서 '이게 뭐야? 도대체 뭘 보라는 거야?' 하며 곤혹스러워하는 사람도 적지 않다. 그림이든 조각이든 덜 그리고 덜 만들며 상태를 있는 그대로 제시하는 것을 중요시하는 작가의 생각을 알고 나면 그때서야 작품 속의 공간을 읽으려 애쓰게 되고 뭔가 마음에 와 닿는 것 같다.

　주로 돌과 철판을 이용하는 조각 역시 회화와 별로 다르지 않다. 지구가 돌로 이루어졌다고 생각하는 작가에게 돌은 우주와 연결되는 존재이자 자연이고, 철판은 산업사회이자 문명의 상징이다. 돌과 철판은 자연과 산업 사회를 연결한다. 돌덩어리가 자연을, 쇳덩어리가 산업사회를 상징한다는 것을 알고 나면 두 물체 사이의 여백이 마음에 들어오면서 침묵이 우리에게 말을 걸어오는 것을 느끼게 된다.

안도 타다오가 설계한 이우환 미술관의 입구와 모노하

이에 프로젝트의 혼무라 마을

나오시마의 이에家 프로젝트는 혼무라 마을의 유서 깊은 건물에 예술을 입힌 것이다. 허물어져 가는 빈집, 사원, 신사 등 7채를 건축가와 예술가들이 현대작품으로 재탄생시켰다. 오래된 집을 단순히 보존한다는 차원을 넘어 옛 건물의 역사와 기억을 현대 예술로 승화시켜 보는 이들의 감탄을 자아낸다. 그런 작업에 주민들의 아이디어를 활용하는 등 현지 주민을 참여시킴으로써 협조를 이끌어 낸 것도 의미 있는 일이다. 프로젝트로 탄생한 건물은 모두 저마다 개성을 지니고 있다.

가도야角屋는 길모퉁이에 있는 집이어서 붙여진 이름인 듯하다. 200년 된 집의 내부 공간에는 물을 채워 색색의 디지털 숫자들이 반짝이게 만든 '시간의 바다'라는 작품이 있다. 200년이라는 시간의 바다를 보며 사색에 잠겨 볼 만하지 않은가.

치과였던 건물을 작품으로 만든 까닭에 치과 의사를 뜻하는 하이샤齒医者라는 이름의 건물 안에는 뜻밖에도 자유의 여신상이 있다. 이 자리에는 본래 목욕탕이 있었는데 입욕入浴을 일본어로는 '뉴요크'라고 발음하기 때문에 뉴욕에 있는 '자유의 여신상'을 연결시켰다고 한다. 아이 같은 발상에 절로 웃음이 난다.

고오신사護王神社의 투명 계단은 캄캄한 지하에서 지상으로 연결된다. 어쩌면 지하 세계와 지상 세계, 어둠과 밝음, 죽음과 삶, 인간의 영역과 신의 영역에 대해 생각해 보라는 의미는 아닐까.

마을 사람들이 바둑을 두러 모였던 집을 작품화한 고카이쇼碁会所의 방에는 동백꽃이 흩어져 있는 모습이 인상적이다.

나오시마가 우리에게 시사해 준 예술

　나오시마直島에는 '직直'이라는 글자가 들어 있다. 直은 우리말로는 '곧다'라는 뜻이지만 일본어의 「直る」에는 '회복되다, 복구되다, 치유되다' 등의 의미가 있다. 어쩌면 나오시마는 이름 때문에 회복되고 치유되지 않았을까? 엉뚱한 상상을 하며 슬며시 웃어본다. 그러면서 안도 다다오라는 인물이 얼마나 대단한지, 한 사람의 올곧은 집념이 얼마나 굉장한 결과를 만들어 내는지 새삼 감탄한다. 나오시마에서 잊지 말아야 할 또 한 가지는 스토리텔링의 중요성이 아닐까? 나오시마의 건축물이나 예술 작품에는 모두 이야기가 들어 있다. 재미있고 의미 있으며 감동까지 주는 이야기를 사물에 입히면, 그 사물은 사물을 넘어 새로운 존재가 된다. 새로운 존재는 관광 자원이 되고 새로운 소비로 이어지는데 나오시마가 그 증거다. 살기 어렵다는 이야기가 사방에서 터져 나오고 환경 문제가 큰 화두가 된 요즘 나오시마가 우리에게 시사하는 바는 크다.

철도 여행을 통한
일본의 철도문화

이동욱(철도 여행 전문가, 관광통역안내사), 박은미(스타약국 약사)

国境の長いトンネルを抜けると雪国であった。
국경의 긴 터널을 빠져나오니 설국이었다.

소설 《설국》 중에서

장거리 철도 여행을 하면 대부분의 시간을 열차 안에서 보낸다. 생각해 보면 지루할 수도 있겠지만 막상 부딪혀 보면 꼭 그렇지만은 않다. 열차에 오를 때 떠오르는 가와바타 야스나리의 소설 《설국》의 첫 문장처럼, 열차에서 어떤 풍경을 마주할지 기대되고 어떤 경험을 하고 어떤 사람을 만나고 또 어떤 음식을 먹게 될지 즐거운 상상을 한다. 이처럼 철도 여행은 마치 미지의 세계를 탐험하는 듯 두근거림과 설렘으로 다가온다. 여기에서 소개하는 일본 철도의 역사와 현황 그리고 일본 최북단 역에서 최남단 역까지 가는 긴 여정을 통해 일본만이 지닌 철도문화와 열차 여행의 매력을 맛볼 수 있다.

일본 철도의 역사와 현황

1872년 도쿄의 신바시역^{현 시오도메}~요코하마역^{현 사쿠라기쵸역} 구간이 처음으로 개통되면서 일본은 철도시대의 막을 열었다. 개통 이후 선풍적인 인기로 전국의 대도시를 중심으로 철도 노선망을 확보했고, 1906년 철도의 국유화를 통해 대도시를 잇는 간선노선과 지방 소도시를 연결하는 지선노선들이 통합 운영되면서 점차 전국적인 철도망을 갖추었다.

1964년에는 세계 최초로 시속 200km를 넘게 달리는 신칸센이 도쿄~오사카 구간에 개통되어 고속열차 시대를 열었고, 현재는 9개 노선의 신칸센이 일본의 주요 도시를 연결하며 1일 생활권을 넓혀 가고 있다. 방만한 경영으로 적자에 허덕이던 국철은 1987년에 분할 민영화되어 JR홋카이도, JR히가시니혼, JR도카이, JR니시니혼, JR시코쿠, JR규슈, JR화물 7개 회사로 나누어졌고, 현재는 민영화된 JR그룹과 사철, 제3섹터 철도들이 일본 전역을 누비고 있다.

일본 최북단의 왓카나이역

홋카이도의 제일 북쪽에 위치한 왓카나이는 삿포로에서 왓카나이행 특급열차를 타고 북쪽을 향해 올라가면 도착한다. 홋카이도에서 삿포로에 이어 두 번째로 큰 도시인 아사히카와를 지나치면 점점 인가가 드물어지면서 홋카이도의 광활한 들판과 자연풍경이 펼쳐진다. 방목되어 한가로이 풀을 뜯는 소떼와 마주치는가 하면, 계절에 따라 짙푸른 녹음을 만끽하거나 모든 만물이 눈으로 덮인 듯한 끝없는 설원을 감상할 수 있다. 그렇게 5시간 남짓 내달리면 북위 45도에 위치한 일본 최북단의 종착역인 왓카나이역에 도착한다. 승강장 주변부터 이곳이 일본 최북단의 역임을 알리는 표지판이 있고, 최남단 역까지 얼마나 떨어져 있는지도 알려준다. 왓카나이 지역은 가라후토 樺太 라고 부르는 러시아 사할린과 지척에 있어 날씨가 좋은 날은 육안으로 사할린을 확인할 수 있고, 과거 러일전쟁 당시 해군 망루 등의 유적이 남아 있다. 또

왓카나이역 표지판

한 1983년 대한항공 격추 사건 1983년 뉴욕발 서울행 대한항공 007기가 사할린 인근에서 경로를 벗어나 소련의 영공을 침범했다가 소련 전투기에 격추되어 탑승객 269명 전원이 사망 희생자를 기리는 위령탑이 세워져 있다.

세이칸 터널

이제는 약 3,068km 떨어진 최남단 역을 향해 남쪽으로 발길을 돌려보자. 다시 삿포로를 거쳐 홋카이도의 관문인 하코다테로 이동한다. 하코다테산 정상에서 바라보는 하코다테의 시가지와 항구, 쓰가루 해협이 어우러진 야경은 세계 3대 야경으로 손꼽을 정도로 장관을 이루고 있다.

하코다테에서 열차로 본토인 혼슈로 가기 위해서는 쓰가루 해협 밑을 지나가는 해저 터널인 세이칸 터널을 통과해야 한다. 1988년 개통된 이 터널은 혼슈와 홋카이도를 안전하게 연결시켜 주는 교통수단으로, 여객과 화물 수송에 중요한 역할을 담당한다. 총길이 54km로 세계에서 가장 긴 해저터널이며, 쓰가루 해협의 해저면 깊이인 140m보다 100m 더 깊은 곳을 지난다. 2016년 3월 홋카이도 신칸센이 개통되면서, 그동안 여객수송을 담당하던 일반 여객열차는 신칸센으로 대체되

어 이 터널을 통과하고 있다. 해저터널이라 뭔가 다를 것 같지만 아쉽게도 깊은 바다 밑으로 내려간다는 느낌도 없이 깜깜한 어둠만이 차창 밖으로 지나쳐 갈 뿐 일반 터널을 통과할 때와 별반 차이가 없다. 그렇게 어둠 속을 20여 분 달리다가 바깥 풍경이 보이면 비로소 바다 건너편의 혼슈로 들어섰음을 알 수 있다.

일본의 고속열차 신칸센

홋카이도의 하코다테부터는 신칸센 노선이 혼슈를 거쳐 규슈의 남쪽 도시 가고시마까지 길게 연결되어 있다. 2,325km에 달하는 하나의 긴 노선처럼 보이지만, 권역별로 노선이 나누어져 있고 운영하는 회사도 다르다. 홋카이도 신칸센 – 도호쿠 신칸센 – 도카이도 신칸센 – 산요 신칸센 – 규슈 신칸센이 연결된 형태다. 홋카이도의 하코다테에서 출발해서 혼슈의 도호쿠 지방인 아오모리, 센다이를 거쳐 관동 지방이자 일본의 중심인 도쿄로 내려온다. 다시 도쿄에서 서일본 쪽으로 출발해서 중부 지방의 나고야, 긴키 지방의 교토, 오사카, 고베를 지나 주고쿠 지방의 히로시마를 거쳐 규슈의 하카타, 종착역인 가고시마를 끝으로 시코쿠 지방을 제외한 전국의 주요 도시를 거쳐서 일본 열도를 종

세계 최고의 정시성을 자랑하는 신칸센

단한다. 이외의 노선으로는 도쿄에서 나가노, 도야마, 가나자와로 이어지는 호쿠리쿠 신칸센, 오미야~니가타 구간의 조에쓰 신칸센, 후쿠시마~신조 구간의 야마가타 신칸센, 모리오카~아키타 구간의

아키타 신칸센이 있다. 도쿄역에서는 모든 신칸센 노선이 출발하고 있어 다양한 종류의 신칸센을 만날 수 있다.

에키벤

철도 여행에서 빼놓을 수 없는 즐거움 중의 하나가 바로 열차 내에서 맛보는 도시락이다. 식사 시간이 되면 승객들이 열차 내에서 도시락을 꺼내 식사하는 모습을 쉽게 볼 수 있다. 도시락은 철도역에서 팔거나 열차 내에서 팔기도 하는데 이런 도시락을 에키벤駅弁이라고 한다. 에키벤은 에키우리벤토駅売り弁当의 줄임말로 역에서 파는 도시락이라는 의미다. 노선과 지역별로 다양한 종류의 에키벤이 있지만, 그중에서도 지역 한정으로 판매하는 에키벤은 해당 지역의 특산물을 식재료로 사용해서 향토적인 색채가 가득하기 때문에 지역 명물로 자리잡았다.

매년 1월이 되면 도쿄 신주쿠의 게이오 백화점에서 최고의 에키벤을 뽑는 전국 에키벤 대회가 개최되는데, 전국의 유명 에키벤들이 출품되어 약 2주간 최고의 자리를 놓고 경연을 펼친다. 일반인에게는 직접 방문하지 않으면 먹기 힘든 전국의 유명 에키벤을 한 자리에서 맛볼 수 있는 좋은 기회다.

세토대교와 사누키 우동이 있는 다카마쓰

오사카를 출발해서 신칸센으로 1시간 가까이 달리면 오카야마에 도착한다. 오카야마에는 가나자와의 겐로쿠엔, 미토의 가이라쿠엔과 함께 일본의 3대 정원으로 손꼽히는 고라쿠엔이 있다. 하지만 이런 정원들과 비교해도 결코 손색없는 곳이 바로 시코쿠 지역의 다카마쓰에 있는 리쓰린 공원이다. 특별 명승지로 지정되어 있으며, 다양한 종류의 나무와 더불어 섬세하게 다듬어진 소나무 천여 그루와 연못, 인공산 등이 조화롭게 배치되어 고즈넉한 아름다움과 매력을 발산하고 있다.

오카야마에서 출발하는 다카마쓰행 열차는 혼슈와 시코쿠를 연결하는 세토대교를 통해 바다를 건너 시코쿠 지역으로 들어간다. 세토대교의 총길이는 약 13km에 달하며 철도와 도로로 같이 쓰는 다리로 세계에서 가장 긴 다리다. 상단은 도로, 하단은 철도로 되어 있으며 5개의 섬을 잇는 6개의 다리로 연결되어 있다. 차창 밖으로 펼쳐진 세토내해의 잔잔한 바다 풍경과 탁 트인 시야를 보면 가슴까지 상쾌함이 느껴진다. 그렇게 도착한 다카마쓰에는 빼놓을 수 없는 먹을거리가 있다. 그것은 바로 일본을 대표하는 사누키 우동이다. 사누키는 다카마쓰가 속한 가가와현의 옛 지명으로, 예부터 지역 특산물인 밀을 이용해 만든 쫄깃한 면발의 우동이 지금까지 이어져 내려오고 있다. 역 표지판부터 이곳이 우동의 본고장이라는 냄새를 물씬 풍기며, 이 지역 어디를 가더라도 값싸고 맛있는 우동을 쉽게 먹을 수 있다. 2006년에 개봉한 영화 〈우동うどん〉은 일본인의 마음과 정신을 대변하는 음식인 우동을 소재로 했다. 지친 마음을 따뜻하게 해 주는 코믹한 영화로 가가와현의 소박한 살아 있는 탱탱한 우동 면발을 후루룩 먹는 것처럼 잔잔한 미소를 띠게 한다.

일본 최남단의 니시오야마역

규슈 신칸센의 종착역인 가고시마에서 최종 목적지인 일본 최남단역 니시오야마를 향해 출발한다. 여기서는 하루에 두 번 운행하는 관광열차인 이부타마를 미리 예약해서 탈 수 있다.

니시오야마역의 푯말

이부타마는 어부인 우라시마 타로가 자신이 살려준 거북이 등에 타고 용궁으로 가는 일본의 용궁설화를 모티브로 만들어진 관광열차다. 열차 내부도 바닷속 장식물로 꾸며 분위기를 내고 있다. 관광열차는 이부스키까지 운행하는데 이부스키는 온천과 모래찜질로 유명한 지역이다. 열차를 갈아타고 20여 분을 달리면 최남단 역인 니시오야마역에 도착한다. 역 앞쪽으로는 평탄한 평지에 규슈의 후지산이라 하는 원추형의 가이몬다케가 우뚝 솟아 있어 멋진 배경을 이룬다. 일본 최남단 역이라는 푯말이 볼품없는 조그만 무인역을 특별하게 만들어 준다. 최북단에서 최남단까지 종주를 했다는 특별한 이벤트가 이 작은 역을 기억하게 만든다.

독특한 열차와 재미난 역사駅舎

일본 열차 종단 여정에서 조금만 시간을 내면 다양한 열차와 재미난 역을 만날 수 있다. 물론 여기서 소개한 관광열차는 운행 시간의 확인과 예약이 필수다.

산요 신칸센의 특별한 신칸센

신오사카~하카다 구간에서는 조금 특별한 신칸센을 타 볼 수 있다. 2015년 산요 신칸센 개통 40주년과 인기 애니메이션 〈에반게리온〉의 방송 20주년을 기념해서 신칸센 에반게리온 프로젝트를 진행했다. 애니메이션 느낌이 물씬 풍기는 차체 외관 도장과 탑승 후 들리는 안내음악에 이어 좌석과 실내 공간의 장식을 애니메이션에 등장하는 느낌 그대로 살려냈다. 실제로 애니메이션처럼 조종을 체험해 볼 수 있는 에반게리온 조종석 시뮬레이터는 등장 당시부터 큰 인기를 끌었다. 기간 한정으로 운행한 이 특별한 신칸센은 1일 1회 왕복으로 운행되었다. 아쉽게도 에반게리온 신칸센은 2018년도에 운행이 종료되었고, 지금은 헬로우 키티 신칸센이 그 뒤를 이어 운행하고 있다. 차량 외관은 분홍색 바탕에 서일본 지역을 소개하는 헬로우 키티 캐릭터가 예쁘게 도장되어 있으며, 차량 내부에는 서일본 지역의 특산물과 특색 있는 전시공간이 있다. 또 귀엽고 다양한 헬로우 키티로 장식된 포토존이 있어 키티와 함께 예쁜 사진을 찍을 수 있다. 헬로우 키티 팬이라면 꼭 타 봐야 할 열차다.

고양이 역장이 있는 와카야마 전철의 기시역

오사카에서 남쪽으로 한 시간 넘게 이동하면 와카야마에 도착한다. 와카야마에서 지역 로컬선인 기시가와선을 타고 종착역인 기시역에 도착하면 고양이가 역장으로 근무하고 있는 재미난 장면을 마주할 수 있다. 고양이 역장 타마는 2007년 역장에 취임하면서 전국적으로 화제가 되었고 이후 지역 주민과 국내외 관광객에게 많은 사랑을 받으며 승진에 승진을 거듭하여 와카야마 전철에서 2인자 자리인 사장대리까지 출세했다. 그러나 안타깝게도 2015년 급성신부전으로 그만 세상을 떠났고, 현재는 니타마가 2대 고양이 역장이 되어 임무를 수행하고 있다. 참고로 고양이 역장의 연봉은 사료 1년치 분이라고 한다.

기시역의 외관은 고양이 얼굴을 모티브로 재건축되었는데, 특히 고양이 얼굴을 표현하는 지붕은 편백나무 노송나무의 껍질을 벗겨 내어 여러 겹으로 쌓아 이은 것으로 일본 전통공법인 히와다부키 檜皮葺를 사용해서 일본의 고풍스러운 멋을 더하고 있다. 기시역은 고양이 역장 타마를 모티브로 열차 내외를 장식한 타마열차, 열차 내부가 장난감으로 꾸며진 오모차열차, 지역 특산품인 딸기를 모티브로 한 천연목재 바닥과 벤치 등이 있는 이치고열차 등을 이용해서 방문할 수 있다.

사방팔방이 명함으로 가득한 오코바역

규슈의 구마모토현과 가고시마현의 내륙지역을 연결하는 히사쓰선에는 오코바역이 있다. 이 역은 높은 고지대를 올라가기 위해 일본에서 유일하게 루프선과 스위치백 구간이 공존하는 곳으로 유명하지만 역사驛舍 벽면을 빼곡히 메운 명함으로도 유명하다. 언뜻 보면 이곳을 방문한 방문객이 방문 기념으로 메모나 명함을 남긴 것처럼 보이지만, 사실 이곳에 명함을 붙여 두면 출세한다는 소문 때문이다. 언제부터 왜 그런 소문이 돌았는지는 알 수 없지만 이 역에 하나둘씩 붙였던 명함으로 어느덧 수많은 직장인의 승진과 출세를 기원하는 명소가 되었다. 관광열차인 이사부로·신페이가 오코바역을 지나고 있다. 이사부로·신페이의 내부는 목조 인테리어로 고풍스러운 느낌이 나며 고지대에서 멋진 차창 풍경을 감상할 수 있는 넓은 전망 공간이 확보되어 있다.

승리와 합격을 기원하는 히사쓰선의 잇쇼치역

잇쇼치—勝地역은 '어려움을 극복하고 성공한다 혹은 시합에서 승리한다'라는 좋은 의미를 가지고 있다. 그래서 잇쇼치역의 입장권은 시험을 앞둔 수험생이나 중요한 시합이 있는 운동선수의 합격과 필승 기원 부적으로 인기가 높다. 매년 많은 방문객이 잇쇼치역을 찾아와 입장권을 구매하고 있다. 역 안쪽 한편에는 입장권 덕분에 합격했거나 상을 받았다고 보내온 감사의 글과 사진들이 게시되어 있다. 이 구간은 관광열차인 SL히토요시가 지나고 있다. SL히토요시는 증기기관차로 석탄을 연료로 사용하며 검은 연기를 내뿜는 모습과 기적소리는 1980년대 인기리에 방영되었던 애니메이션 〈은하철도 999〉의 열차를 연상시킨다. 객실 내부 인테리어는 오래된 느낌을 주는 고정식 좌석과 고급스러운 목재 장식, 은은한 조명으로 되어 있어 예스러운 분위기를 풍긴다.

새로운 철도문화의 전파

도쿄역에서 3~4분 간격으로 전국 각지를 향해 출발해 선로를 누비는 신칸센은 매월 서점에서 발행되는 두꺼운 열차 시간표에 적힌 대로 지연 없이 정시 출발과 정시 도착 운행을 하고 있다. 또한 시설이나 정비 불량으로 인한 사고가 지금까지 단 한 번도 없을 정도로 뛰어난 안정성을 보여 주고 있다. 이런 사실에서 우리는 일본인 특유의 섬세함과 완벽함을 추구하는 자세와 이를 뒷받침해 주는 기술력이 150여 년 가까운 철도의 역사 속에 고스란히 묻어나고 있음을 알 수 있다. 일본에서 철도는 더 이상 통근, 통학, 출장, 외출 등 이동하기 위한 교통수단으로만 존재하지 않는다. 다양한 디자인의 열차, 차창 밖의 멋진 풍경, 지역 명물로 정착된 에키벤 등 여러 요소 등을 즐기고 소비하는 사람들을 통해 새로운 문화로 자리잡았다.

도리테쓰撮り鉄, 열차의 기종과 철도와 관련된 사진을 찍는 것을 좋아하는 사람, 노리테쓰乗り鉄, 각종 열차를 타는 것을 좋아하는 사람, 테쓰코鉄子, 철도 여행이 취미인 여성, 온테쓰音鉄, 역 멜로디, 열차 내 방송 등 열차를 탈 때 발생하는 리드미컬한 각종 소리를 귀로 즐기는 사람 등의 단어는 철도 마니아 혹은 철도 팬을 지칭한다. 특히 어느 분야에 관심을 가지고 재미를 느끼고 있는지 세세하게 나누어 칭하고 있다. 철도 팬들의 다양하고 전문적인 지식과 그들이 철도를 즐기는 방법은 SNS를 통해 일반 대중에게도 널리 퍼져 국내뿐 아니라 해외 관광객까지 끌어들인다. 오늘날 일본의 철도는 교통수단의 기능뿐만 아니라 문화생산의 주체로 매력을 발산하고 있다.

나고야의 파워,
공장 도시에서 친환경 도시로 탈바꿈

도지영(광운대 박사과정, 친환경 공장 CEO)

나고야의 의미와 위상

일본 열도의 한가운데에 위치한 나고야는 도쿄에서 약 350km 떨어져 있다. 동쪽은 완만한 구릉지대이고 북서쪽은 노비평야, 남쪽은 이세만에 접해 있다. 이런 지형 덕분에 예부터 육로의 교통 요지가 되었다.

나고야는 고대부터 무로마치시대 1336~1573년 까지 아주 중요한 도시 중 하나였다. 이곳은 전국시대에는 오다 노부나가, 도요토미 히데요시, 도쿠가와 이에야스 등 다이묘 일본의 영주 3명을 배출한 곳이기도 하다. 그리고 전국시대와 에도시대 1603~1867년 를 거치면서 경제와 문화의 중추적인 역할을 해 왔다. 중부지방이라는 지역성으로 동일본과 서일본을 이어 주는 경제와 교통의 중심지로 커다란 가교 역할을 해 온 나고야는 일본의 주요 4대 도시 중 도쿄, 요코하마, 오사카, 나고야 하나가 되었다. 이처럼 나고야는 공업도시, 문화도시, 도시 재생화에 성공한 중부 일본의 위상을 잘 보여 준다.

아이치현의 인구는 760만 명 정도인데 그중 중심도시인 나고야에는 230만 명 정도 살고 있다. 나고야역은 1일 평균 120만 명이 타고 내리는 역으로, 일본 동해도 신칸센의 모든 열차가 이곳을 정차하는 주요 거점 지역이다. 신칸센으로 도쿄까지 약 2시간, 신오사카까지는 50분이면 갈 수 있고, 중부국제공항은 코로나19 사태 이전만 해도 하루에 30개국, 350편이라는 정기 항공편을 운항했던 곳이다. 도쿄와 나고야를 잇는 도메이고속도로는 항공, 육로, 해로 등 모든 교통로에서 주요한 중심 역할을 한다. 굴지의 기업체도 다수 있는데, 특히 세계적인 기업 중의 하나인 도요타자동차의 본거지이기도 하다. 산업으로는 자동차 관련 산업, 항공 우주 산업, 세라믹스, 철강, 특수강 등을 들 수 있다. 또한 도쿠가와 미술관에는 일본 국보인 《겐지모노가타리》의 에마키, 도쿠가와 가문이 쓰던 1만 건 이상의 다이묘 관련 자료 등을 보관하고 있다. 세계적인 도자기 브랜드인 노리다케 등이 있는 곳으로도 유명하다.

오사카와 도쿄의 중간인 중부도시 나고야

나고야는 우리에게 잘 알려진 부라더 미싱ブラザーミシン 등을 제조한 부라더 공업 등 각종 공장이 무수히 많은 도시다. 일본의 유명한 신사 중 하나인 아쓰다 신궁은 천황의 삼종 신기 중 하나인 구사나기칼草薙剣을 모셔둔 신궁으로 잘 알려져 있다. 일본 사람들은 아쓰다 신궁이 항구를 번창하게 한다고 믿고 있다.

나고야의 먹을거리로 잘 알려진 것은 미소카쓰, 데바사키, 히쓰마부시, 덴무스, 기시멘, 카레우동 등이다. 장어덮밥은 일본 전역에서 많이 먹는 음식이라 흔하지만 나고야의 히쓰마부시는 맛있게 먹는 법과 장어의 독특한 맛을 잘 살려 특색 있는 음식으로 인기가 좋다. 100년이 넘은 시니세전통을 지켜온 오래된 가게인 호우라이켄의 히쓰마부시는 역사와 전통을 자랑하고 있다. 나고야의 시타마치_{상업지역, 번화가}인 오스 상점가는 젊은 사람부터 노인까지 즐길 수 있는 곳으로 유명하다. 특히 가전제품의 경우 아키하바라에 버금갈 정도로 다양한 제품이 있어서 감탄이 절로 나온다.

나고야 하면 떠오르는 도요타와 관련된 재미있는 것은 원래 '도요다豊田'였던 명칭이 왜 '도요타'로 변했을까 하는 점이다. 이는 상업적으로나 미관적으로 보더라도 탁음이 없으면 상쾌하고 경쾌하게 들리기 때문에 탁음을 뺀 것이다. 또 무엇보다도 중요한 것은 획수인데, 이름의 획수가 8획이면 사주팔자가 좋다고 해서 바꾸었다고 한다. 창업주는 도요다이고 회사명은 도요타인데 초창기에는 도요다豊田였다. 즉 ㅏㅋㅋㅋ 도요타는 8획, ㅏㅋㅋㅋ 도요다는 9획이다. 그리고 승용차 마크를 모집했는데 탁음이 없는 것이 스마트하고 훨씬 심오한 느낌을 주어서 최종으로 채택되었다고 한다.

나고야성에 왜 가토 기요마사의 동상과 거석이 있나

나고야성에는 도쿠가와가 아니라 가토 기요마사加藤清正의 동상과 거석이 있다. 어떤 이유일까?

가토 기요마사의 동상은 거석 위에 동상이 올라가 있는 형상이다. 축성술이 뛰어난 가토 기요마사가 도쿠가와의 명령을 받아 오사카성을 견제하기 위하여 짧은 기간에 여러 명의 영주를 거느리고 나고야성을 철벽 수비로 쌓았다고 전해진다. 그의 업적을 기리기 위하여 거석과 동상을 만들었다고 한다. 또한 거석을 가져다준 다이묘가 누구인지 몰라 그의 공적을 기리기 위하여 거석에 문양을 넣었는지도 모른다.

실제로 가 보면 성벽에 문양들이 남아 있다. 또 나고야성 하면 암수의 긴 샤치호코 금으로 만들어진 샤치호코가 유명하다. 샤치호코 몸은 물고기, 머리는 호랑이인 상상의 동물로 꼬리는 하늘을 향해 있고 배와 등은 날카로운 돌기가 나와 있다 는 권위와 권력을 상징하는 장식품이기도 하지만 화재를 예방하는 효과도 있다. 나고 야성의 금으로 만들어진 샤치호코는 도쿠가와가 자신이 천하에서 최고라 는 권위를 나타내기 위해 제작했다

나고야성

고 한다. 이와 같이 일본 전국시대 영웅호걸 중에서도 대표적인 도쿠가와의 영혼이 살아 숨 쉬는 곳이 나고야다.

나고야 뭐 볼 것 있어?

일본을 좀 아는 친구에게서 이런 말을 들은 적이 있다. "나고야 하면 뭐 볼 것도 별로 없는 도시 아냐?" "거기 뭐 보러 가니? 뭐 하러 가니?" 정말 그럴까? 일본을 제대로 이해하려면 꼭 가봐야 하는 곳은 세계 경제의 도시 도쿄, 전통 문화를 중시하는 교토, 먹을거리가 풍부한 오사카, 공업도시 나고야다. 여행이나 일로 나고야에 잠시 머문 적이 있는 사람이 많을 것이다. 한국인에게 나고야 하면 무엇이 떠오를까? 관광지, 도요타, 역사적 유적지, 많은 먹을거리, 선동열, 노벨상 수상자 등이 연상될 것이다. 나고야 성, 도요타 산업기술 기념관, 나고야 오아시

스21, 아쓰다 신궁, 도쿠가와 미술관, 나고야 보스턴 미술관, 나고야 나나짱의 변신 등 끝이 없다. 닭 날개 튀김인 데바사키, 타이완 라멘나고야에 웬 타이완 라멘, 기시멘 등 무수히 많다.

커피와 자동차, 노리타케의 도시 나고야

나고야의 독특한 커피문화가 일본의 커피문화를 변화시키는 데 일조했다고 할 만큼 나고야에는 커피숍이 많다. 그중 유명한 커피숍인 고메다에서 오전 11시 이전에 모닝커피를 시키면 토스트おぐらあん、たまごペスト가 무료로 따라 나온다. 킹사이즈 커피를 '듬뿍 커피たっぷりコーヒー'라고 고유 일본어를 메뉴 이름으로 한 것을 봐도 뭔가 다른 지역과는 다르다. 고메다 커피숍의 달달함과 잘 어울리는 갓 구운 토스트와 단팥소의 모닝세트는 아마 일본 최고일 것이다. 사실 커피 맛은 최고라 할 수 없지만 딸려 나오는 볼륨 가득한 세트류의 단팥과 빵은 일품이다.

1960년대를 거쳐 일본 최고의 전성기인 1970~80년대에 이르면서 나고야 사람들은 공장에서 바쁘게 일했다. 그런 사람들은 보통 식사 시간을 내기가 어려워 공장 근처 커피숍에서 모닝커피와 샌드위치를 먹고 하루의 일과를 시작했다고 한다.

나고야 고메다 커피숍

나고야는 인구 대비 커피숍이 많은 곳이기도 하고, 나이 든 사람들이 가기 편한 곳이기도 하다. 젊은 사람들은 새로 생긴 브랜드

커피숍이나 스타벅스와 같은 곳을 찾지만 나이 든 사람들은 아직도 고메다 커피와 빵시로노와루, 크로아상 같은 느낌의 빵 위에 소프트아이스크림이 얹혀 있어 아주 달콤함을 잊지 못한다. 그곳에는 우리가 예전에 보던《선데이 서울》과 같은 잡지나 각종 신문, 만화책, 다양한 패션 잡지 등이 놓여 있어 먹을거리와 읽을거리의 즐거움이 있다. 대도시인데도 와이파이가 안되는 곳이 대부분이다. 마치 시골 다방 같은 커피숍이다. 고메다 커피숍 때문에 나고야에는 세계적인 브랜드인 스타벅스가 자리 잡기 어렵다고 한다.

도요타의 방적 공장, 도요타 자동차 공장, '노리타케'와 같은 고급 브랜드의 도자기, 린나이, 부라더 미싱 등의 원산지인 공업 도시 나고야는 나열한 기업만 보더라도 공장 도시가 바로 떠오른다. 지금도 관광지인 '노리타케 숲'이라는 곳에 가 보면 커다란 굴뚝 등이 남아 있는데 그 자체가 관광명소가 될 정도다.

나고야는 근·현대에는 공장이 많은 지역이지만 역사적 인물이 많이 태어난 곳이기도 하다. 노벨상 수상자도 많이 배출했다. 우리는 이런 사실까지는 잘 모르고 하루 정도만 여행하고 중부 지방의 쇼류도昇龍道 패스일본의 조용하고 매력적인 명소를 잘 엮어 놓은 저가 여행 티켓으로 다카야마, 게로온천, 세계문화유산 시라카와고, 알펜루트, 구로베를 여행할 수 있다로 여행 중 잠깐 들르는 곳으로만 알고 있다. 나고야에 중부 공항이 있다는 사실만으로도 우리 인상에 남을 만하지만 나고야는 일본 중부를 대표하는 공업 도시이고 메이지유신 이후 현청 소재지가 된 곳이기도 하다. 도요타 자동차가 생산되며 그 협력 업체만 300여 곳이 넘게 있었던 전형적인 공업 도시다. 또 나고야항이 대대적으로 정비되면서 임해 공업지구가 조성되는 등 거대도시로 발전했다.

1992년부터 폐기물을 퇴비화한 나고야

나고야에서 생활하면서 내 삶의 방향과 생활 태도 등을 많이 바꾸게 되었다. 이곳에서 여러 가지를 보고 배우고 느꼈다.

어느 날 저녁, 친구와 식당에서 식사를 한 뒤 헤어져 집 앞 모퉁이를 도니 투명한 비닐에 예쁘게 싼 검정 구두 한 켤레가 길 위에 놓여 있었다. 그리고 그 곁에는 일본어로 '사용 가능합니다! 使えるくつです。どうぞ!'라고 쓰여 있었다. 나는 그것을 한참 쳐다보면서, "이게 뭐지? 어쩌라는 거지? 가져가도 되나?" 하고 고민했다. 그런데 이 문구가 내 삶을 뒤돌아보는 계기가 되었다. '아! 나는 그동안 어떤 자세로 생활하며 살고 있었나?' 나름대로는 알뜰하게 살고 있고 또 절약을 나름 철저히 한다고 생각했는데, 이 한 켤레의 구두로 인해 그곳에서 스스로 내 자신에 대해 반성을 수도 없이 했다. 잘 쓰던 물건도 좀 낡거나 오래되면 쓸 만함에도 불구하고 아무 생각 없이 버리거나 새로운 물건을 샀던 자신을 생각하니 무척 부끄럽기까지 했다. 그 이후로 사소하지만 아껴 쓰고 쓸 수 있는 만큼 더 쓰려고 하는 생활 습관을 들이게 되었다.

특히 인상 깊었던 것은 나고야의 가니시可見市를 갔을 때였다. 가니시는 1992년부터 폐기물 시스템인 EM시스템으로 음식물 찌꺼기를 퇴비화하고 지역에 적절하게 활용했다. 마을에 사는 오쿠무라 유우마 사가 'EM 보카시'라는 것을 만들어 음식물 찌꺼기의 퇴비화에 성공한 것이다. 음식물 찌꺼기를 퇴비화하는 등 나고야는 다양한 아이디어로 친환경 도시로 거듭났다. 쌀겨를 발효시켜 건조한 다음 그것을 분말로 만들어 음식물 찌꺼기에 뿌려 준다. 그러면 유기물이 발효되면서 액체가 나오는데 그것을 다시 100배 희석해서 하수 슬러지나 정화조 등에 사용한다. 일상생활에서는 목욕탕, 배수구, 화장실 등에 뿌려 주면 악취도 사라지고 유해균을 억제하는 효과가 있다. EM 올파 시스템은 쌀겨를 EM으로 발효·건조시킨 다음 사용하는 것인데 통상 발효제라고

후지마에 매립 단념

부른다. 발효제로 다시 분말을 만들어 음식물 찌꺼기가 나올 때마다 10~20g 정도 섞어서 밀폐된 용기에 두면 유기물이 발효되어 유기물 비료가 된다. 이 비료는 다시 하수구나 하수 슬러지 등에 사용한다. 이것을 뿌리면 자연스럽게 하천이 정화되는 것이다. 이로 인해 가니시는 6개월 동안 1800만 엔의 쓰레기 처리 비용을 절감했으며, 음식물 찌꺼기가 시스템 공법으로 바뀌어 유기질 비료로 변했다.

악취의 원인 물질인 암모니아, 황화수소, 메틸메르캅탄^{메탈티온이라고} 도 하며 입냄새나 음식물이 썩을 때 악취를 유발하는 황화합물, 세균이 침이나 입속의 음식물에 있는 단백질이나 펩타이트에 작용하여 생기는 부산물, 트리메탈아민 등이 EM의 먹을거리가 되며, EM은 더 확장되어 하천 정화나 잔류 농약까지 분해한다. 이 EM 시스템으로 정화조의 물도 정화해서 재활용할 수 있다. 폐기물이 무단으로 방치되어 골치를 앓고 있었는데 주민과 시의 협조로 폐기물 처리 시스템인 EM 시스템이 안착된 것이다. 아주 오래전부터 있었던 고질적인 물 부족도 이 시스템으로 해결할 수 있어서 폐수도 정화해서 식수로 사용하고 있다.

깨끗하게 잘 정리되어 있는 일본의 폐목재 처리장을 방문해 보고 정말 배울 점이 많다는 생각을 여러 번 했다. 폐목재 처리장은 목재 리사이클링을 잘하는 업체다. 우선 목재가 종류별로 각자의 위치에 정리가

잘 되어 있고 쓰레기가 섞여 있지 않으며, 발전소와 바로 연결되어 스팀을 공급하고 전기를 생산하는 하나의 시스템으로 통합되어 있었다. 일단 건설 현장에서 나오는 나무와 생활에서 발생하는 임목 부산물 등이 그 공장에 들어온다. 그런데 여기서 특이한 점은 우리나라에서는 생활에서 나오는 싱크대류를 MDF Medium Density Fiberboard 라고 하는데 일본은 그것을 활용하지 않고 임목과 건설 현장에서 나오는 목재만을 활용하고 있었다. 폐목재를 재활용하는 동안 산림의 나무가 생장하면서 온실가스를 흡수하고 지구 온난화를 저감해 주었다. 이것이 진정한 자원 순환형 시스템이다. 나고야는 공장 지대가 많고 공업 도시로 발전한 곳이지만 이처럼 친환경 도시로 탈바꿈하기 위해 관민과 기업 모두 노력하고 있는 도시다.

옛것과 현대가 조화된 도시문화, 친환경 도시

나고야는 친환경 공동체를 만들기 위해 오래전부터 기업과 사람이 리사이클링에 많은 관심을 갖고 추진하고 있다. 공장이 많은 산업도시 나고야는 오늘도 옛것과 현대가 조화된 도시문화를 즐기고 참여하는 친환경 도시를 만들고 있다. 이런 친환경 도시로 가려는 변화와 노력은 나고야뿐 아니라 전 세계로 확장되길 바란다. 주변 환경을 살리면 나라를 살리고 나라를 살리면 지구를 살리는 것이므로 끊임없는 노력이 필요하다. 나고야에서 한 경험은 삶을 변화시키고 진로를 크게 바꾸는 계기가 되었다.

일본의 정치와 역사의 단면

멘소레!
오키나와 역사기행

강상규(방송대 일본학과 교수)

동양의 하와이, 아름다운 오키나와

오키나와는 일본 최남단에 위치한 현이다. 규슈에서 대만으로 이어진 활 모양의 '류큐제도'라고 하는 161개의 섬으로 구성되어 있다. 류큐제도에 해당하는 오키나와현은 크게 나눠 보면 오키나와 본섬을 중심으로 하는 지역117개 섬, 미야코지마를 중심으로 하는 미야코 지역12개 섬, 이시가키지마를 중심으로 하는 지역32개 섬 등 세 개의 구역으로 구분되는데 상당히 넓고 광대한 해역이 이에 해당된다. 오키나와현에서 가장 큰 섬은 오키나와 본섬으로 현의 총면적 중에 52%에 해당되며 현민 145만 명 중 대략 90%가 이곳에 살고 있다. 면적으로 보면 제주도와 비슷하지만 제주 인구가 66만 명 정도인 것을 고려하면 오키나와의 인구 밀도는 매우 높다. 현청은 오키나와 본섬의 남부에 위치하는 '나하시'로 32만 명 정도의 인구가 살고 있다. 푸른 하늘과 에메랄드빛 바다, 넘실대는 파도와 따스한 미소를 간직한 친절한 사람들, 그래서 오키나와는 아름답고 이국적인 정취가 가득하다.

여론 조사에 따르면 일본인은 오키나와에 대해 두 개의 상반된 이미지를 갖고 있다. 하나는 유명 연예인들의 고향이자 아름답고 이국적인 휴양지로서 장수의 고장이라는 평화롭고 자연 친화적인 힐링의 이미

수려한 오키나와의 바다와 하늘(해안의 모습과 추라우미 수족관)

지이고, 다른 하나는 2차 세계대전의 막바지에 치열한 지상전이 전개되다가 전후에는 냉전의 후방 기지의 역할을 담당하는가 하면 일본에서 예외적으로 끊어지지 않고 대규모 시위가 벌어지는 비극적이고 어두운 이미지다. 하나의 공간에 완전히 상반된 이미지가 동시에 드리워져 있는 것이다. 과연 이 아름다운 땅에는 무슨 사연이 있을까.

잊혀진 유구왕국

오키나와의 사정을 조망하려면 역사를 거슬러 올라가야 한다. 그러면 지금은 잊혀진 것처럼 보이지만 15세기 전반부터 19세기 후반에 이르기까지 중화질서 하에서 중국과 일본의 영향을 지속적으로 받으면서 '비무장의 섬', '평화의 섬'으로서 독특한 정체성을 간직하며 동아시아의 바다와 땅, 다양한 물류와 사람의 교류를 매개해 온 유구왕국

일본에서는 '류큐왕국'이라고 부른다과 만난다.

　유구왕국이 성립하기 전 이곳에서는 기존의 호족 세력들이 패권을 다투어 오다 14세기에 이르러 북부, 중부, 남부의 세 개의 세력이 서로 세력 다툼을 벌였는데 이 시대를 삼산三山시대라고 부른다. 그러다 1429년에 세 개의 세력을 통일하면서 통일 왕국의 역사가 시작되는데, 이것이 바로 유구왕국이었다. 유구왕국이 등장해서 동북아와 동남아를 잇는 중계 거점으로 황금기를 구가하는 시점은 중화질서의 중심에 있던 명나라가 영락제1402~1424년 등의 통치를 거치며 《영락대전》을 완성한 시기이자, 수도를 난징에서 베이징으로 이전하고 정화1371~1434년의 대원정1405~1433년을 추진하는 등 한창 전성기를 구가하던 시기와 맞물린다. 또한 조선에서는 세종의 치세1418~1450년가 펼쳐지던 시기라는 점도 흥미롭다. 한편 해양 국가 일본에서는 남북조의 대립이 종결되고 아시카가足利 가문이 중심이 된 무로마치 막부시대가 전개되던 시기였다.

　이처럼 물류, 정보, 인간 교류를 매개하는 해상왕국이자 중계 거점으로 황금기를 구가하던 유구왕국의 기개를 반영하면서 그들의 정체성을 잘 집약해서 보여 주는 것이 1458년 나하시의 슈리성에 걸린 '만

만국 진량의 종과 탁본

국진량萬國津梁, 세상의 여러 나라를 잇는 가교의 종'이다. 그 종에는 다음과 같은 흥미로운 글이 새겨져 지금까지 전해지고 있다. "유구국은 남해의 이름난 지역으로 삼한三韓의 빼어남을 모아 놓았고, 대명大明과 일본과 보차輔車와 순치脣齒관계로 서로 떼려야 뗄 수 없는 밀접한 관계다. 유구국은 이 두 나라 간의 낙원이다. 선박을 통해 만국의 가교가 되고 외국의 산물과 보배가 온 나라에 가득하다." 유구왕국은 15세기부터 19세기까지 류큐제도에 450여 년간 존재하면서 비무장을 표방하고 풍부한 예술과 문화적 전통을 축적해 온 평화의 나라였다.

평화의 섬에 흐르는 우치난추의 눈물

유구왕국의 수난은 동아시아의 전환기가 도래할 때마다 어김없이 찾아왔다. 16세기 후반 명나라가 해금海禁 정책을 철폐하고 스페인, 포르투갈 등 서양 세력이 동아시아에 밀려들기 시작하면서 유구왕국은 쇠퇴의 조짐을 보이기 시작했다. 16세기 말 해양세력 일본의 조선 침략이 실패하면서 1609년 사쓰마번지금의 규슈지역 남단 가고시마현이 침공해 들어오자, 유구왕국은 중국과 일본 양쪽에 조공을 바치는 이른바 '양속兩屬체제' 외교 노선을 취하며 왕조 국가의 명맥을 유지한다.

지정학적으로 동아시아 해양의 중계 지점에 위치하던 유구왕국은 19세기 서세동점의 쓰나미가 밀려들던 1879년에 부국강병과 문명개화를 표방하던 일본에 강제로 병합되었다. 이를 일본에서는 '류큐처분'이라고 부른다. 메이지 정부는 동아시아의 가장 약한 고리인 유구왕국을 시작으로 거대한 전환기 동아시아 질서의 재편 작업에 들어간다. 이로써 1879년에는 오키나와현이 설치되면서 '유구/류큐'라는 이름이 공식적으로 사라졌다. 유구왕국은 일본의 오키나와현으로 둔갑해서 기억의 저편으로 사라지고 '우치난추 오키나와 사람을 가리키는 고유어'는 파란만장한 역사의 소용돌이 속으로 말려들어 간 것이다.

일본제국이 가까운 이웃 국가들을 삼키는 이른바 '근린 제국주의'의 길로 나아가면서 가장 먼저 '희생양'이 되었던 유구왕국은 태평양전쟁이 막바지에 이르러 또다시 전쟁의 사지死地로 내몰린다. 1945년 4월 1일부터 6월 23일까지 오키나와현의 주민들은 일본 본토 방위를 위해 '철의 폭풍'이라고 부르는 미군의 무차별적인 폭격에 그대로 노출되었는가 하면, 일본군으로부터는 이른바 '옥쇄' 혹은 '집단자결'과 같은 비극적 상황으로 떠밀려야 했다. 오키나와 주민들이 집단적으로 경험한 생지옥의 체험이었다. 오키나와 전투 전사자 21만 명 가운데, 오키나와의 민간인 사망자는 13만 명에 이른다. 이는 당시 오키나와 전체 인구의 4분의 1을 훨씬 상회하는 숫자다. 일본 연구의 세계적인 권위자인 개번 맥코맥 교수는 "오늘날 오키나와인은 전쟁을 증오하고 미군이건 일본의 자위대이건 군대를 불신하며 도쿄나 워싱턴의 '국방'이라는 의제에 동의하기를 거부하는데, 그 근저에는 무엇보다도 오키나와전의 경험과 기억이 자리하고 있을 것"이라고 지적한다. 오키나와 전투가 일본 국내에서 벌어진 '유일한' 지상전이었다는 사실을 곱씹어볼 필요가 있다. '오키나와전의 충격과 공포를 대면하지 않고 현대 오키나와를 이해하는 것은 불가능하다'라는 것은 우치난추들이 공통으로 지닌 아픈 기억에서 기인한다.

2차 세계대전과 제국 일본의 지배가 종식된 이후 글로벌한 차원에서 미국과 소련 간의 냉전질서가 빠르게 형성되고 동아시아 지역이 팽팽한 긴장관계에 놓이면서 미군 점령군 휘하에 놓인 일본은 오키나와

를 미국에게 다시 희생양으로
제시했다. 그리고 1952년 4월
샌프란시스코 강화조약이 발
효되면서 일본은 주권을 회복
한다. 이제 오키나와현은 절
묘한 지정학적인 위상으로 말

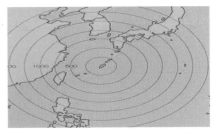

동아시아에서 오키나와의 지정학적 위치

미암아 미군의 전략적 요충지로 새롭게 주목받으면서 미국의 직접 통
치하에 놓이게 되었다.

1972년 5월 오키나와는 '평화헌법'을 가진 일본의 품으로 마침내
'복귀'하지만, 오키나와현에 주둔한 미군기지는 줄어들지 않았다. 일
본 국토 면적의 0.6%에 해당하는 오키나와가 일본에 주둔하는 주일
미군기지의 약 74%에 이르는 부담을 안고 가는 상황이 줄곧 지속되는
것이다. 과거 '비무장의 나라'는 이제 '냉전의 섬'으로 변신해서 미일안
보동맹을 지탱하는 '기지基地의 섬'으로 변신했다. 노벨문학상을 받고
일본의 평화운동에 헌신해 온 작가 오에 겐자부로가 오키나와의 형국
을 가리켜 "오키나와가 일본에 속한 것이 아니라 일본이 오키나와에
속한다"라고 질타한 것은 이런 일본과 오키나와의 뒤틀린 역사의 부
조리한 측면을 지적한 것이다.

슈리성의 화재

2019년 11월 1일, 느닷없이 오키나와 본섬 나하시에 위치한 슈리성
이 전소되었다는 뉴스가 보도되었다. 오키나와 시민들은 유구왕국의
궁궐인 슈리성이 불타오르는 모습을 망연자실 바라보며 발을 동동 굴

렸다. 수개월 전 파리의 노트르담 대성당이 화마火魔에 휩싸인 상황을 연상시켰다. 슈리성의 시련은 이번이 처음이 아니다. 유구/오키나와가 굴곡진 사연을 겪을 때마다 슈리성은 그 한복판에서 수난의 시절을 겪어야 했다.

슈리성은 동서 약 400미터, 남북 약 200미터 규모로 내곽과 외곽으로 구성된다. 특유의 전통적인 구스쿠御城 성곽으로 둘러싸여 있고 중심부로 향하는 경로에 9개의 문이 있다. 그중에서도 '수례지방守禮之邦, 예를 지키는 나라'이라는 현판을 걸고 있는 슈레이몬守礼門은 일본 화폐 2천 엔권의 도안으로 사용되는 등 유구국/오키나와현을 상징하는 대표적인 아이콘이다.

슈리성은 1709년에 화재로 소실되었다가 1715년에 재건된 바 있다. 하지만 서세동점의 상황에서 1879년에 유구왕국이 일본에 완전히 병합되면서 유구국왕은 도쿄로 이주했고, 슈리성은 일본 육군의 주둔지와 각종 학교 등으로 사용되었다. 일본 육군이 슈리성 지하에 사령부를 설치한 탓에 1945년 오키나와 전투에서는 미군의 집중 공격을 받아 다시 잿더미만 남았다.

전후 미군정기에는 슈리성터가 류큐대학 캠퍼스로 사용되었으며, 1992년에 오키나와 복귀 20주년을 기념하여 슈리성의 주요 건물이

불타기 전 슈리성의 모습

슈레이몬을 담은 일본 2,000엔권 지폐

1715년 모습으로 다시 재건될 수 있었다. 유네스코는 슈리성의 성곽 일대가 중국과 일본의 축성문화를 독특한 방식으로 융합하고 있음을 인정해서 2000년에 유네스코 세계문화유산으로 등재했는데, 슈리성이 이번 화마를 견뎌내지 못하고 전소되고 만 것이다.

평화와 상생을 염원하는 우치난추의 꿈

오키나와에서는 어디를 가나 친절한 미소를 지닌 사람들이 '멘소레 めんそおれ, 상대를 환영하고 반겨 주는 오키나와 인사말'라고 인사하며 말을 건네 온다. 사자 모양을 한 수호신이자 오키나와의 마스코트로 유명한 암수 한 쌍의 '시샤'는 우치난추를 닮아 표정이 아주 다양하고 익살스럽다.

그럼에도 오키나와에는 일본이면서도 일본이 아닌, 뭔가 다른 특별한 아픔이 곳곳에 서려 있다. 일본이 전후 '평화헌법'을 내세우며 경제 대국으로 부상할 때 오키나와는 일본의 부담을 온 어깨에 걸머진 채 지금에 이르렀다. 미군의 해금解禁된 기밀문서에서 베트남 전쟁 시에 오키나와에 핵병기가 배치되어 있었음이 백일하에 드러나기도 했다. 2009년 9월 일본에 민주당 정권이 출범하면서 기세 좋게 등장한 하토

오키나와의 마스코트 시샤

오키나와 평화기념공원   평화의 주춧돌

야마 유키오 총리가 260여 일 만에 낙마한 것도 오키나와 후텐마普天
間 기지를 현 밖으로 이전移轉하려다 미국의 반대에 직면했던 것이 구
체적인 계기가 되었다. 후텐마 기지의 현 외 이전을 둘러싼 갈등은 해
결의 기미가 보이지 않은 채 여전히 현재진행형이다. 동아시아가 갈등
과 대결 국면으로 갈수록 틈새에 끼어 있는 '기지의 섬' 오키나와는 불
안 속으로 빠져든다.

　오키나와 본섬의 남단에 위치한 평화기념공원은 오키나와 전투 종
결 50년이 되던 해인 1995년에 조성되었다. 길게 늘어선 '평화의 주춧
돌平和の礎'에는 오키나와에서 사망한 24만 명 이상의 명단이 국적을
불문하고 빼곡하게 각인되어 있다. 그리고 해안 쪽으로 탁 트인 광장
의 중심에는 '평화의 불平和の火'이라는 모뉴먼트가 존재한다. 평화의
불은 오키나와 전투 최초의 미군 상륙지인 아카시마에서 채취한 불과
피폭지 히로시마와 나가사키에서 나눠 받은 불을 합쳐 지금껏 꺼지지
않고 타오르고 있다. 거기에는 전쟁의 참혹한 비극을 다시는 반복해서
는 안 된다는 굳은 결의와 비극의 땅 오키나와가 온 세계에 평화와 상
생의 소중함을 멈추지 않고 발신하겠다는 간절한 염원이 담겨 있다.

메이지 유신의 초석이 된
진정한 영웅 3인방

최갑수 (금융투자협회)

'메이지 유신'이 일본 근대화의 토대라는 사실을 모르는 사람은 거의 없다. 그뿐 아니라 메이지 유신은 우리나라의 운명에도 지대한 영향을 미쳤다. 이 시대 일본을 이끈 특별한 세 인물을 조명해 본다.

메이지 유신은 265년간 지속된 에도시대 1603~1867년 말기의 격렬한 진통을 겪으며 이루어졌다. 막부 말기라고도 하는 이 시기는 보통 페리 제독이 일본에 도항한 1853년부터 대정봉환 천황 친정체제로의 복귀 까지 15년간을 일컫는다. 그때까지 일본은 헤이안시대 후기부터 700년 이상 쇼군將軍이 지배하는 무사정권이 지속되고 있었다. 막부 말기에는 이런 무사 지배 체제를 바꾸어 보려는 움직임이 거세게 일어났다.

이때 상징적이고 대표적인 사건이 대정봉환大政奉還이다. 이 사건은 도쿠가와 막부의 마지막 쇼군15대 도쿠가와 요시노부가 통치권을 메이지 천황에 반환한 정치적 사건이다. 그러나 이것은 형식적인 것으로 그 이후에도 요시노부의 막부 지배 체제는 유지되었다. 여기에 불만을 품은 막부 타도파인 이와쿠라 도모미 등이 메이지 천황을 옹립해 왕정복고의 대호령을 발표하고 요시노부에게서 실권을 빼앗아 막부의 완전 소멸을 선언한 것이다. 마침내 1868년 1월 메이지 신정부가 수립되었고 이것이 메이지 유신의 시발점이다.

우리에게는 3걸이 다소 생소해 보일 수 있고, 악연으로 엮인 인물일지도 모른다. 그러나 메이지 유신의 초석이 된 중심인물을 선택하라면 나는 주저 없이 사이고 다카모리, 요시다 쇼인, 사카모토 료마 이 세 사람을 꼽고 싶다.

라스트 사무라이 사이고 다카모리

2004년에 개봉한 영화 〈라스트 사무라이〉, 도쿄 우에노 공원과 가고시마의 난슈 공원에 있는 배불뚝이 남성의 동상 사이의 공통점은? 바로 일본 개화기의 정치가 '사이고 다카모리'다. 일본인이 친근하게 생각하고 존경하는 인물인 사이고 다카모리는 오쿠보 도시미치, 기도 다카요시와 함께 메이지 유신 3걸로 알려져 있다. 하지만 한국 입장에서 사이고 다카모리는 조선을 정복하자는 정한론征韓論을 적극 내세운 인물이라 다소 좋지 않은 이미지로 알려져 있다.

● 사이고 다카모리가 살아온 인생

사쓰마번현 가고시마현 하급무사의 장남으로 태어난 사이고 다카모리는 동작이 굼뜨고 말이 별로 없어서 얼간이 취급을 받기도 했다고 한다. 하지만 사이고 다카모리는 3살 어린 소꿉친구 오쿠보 도시미치훗날 메이지 정권의 실세가 되는 인물와 운명적인 만남을 가진다. 13살이던 어느 날, 사이고 다카모리는 친구들의 싸움을 말리다 상처를 입고 팔을 자유롭게 쓸 수 없게 되어 무사의 길을 포기한다. 이후 학문에 열중한 그는 사쓰마 고쥬鄕中라는 마을 자치 모임의 리더가 되면서 친구들로부터 두터운 신망을 얻었다. 그 후 사쓰마번의 관리로 근무하게 된 사이고 다카모리는 농촌을 지도했던 경험을 살리고, 번藩의 행정에 관한 의견서가 인정을 받으면서 1854년 27살 나이에 참근교대각 번의 다이묘들을 정기적으로 에도에 머물게 강제하여 재정적인 부담을 주고 볼모로 잡아 두는 제도 연락요원으로 활동했다. 그러다가 1856년에 쇼군의 후계자 계승을 둘러싼 미토번현재의 이바라키현의 개혁파와 존황양이파천황을 받들고 오랑캐를 배척하는 세력와 친분을 맺으면서 출세의 길이 열렸다. 그 후 반대파인 보수파 막부 정치에 실망하여 막부 타도의 의지를 굳혔다. 1866년 사카모토 료마가 중재한 삿초동맹사쓰마번과 조슈번 동맹의 체결에 선봉적인 역할을 했다. 마침내 1867년, 15대 쇼군 도쿠가와 요시노부가 국정 결정권을 천황에게 넘기는 대정봉환大政奉還이 이뤄졌다. 그 후 사이고 다카모리는 잠시 고향으로 내려가 신정부의 국정운영에 불참했다. 그러다가 1871년 정부군 사령관이 되어 폐번치현번을 폐하고 현을 두는 정책을 단행해 중앙 집권적 국가체제 마련, 군사체제의 해산, 사무라이의 특권적 지위박탈 같은 정책을 펼쳤다. 하지만 이에 저항하는 무사계급의 반란이 일어나 다시 고향으로 내려간 사이고 다카모리는 사학을 설립해 후학 양성에 힘썼다. 하지만 뜻을 함께 한 사족과 제자들이 일으킨 세이난 전쟁 중에 아이러니하게도 죽마고우인 관군대장 오쿠보 도시미치와의 전투에서 크게 패해 1877년 자살로 생을 마감한다.

이처럼 파란만장한 삶을 산 사이고 다카모리를 가리켜 사카모토 료마는 이렇게 평가했다고 한다. "크게 두드리면 크게 울리고 작게 두드리면 작게 울리는 인물, 바보라고 하면 대단한 바보이고 영리하다고 한다면 아주 영리한 인물이다."

근대화에 박차를 가해야 하는 일본에서 조선 정벌을 두고 사쓰마번과 조슈번 사이에서 격렬한 논쟁이 벌어졌다. 조선 정벌 시기를 둘러싸고 일어난 논쟁에서 밀린 사쓰마번파의 무사들은 메이지 유신에 가장 공을 많이 세웠으면서도 주요 요직을 차지하지 못했다. 즉, 이들은 막부와 지방 영주가 없어진 자리를 대신 차지하지 못한 불만, 국민 개병제 도입으로 사무라이의 특권이던 폐도령 1876년 사무라이는 더 이상 칼을 차지 못하며 형사법을 집행할 권리가 없어짐에 대한 불만을 점점 키워 갔다. 1868년 막부정치를 청산하고 왕정복고를 이룬 메이지 정부는 조선에 수교통상을 요구하지만 쇄국정책을 표방했던 대원군은 이를 철저히 무시하고 접견조차 허락하지 않는다. 그 후 조선은 1876년에 운양호 사건을 겪게 된다.

● 사이고 다카모리, 일본인에게 존경받는 인물이 된 이유

사무라이의 나라 일본에서 사이고 다카모리는 사무라이답게 생을 마감한 인물이라고 할 수 있다. 사이고 다카모리는 부귀가 보장된 삶보다는 신념을 중시했다. 아울러 혁명의 주역인데도 권력을 택하지 않고, 몰락의 길이라 할지라도 신념대로 묵묵히 걸어간 사이고 다카모리 같은 인물은 세계 혁명사에서도 찾아보기 힘들다. 그렇기에 사이고 다카모리는 진정한 사무라이로 평가받는 것이다. 사이고 다카모리가 남긴 말을 보자. "목숨도 필요 없고, 명예도 필요 없다命もいらず名もいらず." 그의 정신이 그대로 담겨 있는 말이다. 아울러 사이고 다카모리는 사무라이의 신분이 폐지되면서 사족들의 불평불만이 커지자 이를 대신 짊어지며 역사적인 소명을 다했다는 평가를 받는다. 사이고 다카모

리의 말과 행동은 메이지 유신, 다시 말해 일본 제국의 기틀을 다지는 데 기여했다고 볼 수 있다.

● 사이고 다카모리 동상을 둘러싼 재미있는 이야기

동경에 있는 우에노 공원의 동상은 사이고 다카모리가 죽고 나서 21년이 지난 1898년에 세워졌다. 생전에 사이고 다카모리는 사진 찍는 것을 아주 싫어했다. 그래서 얼굴은 동생인 츠구미치의 사진을 참고했고, 하반신은 사촌동생인 오오야마 이와오의 사진을 참고했으며, 이탈리아 동판화가 키오소네가 그린 그림을 바탕으로 사이고 다카모리의 동상이 만들어졌다고 전해진다. 동상에서 사이고 다카모리 옆에 있는 개는 고토 사다유기의 작품이다. 하지만 1898년 제막식에서 사이고 다카모리의 아내 이토코가 남편의 동상을 보고 "저런 모습은 아닌데" 라고 했다는 우스갯소리가 전해진다.

우에노 공원의 동상

가고시마 난슈 공원에 있는 동상

그리고 가고시마 난슈 공원에 있는 사이고 다카모리의 동상에는 세고돈사이고 다카모리를 친근하게 표현한 지역 방언이라는 말이 새겨져 있다.

메이지 유신의 정신적 지주 요시다 쇼인

일본 정치사에서는 중요한 인물이지만 한국에서는 잘 알려져 있지 않은 요시다 쇼인吉田松陰. 2019년 7월 한국 정부의 핵심 관계자가 외신기자 간담회에서 일본의 경제보복에 대해 "일본 수출 제한 조치를 즉각 철회해 달라"라고 촉구한 내용에서 요시다 쇼인을 언급하면서 요시다 쇼인이라는 인물이 한국에서 주목을 받았다.

한국 정부의 핵심 관계자는 "요시다 쇼인이 살아 있었다면 한일 양국의 미래 지향적 협력에 동의할 것"이라고 요시다 쇼인과 메이지 유신을 이끈 다카스키 신사쿠를 언급했는데, 이 시점에서 요시다 쇼인 언급이 적절한지 뜨겁게 논쟁이 일었다. 요시다 쇼인은 '정한론'과《유수록》의 저자로 메이지 유신을 이끈 세력의 스승이다. 일본 근대사에서 반드시 등장하는 요시다 쇼인을 알아보고자 한다.

야마구치현옛 조슈번, 일본 정치의 총본산

조슈번현 야마구치현 하면 우선 떠오르는 것이 아베가家이다. 전직 총리인 아베 신조의 부친인 아베 신타로는 외무부 장관을 지냈고, 외조부인 기시 노부스케 역시 총리를 지냈다. 그뿐만 아니라 아베 총리를 포함해 지금까지의 총리 총 63인 중 8명이 야마구치현 출신이다. 한마디로 야마구치현은 일본 우익의 총본산이기도 하다. 이 야마구치현에

요시다 쇼인이 가르쳤던 '쇼카손쥬쿠松下村塾'가 있고, 2019년에 일본산 불매운동으로 크게 홍역을 치른 유니클로 본사도 야마구치현에 있다.

야마구치는 복어와 사케로도 유명하다. 대표적인 사케로는 '닷사이 니와리 산부獺祭二割三分'가 있는데 일본 사케 애호가들이 뽑은 '준마이다이긴죠純米大吟釀 Best 30'에서 1등을 차지하기도 했다. 니가타의 명주銘酒, 고시노간바이, 구보타, 핫카이산를 제친 닷사이 사케는 부드럽고 향이 좋은 사케로 잘 알려져 있다. 품질 좋은 사케를 만들기 위해 극한의 23% 정미율을 고집한 것이 닷사이 사케의 성공 비결이다. 닷사이 사케는 아베 전 총리와 오바마 전 미국 대통령의 정상회담에서 두 국가의 화합을 기원하는 건배주로 사용되면서 더욱 유명해졌다.

이렇게 품질 좋은 복어와 닷사이 사케의 고장 야마구치현의 정신적 스승으로 불리는 인물이 요시다 쇼인이다. 요시다 쇼인이 태어난 야마구치현 하기시에 여행을 간 적이 있다. 하기시는 촌구석에 불과해서 처음에 갔을 때는 실망이 컸다. 하지만 이런 촌구석에서 나고 자란 요시다 쇼인이 몇 십 년 후 일본의 역사를 송두리째 바꾸어 놓는 메이지 유신의 초석이 되었다는 사실을 알면 생각이 크게 달라진다. 아베 신조 전 총리는 요시다 쇼인을 가리켜 '정신적인 지주'라고 부르면서 신처럼 모신다. 매년 신사 참배 문제로 우리에게 극렬한 항의를 받고 있는 야스쿠니 신사는 조슈 신사長州神社, 1869년 이토 히로부미가 요시다 쇼인과 다카스키 신사쿠 등의 위패를 모신 곳으로, 1879년 메이지 천황이 야스쿠니 신사로 이름을 바꾸었으며 원래 이름은 쇼콘사(招魂社) 라는 별칭을 갖고 있을 정도이다. 요시다 쇼인이 이렇게 일본 정치계에서 극진한 대우를 받는 이유는 무엇이며, 과연 그는 누구인가?

요시다 쇼인의 생애

1830년에 조슈번에서 하급 무사의 둘째 아들로 태어난 요시다 쇼인은 숙부의 양자로 들어가 군사학인 병법 공부에 매진한다. 11살 때 '무교전서武敎全書' 병법을 강의할 정도로 똑똑해서 어릴 때부터 '마츠모토松本'에서 천재가 나왔다고 촉망받는 인재였다. 어릴 적부터 밭에 나가 일하면서도 밤에는 4서 5경, 한시 등을 공부한 열렬한 독서광이었다. 요시다 쇼인은 나라를 구한다는 신념으로 탈번속해 있는 번을 벗어나는 불법행위해서 일본 전역을 탐방하며 서양 문물 배우기에 앞장섰다. 서양 병법을 배우기 위해 규슈, 동북지역의 아키타, 아오모리, 미토, 에도 등에서 견문을 넓히고 서양 학문과 군사학을 익혔다. 미국인 페리 제독이 이끄는 흑선黑船, 구로후네을 본 요시다 쇼인은 서양의 선진문명에 커다란 감동을 받았고, 동시에 막부의 무능함과 정체된 막부 체제에 실망한다. 일본을 여행하면서 새로운 서양의 신문물과 정치 체제의 혁신적인 변화가 필요함을 인식해 막부에 서양의 무기 도입과 인재를 해외에 파견하는 정책을 제안하기도 한다. 미국과 일본 사이에 '미일화친조약'이 체결되자 시모다항현 시즈오카현에 위치에 정박 중이던 미군 함대에 승선해서 밀항을 시도했으나 실패해 감옥에 수감된 것은 유명한 일화이다. 감옥에서도 죄수들을 모아 일본의 위기 상황을 알리고 자신의 사상을 전파하기도 한다. 요시다 쇼인이 감옥에 있는 동안 집필한 《유수록幽囚錄》에는 밀항을 시도한 이유와 기본적인 정치 사상이 자세히 소개되어 있다.

옥살이를 마친 요시다 쇼인은 숙부가 이끌던 사설 교육기관 쇼카손주쿠에서 강의를 했다. 압도적인 서양 세력에 맞서 싸우려면 먼저 그들에게 배워야 한다는 시대적인 흐름을 인식하고 쇄국에서 개국으로 바꿀 것을 주장했다. 쇼카손주쿠는 신분과 관계없이 젊은이들에게 사상을 전파하고 이론을 가르치면서 능력 있는 인재를 양성하는 곳이 되었다. 교육은 위기에 빠진 일본을 구하는 방법을 다양한 대화를 주고받으며 토론하는 방식으로 이루어졌다. 그뿐만 아니라 사상, 문학, 등산, 수영 등 현실을 살아가는 데 꼭 필요한 실용적인 학문도 배울 수 있었다. 일본의 새로운 변화를 꾀하려는 다양한 시도가 다다미 8장 크기의 교실인 쇼카손주쿠에서 이루어진 셈이다. 그런데 이처럼 일본을 새롭게 이끌려던 요시다 쇼인은 마나베 아키카츠 암살 계획 사건에 연루되어 29세라는 젊은 나이로 생을 마감한다. 비록 요시다 쇼인은 세상에 없지만 그가 일본에 남긴 사상은 아직도 살아 있다.

유수록의 주요내용

요시다 쇼인이 쓴 《유수록》에서 흥미로운 내용의 일부를 현대어로 번역해 봤다.

일본의 힘을 하나로 모아 우선 에조치현재 홋카이도현를 개척하고 류큐현재 오키나와현를 완전히 일본 영토로 만든다. 러시아가 잠시 숨고르기를 하고 있는 틈을 타서 가라후토섬을 탈취해 일본 영토로 한다. 조선을 식민지로 만들고, 북쪽에 있는 만주 땅을 일본 땅으로 할양받는다. 남쪽으로는 대만과 남방의 여러 섬을 점령한다. 차근차근 일본의 세력을 넓혀 나가 세계로 뻗어나가 과시해야 한다. 日本が統一的力を発揮した後で、まず北海道を開拓し、沖縄を完全に日本領にし、ロシアの隙に乗じて樺太を奪い、朝鮮を植民地にし、北は満州の地を割き、南は台湾および南方の諸島を領し、じりじりと日本の勢いなるものを世界に示すべきだ。

이처럼 요시다 쇼인은 서양 열강의 침략 등으로 정세가 급변하던 시기에 서양의 실체를 파악해 일본의 의식도 바꿔야 한다고 주장한 인물이다. 일본은 변해야 하고 경제기반을 잘 다지며 조약을 지켜야 한다는 주장, 미국과 러시아를 견제해야 하고 기회를 봐서 홋카이도를 개간하고 류큐를 다스리며 조선을 정벌하여 타이완과 필리핀까지 넘보고 만주를 공격해 중국을 제압해야 한다는 주장 등 요시다 쇼인이 간직한 팽창주의의 꿈이 《유수록》에 잘 나와 있다. 요시다 쇼인의 꿈은 컸다. 그의 꿈은 바로 동아시아에서 멈추지 않고 인도까지 목표로 삼아 세계로 뻗어 나가야 하고 일본 주변의 약소국을 일본에 편입시켜야 한다는 팽창주의였다. '강한 서구에는 머리를 숙이면서 장점을 배우자. 그 장점을 일본화해서 아시아를 상대로 펼쳐 보자.' 이것이 요시다 쇼인이 가지고 있던 생각이다. 훗날 정한론과 대동아 공영권 사상의 기반이 되어 오늘날까지도 일본의 제국주의 팽창과 일본의 근대화에 커다란 영향을 주고 있다.

요시다 쇼인의 제자

요시다 쇼인이 이끈 쇼카손주쿠는 문하생들에게 정신적 교육을 시켜 근현대 일본을 이끈 주역을 다수 배출했다. 막부를 타도하고 천황 중심의 근대 국민국가를 만들려고 한 메이지 유신의 주역이 되는 제자들을 양성한 요시다 쇼인의 방식이 결실을 맺었다고 할 수 있다. 이곳에서 배출된 인물들은 메이지 신정부의 요직을 차지하고, 일본의 정계와 국제관계에 큰 영향을 미친다. 제자들은 요시다 쇼인의 가르침대로 서양의 직조술, 대포 제조술, 조선술, 육군 편제 등을 배워 근대 일본의 모습을 형성하는 데 중추적인 역할을 한다. 오늘날 야마구치현 출신인 그의 동료와 제자 중에는 삿초 동맹의 주역인 기도 다카요시, 막부 타도의 선봉인 다카스기 신사쿠, 일본 군국주의의 아버지로 불리며 군부 최고의 실력자로 군림한 야마가타 아리토모, 한일 강제병합의 원흉 이토 히로부미, 명성황후 암살의 배후 이노우에 가오루, 초대 조선 총독 데라우치 마사타케 등이 있다.

요시다 쇼인의 어록과 유수록

요시다 쇼인은 많은 어록을 남겼다. 어록의 일부를 살펴보면 다음과 같다.

- 지성으로 최선을 다하면 이루지 못할 일은 없다.
- 뜻을 세운 삶은 그 뜻을 이루기 위해 죽을 각오를 해야 한다.
- 진실된 인간관계를 만들어야 하고 서로 도우며 협력해야 한다.
- 자기에게 진정성의 마음가짐이 있으면 기개 없는 생각은 저절로 물러난다. 그러니 두려워할 것은 없다.
- 이대로 죽더라도 나는 우리의 뜻을 계승하는 인재를 후세에 남기고 싶다.

이 이외에 다음의 어록은 정말 우리를 섬뜩하게 만든다. "죽은 후에 그 뜻에 커다란 의미가 있다면 언제든지 죽으리라", "살아서 대업을 이룰 가망이 없다면 언제든지 죽을 것이다."

《유수록》과 어록만을 보아도 알 수 있듯이 요시다 쇼인은 무서운 예지력과 관찰력을 가진 인물이다. 여러 곳을 여행하면서 얻은 경험과 많은 책을 통하여 얻은 지식을 사상으로 승화시켰다. 특히 양육강식의 이론을 일찍이 터득한 그는 '구미 열강과의 마찰을 피하고 서구식 무기를 도입해 서양 세력과의 교역에서 입은 손실을 만주나 조선 등을 침략해 되찾자'라고 주장했다.

서양 세력을 이기기 위해서는 상대를 알아야 한다는 생각에 적극적으로 배우려 하고자 했으나 서양세력에 당한 것을 그대로 이용해 주변 국가를 점령하는 '팽창화를 정당화'한 요시다 쇼인. 일본 우익세력이 그를 정신적 지주로 삼고 있다는 것을 우리는 직시해야 한다. 임진왜란을 겪고 그 난을 되짚어 보면서 쓴 서애 유성룡 선생의 《징비록》이 조선에서는 외면되었으나, 일본은 《징비록》을 가져가 분석해서 읽고 활용했다는 점만 보아도 우리가 좀 더 냉정해져야 한다.

우리가 일본에게 또 다시 쓰라린 과거의 전철을 되풀이하지 않으려면 반드시 알아야 할 인물이 요시다 쇼인이다. 우리에게는 커다란 피해를 주는 데 결정적인 기초를 제공해 준 사람이지만 일본에서는 정신적 지도자로 칭송받고 있다. 정신적 지도자의 존재 여부가 그 국가의 흥망성쇠를 결정하는 것을 보면 교육의 힘, 인재의 필요성이 얼마나 절실한지 알 수 있다. 지금 이 어렵고 혼란스러운 시대에 한국에는 과연 요시다 쇼인과 같은 사상가가 얼마나 있을지 자문해 보면 가슴이 먹먹해지는 것이 솔직한 심정이다.

겁쟁이에서 일본 영웅이 된 사카모토 료마

1962년에 작가 시바 료타로는 사카모토 료마를 주인공으로 한 장편 역사 소설 《료마가 간다龍馬が行く》를 썼다. 이후 이 소설은 전집, 단행

본, 문고본으로 출간되었고, 드라마와 영화 등으로 만들어졌다.

사카모토 료마는 일본인을 대상으로 한 설문조사에서 가장 존경하는 인물과 좋아하는 역사 인물 부문에서 각각 1위2019년와 2위2020년를 차지했다. 사카모토 료마가 이처럼 일본인 사이에서 인기가 있는 이유는 무엇일까? 역사적으로 대단한 업적을 세운 인물이라는 이유도 있지만 무엇보다 인간적인 매력도 큰 몫을 하는 것 같다. 사카모토 료마는 과연 어떤 인물일까? 그의 인생과 업적, 인성, 인간관계 등을 통해서 알아보고자 한다.

료마의 인생과 업적

사카모토 료마는 1835년 도사번현 고치현에서 태어났다. 넓은 영지를 가지고 있던 아버지를 둔 덕에 료마는 유복한 어린 시절을 보냈다. 하지만 어린 시절의 료마는 공부는 그리 잘 하지 못했고 용감한 성격도 아니었다. 동네 아이들과 강으로 헤엄치러 가서도 용기가 없어 강으로 뛰어들지도 못해 겁쟁이라는 놀림을 받은 적이 있을 정도였다. 돌아가신 어머니 역할을 했던 누나 오토메는 여자치고는 덩치가 크고 문무에도 능해 료마에게 수영뿐만 아니라 검도, 서예, 와카 등을 가르쳐 주었다. 누나와 어떤 대결을 하든 료마는 늘 졌다. 분해서 우는 료마에게 오토메는 여장부답게 "사내 대장부가 울면 되겠어?"라고 호통쳤다. 료마는 그런 누나를 평생 믿고 의지했다.

19세가 된 료마는 검술을 배우고자 에도도쿄의 옛 이름로 간다. 그곳에서 료마는 북진일도류北辰一刀流, 현대 검도의 원형이 된 일본 고류(古流) 검술의 지바 사다키치 선생님의 제자로 들어가 검을 배우고, 정치가이자 학자인 사쿠마 쇼잔의 사숙에서 공부했다. 이 시기에 료마는 개국을 반대하고 천황을 받들면서 서양세력을 배척하려는 존황양이론자들과 교류하는 한편, 서양 학문을 익히면서 시대의 조류변화에 눈을 떠 갔다.

1861년 다케치 즈이잔을 중심으로 도사번 출신 하급 무사들이 모여 결성한 '도사근왕당土佐勤王堂'에 들어가지만 도사번의 방침은 근왕당과는 달랐다. 그래서 료마는 소속된 번을 나오는 탈번이 중죄임을 알면서도 28세에 탈번을 감행했다. 1862년 다시 에도로 간 료마는 평생의 스승이 되는 가쓰 가이슈를 만나 서양 문물과 개화사상을 배우면서 세계 정세를 파악하게 되었다. 료마는 가쓰의 소개로 정치가 사이고 다카모리를 만났고, 사쓰마번의 원조를 받아 나가사키에 가메야마 조합이라는 무역상사를 설립한다. 이 회사를 통해 사쓰마번과 조슈번이 제휴해서 '삿초동맹'을 성공시키고 동맹군은 막부 토벌 운동의 중심이 된다.

1867년 료마는 새로 탄생할 정부가 취해야 할 8가지를 제시한 '선중팔책船中八策'을 작성해 막부의 마지막 쇼군이 된 도쿠가와 요시노부에게 올렸고, 후에 정권을 조정에 반환하는 역사적인 대정봉환이 이루어진다. 대정봉환을 성립시키고 한 달 후 료마는 교토의 오미야 여관에서 나카오카 신타로와 함께 괴한에게 피살된다. 료마를 죽인 범인이 누구인지는 아직까지도 미스터리로 남아 있다.

료마의 인성

19세 때 에도로 떠나던 날, 아버지 사카모토 하치헤이는 료마에게 세 가지 조항이 적힌 글을 건넸다. '수행에 힘쓸 것, 낭비하지 않을 것,

여자에게 빠져 국가의 대사를 잊지 않을 것'이었는데 료마는 이 글의 표지에 '지킨다守る'라고 덧붙여 쓰고 평생 간직했다고 한다. 료마가 더 이상 어릴 적의 겁쟁이가 아니라 한번 세운 결심을 끝까지 결행하는 의지가 강한 사람이라는 것을 보여 준다.

사카모토 집안사람은 모두 와카를 좋아했는데 료마도 자주 읊었다.

세상 사람이 나를 뭐라고 해도 좋다.
世の人は我を何とも言わば言へ。
내가 할 일은 나밖에 모른다.
我がわすことは われのみぞしる。

자신을 주위에 맞추려 하지 않고 자신의 생각이나 신념을 믿는 료마의 성향이 엿보인다.

료마는 또한 편지 쓰기를 좋아해서 여러 사람에게 편지를 보냈다. 료마가 가장 많이 편지를 쓴 대상은 누나 오토메였다. 누나에게는 편지로 어떤 이야기든 털어놓을 정도였다. 독특한 비유를 들어 표현하기를 좋아했던 료마는 심지어 '종기는 시기를 잘 보고 바늘로 찔러야 고름이 나온다'라는 내용의 편지를 누나에게 보내기도 했다. 일명 '네부토 편지'라고 하는데 네부토란 여드름이나 부스럼 같은 종기를 말한다. 천하의 일을 하는 사람은 시기를 잘 판단해서 행동해야 성공함을 비유한 것이다. 아내 오료에게도 많은 편지를 보냈지만 아내가 모두 없애 버려 1통만 남았다고 한다.

료마는 새로운 것에 대한 호기심도 많았다. 메이지유신 이전에는 사진을 남긴 사람이 별로 없었는데 료마는 특이하게도 6장의 사진을 남겼다. 나가사키 사진관에서 선 자세로 찍은 료마는 기모노 차림에 부츠를 신고 있다.

삿초동맹을 성사시킨 후 교토 후시미에 있는 여관 데라다야에 묵고 있던 료마는 괴한의 습격을 받고 부상을 입었다. 가까스로 몸을 피한 료마는 사쓰마번의 보호를 받았고, 사이고 다카모리의 권유로 아내인 오료와 함께 가고시마현에 있는 시오히타 온천에서 요양했다. 료마가 아내 오료와 함께 간 이 여행이 일본 최초의 신혼여행이라고 한다.

인간관계

료마는 다른 사람들의 말을 진지하게 듣고 의견을 받아들이면서 토론을 즐겼다. 그런 식으로 다양한 사람들과 사귀며 운명적인 만남으로 만들면서 자신도 크게 성장해 갔다. 구로후네黑船 소동으로 알게 된 화가 가와다 쇼료를 통해서 료마는 외국에 대한 지식을 넓힐 수 있었다. 구로후네 소동은 1853년 일본 개국의 임무를 띤 미국의 페리 제독이 4척의 검은 군함을 이끌고 에도만에 나타나 일본을 놀라게 한 사건을 말한다. 이외에도 료마가 평생의 스승으로 모신 가쓰 가이슈와 삿초동맹의 주동자인 사이고 다카모리와의 소중한 만남도 있다.

료마는 여성 편력도 화려했다. 교토박물관에 소장된 료마가 입었던 예복을 보면, 료마의 신장은 173~179cm 정도이고, 외모는 그리 잘생겨 보이지는 않는다. 료마를 만난 여성들은 자신의 목숨을 걸고라도 그를 도우려 했다. 어릴 적부터 같이 자란 히라이 가오, 북진일도류의 창설자 지바 사다키치의 딸인 지바 사나코, 삿초동맹 직후 교토 데라다야 사건에서 암살의 순간을 피하게 하고 후에 료마의 아내가 되는 오료 등이 대표적이다. 특히 지바 사나코는 료마가 죽은 후에도 평생 독신으로 지냈다. 기묘한 우연도 있다. 지바 사나코와 아내 오료는 공교롭게도 료마가 세상을 떠난 일자인 15일에 사망했다고 한다. 세간에서는 료마를 사모하는 두 여인의 애절한 마음이 이런 우연을 만들어 냈다는 이야기가 흘러나왔다.

료마

소프트뱅크 그룹의 손정의 대표는 료마를 인생의 롤모델로 삼았다고 한다. 또한 많은 일본인들은 료마를 리더로 삼고 싶은 인물 혹은 연애 상담을 하고 싶은 인물로 꼽기도 한다. 확실히 료마는 능력과 인간성 모두 매력적인 인물임이 틀림없다. 그리고 시대를 앞서 읽는 안목과 시대의 흐름에 따라가는 대담성을 가진 인물로 상징되곤 한다. 시대가 바뀌어도 료마의 이런 생각이나 신념에서는 배울 것이 많다.

무사의 '충'이란

주신구라와 하가쿠레

요시다 유코(일본문학 박사, 전남대 강사)

꽃은 벚꽃, 사람은 무사

일본에는 유명한 속담이 있다. '꽃은 벚꽃, 사람은 무사'. 꽃은 벚꽃
이 가장 아름답고, 사람은 활짝 피어 흩날리는 벚꽃처럼 미련 없이 죽
을 수 있는 무사가 가장 아름답다는 말이다.

무사의 역사를 거슬러 올라가면 헤이안시대794~1185년부터 시작한
다. 무사는 군사력을 가지고 귀족 지배의 사회를 정복했고, 무사가 실
질적으로 주도하는 중세 사회를 구축한 후에는 근세에도시대가 끝날 때
1867년까지 일본의 역사를 견인하는 중심적인 존재로 지속했다. 그리
고 무사들 사이에서 발달한 도덕규범을 '무사도'라고 말한다. 무사도
를 세상에 알렸던 사람은 니토베 이나조다. 일본 고유의 정신이 무사
계급에서 나타난 것을 주장했던 그의 저서 《무사도 *Bushido: The soul of
Japan*》는 1899년 미국에서 출간되었다. 《무사도》는 일본 무사의 윤리
관을 강조한 책이다.[1] 니토베 이나조는 1984년 일본지폐 오천 엔권 초

---

1   新渡戸稲造 著 矢内原忠雄 訳(2003) 『武士道』, 岩波文庫. 이 책은 무사도를 의
    (義)·용(勇)·인(仁)·예(禮)·성(誠)·명예(名譽)·충의(忠義)·극기(克己) 등으로 각
    항목으로 나누어서 체계적으로 설명하고 있다. 여기서는 그중 '충의'와 '할복' 부분
    에 관련된 이야기를 한다.

상으로 등장하기도 했다.

무사는 '사무라이侍'라고도 하는데 사무라이 정신세계의 중심에는 '충'이 있다. 과연 무사가 지닌 독특한 '충'의 세계는 어떠한지 자세히 살펴보자.

'충'의 대명사 주신구라

일본에서 충의忠義 이야기라고 하면 《주신구라》가 유명하다. 가부키나 인형극 등에서 자주 등장하는 충신장忠臣藏, 주신구라은 주군을 위하여 장렬하게 목숨을 바친 무사들의 이야기로 알려져 있다. 한국에서 《춘향전》이 사랑을 받고 있는 것처럼 《주신구라》는 일본인이 좋아하는 이야기로 충의 세계를 잘 표현한다. 주신구라에 등장하는 47인의 사무라이는 현대에서 '아코 낭인'이라 불리며, 죽은 주군아사노 다쿠미노카미 나가노리을 위해 목숨을 걸고 주군의 소원을 이루기 위해 행동했다.

오보시 유라노스케
(오이시 구라노스케)

엔야한간
(아사노 나가노리 아코번 주군)

고노모로나오
(기라 요시나카)

주신구라 이야기 속에서 아사노가 억울한 죽음을 당한 것은 조정의 격식에 정통하고 쇼군의 총애를 받던 거물급 영주인 기라기라 고즈케노스케 요시나카 때문인 것으로 이야기가 전개된다. 아사노 가신의 대표가 되는 오이시 구라노스케는 주군의 사후 아사노 가문을 부흥하려고 노력해 왔지만 막부는 그것을 받아들이지 않았다. 억울한 죽음을 당하는 주군, 그리고 아사노 가문의 부흥의 길이 없다는 실망감은 47인의 사무라이들이 마지막 결단을 내리게 했다. 바로 기라를 습격하는 것이다. 그것이 죽은 주군의 소원이었기 때문이다. 주신구라 이야기는 가문의 멸망이라는 운명 속에서 흔들리는 사람들의 삶과 마음을 잘 표현하고 있다. 낭인들의 충과 삶에 대한 고민과 사랑 이야기, 가문을 위한 희생의 세계는 일본인의 마음 깊은 곳에 공명하는 부분이 있다. 아코낭인들은 결국 막부의 판결로 할복하고 주군과 함께 도쿄 미나토구의 센가쿠지에 잠들어 있다.

문학 작품인 주신구라의 모티프가 된 아코 사건은 겐로쿠 14년에서 16년1701~1703년에 발생한 실제 사건이었다. 1710년 아사노의 남동생인 다이가쿠가 아와노쿠니 500석의 영지를 하사받아 하타모토旗本가 되었다. 이것은 1709년 5대 쇼군 도쿠가와 쓰나요시의 사망 후 사면을 받은 것이었다. 이렇게 아사노 가문의 부흥이 실현되어 아코 사건은 종결되었다. 그래서 지금까지 막부가 엄격하게 금지했던 아코 사건과 관련이 있는 이야기들아코 낭인극이 그 후 문학작품으로 상연되기 시작한 것이다. 1748년의 《가나데혼 주신구라》는 아코 낭인극을 집대성한 유명한 작품이라 할 수 있다.

그런데 주신구라가 일본의 대표적인 충성을 상징하는 이야기로 잘 알려져 있지만 아코 사건이 종결된 1710년 무렵에서 1716년 사이 하나의 또 다른 '충'의 세계를 표현한 원고가 그 형태를 갖췄다. 그리고 원고에는 "이 열한 권의 글은 나중에 불에 쳐 넣어야 한다"라는 불길한 주석이 남겨 있었다.

하가쿠레란 무엇인가

이 원고는 《하가쿠레葉隠》로 알려져 있는데 은둔한 사무라이 야마모토 진우에몬 쓰네토모가 구술한 것을 다시로 마타자에몬 쓰라모토가 받아 적은 것이다. 이 담화에는 야마모토의 고찰이 함께 담겨 있는데 하가쿠레가 시작되는 첫 문장은 가히 충격적이다.

"무사도, 즉 사무라이의 길은 죽음을 의미한다."

어쩐지 등골이 오싹해지는 공포감이 느껴진다. 그리고 다음 문장은 다음과 같이 이어진다.

"둘 중의 하나를 선택할 때는 언제나 곧바로 죽음으로 향하는 편을 선택하라. 복잡하지 않다. 확신을 갖고 나아가 부딪쳐라. 올바른 목적이 없는 죽음을 개죽음이라고 하는 것은 교토 지역 껍데기들만의 무사도다."

'교토 지역 껍데기들만의 무사도'라는 글을 음미할 때, 오이시 쿠라노스케가 교토 야마시나에서 잠시 은둔 생활을 하고 있었던 것을 떠오르게 한다. 그런 연유에서인지 쓰네토모는 47인의 사무라이들이 행동을 결단하기까지 시간을 너무 허비했다고 비판한다.

"아사노 공아사노 다쿠미노카미 나가노리의 사무라이들이 행한 밤 공격도 물론 잘못이다. 즉각적으로 공격한 후에 센가쿠지에서 바로 할복해야 했다. 무엇보다도 그들은 주군의 사후에 너무 오래 시간을 끌었다. 기라 공기라 고즈케노스케 요시나카이 그러다 만일 병들어 죽었다면 어쩔 것이었는가? 교토 인간들은 칭찬받을 일을 궁리하는 데는 똑똑하고 재빠르다 …."

이렇게 비판하는 하가쿠레에 나타난 '충'은 확실히 주신구라의 '충' 과 다른 느낌을 준다.

하가쿠레의 '충'의 일화

하가쿠레 속에는 일화가 많은데, 주군에 대한 '충'을 다룬 극단적인 일화도 있다.

"사가라 큐마는 몸을 바쳐 주군을 섬겼던 무사다. 일기당천一騎當千의 무사라 해야 할 것이다. 어느 해 사쿄左京 나리사가번의 나베시마 가문 가쓰시게의 열번째 아들의 자택에서 평의회가 열려 큐마의 할복이 결정되었다. 그 무렵 오사키大崎에 있는 다쿠노이多久逢 나리의 시모下 저택에 3층 구조의 찻집이 있었는데, 큐마가 그 찻집을 빌려 사가규슈지방의 사가현의 건달들을 모아 놓고 꼭두각시 놀이꾼을 불러들여 연일 밤낮 술자리를 벌여 시끄럽게 판을 벌였다. 그 찻집에서 사쿄 나리의 저택이 내려다보이므로 불경스럽기 그지없었을 터, 그렇지만 이것은 큐마에게 깊은 뜻이 있어서 그랬던 것이다. 공신에게 할복을 명하는 주군의 허물을 덮어 주기 위해 일부러 죄를 만들어서 배를 가를 각오를 했던 것이다. 얼마나 멋지고 훌륭한 무사가 아닌가."

이 이야기에는 후일담이 있지만 무조건적인 주군에 대한 충성심은 하가쿠레가 추구한 하나의 세계관이라고 할 수 있다.

근대와 현대의 하가쿠레

무사도를 이야기할 때 '하가쿠레葉隱'를 뺄 수 없을 것이다. "무사도란 죽음을 각오하는 것이다"라는 유명한 문장은 하가쿠레 무사도의 성격을 잘 나타낸다. 그래서 20세기 전반 일본 군국주의자와 극우파들이 구호로 자주 사용했다. 서적으로 출판된 하가쿠레는 죽음마저 각오하는 마음을 불러일으켜 당대 군인들에게 엄숙하면서도 열정적으로 받아들여졌다. 그러나 1945년 전쟁 종료 후에는 일본 국내에서 초국가주의와 군국주의 비판이 높아지는 사회 분위기 속에서 하가쿠레의 평가는 급속히 변화했다.

현대 일본 사회에서 하가쿠레는 이성적이고 객관적으로 분석되고 인간경영을 위한 비즈니스 서적으로도 활용되고 있다. 그 예를 《무사도입문》에서 살펴보자.

"무사의 마음가짐이나 회사원의 마음가짐이나 비슷하다. 항상 진검승부다. 승리하기 위해서 철저히 준비해야 한다. 그러나 다음날 회의가 있음에도 '어떻게 되겠지'라는 안일한 생각으로는 출세하지 못한다."

"지나치게 출세가 빠르면 사람들이 적으로 돌아서고 그 지위도 오래 가지 못한다. 출세가 늦는 사람은 모두 편이 되어 주므로 그런 분위기 속에서 이룬 출세라야 장래가 보장되는 것이다. 요컨대 출세가 늦거나 빠르거나 남들이 납득할 수 있는 것이라면 위태롭지 않다."

하가쿠레는 이처럼 경쟁이 심한 현대의 비지니스 사회에 응용할 수 있는 가르침이 담겨 있어 '생활의 처방전'으로 주목받고 있다.

미래의 주신구라와 하가쿠레

지금까지의 설명으로 일본 무사의 충의 세계를 잘 아는 독자는 일반적인 일본 문화를 소개하는 서적에서도 잘 정리되어 있다고 생각할지도 모르겠다. 그런데 일본을 이해하기 위해 반드시 필요한 일본 문화 코드로 한 가지 꼭 알아야 할 것이 있다. 이는 일본의 특징이라고 할 수 있는데, '시대 변환기에 무사도의 핵심인 충의 세계관주신구라와 하가쿠레이 강력하게 나타났다'라는 것이다. 변화하는 시대에 따라 양상은 다르지만 그 근본에는 무사의 '충'이 언제나 존재했다. 그런 양상은 대중 소설·영화·TV 드라마 등에서 나타났다.

2019년 일본의 연호인 레이와 시대가 시작되었다. 앞으로 '주신구라'와 '하가쿠레'의 '충'의 세계관은 '일본 대중문화'와 더불어 어떤 모습을 취하게 될지 궁금하다.

이름으로 보는 일본 역사 문화

- 이름 순위에서 1,509위는 뭐지

츠유키 미츠오(Easy Total Support 시스템 엔지니어), 한국어 번역: 김경숙

사람 이름에는 실명, 본명, 예명, 속명, 계명, 세례명, 필명, 겐지명源氏名 등 여러 가지가 있다. 때때로 '호'를 사용하기도 한다. 하이쿠 작가들은 배호를 쓰고 화가나 서예가들은 아호, 가게 이름에는 옥호를 사용한다. 계명은 불교에서 불제자가 되면 받는 이름으로 생전의 속명과 구별된다. '겐지명'이란 일본 헤이안시대의 소설《겐지모노가타리》에 나오는 이름을 말하는데 이후 무로마치시대나 에도시대에는 궁녀나 기생이 본명을 감추기 위해 사용했고 현재는 호스테스가 사용하는 이름을 말한다. 그래서 겐지모노가타리源氏物語와는 전혀 관계가 없다. 사람 이름은 민법과 호적법상 '성명'으로 표기된다. '씨'는 '성'이나 '성씨'라고 부르고 '가족' 집단의 단위다. 일본에는 '성'이 몇 종류나 있고 또 역사적으로 어떻게 변천했는지 살펴본다.

이름을 법률 면에서 보면

일본에서는 이름은 민법과 호적법에 따라서 규정되는데 민법에서는 '성氏'과 '이름名'을 같이 표기하도록 되어 있고, 호적법에서는 '성

氏'은 '호칭상의 성'을 의미한다.

'성'은 '이에 제도'가 없어진 현재 여러 가지 설만 남아 있지만 '가족 공동체'라고 보고 있고 '성명', '성씨'라고도 한다. '이름'은 태어났을 때 호적에 등록되는데 메이지 때 제정된 민법 이후 마음대로 개명할 수 없다. 현재 민법에서는 결혼한 경우 '남편 또는 아내의 씨를 호칭한다'라고 되어 있어 부부가 다른 성을 사용할 수 없다. 최근 특정한 사회 활동을 하는 경우 결혼 전 성을 사용하도록 허용되었으나 법적으로 허락된 것은 아니다. 부부가 같은 성을 쓰도록 하는 원칙은 국제결혼에서는 적용되지 않는다. 그러나 법원에 신청하면 국제결혼을 한 부부도 같은 성을 사용할 수 있다. 호적은 국적을 취득하지 않으면 올릴 수 없고 '배우자'로 기재된다.

천황, 황족 이외 일반 국민은 모두 호적으로 관리되지만, 천황과 황족은 황족보로 관리되고 성명은 갖지 않고 호인 '미야宮'를 갖는다. 일반인이 혼인해서 황실에 들어가면 성명은 없어지고, 황족이 일반인과 결혼하면 성명을 취득한다.

세계에서 가장 종류가 많은 일본인의 성

일본인의 '성'은 30만 개 이상으로 세계에서 가장 종류가 많다. 제일 많은 성은 '사토佐藤'인데 187만 명으로 인구의 1.5%다. 1% 이상 있는 성은 사토, 스즈키, 다카하시, 다나카로 4위까지이고 많은 이름에 분산되어 있다. 한국에는 5명 이상 있는 성이 538성 280성이라는 설도 있다이라고 하는데 그중 김, 이, 박씨만으로 50%가 넘는다. 일본에서는 보통 '씨'에 해당하는 상さん을 붙여 '사토 씨'라고 부르지만 한국에서는 '김

씨'라고 부르지는 않는다. 20%라면 과연 몇 명이 뒤돌아볼까?

일본과 한국의 성 순위 인구 단위 : 1,000명

순위	일본 성	인구	%	누계	누계%	한국 성	인구	%	누계	누계%
1	佐藤 사토	1,871	1.49	1,871	1.5	김 金	10,690	20.62	10,690	20.62
2	鈴木 스즈키	1,797	1.43	3,668	2.9	이 李	7,307	14.09	17,997	34.71
3	高橋 다카하시	1,411	1.12	5,079	4.0	박 朴	4,192	8.09	22,189	42.80
4	田中 다나카	1,335	1.06	6,414	5.1	최 崔	2,334	4.50	24,522	47.30
5	伊藤 이토	1,074	0.85	7,488	5.9	정 鄭	2,152	4.15	26,675	51.45
6	渡辺 와타나베	1,063	0.84	8,551	6.8	강 姜	1,177	2.27	27,852	53.72
7	山本 야마모토	1,050	0.83	9,601	7.6	조 趙	1,056	2.04	28,908	55.76
8	中村 나카무라	1,044	0.83	10,645	8.5	윤 尹	1,020	1.97	29,928	57.73
9	小林 고바야시	1,028	0.82	11,673	9.3	장 張	993	1.92	30,921	59.64
10	加藤 가토	887	0.70	12,560	10.0	임 林	824	1.59	31,745	61.23

왜 많을까?

일본인은 다른 나라, 다른 지역의 사람들과 비교하면 '동족'이란 의식보다 '이에집'라는 의식을 중요시해 왔다. 동족이라 하더라도 지명을 이용해서 '이에'를 명확히 구별했다. 그리고 메이지시대가 되어 공가, 무가 이외 서민도 성을 갖는 것이 의무화되어서 그때까지 통칭으로 갖고 있는 성이나 그때까지 사용한 성을 바꿔서 성의 수가 많아졌다. 예를 들면 산 근처에 살고 있거나 근처에 밭이 있으면 그에 관련된 성을 만들었다. 같은 한자라도 읽는 방법이 다른 것도 성이 많아진 요인 중 하나다.

유래에 따른 분류

유래	성의 예
지명	渡辺, 高橋, 佐々木, 石川, 長谷川, 三浦, 千葉 등
지형·풍경	山, 田, 森, 池, 川 등
방위·위치	東, 西, 北, 南, 喜多, 辰巳, 上, 中, 下 등
직업	服部, 鍛冶, 庄司, 東海林, 犬飼, 鵜飼, 公文 등
씨에 따른	佐藤, 伊藤, 安藤, 加藤 등(藤原성의 한 글자를 쓴 경우)

지형, 풍경, 방위, 위치 등 자연 요소에 따른 분류

자연	성의 예
나무	木下, 木村
산림	林, 小林, 中林, 大林, 林田
숲	森, 森田, 森下, 森中
산	山田, 山上, 山中, 山下
논	田中, 田上, 田代, 田村, 田川
마을	大村, 中村, 小村, 東村, 西村, 南村, 北村

동음이어의 예

한자명	읽기	한자명	읽기
野中 埜中	노나카	下村	시모무라 시타무라
中島 中嶋 中嶌 仲嶋	나카지마 나카시마	東	아즈마 히가시
井上 井之上 井ノ上 井野上	이노우에	羽生	하뉴 하부
盛田 森田 守田 杜田	모리타	川内	가와우치 센다이
庄司 東海林	쇼지		

가장 긴 성, 가장 짧은 성

종류가 많은 것도 특징이지만 성의 길이도 여러 가지다. 한자 수로 가장 긴 성은 5글자이고 히라가나로 가장 긴 성은 8글자다.

가장 긴 성과 가장 짧은 성의 예시

문자수	한자 읽기
한자	左衛門三郎(さえもんさぶろう, 사에몬사부로) 勘解由小路(かでのこうじ, 가데노코지)
히라가나	東坊城(ひがしぼうじょう, 히가시보죠) 東三条(ひがしさんじょう, 히가시산죠) 東上別府(とうじょうべっぷ, 도조벳푸)
1 글자	い(井, 伊), お(尾), き(喜, 紀), が(何), つ(津)

이 씨의 경우 여권 영어 표기는 2자 이상이라는 규칙이 있기 때문에 'I'가 'II'로 알파벳 2자 표기가 된다고 NHK 오락 프로그램에 방영되었다.

이름 제도의 역사와 변천

옛날 서력 500년 무렵 호족층은 「氏우지」라는 동족, 동족의식 집단을 형성하고 있었는데, 야마토 정권의 정치 조직으로서 예속, 봉사하는 관계에 있었으며 부민을 관리하는 부민部民제도가 있었다. 또 율령 제도와 함께 조정에서 수여된 신분과 혈연 집단을 표시한 이름의 씨, 성 제도가 있어 정치적 지위나 관직, 직무를 담당하는 자격과 그것을

세로 문폐

세습하는 권리가 가바네^{계급적} 칭호로 부여되었다. 이와 같은 우지^氏, 가바네^姓, 베^部가 시대가 거치면서 오늘날 성으로 이어졌다. 헤이안 시대 중기에 율령 제도가 기능하지 않고 다이라노 아손^{平朝臣}, 미나모토노 아손^{源朝臣}처럼 황족이 성을 받아 신하가 되거나 장원이나 개척한 토지를 지키기 위한 무사가 출현하면서 그 소유권을 주장하기 위해 소유하는 토지^{본관} ^{토지}명을 성으로 쓰게 되었다.

가마쿠라시대가 되자 무사의 영지가 더욱 확대되어 무사는 전국 각지에 여러 개의 영지를 갖게 되었다. 무가는 분할 상속이 많았기 때문에 서자가 본가 이외의 영지를 상속하면 그 상속한 영지를 성씨로 사용했다. 또 개간지가 있으면 그 지명을 성씨로 사용해서 성씨의 수가 증가했다. 서민의 경우는 고대에는 호족의 사유민인 베민^{部曲}의 '部'이란 성을 갖고 있었지만 '천황'이 하사한 공적인 것은 아니고 근대까지 누구나 마음대로 이름을 댈 수 있었다. 봉공인^{家人}도 자기가 살고 있는 토지 이름을 성씨로 쓰기도 하고 어떤 사람은 주인에게 상으로 성씨를 부여받기도 했다. 에도시대가 되어 막부 정책으로 공가, 무사 이외는 성씨 사용이 허가되지 않았다.

호적에 관해서

일본에서 호적은 역사가 오래되었다.《일본서기》에 서력 540년쯤 조선에서 건너온 사람들을 관리하기 위해 호적^{헤노휴타미}을 사용했다는 기록이 있다. 그 후 율령제도가 정비된 서력 670년에 그 해의 간지를 따서 '경오년적庚午年籍'이 만들어졌고 6년마다 갱신되었다. 신분, 씨, 성의 관리, 징병에 이용되었다. 그 후 율령제도는 붕괴했고 장원제도가 발달하면서 호적은 작성하지 않게 되었다. 가마쿠라시대, 무로마치시대에는 장원 내부에서만 사용된 것으로 보인다. 현재 호적은 메이지유신 이후 당시 조슈번에서 사용된 것을 기본으로 제정된 임신호적壬申戸籍, 메이지 5년 1867년 을 1948년에 다시 신호적으로 개정한 것이다. 구 호적에서는 황족, 화족, 사족, 평민, 신 평민의 신분사항이나 병력, 종교 등이 기재되어 있었지만 현재는 본적지, 재적자의 성명, 생년월일, 재적자의 관계, 혼인 사항만이 기재된다.

역사적으로 본 씨명의 변천

현재 이름은 성과 이름으로 되어 있으나, 에도시대 이전의 무사 계급에서는 복잡하게 ① 가계로 토지 등을 사용한 가명家名, ② 일속·혈속의 씨명氏, ③ 휘를 구별하기 위해 댄 관식 등의 가명仮名, ④ 개인의 휘諱,실명의 네 가지로 구성되어 가명, 가명, 씨명, 휘 순으로 불렀다. 또 이들 네 요소가 조합되어 가명과 가명, 씨명과 휘가 결정되었다. 오다 노부나가는 오다 단조노조이고, 도쿠가와 이에야스는 도쿠가와 미카와노 카미다. 휘는 현재와 달리 바꿀 수 있었다.

메이지시대가 되자 이름도 간소화되면서 성과 이름이 되었다. 남자 이름은 아버지 이름 중 한 자만 취하는 경우도 있고 오직 태어난 순서대로 다로, 지로, 사부로, 시로라고 이름 짓는 경우도 있었다. 여자의 경우는 메이지 무렵에는 '코'가 붙는 이름은 적었고 이마, 노시, 우시,

오다 노부나가, 도쿠가와 이에야스의 씨명의 구성과 변천

	家名(가명)	仮名(가명)	氏(씨)	姓(성)	諱(휘)	비고
	지명 하사 등	관직 등	일족명		개인명	
織田信長	織田	弾正	平	朝臣	信長	通称　織田弾正
德川家康	松平				竹千代	幼年期
	松平	次郎三郎			元信	元服 今川義元 偏諱
	松平	蔵人佐			元康	松平清康 偏諱
	松平	蔵人佐			家康	今川義元 偏諱返上
	德川	三河守	源(藤原)	朝臣	家康	叙任 一時期藤原姓
	德川	太政大臣	源	朝臣	家康	通称　德川權大納言
大石内蔵助	大石	内蔵助	藤原		良雄	忠臣蔵

우메, 하야 등과 같이 가타카나 두 글자가 많았다. 인구 증산 정책이 이루어지던 시대~1945년에는 아이가 10명 이상 있는 가정도 적지 않았다. 첫 아기는 '하츠'처음이라는 의미 또는 이 이상 아이는 필요 없으니까 '도메'끝냄이라는 의미라고 이름 지었다고 하는 이야기도 있었다. 시대를 반영한 이름도 많아서 구니코國子, 구니오国男 등의 이름을 들으면 어느 정도 연령층도 알 수 있다. 쇼와시대 후반1945년에는 일반인과 황실의 혼인도 있어서 세상의 변화를 느꼈다. 황실에 들어간 쇼다 미치코 씨의 이름을 따서 '미치코'란 이름이 유행한 적도 있었다.

츠유키 이름 순위 1,509위, 0.01%

마지막으로 내 이름을 소개한다. '츠유키'는 전국에서 약 10,900명이 있고 인구의 0.01%를 차지한다. 순위는 1,509위다. 가나가와현과 시즈오카현 동부에 많이 있으며 서일본 쪽에는 거의 없다. 기타 규슈에 전근을 갔을 때의 일이다. 전화번호부에는 '츠유키'란 성이 단 2명 실려 있었는데 당시 기타큐슈의 인구가 100만 명인 때였다. 베이비붐 시기에 태어난 나는 동년배 수가 많다. 중학교 때는 각 학년이 14반이 있었고 전교생이 2,200명이었는데 그중에 '츠유키' 성은 단 2명이었다. 입학 후 처음으로 이름이 호명되었을 때의 일이다. 연속해서 '츠유키'라고 부르면서 선생님도 놀라고 있었다. 중학교 3학년 때 선생님이 '츠유키'란 학생이 한 사람 있었다고 했는데, 그때 내가 "제 형이에요"라고 대답했다. 그리운 기억이다.

요코하마 북서부에 세야구란 지역이 있다. 여기에는 땅 주인으로 유명한 '츠유키'씨가 있다. 그 지역에서 '츠유키'라고 하면 "그 츠유키 씨예요?"라고 꼭 묻는다. "유감스럽지만 아닙니다"라고 대답한다.

일본인의 정서와 문화

눈에 띄지 않는 색상을 좋아하는
란도셀의 일본 문화

이시이 나오미(일본국제교류기금 일본어시험센터), 한국어 번역: 박경애

일본의 책가방 '란도셀'

어느 나라에서든 아이가 초등학교에 입학하면 책가방을 산다. 손가방, 등에 짊어지는 가방, 어깨에 비스듬히 걸치는 가방 등 나라에 따라 책가방 형태도 다르다. 일본에서는 한국처럼 등에 짊어지는 가방을 많이 사용한다. 다만, 일본 가방은 '란도셀 ランドセル'이라고 하는 약간 독특한 형태를 하고 있다. 일본을 여행하다 보면 같은 모양의 란도셀을 메고 있는 아이들을 볼 수 있다.

일반적으로 란도셀은 인조 가죽, 소가죽, 산양 가죽 등과 같은 소재가 사용되며 무게는 1~1.5kg 정도다. 가격은 1만~20만 엔 정도로 다양하며 소재, 디자인, 브랜드에 따라 다르다. 최근에는 3만~9만 엔 정도의 상품이 잘 팔리는 듯하다. 란도셀은 아이가 입학할 때 산 것을 졸업할 때까지 6년간 사용하는 경우가 대부분인데, 내구성이 좋아 6년간 사용해도 품질이 좋다고 생각하는 부모가 많다. 판매하는 메이커의 대다수가 6년을 수리보증 기간으로 설정하고 있다.

란도셀의 기원

'란도셀'이라는 말은 네덜란드어 ransel에서 온 것으로 백팩back pack을 뜻한다. 막부 말기 정부가 서양식 군대제도를 도입했을 때 군대 장비로 도입된 가방이 란도셀의 기원이라고 알려졌다. 이후 란도셀은 메이지시대1868~1912년에 들어 통학용으로 쓰이면서 1930년 무렵에 대도시권 중류층에서 천으로 만든 가방으로 바뀌어 보급된 것으로 보인다. 그 후 태평양 전쟁 시기에 물자 통제로 란도셀은 한때 모습을 감췄지만 전후에 부활해서 1950년대 후반 고도 성장기에 일본 전국으로 퍼졌다.

다양해지는 디자인

1980년대와 1990년대까지 란도셀은 일본 어디서나 구매해도 디자인이 같았다. 색상도 검은색이나 붉은색이 기본으로 남자는 검은색, 여자는 붉은색 란도셀이 일반적이었다. 그러다가 개성이나 다양화를 중시하는 사회가 되면서 란도셀의 색상이나 디자인이 다양해졌다. 지금은 대부분 기존 메이커 제품에 20가지가 넘는 색상의 제품이 판매되고 있다. 그중에는 50가지 색상에 150여 개 이상의 종류를 갖춘 회사도 있다. 핑크, 옥색, 라벤다색, 갈색 등 다양한 색상의 란도셀을 짊어진 아이들이 자주 눈에 띈다. 또한 옛날 같으면 아카이赤, 붉은색라는 한마디로 통일되었던 붉은색 란도셀도 카민 레드짙은 빨강, 와인 레드보라색이 들어간 레드, 버건디진한 자주색와 같이 색 조합이 조금씩 다른 상품이 출시되어 선택의 폭이 넓어졌다.

다양한 란도셀

아무리 다양한 취향을 존중하는 시대가 되었다고는 해도, 성차별이 많이 남아 있고 다양성보다 동조성이 강한 일본의 부모 입장으로는 6년 동안 질리지 않고 눈에 띄지 않는 무난한 색상의 란도셀을 멨으면 하는 마음이 당연하다. 게다가 남자아이는 검정색이나 푸른색, 여자아이는 붉은색, 핑크색, 파스텔 색상을 고르는 집이 많다. 그런데 일본의 어린이, 특히 남자아이에게 압도적인 인기를 구가하는 방송으로 전투부대가 등장하는 드라마나 애니메이션이 있다. 이 방송에서 등장인물은 빨간색, 파란색, 노란색 등 각자의 이미지 색상을 가지고 있는데, 빨간색을 가진 영웅이 주인공이 되는 것이 기본 콘셉트다. 그래서 "란도셀은 빨강이 좋아!"라고 우겨대는 자녀와 다른 색상에 눈길을 끌게 만들려는 부모의 공방전이 집안에서 펼쳐진다고 하는 이야기도 드물지 않다.

주문 제작 란도셀의 인기

란도셀의 주문 제작도 인기다. 사랑스러운 자신의 아이가 의무교육에 첫발을 디디는 과정을 돕는 준비는 부모 입장에서 감개무량하며 정성을 쏟는 일이다. 초등학교 입학 1년 전부터 란도셀을 만드는 공방이나 백화점을 발품 팔아 다니며 어떤 디자인이 귀여운지 살펴보기도 하고 일찍 주문해서 미리 준비해 두기도 한다. 란도셀 회사도 그런 점을 염두에 두고 보육원이나 유치원에서 체험학습이라는 명목 아래, 아이들이 란도셀 공방을 찾아가는 체험프로그램을 마련하기도 한다. 자기가 쓸 가방이 만들어지는 과정을 견학하고 이해하는 것을 목적으로 하는데, 마지막에는 자기가 란도셀을 디자인하고 그 디자인을 집에 가져온다. 아이는 가격

란도셀 체험 안내

은 생각하지 않고 자기 생각대로 디자인하기 때문에 그대로 구입으로 연결되는 가정이 많지 않지만, 이런 경험을 통해 아이들의 취향을 알 수도 있고 고객 확보에도 도움이 된다.

자신의 취향에 맞춰 등판의 색상과 테두리 색상을 맞춰 보기도 하고 테두리 바느질 스티치 색상이나 모양을 구상하는 등 '우리 아이만의 란도셀'을 만드는 것을 부모 자신의 즐거움으로 생각하는 것이다. 특히 여자아이가 있는 집에서는 란도셀의 등판이나 측면에 나비 또는 리본 모양의 자수를 넣기도 하고 유명 메이커의 크리스탈 장식을 넣는 등 맞춤 디자인이 인기가 있다.

란도셀을 지급해 주는 지자체

일본에서 초등학교 입학에 맞춰 란도셀뿐만 아닌 학습용 책상이나 책장 등을 사는 집이 많다. 또한 체육복이나 급식용 앞치마, 덧신 등 학교생활 필수품을 준비해야 한다. 지역에 따라서는 공립에서도 제복을 입는 학교도 있다. 비용이 만만치 않다. 입학 축하라는 명목으로 란도셀이나 학습용 책상을 조부모가 사주는 집도 많다. 경제적으로 빠듯한

집은 지자체에 신청을 하면 입학준비금을 받지만 지자체 중에는 란도셀만을 지급하는 곳도 있다.

예를 들면 이바라키현 히타치시에서는 입학식 당일, 시에서 아동 전원에게 란도셀을 선물한다. 색상은 빨간색과 검은색, 두 색상으로 성별과 관계없이 원하는 색상을 선택한다. 형태는 일반 란도셀과 배낭의 중간인 박스 형태 550g으로 가볍고 기능성도 좋다는 평판이다. 1975년 오일쇼크 때 가정의 경제적 부담을 완화하기 위해 시작된 정책이 오늘날까지 이어진 것이다. 란도셀의 지급에 대해 경제적으로 돕고, 일학년 때부터 어린이가 빈부 차를 느끼지 않고 지내는 등 긍정적인 목소리가 많다. 또한 히타치시의 영향인지 같은 이바라키현의 지자체에서 란도셀을 지급하는 곳이 몇 군데 더 있다. 가스미가우라시かすみがうら市나 유우키시에서는 초등학교 입학 어린이를 대상으로 기존 제품의 란도셀 색상 중에서 좋아하는 색을 고르는 것이 가능하다.

란도셀의 장점과 단점

란도셀과 배낭은 무게 중심이 다른데 란도셀이 무거운 물건을 넣기에 더 편하다. 어깨 벨트와 등에 접하는 쿠션 부분이 딱 달라붙는 구조로 되어 있어 무게 중심이 어린이의 허리 위보다 높은 곳에 온다. 그래서 같은 무게라도 가볍게 느껴지고 몸에 부담이 적다. 란도셀은 1~1.5kg이고, 배낭은 1kg 이하가 대부분이다. 실제로 책 2~3권과 우비나 우산 정도라면 배낭이 가볍다고 느껴질 것이다.

란도셀이 장점만 있는 것은 아니다. 란도셀을 없애자고 주장하는 사람도 있다. "6년 동안 사용한다고는 하지만 가격이 너무 비싼 것은 아닌가?" "아이의 취향, 신체 크기나 성장하는 상황에 맞춰 새로 바꿔 주는 것이 맞지 않은가?"와 같은 의견도 있다. 특히 몸집이 큰 초등학교 5~6학년생 어린이가 몸에 맞지 않는 란도셀을 메고 있는 모습에 고개를 갸우뚱 하는 사람도 많다.

란도셀의 제2의 인생?

란도셀은 초등학교 졸업과 함께 사용하지 않는다. 어린이의 추억으로 보관하는 가정도 많지만 요즘은 란도셀을 기부하는 집도 늘어났다. 바로 폐기물로 버리지 않고 재사용하는 것이다. 란도셀의 품질이 향상되고 6년을 사용해도 아직 쓸 수 있는 상태가 많은 것도 하나의 요인이다. 비영리 시민단체뿐만 아니라 대형 슈퍼에도 사회활동의 일환으로 란도셀 기부를 받는 곳이 있다. 기부받은 란도셀은 일본 내의 아동 요양시설이나 해외의 분쟁지역, 빈민가 등에 사는 아이들에게 보내진다.

또한 란도셀의 가죽을 이용해서 소형 백, 승차권 지갑, 인감도장 케이스, 키홀더, 시계줄 등으로 재활용하는 사람도 있다. 크기가 큰 란도셀을 그대로 보관하기 어렵기 때문에 늘 가까운 주변에 둘 수 있는 작은 소품으로 만들려는 것이다. 가죽을 액자틀로 이용해서 그곳에 사진을 넣어 아이가 졸업할 때 할아버지 할머니에게 보내는 집도 있다.

교육과 더불어 바뀌는 란도셀

2011년 초등학교 학습지도 방향이 바뀌었고, 소위 '탈 유도리 교육 창의력 향상을 위해 수업시간 축소에서 벗어나 학습량의 증가로 진행된 교육'이 시작되었

란도셀을 매고 등교하는 모습

다. 이에 따라 학습 내용이 늘어나고 교과서도 커지고 무거워지자 이와 함께 란도셀도 크기가 커졌다. 수년 전에 이루어진 조사에서는 초등학생이 통학할 때 평균 6kg 정도의 교재를 짊어지는 것으로 나타났고 이 중 30% 이상의 학생이 란도셀 무게 때문에 신체 부위가 아프다고 했다. 문부과학성도 이 문제를 중요하게 보고 아이의 부담을 줄이기 위해 일부 교재를 학교에 두고 통학하는 것, 즉 '오키벤置き勉'을 받아들이도록 하자며 전국교육위원회에 제안했다. 여기에 초등학교 수업에 태블릿화^{단말기를 도입해서 종이를 사용하지 않는 수업}가 이루어지면 머지않아 아이들은 태블릿, 적은 양의 필기구, 갈아입을 옷만 가지고 학교에 갈지도 모른다.

성인용 란도셀

저출산이나 교육제도의 변화 등의 영향으로 요즘 '성인 란도셀'이라고 하는 가방 브랜드도 있다. 비즈니스맨이 배낭 대신에 란도셀을 짊어지고 출근하는 형태인 것이다. 옛날에는 비즈니스맨이 배낭을 사용하는 것이 비즈니스 매너에 어긋나고 한 손에 백을 들고 출퇴근하는 것이 당연한 시대가 있었다. 하지만 여름용 비즈니스 정장에 따른 비즈니스맨의 복장이 간소화된 점, 노트북을 가지고 다니는 비즈니스맨이 늘어난 점, 스마트폰으로 지도를 보며 걷기에는 한쪽 손밖에 사용할 수 없는 불편한 점 등의 이유에서 지금은 배낭을 짊어지는 비즈니스맨이 일반적이다. 그런 배낭의 보급에 란도셀 회사가 주목한 것이다. 물론 성인용 란도셀은 어린이용과 같은 형태는 아니고 얇은 상자형 배낭이다. 란도셀은 가죽의 품질이 좋고 튼튼해서 오래 사용할 수 있고, A4 크기 서류도 그대로 들어간다는 장점을 내세운 판매 전략이 해외 패션잡지에 소개되기도 했다. 요즘은 일본 사회뿐만 아니라 해외에서도 성인 란도셀을 만드는 회사가 있다.

이와 같은 사회 변화와 함께 란도셀의 형태나 모습도 바뀔 것이다. 앞으로 수십 년 후 란도셀은 과연 어떤 모습이 될지 무척 궁금하다.

인형의 나라 일본

이주영 (자포니즘 연구가, 불어 및 영어 번역가, 일본인형 수집가)

한국과 일본은 지리적으로 가깝고 같은 문화권에 속하기 때문에 비슷한 부분이 있지만, 깊이 들어가면 문화와 정서에서 다른 부분이 훨씬 많다. 그중 대표적인 것이 인형문화다. 한국과 일본의 지식인들 사이에서 유명한 이어령 교수도 저서 《축소지향의 일본인》에서 일본이 한국이나 중국과 매우 다른 생활문화를 지니고 있는데, 그중 하나가 인형문화라고 했다. 주술효과와 미학을 모두 갖춘 자국만의 독특한 인형문화를 만들어간 나라는 적어도 아시아에서는 일본뿐이라는 것이다. 인형에 대한 일본인의 남다른 애정은 21세기인 지금도 여전하다. 인형을 장식하는 명절이 있는 나라, 아이부터 노인까지 인형을 친근하게 생각하는 사람이 많은 나라, 인형이 등장하는 대중매체 작품이 다양한 나라, 인형을 사람처럼 대하는 나라… 이것이 일본이다. 국내에서 본격적으로 인형과 키덜트 문화를 선도하는 출판사 토이필북스와 박물관 토이필갤러리의 이스안 대표, 2019년 우수출판콘텐츠 제작지원사업에 선정된 《인형의 시간들》을 펴낸 파주 세계인형박물관의 김진경 부관장 등 국내의 인형 전문가들이 특히 일본에 관심을 두는 이유다.

물론 인형이 없는 나라는 거의 없고 한국에도 인형이 있다. 하지만 단순히 개별 작가들의 예술 활동이나 개인적인 취미 차원이 아니라 국가 차원에서 전통문화와 생활문화 속에 인형이 깊이 자리 잡은 나라가 바로 일본이다. 인형 분야가 발달한 인형의 나라 일본을 여행해 보자.

인형 병원과 공양식이 있는 일본

한국에서는 사람 형상이나 동물 형상을 한 장난감을 전부 '인형'이라고 부른다. 하지만 일본에서는 사람의 모습을 한 형상만 '인형人形, 닝교'이라고 부르고 동물 모습의 봉제인형을 '누이구루미ぬいぐるみ'라고 부르며 엄격하게 구분한다.

일본에서 인형은 단순한 장난감이나 장식품이 아니라 먼 옛날부터 지금까지 하나의 문화로 자리 잡았다. 일본에서 인형은 아이에게는 놀이 상대, 어른에게는 가족이나 친구 같은 존재다. 또한 복을 부르고 나쁜 기운을 막아 주는 신성한 존재, 명절 풍습을 함께 하는 소중한 전통문화, 감상하고 수집하는 예술품이 되기도 한다. 이렇게 인형을 아끼고 사랑하는 환경에서 일본의 독자적인 인형문화가 탄생하고 발달했다.

일본의 민간 신앙인 신도에서는 만물에 혼이 깃들어 있다고 믿는다. 인형도 예외는 아니다. 물론 21세기 현대를 살아가는 일본인이 전부 이렇게 믿는다고 단정할 수는 없지만 기본적으로 인형을 마치 살아 있는 생명처럼 소중하게 다루는 사람이 적지 않다. 이를 잘 보여 주는 것이 인형 병원과 인형 공양이다. 망가지거나 낡은 인형을 수리해 주는 인형 병원은 미국이나 프랑스에도 있기 때문에 일본만의 문화라고 할 수는 없다. 하지만 일본에는 특별한 인형 병원이 있다. 인형 장인 가문이 세월의 흐름으로 낡아버린 전통 인형을 수리하거나 복원해 주는 공

이와무라 가문의 3대 장인이 제작한 이치마쓰 인형. 현재 3대의 장남인 4대 장인이 인형 제작과 수리 공방을 물려받아 운영한다. 옷을 갈아입힐 수 있는 전통기법의 이치마쓰 인형은 알몸 상태로 출시되기도 한다. 인형의 몸통을 감싼 일본의 전통 종이 와시(한국의 한지에 해당) 위에는 인형 장인의 호(號)가 한자로 적혀 있다.

도쿄 아사쿠사바시의 전통 인형 가게의 벽에 부착되어 있던 인형 공양 포스터

방이 그것이다. 예를 들어 도쿄 근교 지바현에는 4대째 이치마쓰 인형_{어린아이의 모습을 사실적으로 표현한 일본 전통인형}을 제작하는 유명한 이와무라 가문의 공방이 있다. 이와무라 인형 공방은 자사 제품 외에도 타사의 이치마쓰 인형 수리 업무도 하고 있다. 인형의 수리 비용은 인형의 상태 사진을 첨부해 이메일로 문의하면 된다.

인형 공양供養은 일본에서만 볼 수 있는 독특한 문화이다. 일본에서는 추억이 서린 인형을 함부로 버리면 왠지 벌을 받을 것 같은 찝찝한 마음이 들거나 자신이 죽으면 혹시 아끼던 인형이 천덕꾸러기가 될까 걱정될 때 인형 공양을 선택한다. 직접 인형을 신사나 사찰에 맡기기도 하고 대행업체에 맡기기도 한다. 사찰이나 신사에서는 역할을 마친 인형에게 감사를 전하고 인형에서 영혼을 뽑아 하늘에 돌려주는 의식을 진지하게 거행한다. 그 다음에 사찰이나 신사의 소각장에서 인형을

화장한다. 이렇게 해서 인형은 주인에게 받은 사랑을 간직한 채 불꽃과 함께 재가 된다.

지역 토산품으로 인기 있는 일본 인형

인형의 나라답게 일본에서는 지역을 대표하는 전통 인형이 기념품으로 발달했다. 지역을 대표하는 일본 전통 인형은 종류가 많아서 전부 다루기는 힘들기 때문에 여기서는 한국인 관광객에게 친숙한 전통 인형 위주로 알아본다.

● 고케시(小芥子)

한국의 일식당이나 이자카야에서 흔하게 볼 수 있는 원통형의 채색 목각 인형이다. 에도시대 말기에 일본 동북 지방^{도호쿠 지방}에서 온천 기념품으로 탄생한 고케시 인형은 팔과 다리는 없고 머리와 몸통으로만 되어 있다. 겨울철에 혹한과 폭설로 바깥에 마음대로 나가지 못하는 아이들이 집안에서 가지고 놀았던 인형이기도 하다. 크기, 모양, 문양이 다양해서 보면서 고르는 재미가 있다. 고케시 인형은 서구권에도 잘 알려진 일본 전통 인형이다. 고케시를 테마로 한 책이 미국과 프랑스에서 출간되었으며 아마존 사이트에서 고케시 인형이 판매되기도 한다.

고케시 인형

● 하카타 인형(博多人形)

서울의 일본어 학원에서 만난 각종 하카타 인형

한국 관광객들이 자주 찾는 일본의 인기 관광지로 규슈 지방의 중심지인 후쿠오카가 있다. 하카타는 후쿠오카의 중심부에 속하는데 하카타 인형은 하카타의 점토를 초벌구이해서 색칠한 인형이다. 후쿠오카를 비롯해 일본 여행을 다녀온 사람이라면 한번쯤 만나봤을 것이다.

하카타 인형은 메이지시대1868~1912년에 파리 등 국제박람회에 출품되어 본격적으로 해외에 일본을 대표하는 인형으로 알려졌다. 특히 2차 세계대전 이후에 일본에 주둔하던 미군 병사들이 훗날 자국으로 돌아갈 때 기념품으로 많이 사 간 것이 계기가 되어 미국에서도 유명해졌다.

● 히메 다루마(姫ダルマ)

한국인 관광객에게 인기 관광지로 통하는 일본 규슈 오이타현을 대표하는 오뚝이 인형이 히메 다루마다. 러시아에 마트로시카 인형이 있

얼굴마다 개성이 있는 히메 다루마 인형

다면 일본에는 히메 다루마 인형이 있다. 히메 다루마는 에도시대의 오카번 하급무사 사이카의 아내 아야메를 모델로 한 인형으로 알려져 있다. 어느 연말, 아야메는 녹봉이 적은 남편과 계속 말다

툼을 하다가 집을 나가 버린다. 하지만 아야메는 막상 오갈 곳이 없어 헤매다가 길가에 쓰러졌고, 정월에 남편 사이카에게 발견되어 무사히 집으로 돌아온다. 이후 사이카와 아야메의 사이가 돈독해졌고 남편 사이카는 승진해서 사업에 성공한다. 이런 전설에 힘입어 히메 다루마는 원만한 가정, 사업 번창과 같은 행운을 불러오는 인형이 되었다.

명절에 주인공으로 활약하는 일본 인형

일본에서만 볼 수 있는 특이한 명절 문화가 있다. 일본에는 자녀의 성장을 기원하고 가족 관계를 돈독히 하는 대표적인 계절 행사가 있는데 어린이날도 여기에 속한다. 한국의 어린이날은 남녀 어린이 모두를 위한 날이며 5월 5일이다. 하지만 일본의 어린이날은 여자 어린이날과 남자 어린이날로 나뉜다. 그뿐만 아니라 일본의 어린이날에는 인형도 주인공처럼 주목을 받는다.

● 히나 인형(雛人形)

일본에서 여자 어린이날은 복숭아꽃이 필 무렵인 3월 3일이다. '히나마쓰리'라고 하는 이 날에는 히나 인형과 복숭아 꽃가지가 장식된다. 히나 인형은 태어난 딸아이가 튼튼하고 자상한 여성으로 자라길 바라는 부모의 바람을 담고 있다. 옛날에는 시댁에 혼수용품으로 히나 인형을

도쿄 아사쿠사바시역 전시회에서 만난 히나 인형

보냈다는 역사가 있기 때문에 히나 인형은 보통 외가의 조부모가 손녀에게 보내는 것이 일반적이다. 히나 인형은 1월 초순에서 2월 중순까지 구입한다. 히나 인형은 3월 3일 단 하루만 장식하고 정리해야 딸이 늦게 결혼하지 않는다는 미신도 있다.

● 이치마쓰 인형(市松人形)

남녀 어린아이의 모습을 사실적으로 표현한 이치마쓰 인형은 에도시대 1603~1867년의 유명한 가부키 배우 사노가와 이치마쓰의 모습을 따라 만든 인형이라고 알려져 있다. 사실, 한국에서 여자아이 모습을 한 이치마쓰 인형은 일본 괴담이나 호러 장르에서 주로 나오기 때문에 젊은 세대를 중심으로 '머리카락 자라는 인형' 혹은 '으스스한 인형'이라는 이미지가 강하다. 그런데 일자형 앞머리에 긴 머리카락을 늘어뜨린 기모노 차림의 이치마쓰 인형은 일본 대중문화 콘텐츠에 나오는 이미지와 달리 3월 3일 일본의 여자 어린이날에 히나 인형과 함께 장식되며 여자아이의 건강과 행운을 기원하는 '착한' 인형이다. 그뿐만 아니라 여자아이 모습을 한 이치마쓰 인형은 특히 미국과 일본의 외교 관계에서 활약하기도 했다. 1927년에 미국과 일본은 두 나라 사이의 우정을 다지고자 미국 아이들과 일본 아이들 사이에 서로의 전통 인형을 교류하는 큰 행사가 있었다. 일본의 유명 장인들이 직접 제작한 이치마쓰 인형들은 완성도와 정교함이 뛰어나 미국에서도 화제가 되며 현재도 학술서

도쿄 아사쿠사바시의 어느 인형 가게에서 판매하는 여자아이 모습의 이치마쓰 인형

와 소설의 테마로 사용되고 있다.

● 오월 인형(五月人形)

일본에서 남자 어린이날은 5월 5
일로 단오 명절이기도 하다. 남자 어
린이날에 장식되는 무사 인형을 가
리켜 '오월 인형'이라고 한다. 갑옷이
나 투구 미니어처로 장식하는데, 일
본이 무사의 나라임을 잘 보여 주는
전통이다. 무사 인형, 갑옷과 투구 미
니어처 장식은 남자아이의 건강과

부담 없이 장식할 수 있는 작은 크기의 오
월 인형

장수 기원을 의미한다. 현재 일본에서는 갑옷과 투구가 '신체를 지켜
준다'는 의미를 담고 있기에 사고나 질병으로부터 소중한 아이를 보호
해 주는 부적 같은 역할을 한다. 오월 인형은 원래 외가의 조부모가 보
내는 것이 보통이지만, 현재는 귀여운 손자를 위해 대체로 외가와 친
가의 조부모가 반반씩 비용을 부담해 구입한다.

일본 인형과 자포니즘

일본 인형은 예나 지금이나 일본풍을 좋아하는 서구권 사람들에게
도 '작은 일본'을 상징하는 특별한 수집품으로 대접받는다. 일본풍에
대한 서구권의 남다른 관심은 19세기부터 본격적으로 확대되었다.
1867년 파리 만국박람회를 계기로 일본의 채색 목판화 우키요에를 중
심으로 다양한 일본 문화가 유럽과 미국의 미술계를 강타했다. 19세

기 중반부터 20세기 초까지 서양 미술 전반에 나타난 일본 미술의 영향과 일본적인 취향을 가리켜 '자포니즘'이라고 한다. 자포니즘이란 용어는 프랑스의 미술 비평가인 필립 뷔르티가 처음으로 사용했다. 이후 자포니즘은 범위가 확대되어 유럽과 미국에 나타난 일본적인 취향 전반을 가리킨다. 이런 자포니즘과 함께 일본 인형도 1800년대 후반에 서구권 예술계에 처음 소개되었다. 프랑스 화가 제임스 티소의 그림 〈일본 물건을 구경하고 있는 숙녀들〉1869을 보면 숙녀들 뒤로 히나 인형이 생동감 있게 표현되어 있다. 흑백 사진 속의 프랑스 화가 앙리 드 툴루즈 로트레크는 일본풍 복장을 한 채 남자아이 모습의 이치마쓰 인형을 안고 있다. 일본 인형이 서구권의 여러 예술가에게 독특한 영감을 준다는 사실을 대표적으로 잘 보여 주는 유명한 사례다.

제임스 티소의 그림 〈일본 물건을 구경하고 있는 숙녀들〉

일본풍 의상 차림으로 이치마쓰 인형을 안고 있는 프랑스 화가 앙리 드 툴루즈 로트레크

인형과 사람이 함께 살아가는 일본

일본에서 인형은 하찮은 물건이 아니라 옛날부터 지금까지 사람과 일상을 함께한다. 민속학자로 유명한 이토 아비토 도쿄대학 명예교수가 저서 《도쿄대 특별 강좌 일본 사회 일본 문화 文化人類学で読む日本の民俗社会》에서도 강조했듯이 사람이 아닌 물건에게도 혼이 깃들어 있다고 믿는 애니미즘의 종교관을 지닌 일본인은 자기 주변의 물건에 남다른 배려와 애정을 품는다. 이런 일본인의 기본 정서를 생각한다면 인형을 사람처럼 배려하고 대하는 태도를 이해할 수 있다.

가게와 집에서는 인형들이 액운을 쫓아내고 행운을 부른다. 전통 인형극에서 인형은 사람인 가부키 배우들 못지않게 진지하고 정교한 연기력으로 일본의 고전 작품을 실감나게 그려낸다. 낡고 망가진 인형은 전용 병원에 이송되거나 신사나 사찰에서 의식을 거쳐 정성스럽게 화장된다. 자신을 돌봐줄 새 주인에게 입양되기 위해 전문 업체에 기증되거나 옥션에 나가는 인형도 있다. 인형 기모노 교실에서는 인형에게 입힐 기모노와 아이에게 입힐 기모노를 똑같이 대하며 정성을 다해 만드는 일본인 수강생과 마주한다. 대를 잇기도 하는 장인 집안이 만든 전통 인형은 수백만에서 수천만 원의 가격을 자랑하는 명품으로 대접받는다.

인형을 통해 일본인 특유의 정서를 엿볼 수 있다. 오래된 전통 인형을 소중히 간직하는 일본인에게서 와비사비 낡은 것에서 아름다움을 느끼는 삶의 자세를, 오월 인형을 비롯해 다양한 무사 인형을 즐기는 일본인에게서 무사 정신에 대한 동경을 느낄 수 있다. 3월 3일에 여러 가정과 가게 혹은 전시회에서 장식되는 히나 인형, 그리고 2019년 5월 1일 레이와슈和시대를 열며 나루히토 천황이 즉위하자 일본 여기저기에 장식된 히나 인형을 즐기는 일본인에게서 황실 문화에 대한 존중을 볼 수 있다.

내 이야기를 들어주거나 나와 함께할 수 있는 소중한 반려 인형이 있다면, 이 또한 새로운 형태의 행복한 삶이 아닐까? 전통 인형에서 현대 인형까지 다양한 관광 콘텐츠와 문화 콘텐츠가 발달한 일본은 일본인뿐만 아니라 외국인도 인정한 인형 강국이자 인형 대국이다. 인형이 발달하면 자연스럽게 캐릭터와 로봇도 발전한다. 일본이 이런 모습을 잘 보여 준다. 인형을 통해 일본의 정서와 문화를 탐구하는 것도 한국과는 다른 일본을 알아가는 흥미로운 방법이 아닐까?

알고 마시면 더 맛있는 일본의 술 문화

- 일단 맥주! とりあえずビール 부터 마무리는 라멘 締めのラーメン 까지

고쿠쇼 카즈미(동국대 일본학과 교수)

일본어를 조금 아는 사람은 '일단 맥주! とりあえずビール도리아에즈 비루'라고 하는 말을 들어봤을 것이다. 드라마나 영화에서 자주 나오는 대사인데, 이 말 때문에 흔히 일본 사람들은 맥주를 좋아한다고 생각한다. 하지만 최근에는 이 '일단 맥주!'라고 하는 습관이 줄어들고 있다고 한다. 주변 사람들이 마시는 술을 똑같이 시키는 것이 아니라 처음부터 자기가 마시고 싶은 술을 고르는 자연스러운 분위기 속에서 술을 마시게 된 것이다. 그만큼 현대인은 취향도 각양각색이며 술의 종류도 다양하고 마시는 방법 또한 다양하다. 우스갯소리로 방송대 이모 교수는 한국에서는 '아무거나'가 가장 많은 안주이고 일본에서는 '도리아에즈'가 가장 많이 주문하는 맥주라고 한다. 그럼 '도리아에즈 맥주'에 '아무거나 안주'라….

사실 아직까지 나와 내 주변 사람들은 일단 맥주 주세요! とりあえずビールください로 시작한다.

술의 역사

사람이 처음 술을 마신 것은 약 5,000년 전쯤이라는 기록이 있다. 고대 메소포타미아문명의 흔적에서 맥주의 원형이 발견되었기 때문에 이와 같은 추정이 가능한 것이리라.

일본에서는 야요이시대에 벼농사를 시작하면서 쌀을 이용해서 술을 처음 만들었다. 당시 신을 봉양하기 위해 만들어진 술은 차갑게 해서 마셨는데, 따뜻하게 데워서 마시게 된 것은 헤이안시대 중기에 들어서부터다. 그러던 것이 에도시대에는 무사나 마을 사람들 사이에서 일상적으로 즐기게 되었다. 메이지유신 이후 청주淸酒나 소주燒酎 정도의 전통 술뿐이던 일본에 서양문화가 도입되면서 맥주나 와인 등 서양 술이 보급되었다.

일본의 음주문화

예부터 술은 신과 인간을 잇는 매개체로 존재해 왔다. 사람들은 수확한 쌀을 신에게 바치는 의식을 수행할 때, 술을 만들어 공양하는 방식으로 다음 해의 풍작을 기원했다. 신에게 공양했던 술은 의식이 끝난 후 연회를 열어 다 같이 마셨다. 신이 마셨던 술을 마시면서 신과 끈끈하게 연결되고 신력을 나누어 받는 기분을 기대했던 것이다. 신에게 공양했던 술을 다 함께 마시는 행위는 신과의 연결고리가 깊어지는 것이므로 신성하게 생각했다.

현대에도 술은 신전에 공양해서 부정의 기운을 없애는 의식, 차례, 행사에서 신과 인간을 잇는 역할을 한다. 이와 같이 일본 사람들은 술을 마시는 행위 이상의 가치를 두고 술과 함께하는 세련되고 품위 있는 커뮤니케이션을 추구해 왔다. 벚꽃과 달, 단풍 같은 사계절의 화조풍월花鳥風月을 사랑하며 술을 즐기는 것도 일본 사람다운 풍습이다. 선조들이 갈고 닦아 빛을 낸 술에 대한 미적 감각이 현재까지도 계승되어 온 것이다.

백여 년 전 에도시대에 출간된 《백가설림百家説林,ひゃっかせつりん》이라는 잡학서에는 음주십덕목飲酒の十徳이 기술되어 있다. 여기에 예부터 내려온 일본 사람의 음주문화가 잘 나타나 있어 소개해 본다.

一、예의 바르게! 礼を正し

二、힘든 일을 누그러뜨리고! 労をいとい

三、근심을 잊고! 憂を忘れ

四、울적함을 털어놓고! 鬱をひらき

五、기분 전환이 되고 気をめぐらし

六、병을 예방하고 病を避け

七、독을 없애며 毒を消し

八、사람들과 친근하게 人と親しみ

九、인연을 만들고 縁を結び

十、수명을 늘린다 人寿を延ぶ

-고이즈미 타케오(小泉武夫)의 〈술의 공죄(酒の功罪)〉,
사단법인 알코올 건강의학협회 《술과 건강(お酒と健康)》 Vol.15에서-

위의 六과 같이 '술은 만병통치약酒は百薬の長'이라는 말이 있다. 술은 많은 약 중에서도 제일 우수하다는 것, 즉 적당한 양의 술은 어떤 좋은 약보다 강하고 효과가 있다는 것이다. 술은 적기적소에 맞추어 적

당한 양을 마셔야 하지만 자기 전에 수면제 대신에 술을 마시는 경우도 있다. 이는 오히려 숙면을 방해해서 도중에 깨거나 새벽에 눈이 떠지는 등 수면의 질이 떨어진다. 그러므로 술은 수면 직전보다는 저녁 식사 때 밥과 함께 즐기는 것이 좋다.

일본인과 술

일본의 술자리에서 볼 수 있는 특유의 습관으로 '술잔 교환'이 있다. 겐파이献杯, 헌배, 사카즈키오 우케루盃をうける, 술잔을 받음, 오나가레죠다이お流れ頂戴, 윗사람에게 술을 받음, 고헨파이御返杯, 술잔을 다시 돌려드리는 것 등이 있다. 켄파이는 아랫사람이 윗사람에게 잔을 바치는 것으로 반대의 경우인 윗사람에게서 잔을 받거나 청하는 것은 오나가레죠다이라고 한다. 이 습관은 주인과 손님, 상사와 부하, 친구 사이 등이 술과 술잔을 통해서 친근감을 나타내는 일본의 습관이다. 일본 술을 따뜻하게 데워서 돗쿠리徳利나 쵸조銚子에 담아 상대에게 정중히 따르는 것은 포근한 마음이 깃든 음주법이라 할 수 있다.

술 따르는 법과 받는 법

● 맥주 따르는 법과 받는 법

맥주병은 상대가 쉽게 볼 수 있도록 병에 붙어 있는 라벨이 위로 가도록 해야 한다. 병 아래쪽을 한 손으로 들고 다른 한 손은 병의 아랫부분을 받쳐서 따르는 것이 기본이다. 약간 높은 위치에서 처음에는 많이 나오게 하고 점점 천천히 나오도록 한다. 거품이 잔의 30% 정도로

따르는 것이 완벽하게 '따르는 법
注ぎ方'이다.

맥주는 잔을 비울 때까지 첨잔
을 하지 않는 것이 맛있게 마시는
방법이므로 술을 권유받은 사람
은 술잔을 비운 다음에 받는 것이
기본이다. 반대로, 술을 받을 때

이자카야 메뉴

는 너무 술잔을 기울이지 말고 컵의 바닥면에 다른 손을 살짝 받쳐 주
는 느낌으로 받는다.

● 니혼슈(日本酒) 따르는 법과 마시는 법

니혼슈의 경우에는 돗쿠리德利의 가운데 몸통 부분을 오른손으로
잡고 왼손은 아래쪽을 받쳐 든다. 아쓰캉熱燗, 뜨겁게 데운 일본 술의 경우
에는 화상을 입지 않도록 돗쿠리의 목 부분을 오른손으로 잡고 왼손으
로는 바닥 부분에 타올을 대고 따른다. 술잔 가득히 따르면 마시기 불
편하므로 눈짐작으로 잔의 80% 정도만 따르는 것이 좋다.

술잔을 잡는 법은 엄지와 검지로 윗부분을 잡고 중지는 하부에, 약
지와 새끼손가락은 중지를 받쳐주는 느낌으로 살짝 붙인다. 술잔은 양
손으로 잡는 것이 기본이다. 그리고 엄지와 검지 사이 부분으로 마시
는 것이 바르게 마시는 법이다.

● 음주십계명(適正飲酒の10か条)

1. 담소하며 즐겁게 마실 것 談笑し 楽しく飲むのが基本です
2. 먹으면서 적당량으로 천천히 食べながら 適量範囲でゆっくりと

3. 강한 술은 희석하여 強い酒 薄めて飲むのがオススメです

4. 일주일에 이틀 이상 간에 휴식을 만들자 週に二日は休肝日

5. 2차 같은 음주습관 금지 やめようよ きりなく長い飲み続け

6. 원샷 강요 금지 許さない 他人（ひと）への無理強い・イッキ飲み

7. 약 복용 중에는 음주 금지 アルコール 薬と一緒は危険です

8. 임신 중, 수유 중에는 음주 금지 飲まないで 妊娠中と授乳期は

9. 음주 후 운동, 샤워 금지 飲酒後の運動・入浴 要注意

10. 스스로 지키자, 간 건강! 肝臓など 定期検査を忘れずに

맛있는 술을 즐겁게 마시며 건강하게 지내기 위해서는 위와 같은 '음주십계명 適正飲酒の10か条'을 실천하는 것이 중요하다. 특히 원샷 イッキ飲み 강요 금지는 집단에서 강제적으로 원샷을 강요하면 급성 알코올 중독을 일으켜 최악의 경우에는 죽을 수도 있기 때문이다. 이런 경우에는 원샷을 강요한 사람은 형사 처벌 대상이 될 수도 있다. 일본에서는 매년 1만 명 전후의 사람이 급성 알코올 중독으로 응급실에 실려 간다. 음주문화는 음주십계명을 잘 이해하고 지켜서 억지로 권하거나 어쩔 수 없이 마시는 일이 없고, 서로에게 해가 되지 않고 즐겁게 끝맺을 수 있도록 각별히 신경써야 한다.

마무리는 라멘 締めのラーメン 으로

적당한 술은 우리의 삶에 도움이 되고 좋은 경우도 있다. 반면에 과음을 하면 생활에 불편함을 주거나 건강을 해칠 수도 있다. 적당히 기분 좋게 술을 마시며 화기애애한 분위기를 만드는 것이 좋다. 술을 못하면 대신에 양주나 칵테일과 색이 비슷한 시원한 우롱차를 마시는 방법도 있다. 한국의 다양한 폭탄주도 매력이 있지만 역시 술은 섞어 마시지 않는 게 좋다.

라멘으로 마무리

적당한 음주는 식욕을 증진시키고 요리의 맛을 살린다고 한다. 특히 맥주는 깔끔하게 쓴 맛과 탄산가스로 인해 식욕 증진의 효과가 있다. 하지만 술을 마시면서 많이 먹었는데도 왠지 출출하다 싶은 경험이 있지 않는가? 몸속에 들어간 알코올은 간장으로 운반되어 효소에 의해 분해된다. 간장에 필요한 에너지가 포도당탄수화물이다. 혈액 중에 포도당을 소비해서 혈당치가 감소되면 몸은 혈당치를 올리려고 한다. 이때 뇌에서 '배가 고파요. 좀 더 먹어요'와 같은 신호를 보낸다. 이것이 마무리는 라멘이라는 유혹으로 이어진다. 다만 몸을 생각한다면 마무리는 라멘이 아니라 두부나 바지락 등 알코올을 분해하는 데 도움을 주는 음식이 좋지 않을까? 하지만 라멘이 안 좋다는 것을 알면서도 집 앞에 라멘 가게가 있으면 라멘으로 마무리하고 싶어지는 것은 많은 사람들이 공감할 것이다.

카피^{copy}이면서
오리지널인 이세신궁

정은순(공부 모임을 사랑하는 사람)

편의점보다 많은 일본의 신사

800만 신들의 나라 일본. 흔히 일본의 종교를 논할 때 이렇게 이야기한다. 국민의 대다수가 종교에 그다지 관심이 없고, 일본인은 무종교자라는 인식이 강한 것에 비하면 의외의 수치다. 일본 열도 여기저기에 신이 800만이나 있다는 것인데, 여기서 800만은 수적인 개념이 아니고 무척 많음을 의미한다.

고대부터 현재까지 이어지는 일본의 토착 종교이자 민족 종교인 신도는 세계에서 대표적인 다신교 종교라고 할 수 있다. 일본 신도의 사원인 신사는 전국 각지에 8만 개 이상 존재하는데, 불교계 사원인 절보다 많고 집 근처 어디에서나 쉽게 볼 수 있는 편의점 수보다도 많다.

요즘은 가격家格이라든가 국격國格이라는 말을 드물지 않게 들을 수 있는데, 일본의 신사도 격식에 따라 나눈다. 황실과 인연이 깊은 신을 모시는 곳은 '신궁'과 '궁'이고, 농경신과 같은 특정한 신을 모시는 곳은 '대사'로 신사 그룹의 총본사다. '신사'는 일반적인 명칭이면서 모든 신사를 총칭하는 것이고, '사'는 작은 신사에 붙이는 호칭이다.

천황이 참배하는 이세신궁

미에현 이세시에 있는 이세신궁은 일본 황실의 종묘로, 천황이 매년 참배를 위해 방문하고 일본인이라면 평생에 꼭 한번 방문하고 싶어 하는 신사다. 위에서 언급한 격식으로 따지면 일본의 모든 신사 가운데 가장 격이 높은 신사이고, 정식 명칭은 신궁이다. 이세신궁이라고 부르는 것은 이세에 있는 신궁이기 때문이다.

이세신궁은 내궁과 외궁의 두 정궁과 그에 부속된 말사와 섭사 등을 포함해서 모두 125개 사원으로 된 신사 집단이다. 내궁은 천황가의 조상신인 아마테라스 오미카미를 모시고, 외궁은 아마테라스 오미카미의 식사를 담당하던 도요우케노 미카미를 모신다. 내궁과 외궁은 각각 기원이 다르고 모시는 제신도 다르며 서로 멀리 떨어져 위치하지만 하나의 신궁으로 간주된다.

그런데 이천 년이라는 긴 역사를 지닌 이세신궁은 창건 이래 오늘날까지 대체로 같은 형태를 유지하고 있다. 어떻게 가능한 것일까. 그것은 바로 20년마다 같은 모습으로 새로 지어지기 때문이다.

제례에 참석하는 제주 구로다 사야코
(출처: 이세시마경제신문, 2019년)

이세신궁 외궁을 참배하는 천황
(출처: 일본경제신문, 2019년)

내궁정전·도리이·외궁정전(출처: 이세신궁 공식 사이트)

일정한 주기마다 새로운 신전을 지어서 신의 상징인 신체를 옮기는 것을 식년천궁式年遷宮이라고 하는데, 일본 전통의 신전 조영 방식이다. 식년천궁은 7세기 후반부터 시작된 것으로 추정되며 시대 상황에 따라 중단된 시기도 있었지만, 근세 이후부터 현재까지 계속 이어지고 있다. 30년 혹은 60년마다 부정기적으로 거행되는 천궁도 있지만, 20년마다 거행되는 이세신궁의 식년천궁이 가장 유명하다.

이세신궁과 식년천궁

이세신궁의 식년천궁은 원칙적으로 신궁에 속한 125개소 전체를 20년마다 새롭게 짓는다. 신의 구역임을 나타내며 일종의 문에 해당하는 도리이나 신전의 문, 내궁과 이어주는 다리, 신전에 들여놓는 무구武具나 악기, 그리고 의식에 사용되는 장속裝束 등의 물품도 새롭게 만드는 엄청난 규모의 공사다. 2013년에 거행된 제62회 식년천궁의 경비 총액은 약 570억 엔이었고, 레이와 천황의 여동생인 구로다 사야코가 임시 제주로 취임했다.

신궁 터는 동쪽과 서쪽에 같은 넓이의 터가 나란히 있다. 20년마다 터를 바꾸어 번갈아 짓기 때문에, 현재 빈 터는 다음 천궁의 신궁 터가 된다. 주기마다 장소를 바꿔가며 똑같은 모습의 새로운 건축물로 태어난다는 것은, 생물로 비유한다면 부모에서 자식으로 세대교체하며 생명을 영원히 이어간다는 발상이라 할 수 있다. 영원히 존재하기 위해서는 새로 태어나야 한다는 발상을 실제로 문화 전승에 활용한 것이다. 이런 문화의 전승 방법은 세계 어느 나라에서도 찾아볼 수 없는 일본만의 독특한 것이다.

이세신궁의 식년천궁은 1,300년 이상 이어져 내려오고 있다. 막대한 비용도 들고 규모도 엄청난 의식이건만 20년마다 비교적 빠른 속도로 거행된다. 왜 20년마다 거행되었는가에 대한 정설은 없다. 하지만 대체적으로 다음의 세 가지 이유로 추측해 볼 수 있다.

신궁은 토대석을 쓰지 않고 노송나무 기둥을 땅 위에 직접 세우는 굴립주 방식에 억새로 지붕을 인 소박한 건축 양식을 고수하고 있다. 일본의 농경시대에 해당하는 야요이시대부터 발달한 전통 건축 방식이다. 그러나 억새로 이은 지붕에는 벌레가 생기기도 하고, 벌레를 찾아 날아온 새가 지붕을 쪼아 먹기도 한다. 비바람에 노출된 목재 기둥이 서서히 손상되는 것도 피할 수 없다. 건축 자재의 내구성 때문에 20년마다 비교적 단기간에 재건축을 하게 된 것이다.

식년천궁의 제례의식과 신·구 천궁의 모습 (출처: 산케이신문 DIGITAL, 이세신궁 공식 사이트)

식년천궁 사전 작업 (출처: 이세신궁 공식사이트, 산케이신문)

건축물의 훼손만이 이유는 아니다. 부정하고 불결한 것을 꺼리고 청정함을 추구하는 신도 사상에서 볼 때, 늘 거룩하고 정결한 신전을 유지하기 위해서는 20년이 가장 이상적인 주기이기도 하다.

그리고 신궁을 조영한 장인의 기술을 다음 세대로 전수하기 위한 방법이라고 생각할 수 있다. 인간의 평균 수명이 80세라는 현대와는 달리 고대는 이보다 훨씬 낮았다고 한다. '인간 50년'이라고 부르던 시대에서조차 장인이 천궁에 참여할 수 있는 기회는 고작 2번이었을 것이다. 첫 번째는 기술을 배우는 입장에서, 그리고 두 번째는 배운 기술을 가르치는 입장에서다. 만일 천궁이 50년마다 거행되었다면 기술의 전승은 어려웠을 것이다. 식년천궁은 장인의 기술 전승이라는 필요에 따라서도 20년마다 거행되었다고 볼 수 있다.

기억의 계승

사람들은 무언가 중요하고 특별한 것은 오래도록 후세에 전해져 남아 있기를 염원한다. 서양인은 물질이 갖는 견고성을 신뢰해서 모뉴먼트monument라는 기념물을 만들어 기억을 계승하고자 했다. 그리스의 파르테논 신전이나 이집트의 피라미드 등이 그 예다.

그러나 일본인은 인간의 기억이 덧없고, 물질 또한 언젠가는 소멸해 버릴 것이라고 생각했다. 그래서 물질의 견고성을 신뢰하는 대신 전혀 다른 방식으로 기억을 계승하고자 했다. 형상의 계승이 그것이고, 대표적인 예가 바로 이세신궁의 식년천궁이다.

1972년 유네스코 총회는 후세에 전해야 할 귀중한 문화유산과 자연유산을 보존하자는 취지에서 '세계 문화 및 자연유산 보호협약'을 채택했다. 이 취지에 따라 일본에서는 나라의 법륭사나 효고의 히메지 성, 우지의 평등원 봉황당 등이 세계문화유산으로 등재되었다. 하지만 이천 년의 역사를 가지고 고대의 전통방식으로 그 모습 그대로 건축되는 이세신궁은 여기에서 제외되었다.

세계유산으로 등록되기 위한 중요한 요건 중 하나가 진정성이다. 가짜가 아닌 진짜여야 하는 것이다. 장소의 진정성, 기술의 진정성 등 여러 면에서 평가되지만 문화유산의 경우 건축물에 사용된 재료가 창건 당시의 것인지가 평가의 중요한 요소다. 그렇기 때문에 그리스의 아크로폴리스 언덕에 있는 파르테논 신전은 시간의 흐름 속에서 대부분 훼손되고 일부만 남아 있지만, 당시 건축물이라는 점에서 세계문화유산

식년천궁 전·후의 신궁 모습(출처: 이세신궁 공식 사이트)

으로 등재되었다. 식년천궁으로 20년마다 새로 지어지는 이세신궁은 현상 변경의 제한이라는 규정에 위반되는 것이다.

카피copy 즉 오리지널

20년마다 전혀 새로운 재료로 지어지는 신궁이지만, 일본인 어느 누구도 신궁을 복제품이며 가짜라고 생각하지 않는다. 이천 년 전부터 계신 신이 이제 막 지어진 신전에도 여전히 진좌鎭座한다고 믿는다. 모든 것이 완전히 새로워졌지만 또한 아주 오래된 진정한 것으로 저항 없이 받아들이는 것이다. 이것은 일본의 대표 문인인 미시마 유키오가 그의 평론집 《문화방위론》에서 지적한 '카피copy 즉 오리지널'이라는 사고로 설명되는 부분이기도 하다.

식년천궁의 모든 제례 의식이나 행사는 준비 과정부터 철저하게 고대부터 전해지는 의식에 따라 집행된다. 앞에서 언급했던 2013년의 식년천궁은 여러 준비 단계를 생략하고도 8년 전인 2005년부터 33개의 제례나 행사를 거친 후에 완성되었다. 고대의 방식 그대로 이어지는 의례의 반복은 20년마다 새로워지는 신궁을 재료라는 관점에서는 카피로 보이게 하지만, 진정한 오리지널로 만드는 장치이기도 하다. 즉 새롭게 다시 태어난 건축물의 진정성과 정통성을 인정받게 만드는 것이다.

형상의 계승과 의례의 반복이라는 독특한 기억의 계승 방법으로 매번 다시 태어나지만, 일본인에게 진정하고도 바른 것으로 인정받는 이세신궁. 우리의 문화유산은 어떤 과정 속에서 복원되고 보존되고 있을까.

서구 문화를 받아들인
근대 일본인들의 수용방식

이한정(상명대 교수)

외부를 통해 이루어진 문명개화

거리를 걷다 보면 단팥빵 전문점이 눈에 띈다. 단팥빵은 할머니 세대에 즐겨 먹었던 빵이다. 팥소와 빵이 균형을 이루어 낸 맛의 조화가 최근에 다시 주목받으면서 다양한 세대에게 단팥빵이 인기를 끌고 있다. 어린 시절에 먹었던 추억의 맛을 찾는 어르신부터 다양한 디저트의 세계를 탐색하는 젊은 세대에게까지 단팥빵의 매력은 무궁무진하다. 이 단팥빵의 시작은 일본이다. 쌀을 주식으로 하던 일본인들은 16세기 무렵에 포르투갈 사람들이 가져온 빵을 처음 접했다. 일본어 「パン」은 포르투갈어 pão에서 왔다. 서양식 빵은 속에 재료를 넣지 않는다. 일본 사람들은 서양의 빵을 자신들이 먹기 편하도록 변형해서 팥소를 넣어 단팥빵을 만들었다. 일본에서 예전부터 먹었던 팥이 서양의 빵과 만나면서 단팥빵이 탄생한 것이다.

단팥빵처럼 외래에서 들어온 요소가 일본 문화에 침투하는 외부로부터의 문명개화는 일본 고대에서 근대에 이르기까지 폭넓게 전개되었다. 흔히 전통적인 일본 문화로 보이는 것들도 대부분 밖에서 유입된 외래문화와 섞이면서 형성된 것이다. 6세기 중엽에 중국에서 백제를 거쳐 전래된 불교문화가 없었다면 과연 오늘의 일본 문화를 생각할 수 있을까. 일본 고대국가의 기틀을 다진 쇼토쿠태자聖德太子는 당시 일본인의 고유 신앙이었던 신도神道 세력의 강렬한 반대에도 불구하고 불교를 적극적으로 받아들여 고대 일본 문화를 꽃피우게 했다. 일본인들이 쇼토쿠태자를 추앙하는 이유는 그가 불교뿐만 아니라 유교 등 외래문화를 적극적으로 수용해서 일본 문화의 기반을 닦아 놓았기 때문이다.

'신불습합神佛習合'이란 말이 대변하듯 토착문화 신도와 외래문화 불교는 오랜 기간 서로 융합하는 현상을 보여 왔다. 근대에 들어 메이지시대1868~1912년가 되면서 일본은 신도를 국가 종교로 삼아 권력에 의해 두 종교가 '분리'된 시기가 있었으나 오늘날 일본의 사찰과 신사가 아주 가까이 있는 경우를 쉽게 볼 수 있다. 각각의 종교의식이 한 곳에서 이루어지며 서로의 관습이 배척되지 않는 장면을 어렵지 않게 목격할 수 있다. 불교와 신도의 관습과 문화는 서로 조화를 이루며 현대 일본인의 삶을 지탱한다. 이처럼 일본 문화가 외부에서 들어온 문화를 바탕으로 성립하고 있다는 점을 간과해서는 안 된다.

우리에게 친숙한 나가사키 카스텔라 또한 단팥빵처럼 외부를 모방해서 탄생한 먹을거리다. 16세기 무렵 나가사키 항구로 포르투갈의 배가 정박하며 일본은 서구 문화와 본격적으로 만났다. 그렇다고 일본인이 처음부터 서구 문화를 무조건 수용했던 것은 아니다. 17세기에 들어서 일본은 포르투갈과 스페인을 추방하고 쇄국정책을 펼쳐 외국인과 접촉하는 것을 엄격히 제한했다. 그런데도 규슈지방 나가사키에서는 항구를 개방해서 네덜란드 등의 서구 문물을 흡수했다.

에도시대 200여 년에 걸친 쇄국을 무너뜨린 것은 1853년에 요코하마 근처 우라가浦賀 앞바다에 함대를 거느리고 나타난 미국의 페리 제독이었다. 미국의 문호 개방 요구를 수용하면서 일본은 서구 문화를 급속히 받아들였다. 물밀듯이 밀려든 서구 문화는 일상생활, 정치제도, 경제기반, 학문지식, 사회시설 등 전방위로 근대 일본을 휘감았다. 불교를 받아들인 이래 두 번째 문명개화라 할 수 있는 서구 문화 섭취는 일본 전통 사회의 근간을 뒤흔들었다. 그러나 이미 불교와 신도를 융합시켜 이질적인 문화를 조화롭게 공존시킨 경험이 있는 일본은 서구 문화를 적절하게 받아들이는 태도를 취할 수 있었다.

화혼양재와 모방

불교와 신도의 융합은 근대화에 이르러 일본 정신을 의미하는 '화혼和魂'과 서양 기술을 의미하는 '양재洋才'가 합한 '화혼양재' 사상으로 이어졌다. 에도시대 말기에 살았던 마지막 사무라이 세대라고 할 수 있는 사쿠마 쇼잔은 '동양의 도덕과 서양의 예술'이라는 말을 통해 서양의 압박을 극복하는 근대화의 이정표를 제시했다. 일본 고유의 정신을 소중히 하면서 서양의 기술을 받아들여 일본을 발전시켜 가자는 것이다. 서구의 위력을 실감하며 서구 문화를 최첨단에서 수용하던 인물에게서 화혼양재의 사고방식이 두드러지게 나타났다.

일본의 근대 문화를 설명할 때 후쿠자와 유키치를 빼놓을 수 없다. 그의 이름은 생소할지 몰라도 후쿠자와 유키치는 일본 화폐 만 엔권에 새겨진 인물로 서구 문화를 적극적으로 받아들여 일본의 근대화를 촉진한 사람이다. 그는 일본인에게 유럽 학문 배우기를 권장했고, 지식 습득으로 개개인의 계몽을 주장했다. 한편으로 서구 문명은 단지 근대화를 위한 수단에 불과하기 때문에 일본의 황실만이 일본인의 정신을 하나로 모으는 중심이라고 했다.

정신에 대한 논의에 종교 문제가 빠질 수 없다. 근대화의 물결 속에서 우치무라 간조는 일본의 전통적인 사상을 버리고 그리스도교에 심취한 인물이었다. 그는 두 제이 J, 즉 예수 Jesus 와 일본 Japan 을 사랑한다고 말했다. 일본의 전통 사상을 토대로 한 일본적 그리스도교의 실상을 모색한 것이다. 니토베 이나조도 그리스도교 신자이면서 일본 고유의 정신인 무사도를 세계에 알리기 위해 1900년에 영어로 《무사도 Bushido; The Soul of Japan》를 집필해 미국에서 출판했다. 무사도와 그리스도교의 접점을 탐색하며 일본과 서구의 상호 이해와 융합을 꾀한 것이다.

근대 초기 일본인들이 지닌 서구 문화에 대한 호기심과 모방은 서양인의 눈에도 색다르게 비쳤다. 페리 제독은 《페리 제독 일본 원정기》에서 "일본인들은 외국에서 들어온 새로운 것을 재빨리 조사해서 제조 기술을 금방 자기 것으로 한다. 그 과정이 아주 정교하고 치밀해서 똑같은 것으로 만들어 낸다"고 언급하고 있다. 일본인들의 모방은 외래문화 수용의 원동력이었다. 그러나 모방의 이면에는 맹목적인 서구 문화 추구와 자기 주체성 상실 요인도 존재했다.

니토베 이나조와 마찬가지로 오카쿠라 덴신 역시 1906년에 《차의 책 The Book of Tea》을 영어로 집필해서 서구에 일본 문화를 알렸다. 그런데 이 책에서 "우리 동포들 중 여러 사람은 서양 관습이나 예의범절을 지나치게 열심히 수용한다. 빳빳한 깃이나 높은 정장용 서양 모자로 치장하는 것을 문명 달성이라고 착각하는 사람까지 있다"라고 하면서 일본인의 피상적인 서구 모방을 비판했다. 근대화의 물결 속에서 일본인이 피상적으로 서구 문화를 추종하는 모습에 대한 우려는 문학자의 글에도 엿보인다. 일본 근대문학의 대표적 작가 나쓰메 소세키는 근대화 속에서 일본인의 자아 확립을 강조했다. 나쓰메 소세키 역시 일본 화폐의 초상 인물로도 등장했는데, 그는 개인이 가진 개성을 존중하는 입장에서 '개인주의'를 주장했다. 개인의 주체성을 중요시한 나쓰메 소세키는 "자신의 독창성을 외면한 채 서양만을 위대하다"라고 하는 일본인의 서양 모방을 꼬집었다.

근대화 초기 서구 문화에 대한 경도는 서양과 대등한 일본을 보여주기 위해 과도한 경비를 쏟아 부어 건립한 서양식 사교장 로쿠메이칸 1883년 건립의 불야성이 상징적으로 보여 줬다. 이곳에서는 매일 같이 양장 차림을 한 일본의 남녀가 서양인과 함께 서양인 흉내를 내며 무도회를 즐겼다. 서양인 복장을 하고 춤추는 일본인을 프랑스 장교이자 소설가 피에르 로티는 '원숭이 흉내'라고 묘사했다. 아쿠타가와 류노스케는 피에르 로티의 《에도의 무도회》에서 힌트를 얻어 단편소설 《무도회》1920를 썼다. 로쿠메이칸을 배경으로 일본 여성 아키코와 프랑스 장교의 만남을 가볍게 그리면서 주체성을 잃고 서구를 모방하는 일본 문화에 비판적인 시선을 담아냈다.

다니자키 준이치로는 모던 걸이 출현한 1920년대 서구 문화가 급속도로 일본 사회에 만연하던 시기에 도시 남녀의 사랑 이야기를 소재로 소설을 발표했다. 서양 모방을 극단적 행태로 표출하며 주체성을 상실해 가는 젊은 일본인 남녀를 《치인의 사랑》1924이란 작품에 형상화했다. 이 작품에 등장하는 남자 주인공은 여자 주인공이 서양 배우를 닮았다는 이유만으로 사랑한다. 여자 주인공은 자신의 외모가 서구적이라는 사실을 알고 좀 더 서양 미인으로 보이기 위해 온몸을 흰 분가루로 치장한다. 서구 문화를 즐기는 두 남녀의 사랑은 어리석고 우스꽝스럽다. 여자 주인공이 하얀 피부에 집착하는 장면을 보면 서양에 대한 동경과 모방으로 얼룩진 근대 초기 동양의 모습을 투영하는 것 같아 씁쓸한 기분이 든다.

외래문화를 감싸는 일본

일본은 근대 초기 화혼양재와 모방의 과정을 거쳐 외래문화를 자기 안에 받아들였다. 그러면서도 일본의 풍토나 문화 환경과 동떨어진 무조건적인 외래문화 수용에는 경계심을 늦추지 않았다.

서구 문화가 들어오기 전까지 일본에서는 사심을 버리고 자연과 조화를 이루는 것을 이상으로 삼았다. 서구 문화가 들어오면서 주관과 객관을 분리해서 인간의 모습을 탐색하는 철학이 일본에 이입되었다. 근대 일본의 독보적인 철학자 니시다 기타로는 서양철학을 열심히 연구하여 서양철학과 일본인의 사상을 혼합하여 발전시키려고 노력했다. 주관과 객관을 대립시키지 않고 오히려 양자를 융합하는 데 진실한 인간의 모습이 있다고 확신했다. 니시다 기타로는 서양과 일본의 철학을 융합시킨 《선善의 연구》로 새롭고 독창적인 근대 일본 철학을 성립시켰다.

전혀 다른 두 요소를 적절하게 취합해서 발전시키려는 사고방식은 근대의 문화 수용에서 '화양절충' 방식으로 나타났다. 불교의 가르침으로 일본 사람들은 1,200년 동안 육식을 멀리했다. 고기를 먹는 습관은 근대 시기 서양 요리의 도입과 함께 생겨났다. 서구 문화를 적극적으로 받아들이기 위해 근대 초기에 천황은 직접 소고기를 시식하는 퍼포먼스를 선보였다. 육식이 확산되면서 스키야키나 돈가스와 같은 오늘날 일본을 대표하는 음식이 만들어졌다. 우리에게도 친숙한 일본 드라마 〈심야식당〉에는 다양한 일본 음식이 나온다. 그중 '나폴리탄'을 소재로 한 에피소드도 있다. 토마토 케첩과 스파게티 면을 섞어 만든 '나폴리탄'은 유럽의 파스타 요리를 일본식으로 재해석한 음식이다.

밖에서 들어온 문화를 일본의 환경에 맞게 정착시킨 사례는 1878년에 하코네에서 개업한 후지야호텔과 같은 근대 건축 양식, 미술, 음악 등 문화생활 전반에서 찾아볼 수 있다. 일본인들은 외부에서 들어온 문화를 통해 새로운 문화를 창조해 나갔다. 서구 문화를 일본에 수용하여 독창적인 일본 문화로 다시 수출했다. 일본에서 만든 애니메이션은 전 세계 시장에서도 독보적 위치를 차지한다. 루시 M. 몽고메리의 《앤 오브 그린 게이블스*Anne of Green Gables*》는 캐나다 소설이다. 그런데 이 작품은 우리에겐 오히려 일본에서 제작한 〈빨간 머리 앤〉 애니메이션 시리즈로 더 친숙하다. 이는 일본이 외부에서 수용한 문화를 외부로 다시 송출한 사례로 볼 수 있다. 위스키나 커피 같은 것 또한 서구에서 받아들여 캔 커피를 만드는 등 자신들의 색깔을 첨가해서 다시 수출하고 있다.

가토 슈이치는 1956년에 일본 문화를 '잡종문화'라고 정의했다. 일본 문화는 외래문화와 일본 전통문화의 혼합으로 이루어졌다는 주장이다. 혼합 문화의 역사를 일본의 전통문화를 거부하고 외래문화를 일본 안에 정착시키려는 근대주의와, 서구 문화를 배격하고 일본 문화로 회귀하려는 국가주의의 투쟁사로 보았다. 그리고 잡종문화는 어느 쪽에도 치우치지 않고 양자를 혼합하면서 한 걸음 더 나가서 새롭게 만들어진 문화였다. 가토 슈이치는 이를 '일본화'라 했다. 일본의 문화 수용의 특징은 외래문화를 받아들여 일본 문화와 조합시켜 창조적 문화로 만들어 간다는 점에 있다. 외래문화에 치우치면 자기의 주체성을 잃어버리기 쉽고 외부의 것만 숭배하는 양상을 띤다. 또 자기 문화만 강조하면 문화의 유동성과 발전성을 망각하고 자기 문화의 우월의식에 사로잡힌 국수주의 사고로 일관하기 쉽다. 외래문화에 대한 일본인의 태도는 상당히 유연하다. 외부 문화를 가져와 내부 문화에 맞춰 변형시켜 새로움을 창조해 가는 경향은 다시 외부로 뻗어 나간다. 문화는 고립되지 않고 전파되고 수용된다. 근대 일본의 서구 문화 수용은 외부 문화를 자기 안에 소화하여 이를 통해 다시 자신만의 독창적인 문화를 만들어 가는 과정을 보여 준다.

일본의 건축, 정원, 그리고 다도

일본 도시와 건축에 담긴 일본인의 마음
인간이 창조한 낙원, 일본의 정원 이야기
일본인과 차노유(茶の湯)

일본 도시와 건축에 담긴
일본인의 마음

우창윤 ((사)한국유니버설디자인협회 회장, LH한국토지주택공사 총괄건축가)

"사람은 건축을 만들고 건축은 사람을 만든다"라고 윈스턴 처칠이 말했다. 그리고 하이데거는 이렇게 말했다. "인간이란 존재는 땅 위에 정주하면서 비로소 이루어진다." 따라서 집은 인격이며 존재 방식이다. 좋은 건축과 건강한 도시에서 우리 삶의 모습이 사실 그대로 드러난다. 그러므로 건축은 진실해야 하고 그 속에 거주하면서 삶이 완성된다. 건축과 도시를 보면 그 나라와 사회를 알 수 있다. 내가 생각하는 건축이란 우리 삶과 소통하는 시공간적 환경을 만드는 것이다. 아름다운 건축물은 그 이면의 고통을 이해할 때 가치가 드러난다. 그래야 슬픔을 머금은 건물이 우리를 품어 주고 위안을 줄 수 있다. 건축은 메시지를 전달하는 가장 효율적인 수단이다. 그런 의미에서 건축은 미디어다.

일본 도쿄를 비롯해서 여러 지역을 방문하고 핸드사이클로 일본을 종주하며 만났던 사람들을 통해 도시와 건축에 담긴 그들의 마음을 단편적으로나마 알게 되었다. 일본인은 남에 대한 배려 気配り와 환대 おもてなし가 지나칠 정도다. 그런 일본인의 마음이 건축과 도시에 자연스럽게 녹아들어 있다. 일본은 사람과 건축이 조화를 이루고 있다.

몇 년 전 핸드사이클로 도쿄에서 후쿠오카까지 1,950km를 종주하던 어느 날 야마구치현 이와쿠니에서 슈난으로 향하는 길이었다. 이미 밤은 깊었고 피곤에 지쳐 국도변 가게 앞에서 노숙을 하게 되었다. 얇은 매트에 누워 밤을 지새우다 어느새 새벽이 되었다. 가게 주인인 듯한 사람이 나의 잠을 깨우지 않으려는 듯 조심스럽게

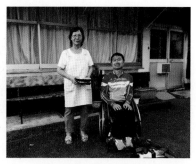

이와쿠니에서 만난 히데코 여사

가게 문으로 들어가는 것이 보였다. 인기척에 일어나 자리를 정리하고 있는데 히데코 여사가 말을 걸어왔다. 도쿄에서 출발해서 후쿠오카까지 간다고 하니 무척 놀라며 밥을 준비해 주었다. 가게의 외관은 아주 허름했지만 내부는 정갈하게 정돈되어 있었다. 주인의 손길이 닿아 윤기 나는 식탁은 언제나 손님 맞을 준비가 되어 있었다. 떠날 때는 주먹밥과 녹차를 건네주었다. 히데코 여사를 통해 일본식 환대인 오모테나시를 경험했다. 히데코 여사는 자신도 넉넉지 않은 형편임에도 나 같은 나그네에게 성심껏 도움을 주었다. 히데코 씨와 같은 일본인의 마음이 담긴 일본 도시와 건축을 몇 가지로 설명해 보려 한다.

주택에서도 남에게 폐를 끼치지 않는다는 정신

도시 전체가 회색빛 외관을 한 단순한 형태다. 회색 페인트 또는 타일로 되어 있고 두드러지게 눈에 띄고 요란한 건물은 찾아보기 어렵다. 주변 풍광과 동떨어져 들판 한가운데 나 홀로 아파트는 찾아볼 수 없다. 고만고만한 건물이 많다 보니 스카이라인이 화려하지 않다. 지

진 등 자연재해가 빈번한 이유도 있고, 섬나라 특유의 같이 어울려 살지 않으면 살아갈 수 없는 정신의 영향이 도시의 외관에도 영향을 준 것이다.

도쿄에는 고속도로나 도시를 지나는 전철이 지상철인 경우 건물과 주택 바로 곁을 지나갈 때가 많다. 시끄럽고 진동이 심할 텐데 그럼에도 방음벽은 찾아볼 수가 없다. 방음벽이 있으면 거주하는 사람은 좋겠지만 도시경관을 해치고 바람의 흐름을 막는다. 무엇보다 새들이 이동하다가 방음벽에 부딪혀 죽는 경우가 많고 공기의 흐름도 막혀 도시의 매연이 정체한다. 다른 사람에게 폐를 끼치지 않고 전체를 위해 개인이 참는 것이다.

일본의 공동주택 발코니는 새시로 막혀 있지 않다. 우리처럼 춥지 않은 탓도 있지만 화재 등 재해가 일어났을 경우 피난을 위해 이웃집 사이에 제거하기 쉬운 경량 칸막이로 막혀 있다. 개인적인 프라이버시는 다소 침해를 받기 쉬운 구조이지만 이를 감수하며 살고 있다.

보도 위에 차량이 주차되어 있는 경우가 없다. 대도시나 아주 시골이나 할 것 없이 보도 위에 차량을 주정차해서 보행자에게 불편을 주지 않는 것은 당연하고, 차량의 경적 소리도 잘 들을 수가 없다. 그야말로 남에게 폐를 끼치기 싫어하는 일본인의 마음을 읽을 수 있다.

역사성과 현재성을 아우르는 조화로운 도시경관의 구성

사이클 종주를 하며 본 일본의 국도는 대부분 편도 1차선이다. 도시 부근에는 바이패스라고 하는 편도 2차선의 자동차 전용 도로를 만들어 놓았다. 터널도 가능하면 산 정상 가까이에 뚫는다. 길과 터널 공사

에 대한 기술이 부족한
것은 아닐 것이다. 일본
은 세계 최고의 토목 기
술을 보유하고 있다. 국
토를 있는 그대로 후손
에게 물려주는 것이 목
표라고 한다. 그래서 국

일본 시내 주택가의 묘지

도에서 산자락을 흉물스럽게 파헤친 절개지를 찾아보기 힘들다.

　지금껏 하천 어디에서도 더위를 식히려 사람이 물에 들어가거나 발
담그는 모습을 본 적이 없다. 들은 말인데, 일본에서 강에 발을 담그고
있으면 미친놈 취급을 받는다고 한다. 일본에서 자연은 관조의 대상
이라는 것이다. 우리는 자연과 하나가 되고자 하는 정서가 있는데 말
이다. 그리고 묘지도 시내 한가운데나 마을에 인접하고 있어 후손들이
쉽게 찾을 수 있다. 산이나 들에 개인적인 묘지는 일체 없어서 당연히
산세나 지형이 그대로 잘 보존되고 있다. 생과 사를 구분하지 않는 일
상의 공간이다. 일본의 신도는 죽으면 누구나 신이 된다고 한다.

　정원에 대한 일본인의 뿌리 깊은 사랑은 자연에 신이 깃들었다고 믿
는 신도적인 애니미즘에서 비롯됐다. 일본 정원은 자연스러움의 표상
으로 간주되어 왔다. 서구 유럽의 기하학적인 정원 배치와 상반된다.
이렇듯 일본의 정원은 원시종교에 바탕을 둔 자연숭배를 기반으로 한
다. 자연의 세계를 하나의 한정된 공간에 응축하려는 경향이 짙다. 징
검돌의 배치, 정원수 다듬기 등 섬세한 기교를 구사하면서도 어디까
지나 자연스러움을 존중한다. 또한 연못을 신성한 것으로 여겨 정원의
중심으로 삼았다. 말하자면 아기자기한 조경보다 자연 그대로의 정원

을 만드는 것을 존중했다.

일본 어디에서나 예전의 목조 전통주택을 흔히 볼 수 있다. 형태도 거의 유사해서 자세히 보지 않으면 거의 같은 디자인이다. 우리나라의 한옥은 단층임에도 팔작지붕의 날렵한 곡선이 하늘로 향하고 있어 웅장한 맛이 있다면, 일본의 목조 전통주택은 2층 구조이지만 단순한 맞배지붕이라 지면에 낮게 깔려 아담한 느낌이다. 또한 오래된 가게들 가운데도 몇백 년 된 것이 많다. 그만큼 옛것과 전통을 소중히 여겨 지금까지 이어지고 있다.

복싱선수 출신으로 유명한 건축가 안도 다다오의 주택인 스미요시 나가야는 폭 3.6m, 길이 14m의 대지에 노출 콘크리트와 중정으로만 빛을 받는 구조로 된 협소주택이다. 이 주택은 거실에서 침실로 이동할 때 지붕이 없어 비가 오면 비를 맞아야 한다. 또한 단열효과를 무시한 이런 설계는 선禪에 기원을 둔 욕구, 즉 사람이 환경과 분리될 수 없음을 강조한 것이다. 외부계단을 통해 계절의 변화와 날씨를 느끼며 조금은 불편해도 자연스럽게 살아가는 인간이길 원한 것이다. 더우면 옷 하나 벗고 추우면 하나 더 껴입고 살아가면 된다.

안도 다다오가 디자인한 스미요시 나가야

신축 당시부터 지금까지 살고 있는 건축주아즈마 사지로는 안도 다다오의 작품인 스미요시 나가야에 대한 자부심이 대단하다.

도쿄역은 2차 세계대전 당시 폭격을 맞아 일부 파괴되었다. 전후 임시로 복원해서 사용하면서 역사적 고증을 거쳐 도쿄역의 상징인 돔을 복원하는 데 걸린 공사 기간만 5년이다. 5000억 원 정도의 공사비를 들여 2007년 시작해서 2012년에 완성했다. 1914년 건설 당시 모습을 되찾아 100년 전 모습을 한 도쿄역은 도쿄를 상징하는 건축물이 되었다. 도쿄역은 버스터미널, 호텔, 미술관, 백화점 등이 함께 있는 복합공간이다. 도쿄역처럼 주 용도와 함께 복합기능으로 개발하는 것이 일본 건축의 특징이다. 도쿄역과 황거, 그 주변의 현대식 건물로 가득 찬 마루노우치는 역사성과 현재성을 아우르는 조화로운 도시경관을 구성한다. 그에 비해 서울역은 거의 박제화되었는데 건축인의 한 사람으로 부러울 따름이다.

남을 배려하는 유니버설디자인

일본은 세계 어느 나라보다 나 같은 휠체어 장애인이 여행하기에 편리하다. 별다른 걱정 없이 길을 나서도 좋을 정도다. 그것은 다름 아닌 유니버설디자인이 잘 되어 있는 나라이기 때문이다. 유니버설디자인이란 모든 사람들이 안전하고 편리하게 사용하거나 접근할 수 있도록 하는 디자인을 말한다. 2020년 도쿄올림픽을 유치한 일본은 유니버설디자인 마을 만들기와 마음의 배리어 프리 barrier free 를 주요한 정책으로 추진했다. 그 결과 2010년경에는 외국 관광객이 우리나라보

신주쿠역 안내 표시

신주쿠역 화장실　　　　　　　나하공항의 시각장애인 안내견 화장실

다 적었는데 2019년 3000만 명을 넘어섰다. 숙박업소에는 장애인 객실이 마련되어 있고 휠체어 장애인을 위한 각종 시설을 잘 갖추고 있다. 편의점을 포함한 판매시설 대부분은 주 출입구에 턱이 없어 드나들기 편하다. 신주쿠역처럼 26개 노선이 있어 복잡한 역도 안내 표시가 너무 잘 되어 있어 노선을 찾기가 쉽다.

또한 공공 화장실은 표시도 큼직해서 멀리서도 쉽게 알아볼 수 있다. 내 경험에 따르면 화장실 표시가 크면 클수록 선진국이다. 화장실 입구에는 화장실 내부 구조를 도면으로 보여 주고, 점자화한 점자촉지도가 있어 시각장애인을 포함한 모두 화장실 구조를 알 수 있게 되어 있다. 나리타공항과 오키나와 나하공항에는 시각장애인 안내견을 위한 화장실까지 설치되어 있다.

모든 교통시설도 경사로와 엘리베이터로 자연스럽게 연결되어 있어 장애인이 이용하기 편리하다. 일본 전철에서 엘리베이터는 장애인이나 노약자가 아니면 잘 이용하지 않을 정도로 시민 의식이 철저하다. 도쿄의 모든 버스는 저상버스이고 운전기사들은 정류장에 바싹 붙여 정차해서 승객들이 안전하고 편리하게 승차할 수 있도록 한다. 신칸센의 장애인석은 비행기 1등석처럼 좌석을 완전히 180도 젖힐 수 있어 중증장애인이나 환자도 이용할 수 있다. 또한 장애인 화장실과 비장애인 화장실이 각각 설치되어 있어 편리하게 이용할 수 있다. 나리타공항에는 보통 휠체

호류지 경사로

어 크기의 서너 배 되는 아주 큰 휠체어가 준비되어 있다. 아마도 체구가 엄청 큰 장애인을 위한 것이리라.

일본 종주 중 들렀던 호류지에는 경사로가 석재 난간 사이에 설치되어 문화재를 훼손하지 않고 접근할 수 있도록 했다. 오사카성과 나고야성에는 엘리베이터가 설치되어 있어 천수각까지 관람이 가능하다. 이처럼 문화재의 가치를 훼손하지 않고 보존하면서 동시에 누구나 관광할 수 있도록 경사로와 엘리베이터 등을 설치해 놓았다.

디테일이 강하고 섬세한 장인정신

우스갯소리로 일본인은 토끼집에 산다고 한다. 그만큼 개인 주거공간이 좁다. 대표적인 것이 도쿄의 협소 주택이다. 폭 3~4m 정도의 아주 좁은 대지에 3~5층 높이인데 층별로 거실, 주방, 침실, 기타 공간 등으로 주거공간을 구성해 놓았다. 이동 동선을 제외하면 정말 그 폭이 좁고 길다. 나카무라 요시후미는 무라카미 하루키의 집을 설계한 3~4평 오두막 주택으로 유명한 건축가다. 이런 작은 주택들도 삶을 담기에 부족함이 없도록 많은 부분을 고려해서 섬세하게 디자인되어 있다. 이런

오두막집 전시회도 성황을 이루고 있는데 일본이기에 가능하다. 대신 일본의 주택은 협소하지만 공원, 박물관 등의 공적공간이 많아서 외부 활동이 쾌적하다.

구마 겐코가 설계한 도쿄대 연구소에는 보도와 나란한 기둥이 사선으로 되어 있다. 요즘처럼 걸어 다니면서도 핸드폰을 들여다보는 사람들이라면 그 기둥에 부딪히기 십상이다. 그래서 사선 기둥의 하부 바닥에 돌을 잘게 부순 쇄석을 깔아 놓아 보행자들이 조심하게 만들어 놓았다.

도쿄 황거 히가시교엔의 휴게소에는 선홈통 역할을 하는 쇠사슬이 있다. 비가 오면 지붕 홈통에서 빗물이 쇠사슬을 따라 이슬의 띠처럼 흘러 석재 빗물받이로 떨어진다. 바닥 맨홀 위에 자갈을 깔아 떨어지는 물소리를 완화했다. 명작은 디테일에서 만들어진다.

횡단보도에는 턱이 거의 없다. 볼라드차량 진입 억제봉 같은 보행 장애물이 없고 경사가 완만하여 보행자들이 편안하게 건널 수 있다. 보도

구마 겐코가 디자인한 도쿄대 연구소　　도쿄 히가시교엔 휴게실의 선홈통

의 높이가 차도보다 10~15cm 정도 단차가 있어 우리나라 20cm 내외 보다 낮다. 지방 소도시는 차도와 보도의 높이 차이가 없고 대신 경계석을 두고 있다. 우리나라보다 강수량이 많음에도 보행자 중심으로 도로가 설계된 것이다. 도쿄도 청사 앞 횡단보도 가운데는 보도 표시와 같은 흰색의 점자블록이 설치되어 있어 시각장애인에게 유용하고 주위 경관과도 조화를 이룬다.

안도 다다오는 복싱선수 출신으로 독학으로 건축을 공부한 특이한 이력의 건축가다. 그가 디자인한 빛의 교회에서는 어둠 속에서 십자가 틈으로 들어오는 강렬한 빛을 통해 원초적인 우주와 인간을 느낄 수 있다. 성경 말씀 '빛이 있으라 하시니 빛이 있었고'를 느낄 수 있다.

구마 겐코는 자연 소재를 이용한 자연 친화적인 건축으로 유명하다. 주변 풍경과 조화되는 유기적인 건축은 자연스럽게 어울리면서도 생명을 머금은 듯한 인상을 연출한다. 그가 설계한 작품으로 일본 전통 간장과 소스 판매점인 도쿄 카야노야茅乃舍가 있다. 거대한 목조 통이

안도 다다오가 디자인한 빛의 교회

구마 겐코가 디자인한 도쿄 카야노야

천정에 가득 매달려 있고 모든 판매대를 비롯한 인테리어가 목재로 구성되어 있다. 자연 그대로를 강조하는 콘셉트다.

일본은 7,000여 개의 섬으로 이루어져 있다. 면적은 38만 km²로 한반도의 1.7배, 인구는 1억 3000만 명으로 남북한의 약 2배다. 일본의 지형은 폭이 좁고 길어 들판보다는 산이 많고 가파르며 해안까지 뻗친다. 2,000m 이상의 산이 500개가 넘는다. 후지산만 해도 높이가 3,776m다.

도쿄에서 교토까지 자전거 여행을 한 것으로 전체를 판단하기엔 무리가 있겠지만 지형상 사람들이 이용할 공간이 부족하다. 그러므로 적은 공간을 효과적으로 활용하고 사람들은 그 공간에 적응하면서 그들의 생활과 문화가 이뤄진 것이다. 주거, 묘지, 여가, 종교 등의 공간이 잘 구분돼 국토를 밀도 높게 사용하고 있다. 그리고 좁은 지역에서 충돌을 일으키지 않고 살기 위해 각자 정해진 위치에서 질서를 엄격히 지켜왔다. 타인과의 조화를 요구하는 문화 '와和'는 개인보다 사회의 집중을 심화시키고, 개인은 어려움을 인내하거나 침묵하게 된다. 이런 문화는 역설적으로 일본을 변화시키는 데 걸림돌이 된다.

남에게 폐 끼치는 것을 극도로 싫어해서 사적인 것을 희생하고 공적인 공간을 중요하게 여기는 일본인의 마음이 건축과 도시 그리고 그들의 삶에 그대로 투영되고 있다. 일본인 스스로는 사회적 질서와 합의를 잘 지키며 잘 어울리고 있으면서도 왜 이웃 나라를 인정하는 데는 인색하고 역사분쟁, 영토분쟁 등이 계속되는지 이해할 수 없다. 아시아의 일원으로 중심 패러다임을 변화시켜야 한다. 서로 인정하고 소통하며 상호 협력하면서 살아갔으면 한다.

인간이 창조한 낙원,
일본의 정원 이야기

홍희창(조경기사, 《이규보의 화원을 거닐다》 저자)

정원과 조경

태초에 에덴 Garden of Eden 이라는 정원이 있었다. 영어로 정원garden 은 '울타리를 두르다'는 뜻의 gan과 기쁨, 재미란 뜻의 oden 또는 eden 의 합성어라고 한다. 즉 안전을 위해 울타리를 두르고 그 안에 조성한 낙원과 같은 쾌적한 환경이다. 한자에서 정원을 의미하는 원園이란 글자도 울타리口로 둘러싸고, 안에 흙을 쌓고土, 연못을 조성하며口, 각종 꽃衣이 심어진 형태다. 에덴은 고대인들이 갖게 된 최초의 지상 낙원의 이미지다. 과일나무와 물, 즐거움이 넘치는 비옥한 땅으로 동경의 대상이 되었다. 사람들은 자신의 영역 안에 울타리를 두르고 '작은 에덴'을 만들었다. 동서고금의 모든 정원은 사람들이 꿈꾸는 이상 세계의 표현이었다.

고대 7대 불가사의 중 하나로 바빌론의 공중 정원이 있다. 이는 네부카드네자르 2세가 향수병을 앓고 있는 산악지대 출신의 왕비를 위해 조성한 것이다. 이집트의 피라미드와 비견되는 지구라트와 같이 연속된 테라스에 성토한 후 각종 수목과 화초를 심어 마치 삼림으로 뒤덮인 작은 산과 같았다고 전해진다. 달리 표현하면 식물로 뒤덮인 계단식 옥상 정원이라 하겠다.

근대 정원의 역사는 르네상스 시대부터 시작한다. 이탈리아는 산악과 구릉지의 지형을 이용해서 노단 건축식 정원이 발달했으며, 높은 곳에서 내려다보는 입체적 경관이 특징이다. 프랑스의 정원은 넓고 평탄한 저습지에 발달했고, 평면 기하학식 정원으로 장엄한 스케일을 자랑한다. 이와 같은 정형식 정원에 대한 반작용으로 영국의 정원은 구불구불한 산책로, 자연형 호수 등 목가적인 자연풍경을 실감나게 묘사했다. 윌리엄 켄트1685~1748년는 '자연은 직선을 싫어한다'라고 하면서 영국의 자연풍경을 회화적으로 묘사했다.

한국·중국·일본의 정원은 자연의 경관미를 중시한 것으로 기하학적인 아름다움을 추구하는 서양의 정원과는 대조적이다. 수목과 돌 등 자연의 소재를 이용해서 자연의 산수山水를 상징하거나 강조하면서 인공적 공간미를 형성한다. 특히 일본에서는 이런 경향이 강해 최대한 인공적으로 보이지 않도록 하면서 풍경을 만든 축소판 자연이다. 현대적 의미의 조경은 19세기 말 뉴욕의 센트럴파크를 설계한 옴스테트가 자신을 조경가라고 칭하면서 조경 Landscape architecture 이라는 용어가 널리 쓰이게 되었다. 그 근원이 된 영국 자연풍경식 정원 English landscape garden 에 연원을 두는 landscape이라는 개념은 우리말로 경관보다는 풍경이라는 용어가 어원에 가깝다고 느껴진다. 일본에서는 조경이라는 용어보다는 조원造園이나 작정作庭을 사용한다.

시대와 형식으로 본 일본 정원

일본의 정원 문화는 중국과 한반도의 문화와 사상의 영향을 받으면서도 독자적으로 발전해 왔다. 《니혼쇼키日本書紀》에 612년 백제 출신의 노자공路子工이 궁궐 남쪽에 수미산須弥山이 있는 정원을 조성했다는 기록이 있다. 이것은 정원에 대한 일본 최초의 기록으로, 일본에서 정원의 역사가 아스카시대6세기 후반~8세기 초로 거슬러 올라감을 알 수 있다. 또 비슷한 시기에 소가노 우마코蘇我馬子가

신덴즈쿠리 정원 조감도

"정원에 못을 파서 섬을 만들었다"라는 기록이 남아 있다.

794년에 교토의 헤이안쿄로 천도하면서 헤이안시대794~1185년가 시작되었다. 후지와라 씨를 비롯한 귀족들은 주 건물인 침전 앞뜰에 자연의 경관을 만드는 신덴즈쿠리 양식의 정원과 극락정토를 재현한 연못이 있는 우아한 정원을 만들었다.

무로마치시대1336~1573년에는 선禪의 정신세계를 표현한 가레산스이枯山水 정원이라는 새롭고 독특한 양식이 등장한다. 물을 전혀 사용하지 않으면서도 돌과 모래로 자연의 산수를 그려낸 가레산스이 정원 양식은 일본 정원을 세계의 다른 정원들과 구별 짓는 특징이 되었다.

아즈치모모야마시대16세기 후반에는 다실茶室에 딸린 간소한 정원인 로지露地가 탄생해 일본의 독특한 정신문화를 반영했다. 에도시대1603~1867년는 일본 조경 기법을 집대성한 시대라고 할 수 있는데, 거닐면서 감상할 수 있는 정원인 지센카이유시키池泉回遊式 정원이 다이묘지방 영주의 저택에 유행했다.

이처럼 일본 정원은 시대에 따라 변했지만 연못을 바다로, 돌을 폭포로 표현하듯이 물, 돌, 식물, 경치라는 네 가지 요소로 구성된 정원

신덴즈쿠리 정원(호류지 성령원)

신덴즈쿠리 정원(이쓰쿠시마 진자)

을 만들어 왔다. 자연의 풍경을 표본으로 삼는 일본의 정원은 직선과 좌우 대칭을 기본으로 한 인공적인 형식미를 보이는 서양의 정원과는 대조적인 모습을 보여 준다.

정원 만들기의 규범이 된 사쿠테이키作庭記

《사쿠테이키作庭記》는 헤이안시대에 쓰인 일본에서 가장 오래된 정원서庭園書다. 신덴즈쿠리 양식의 정원에 관한 조성법을 기록한 가장 신뢰할 만한 비전서秘傳書로, 예전에는 《센자이히쇼前栽秘抄》로 불렸으나 에도시대에 《사쿠테이키》로 명칭이 바뀌었다. 편저자는 후지와라노 요리미치藤原頼通의 3남인 다치바나노 도시쓰나橘俊綱, 1028~1094년로 추정된다.

이 책이 후세, 특히 에도시대의 정원서와 비교할 때 빼어난 특징은 정원 만들기의 구체적인 기술을 언급하는 데 그치지 않고, '정원 만들기는 무엇인가'라는 근원적인 자세에 관해 기술한다는 점이다. 이 책은 '돌을 놓는 법石を立てん事'부터 시작하는데, 당시에는 돌을 놓는 일

이 정원 만들기의 기본이었기 때문이다. 이어서 작정^{作庭}의 3가지 기본 이념을 기술하는데, 오늘날에도 그대로 적용할 수 있을 정도다. 첫째, 입지를 고려하고 산과 바다 등의 자연 경관을 상기하면서 참고한다. 둘째, 과거의 우수한 사례를 지침으로 삼고, 발주자^{집주인}의 뜻을 고려하면서 자신의 미적인 감각으로 완성한다. 셋째, 여러 지방의 명소에서 뛰어난 부분을 참고해 현장에 맞게 적용한다.

이어서 각 장은 남쪽 뜰^{南庭}, 연못과 섬, 돌을 세우는 방법^{立石}, 섬의 모양, 폭포의 물 떨어지는 모양, 계류^{遣水}, 돌 놓기, 금기사항, 나무, 샘, 기타로 나누어 상세히 기술하고 있다. 《사쿠테이키》에는 음양오행 사상과 신선 사상 등에 기초한 금기사항이나 풍수 관련 내용이 포함되어 당시 상황을 엿볼 수 있는 한편, 식물의 특성에 따른 식재나 못의 조성 방법 등 합리적인 기술도 다수 기술되어 있다.

또, '가레산스이^{枯山水}'라는 말이 이 책에 처음 등장한다. 다만, 여기에서의 가레산스이는 못을 중심으로 설계된 신덴즈쿠리 양식의 정원 중에서 못이나 계류 같은 물에서 떨어진 장소에 돌을 세우는 기법으로, 요즘 말하는 가레산스이와는 다른 개념이다.

일본의 유명 정원

● 료안지(龍安寺) 방장정원

료안지 문을 들어서면 큰 연못^{池泉}이 눈에 들어오는데, 전체 면적은 50만 m²에 이른다고 한다. 연못을 중심으로 지센카이유시키 정원과 건물 내부에 석정^{石庭}이라 부르는 후기식 가레산스이 정원이 조성되어 있다. 석정은 무로마치 말기^{1500년경}에 선승들이 만든 것으로 전해

가레산스이 정원(교토의 료안지)

진다. 1975년 엘리자베스 영국 여왕이 방문해 극찬하면서 세계적으로 유명해진 세계문화유산으로 해외 일본 정원 가이드북의 표지에 자주 등장한다.

석정은 본당 건물인 방장 앞에 토담으로 둘러싸인 250m²동서 25m, 남북 10m의 평지에 흰 모래를 깔고, 그 위에 크고 작은 15개의 정원석을 배치한 모습이다. 가레산스이 정원이 한눈에 보이지만 15개의 돌은 한눈에 보이지 않도록 배치했다는 점이 특징이며, 돌 배치에 대해 여러 설화가 있다. ① 어미 호랑이가 새끼를 이끌고 강을 건너는 모습, ② 구름이 감싸고 있는 산정 모습, ③ 바다 위에 떠 있는 섬들, ④ 7, 5, 3 배치석, ⑤ 부채꼴 배석 등이 알려져 있다. 모래의 문양은 원형파와 잔물결을 사용해서 고요한 바다를 상징적으로 표현하며, 7·5·3 석조를 그룹으로 나누는 역할도 한다.

흙을 쌓아 축조한 남쪽과 서쪽의 토담築地이 정원의 틀을 이루며, 동쪽에는 중국 당나라풍의 현관이 있다. 이 정원에는 정원석 주위에 자연스럽게 생겨난 이끼 이외에는 나무와 풀이 식재되어 있지 않고, 돌과 모래만으로 구성되어 있다. 방장에서 마주 보이는 담장은 유채 기름을 섞어 반죽한 진흙으로 만들어 비가 오는 날에는 기름이 배어 나와 특이한 모습을 보여 준다. 18세기 후반의 판화에 따르면 담 밖에 소나무 열다섯 그루가 서 있어 차경借景 역할을 했으나 오늘날에는 소나무는 한 그루도 없고 벚나무 등 활엽수로 바뀌었다.

료안지의 건물은 각 방의 분위기에 어울리는 여러 개의 정원으로 둘러싸여 있다. 따라서 남쪽에는 명상을 위한 가레산스이 정원이 있고, 다른 쪽에는 이끼 정원, 즉 잎의 조화를 고려해서 여러 종류의 나무들을 심어 놓은 정원도 있다. 건물의 뒤쪽에는 커다란 돌수각蹲踞이 놓여 있는데, 가운데 입구 자口를 포함해 위에서 시계방향으로 읽으면 오유족지吾唯足知, 吾れ唯だ足ることを知る가 된다. 이는 '나는 단지 족함을 안다'라는 뜻으로, 욕심을 부리지 말고 현재에 만족하라는 경구다. 《노자老子》에는 '지족자부知足者富'라 하여 '만족하는 자는 부유하다'라고 나와 있는데 이와 관련 있어 보인다.

밖의 큰 연못인 교요치鏡容池는 12세기 말에 조성된 것으로 전해지는데, 물은 남쪽 바위에서 솟아난다고 한다. 1780년에 간행된 그림이 들어간 명소 안내서인 《미야코메이쇼즈에都名所図会》에는 교요치가 원앙새의 명소로 알려져 있다. 당시에는 석정보다도 못을 중심으로 한 지센카이유시키 정원이 더 유명했다고 한다.

정원 예술 애호가인 자크 브누아 메샹1901~1983년은 《정원의 역사》에서, "일본에는 료안지 외에도 수많은 정원이 있고, 요즘 조성된 것도

지센카이유시키 정원(오카야마의 고라쿠엔)

많다. 그러나 이 절의 정원만큼 진정으로 밑바닥부터 일본적인 곳은 없다. 특히 일본인이 정원에 기대하는 것을 이곳만큼 명백하게 표명한 곳도 없다"라고 하면서 이 석정이 가장 일본적인 정원임을 기술한 바 있다.

● 긴카쿠지 정원

긴카쿠지銀閣寺는 킨카쿠지金閣寺를 건축한 아시카가 요시미쓰足利義満, 무사정권인 무로마치 막부의 3대 쇼군将軍의 손자인 요시마사足利義政, 8대 쇼군将軍가 은퇴 후 은거할 목적으로 1482년에 건축을 시작하고 정원도 만들었다. 본래의 명칭은 히가시야마 지쇼지東山慈照寺로, 거듭된 화재로 피해를 입었고 1629년에 재건되었다. 긴카쿠지 정원은 사이호지西芳寺 정원 조영 기술을 기본으로 하고, 킨카쿠지를 모델로 건축했다고 한다. 1994년에 세계문화유산으로 등재되었는데, 무로마치시대 후기에 번성한 히가시야마 문화를 대표하는 정원이다.

긴카쿠지의 상징은 은각과 흰 모래를 이용한 가레산스이 정원이다. 산마루에서 떠오르는 달을 모티브로 연못 가운데 달을 상징하는 암석

을 배치하고, 연못도 달을 씻는다는 이름 洗月泉을 붙였다. 향월대 向月
台 와 은사탄 銀沙灘 에서 반사된 달빛이 은각에서 다시 반사되도록 계
획을 세웠지만, 재정 악화로 은각에 은까지 입히지 못하고 옻칠로 마
감했다. 은사탄과 향월대는 연못의 모래를 퍼내어 1700년대 중후반에
조성한 것으로 보인다. 은사탄은 중국 항주에 있는 서호 西湖 를 상징한
다고 한다.

정원 전체는 2단으로 나뉘어 있으며, 하단부에는 킨쿄치 錦鏡池 를 중
심으로 한 지센카이유시키 정원, 상단부에는 가레산스이 정원이 조성
되어 있다. 동쪽 산록에 조성된 가레산스이 정원은 1931년에 발굴되어
조성 당시의 모습을 알 수 있다. 은각은 킨카쿠지의 금각 金閣, 니시혼
간지 西本願寺 의 비운각 飛雲閣 과 함께 교토 3각 三閣 으로 부른다.

● 아다치 미술관 정원

아다치 足立 미술관은 시마네현에 있는 근대 일본화를 중심으로 한
미술관이다. 정원 가꾸기를 즐겼던 아다치 젠코 足立全康, 1899~1990년
가 설립했으며, 일본 근대 미술의 거장인 요코야마 다이칸 橫山大観,
1868~1958년 의 작품 120여 점을 보유하고 있다.

이 미술관의 또 다른 특징
은 광대한 일본 정원이다. 정
원은 고산수 정원, 백사청송 白
沙青松 정원, 이끼 정원, 연못
정원 등 6개의 정원으로 나뉘
며 전체 면적은 5만 평에 달한
다. 이 중 백사청송 정원은 요

아다치 정원

가을의 아다치 정원

코야마 다이칸의 명작인 〈백사청송〉을 이미지한 정원으로, 흰 모래와 소나무의 대비가 인상적이다. '정원도 한 폭의 그림'이라는 설립자의 말처럼 그림과 같이 아름다운 이 정원은 일본은 물론 해외에서도 평가가 높다. 일본 정원의 조경 기법인 차경借景으로 먼 산과 나무까지 편입시킨 조형미는 빼어나다.

　미국에서 발행되는 《저널 오브 재패니즈 가든》에서 선정하는 일본 정원의 랭킹에 첫해인 2003년부터 17년 연속 1위로 선정된 바 있다. 또 프랑스 여행 가이드북인 《미슐랭 그린 가이드 재팬》에서 최고 등급인 별 3개를 받았다. 평범한 시골 마을에 위치한 미술관이 연간 60만 명 이상이 방문하는 명소로 부상하게 된 것은 결코 유명한 미술품 때문만은 아니다. 미술관 복도의 창밖으로 볼 수 있는 그림같이 아름다운 정원 덕분이다. 복도를 이동하며 다양한 분위기의 살아 있는 산수화를 창틀을 통해 감상하는 것이 이 미술관의 가장 큰 매력이자 특징이다.

일본인과 차노유 茶の湯

- 소박하고 기품 있는 와비와 고담한 정취인 사비

조용란(다도 전문가)

일본 다도는 약 600년의 오랜 역사를 지닌 전통 문화이자 생활 문화이다. 시대에 따라 차를 즐기는 형식은 다르지만, 일본 주택의 가옥과 요리는 다도에 큰 영향을 받았고, 일상생활에서도 고상한 아취를 추구하는 습성이 생겼다. 다도에는 '차의 즐거움은 주인 7할에 손님 3할茶の楽しみは亭主七分に客三分'이라는 말이 있다. 이는 일본에서 반갑게 맞이하여 접대한다는 오모테나시おもてなし를 잘 표현하는 말이다.

일본에서 말하는 접대란 주인이 손님을 계속 시중드는 수동적인 자세가 아니라 주인 쪽의 즐거움이 7할이고 손님 쪽의 기쁨이 3할로, 함께 즐기고 서로를 생각해 주는 마음이 중요하다는 뜻이다. 또 주인은 상대가 원하지 않는 것을 지나치게 접대하지 않도록 유의하고, 손님은 '맞추어 주는 것은 좋지만 맞추어 주길 바라는 것은 좋지 않다'라고 해서 주인과 손님의 마음가짐에 대해서도 말하고 있다. 즉 상대방에 맞추어 지나치지 않게 접대하되 주인과 손님이 서로 즐기는 마음이 있어야 일본의 진정한 오모테나시가 되는 것이다.

'다도茶道'란 차를 마신다는 일상의 행위에 의미를 두고, 특별한 공간인 다실에 손님을 초대하고 격식을 갖추어 접대하는 일련의 과정을

말한다. 일본 다도는 다른 말로 '차노유茶の湯'라고 한다. 차노유의 의미를 다도 사전에서 찾아보면, '주인과 손님이 모여서 하는 다회를 중심으로 전용 다도구와 장식, 주인과 손님의 작법, 다실 등을 아우르고, 독자적인 연출과 이념이 추구된 예능'이라고 나온다. 즉 다도에는 수양이 강조된 엄숙한 의미가 있지만, 차노유는 다도보다 포괄적이고 연출적인 요소와 고전적인 이념이 함축되어 있다.

동아시아 3개국인 한국, 중국, 일본에는 모두 다도가 있다. 그러나 이를 즐기는 방식에는 생활과 민족성에 따라 차이가 있다. 다도는 본래 중국에서 시작되었지만, 우리나라와 일본에 전달되었을 때 시대에 따라 각기 다른 양식으로 받아들여졌다. 현재 중국에서는 일상차로 다소 기교적인 모습을 보여 주는 다예茶藝가 있고, 우리나라의 다도는 예를 중시한 선비와 규방 문화인 다례茶禮이며, 일본의 다도는 권위와 품위를 상징하며 소양을 기르는 생활 문화로 표현된다. 또 우리나라의 다도는 기본적으로 우려 마시는 잎차이고 거품을 내서 마시는 가루차인 말차抹茶가 다소 포함되지만, 일본의 다도는 말차의 작법만을 말하고 잎차의 작법은 센차도煎茶道라고 해서 별도로 구분한다. 즉 중국과 우리나라는 우려 마시는 차가 기본이고, 일본에서 격식 차린 다도는 기본적으로 말차를 말한다.

다회의 순서

다회는 크게 다사茶事와 다회茶會로 나눌 수 있다. 다사는 정식 다회로 4시간가량이 소요되며 가이세키 요리懷石料理를 비롯해서 진한 차인 고이차濃茶와 엷은 박차인 우스차薄茶가 나온다. 다회는 다사를 간략화한 차회로 대부분 30분에서 1시간 단위로 진행되며 계절 과자와 우스차가 나온다. 경우에 따라서는 간단한 식사인 덴신点心이나 고이 차가 함께 제공되기도 한다. 최근에는 다도 인구가 늘어나면서 대규모 의 인원이 참가하는 오요세 다회大寄席茶會가 곳곳에서 열린다. 한 자 리에 수십 명씩 들어가며 비교적 편하게 차를 마실 수 있으나, 짧은 시 간에 주인의 취향과 테마를 살펴보고 퇴장해야 하기 때문에 분주한 느 낌이 든다.

다회는 정오다회·아침다회·밤다회·새벽다회·식후다회·불시다 회·자취다회 등 7종류가 있고, 이를 '다사칠식茶事七式'이라고 한다. 이 밖에 신차를 넣고 봉한 차단지를 개봉하는 구치키리 다회, 그 해에 처음으로 로炉를 여는 로비라키 다회, 또 신년 다회인 하쓰가마나 여

정오다회의 순서

구분	순서	하는 일
대기실(寄付)	마치아이(待合)	다실 입실 준비와 백탕(白湯) 마시기
	주인의 마중	다실로 들기 전에 손을 씻는 쓰쿠바이(蹲)
세키이리(席入)	다실 입실	도코노마(족자)와 다도구 배견(拜見)
초좌(初座)	인사	주인과 손님이 함께
	쇼즈미(初炭)	숯데마에와 향합 배견
	가이세키 요리(懷石膳)	고이차를 마시기 위한 적량의 음식
	오모가시(主菓子)	손님 수만큼 화과자를 준비
중립(中立)	나카다치(中立)	퇴실하여 로지(露地)에 나와서 쉼
후좌(後座)	다실 재입실(後入)	도코노마(꽃) 배견
	고이차(濃茶)	손님 전원이 마와시노미(回し飲み)
	고즈미(後炭)	숯을 추가하여 넣고 약해진 불기를 돋움
	히가시(干菓子)	마른 과자 2종류로 넉넉히 준비
	우스차(薄茶)	손님 각각 순서대로 차를 냄
	퇴석(退席)	

자 아이의 날인 히나마쓰리·단오·칠석·가을의 쓰키미月見 등 세시기
歲時記와 계절의 변화에 맞추어 열리는 다회가 있다.

가장 정식의 다회는 로炉의 계절11월부터 4월에 열리는 정오다회다.
정오다회의 순서는 151쪽에 정리되어 있다. 다회는 세심한 준비가 필
요하다. 정식의 다회는 열기 전에 초대장을 보내어 출석을 확인하고
손님 인원수에 맞는 가이세키 요리와 과자와 차를 준비한다. 손님이
돌아가고 나서 정결한 마무리까지가 다회의 과정이다.

대기실인 마치아이에서 외투를 벗고 가져온 짐을 선반에 가지런히
넣어 둔다. 시계를 풀고 흰 양말로 갈아 신은 다음 당일 사용할 정수인
백탕을 마시며 주인의 안내를 기다린다. 주인의 안내가 있으면 손님은
로지의 쓰쿠바이에서 손과 입을 정결히 하고 첫 번째 손님인 정객부
터 순서대로 다실에 들어간다. 족자와 다도구를 배견하고 자리에 앉는
다. 다도 요리인 가이세키 요리는 일즙삼채一汁三菜로 밥, 국, 무코즈
케전채요리, 니모노조림, 야키모노구이를 순서대로 내며, 술과 술안주인
핫슨도 대접한다. 오모가시까지 돌리고 주인은 퇴석한다. 정객부터
순서대로 과자를 꺼내서 받는다. 여기까지가 초좌初座다.

오모가시까지 먹은 손님들은 로지에 나와서 쉬는데 이를 '중립中立'

가이세키 요리

오모가시와 고이차

우스차

이라고 한다. 그 사이 주인은 도코노마의 족자를 걸고 계절의 꽃을 꽂아 분위기를 바꾼다.

후좌後座에서는 주인이 치는 징銅鑼을 신호로 다시 다실에 들어간다. 정객부터 도코노마 장식과 다도구를 배견하고 자

리큐기(利休忌)의 도코노마 풍경

기 자리에 앉는다. 주인은 고이차를 내고 손님들은 나누어 마신다. 요즘은 코로나의 영향으로 각기 다른 잔에다 내기도 한다.

정객은 두 번째 손님이 차를 마실 때 주인과 차 이름, 과자 등에 대해 문답한다. 고이차를 마시고 나면 주인은 마른 과자인 히가시를 손님 앞에 가져다 놓는다. 정객부터 순서대로 과자를 먹고 한 사람씩 우스차를 마신다. 정객은 두 번째 손님이 차를 마실 때부터 주인과 다도에 관해 문답하고, 주인의 데마에가 모두 끝난 후에는 우스차를 담았던 차기와 다시를 구경한다.

다회를 모두 마치면 손님은 주인에게 감사의 말을 전하고 도코노마의 장식과 다도구를 배견하고 퇴석한다. 이로써 약 4시간에 걸친 다회가 끝난다.

다도의 미의식 와비와 사비

다도의 미의식을 와비侘び와 사비寂라고 한다. 화려하고 기물 중심이었던 서원차書院茶에 비해 정신성을 중시한 와비차는 주코珠光가 창시한 것으로 다케노 조오武野紹鴎와 센노 리큐千利休가 크게 번성시

켰다. 현대에는 센노 리큐와 그의 자손들의 다도를 와비차라고 지칭하기도 한다. 다도의 공간과 다회의 한 일화, 그리고 이도다완에서 와비의 모습을 찾아보겠다.

먼저 비일상의 공간인 다실과 로지露地다. 다도 초기에는 고승의 처소인 방장이나 법당 등에서 종교적인 행사의 일환으로 차를 마셨기 때문에 차를 위한 건축은 없었다. 귀족이나 권력자 저택의 넓은 다다미 방 한쪽 구석을 적당히 병풍으로 막고 차를 즐기게 되었다. 이것이 다실의 원형이며 다실을 '가코이囲い'라고 부르는 이유이기도 하다.

한편 불교 사상의 영향을 받아 마음을 차분하게 하는 장소로 건물을 짓는 것이 귀족이나 무사계급에서 유행했다. 대표적인 건축이 은각사銀閣寺의 동구당東求堂 동인재同仁斎로 다다미 4장 반 다실 건축의 기원이 되었다. 그 후 와비 다인들을 통해 차차 초암풍의 다실로 완성되었다. 센노 리큐의 다실에서 가장 특징적인 점은 니지리구치躙口가 있는 부분이다. 니지리구치라는 좁은 입구를 기어서 들어가는 행위는 다실 안에서 모두 평등하다는 점을 상징한다. 또 이 문을 통과함으로써 외부 세계와 분리되고 여기에서 다도를 하며 와비의 경지를 도모한다.

니지리구치와 쓰쿠바이

그리고 다실에 배치된 정원, 즉 다정茶庭을 로지露地라고 한다. 《법화경法華經》에서 나온 말로 로지에 있다는 것은 만물의 근원을 깨닫고 일체의 번뇌와 괴로움에서 벗어나 해탈한 자유로운 세계에 머무르는 것을 의미한다. 세속을 벗어난다는 뜻으로 다실에 들어가기 위해서는 꼭 로지가 필요하며 형식은 천차만별이다. 로지는 징검돌인 도비이시와 중문, 쓰쿠바이, 석등롱 등을 배치해서 구성한다. 이렇듯 다실과 로지에는 평등하고 속세를 떠난다는 의미가 함축되어 있다. 세속의 일은 내려놓고 일상의 먼지를 떨쳐버리며 니지리구치 같은 관문을 통해 비일상의 세계로 들어가 와비의 세계를 구현하는 절제된 행위가 다도라고 할 수 있다.

일본 다도의 행다법인 데마에点前는 다실에 다도구를 가지고 와서 다다미 위의 정해진 위치에 놓고, 정해진 순서로 다도구를 사용해서 차를 타는 일련의 과정을 말한다. 이는 수백 년을 거쳐 온 가장 합리적인 동작이라고 할 수도 있다. 또한 다도구의 선택은 같은 종류인 세트의 개념보다는 각기 다른 도구의 어울림인 '도리아와세'라고 할 수 있다. 다인에게는 기물을 고르는 안목과 센스가 있어야 하며 때로는 결단력도 필요하다.

《다화지월집茶話指月集》에 나와 있는 '리큐의 나팔꽃 다회'에 관한 일화 하나를 소개하겠다. 어느 날, 도요토미 히데요시는 센노 리큐의 집 정원에 나팔꽃이 멋지게 피었다는 소리를 듣고 리큐의 아침 다회에 참석한다. 그러나 정원에 나팔꽃이 하나도 보이질 않아 기분이 좋지 않았다. 그런데 다실에 들어가 보니, 색이 선명한 나팔꽃 한 송이가 도코노마에서 자태를 뽐내고 있었다. 히데요시를 비롯해서 그 자리에 있었던 사람들은 눈이 번쩍 뜨이는 심경이었다고 한다. 한순간의 감동을 위해 리큐는 나팔꽃 한 송이만 빼놓고 정원의 나팔꽃을 모두 잘라버린 것이다.

그리고 이도다완井戸茶碗은 와비다완으로서 명성이 높다. 다완을

기자에몬이도다완

평가하는 기준인 촉감, 중량, 열의 전도, 유색과 요변, 차의 색과 조화, 내구성, 품격 등에서 만점에 가까운 다완이 바로 이도다완이다. 조선시대 우리나라에서 만들었으나 정작 우리나라에는 전해지지 않고, 일본에서 국보로 지정해서 귀하게 다루고 있다. 기자에몬 이도다완喜左衛門井戸茶碗은 교토 대덕사大德寺의 고호안孤篷庵에 소장되어 있다. 이도다완의 매력은 박력과 질감, 그리고 유약이 흘러내려서 굽에 생긴 우툴두툴한 매화피에 있다. 무사들은 이 매화피가 칼을 쥘 때 손잡이와 같은 느낌이라 애호하게 되었다고 한다. 무작위가 빚어낸 자연스럽지만 기품이 있는 미가 와비차에서 추구하는 미인 것이다.

와비란 다인들이 다회의 공간이 보다 흥미롭고 진지한 자리가 되도록 추구하던 미의식이다. 한적한 가운데 느끼는 그윽한 정취, 소박하고 차분한 멋, 혹은 한거閑居하는 상태를 아름답다고 여기는 미적 감각을 지칭하는 말이다. 와비는 처음부터 없어서 초라하기만 한 것이 아니라, 화려함을 경험한 자가 그 화려하고 사치스러움을 뒤로 하고 한 발자국 떨어진 곳에서 여백을 즐기는 마음은 아닐까 생각한다. 그리고 사비란 외로움 속에서 발견해 내는 아름다움이다. 원래는 은둔자가 외로운 생활 속에서 찾아낸 미의식으로 고담한 정취를 표현한 말이다.

다시 말해 다인들은 속세를 잠시 떠나 평등한 공간에 머무르며 기물을 알아보는 소양과 결단력이 있어야 하며, 기품이 있고 소박한 아름다움인 와비의 세계를 추구한다고 볼 수 있다.

와비 전통의 계승은 현대에 맞추어 유연하게

센노 리큐가 도요토미 히데요시에 의해 비참한 최후를 맞이하고, 그 손자인 센 소탄千宗旦의 자손들이 이끄는 다도의 명가 산센케三千家, 오모테센케表千家, 우라센케裏千家, 무샤노코지센케武者小路千家가 일본 다도의 큰 흐름을 이루고 있다. 이들은 기본 이념은 같으나 작법에 차이가 있다. 이 밖에도 에도시대 이후 무가사회에서 행하던 다도를 무가다도라고 하는데, 이를 다이묘차라고 부르기도 한다. 우라쿠류, 산사이류, 오리베류, 엔슈류, 우에다소코류, 세키슈류, 진신류, 후마이류, 오가사와라케사도코류, 오이레류 등 다양한 유파가 있다.

코로나19의 여파로 현재 다도의 형식이 바뀌었다. 다도는 모임寄合의 문화이기 때문에 특히 큰 타격을 받아 여러 대책을 세울 필요가 있다. 우라센케 이에모토家元는 온라인으로 다음과 같은 메시지를 전하고 있다.

세상이 시끄럽고 안정되지 않은 매일이지만, 땅에 발을 디디고
무엇이 가장 중요한지를 생각하며 천천히 걸어가기를 바란다.
매일의 일상을 중요하게 생각하며 오늘 할 수 있는 일을 해 보자.

이렇듯 다도는 지금 이 순간에 의미를 두고 소중히 여기라는 메시지를 줄곧 전하고 있다. 다도는 고상하며 고급스러운 문화라는 인식이 강하고, 이에모토는 그 정점에서 존경과 화려함의 상징으로 때로는 비판의 대상이 되기도 한다. 그러나 위기가 닥치면 이에모토를 비롯한 종가宗家는 지그시 현실을 직시하며 내부의 체제를 쇄신하고, 전통을 지키고 견뎌 내며 새로운 시대에 걸맞은 방안을 모색한다.

600여 년이라는 다도의 역사에서 알 수 있듯이 다도는 꼭 같은 모습은 아니었다. 때로는 소박하기도 하고 화려하기도 했으며, 일본인의 일상을 품위 있게 유지하고 결속을 다지는 일본 특유의 틀이라고 생각한다. 다도를 하는 사람은 자신이 앉아야 할 위치를 안다고 한다. 아마 다도구를 놓을 때 다다미의 한 올까지 세심하게 신경 쓰기 때문일 것이다. 오늘 지금 내가 어느 자리에서 무엇을 해야 옳을지 다시 생각해 봐야겠다.

고령화 사회 일본의 지혜

일본의 심각한 고령화와 빈집 문제
일본의 고령화 대책과 노인들의 삶

일본의 심각한 고령화와 빈집 문제

정우리(빈집 연구가)

늙어 가는 일본, 방치되는 빈집

세계보건기구WHO와 유엔UN에서는 고령화의 기준을 65세 이상 인구 비율이 7%를 넘으면 고령화 사회, 14%를 넘으면 고령사회, 20%를 넘으면 초고령사회라고 규정한다. 전 세계 고령화율 1위 국가 일본, 2018년 일본의 고령화율은 28.8%로 세계보건기구와 유엔에서 정의한 초고령사회를 넘어 그다음 단계로 나아가고 있다.

2019년 일본 국토교통성 집계에 따르면, 일본 전국 빈집은 850만 채 이상이며 전문가들은 1~2년 내에 빈집이 천만 채 이상 증가할 것이라고 예측하고 있다. 빈집 증가의 가장 주된 원인으로 고령화가 지목된다. 고령자가 사망, 요양, 입원 등의 이유로 거주하던 집을 떠나면서 빈집으로 방치되는 사례가 많고, 부동산 가치가 낮은 경우에는 자식이

일본의 빈집

상속을 거부하는 경우까지 발생한다.

또한 일본 사람들은 이사를 자주 다니지 않고 결혼 초기에 구입한 주택에서 평생 살아가는 경우가 많다. 그래서 고령자의 주택은 30년 이상 노후화된 목조 주택이 대부분이다. 문제는 노후 주택이 빈집이 될 경우 관리가 제대로 되지 않아 불량 주택으로 전락하는 것이다.

주택가에 방치된 빈집은 지붕, 벽, 담장 등이 무너져 내리고 악취와 벌레들이 들끓으며 범죄의 온상이 되기도 한다. 해당 지자체에서 치안, 위생, 화재, 안전 등 다양한 민원이 제기되면서 빈집 문제가 지역 사회의 새로운 문제로 부각되기에 이르렀다. 이런 사례의 빈집은 일본 어느 마을을 가도 어렵지 않게 볼 수 있다.

생활사막·셔터거리·쇼핑난민 그리고 고령화

1960~70년대 일본은 급속한 경제 성장과 더불어 많은 사람이 수도권으로 집중되자 주택 부족 문제를 해결하기 위해 대도시 인근에 많은 뉴타운을 조성했다. 뉴타운은 조성된 시기에 따라 입주자의 연령대가 비슷한 경우가 대부분이다. 당시 20~30대에 입주했던 주민들은 이제 70~80대 전후의 고령자가 되었고, 자녀들은 취업이나 결혼을 하면서 다른 지역으로 독립해 자신의 가정을 꾸려 살고 있다. 또 거품 경제 붕괴와 함께 집값이 크게 떨어지자 이곳을 벗어나지 못하게 되었고, 이것이 고령화 현상과 중첩되면서 현재는 노인촌으로 전락해 버렸다. 도쿄 외곽에 살고 있던 젊은 층들은 도쿄의 집값이 떨어지자 좀 더 도쿄 안으로 자리를 잡았고 외곽의 뉴타운은 결과적으로 빈집과 고령자만이 남게 되었다.

고령자만 남은 뉴타운의 상점과 사무실은 폐점해서 셔터를 내렸고, 셔터를 내린 상점가는 일명 '셔터거리'라는 신조어를 남겼다. 또한 병원이나 시장 같은 편의 시설이 없어져 식료품이나 일상 용품의 구입에 어려움을 일컫는 '생활사막', '쇼핑난민'이라는 단어도 고령화와 함께 새롭게 등장했다. 일본 전역에 쇼핑 난민은 600만 명으로 추산되며, 지자체가 쇼핑 버스를 지원하고 자원봉사자가 생필품 구매를 대행하고 있지만 고령화 속도를 따라잡지 못하는 실정이다.

이런 상황을 돕고자 2012년 도쿠시마현에서는 이동식 슈퍼마켓을 운영하기 시작했다. 이동식 슈퍼마켓은 지역 슈퍼마켓과 제휴를 맺어 고령자가 많은 지역을 찾아가 식료품과 생필품을 공급하는 방식이다. 이동 슈퍼마켓을 운영하는 A씨는 2012년 2대의 트럭으로 시작해 2020년에는 전국 27개 지역에서 100여 대가 넘는 차량을 운영할 만큼 성장했다고 한다. 일본 전국에 500여 대가 넘는 이동 슈퍼마켓이 운영 중이며 편의점들도 이동식 매장을 운영하고 있다.

수도권의 고령자 증가와 빈집 문제가 일어난 가운데 인구가 수도권으로 빠져나간 지방의 상황은 더욱 악화되어 갔다. 일본에서는 한 마을에 65세 이상의 노인인구가 50%를 넘으면 마을 공동체의 기능이 유지가 될 수 없다고 해서 소멸 예정마을^{한계마을}로 지정한다. 이미 1999~2013년까지 1,700여 개의 마을이 소멸되거나 통폐합되었으며 앞으로도 소멸될 마을은 더욱 늘어날 것으로 전망한다. 이런 상황을 타개하고자 각 지자체는 쇠퇴해 가는 지역을 살리기 위해 다양한 대책을 마련하고 있다. 실효성 없이 단발적인 효과로 끝나는 사례도 있지만 빈집을 재생시켜 이주민과 관광객을 유치하면서 인구 증가와 수입 창출로 지역경제에 활력을 이끌어 낸 사례도 있다.

일본 지역의 빈집 재생 사례

　우리나라 사람들이 가장 많이 방문하는 도시 오사카에도 빈집 재생 사례가 많다. 이 지역은 빈집과 빈 점포가 많아 슬럼화되어 있던 지역으로 부동산 중개소의 대표가 중고 주택의 가치를 아까워하면서 시작된 사례다. 이 지역의 빈집과 빈 점포 40여 채를 리모델링하여 식당 겸 요리교실, 지역 공동체의 모임장소, NPO의 활동사무실, 아동 돌봄 지원센터, 장애인 복지 시설, 숙박 시설, 노인 복지 시설 등으로 재탄생시켰다. 이와 함께 젊은 사람들이 이주하면서 지역은 살아났고 현재 활발하게 운영되고 있다.

　이외에도 빈집에 예술가들의 입김을 불어 넣어 빈집 미술관으로 바꾸어 일자리 창출, 관광객 유치, 수입 창출이라는 세 마리 토끼를 한꺼번에 잡은 사례, 그리고 도심의 요양 시설 부족을 겨냥해서 오래된 저층 아파트와 아이들이 없어 폐교된 학교 건물을 노인 요양 시설로 활용한 사례도 있다. 도심의 요양 시설 부족 해소와 함께 요양 시설 건립으로 인프라가 생겨나면서 지역경제가 활성화된 것이다. 또한 비어 있

오사카 빈집 재생 사례

는 폐공장이나 쇼핑몰 등의 대형 건물을 이용한 수경 재배는 기후와 상관없이 사계절 신선한 채소를 공급하고 청년 실업자 구제에도 많은 효과를 본 사례다.

그리고 각 지역마다 운영하고 있는 미치노에키道の駅도 빈집 재생의 좋은 사례다. 미치노에키는 국도 등의 휴게소이면서 그 지역에서 생산된 농·수산물을 직판하여 유통마진을 줄이면서 소비자와 생산자 모두에게 만족을 주며 지역경제를 살리는 역할을 톡톡히 하고 있다. 지방의 미치노에키는 풍광이 좋은 곳에 위치한 경우가 많아서 최근에 우리나라에서도 유행하고 있는 차박여행차 안에서 숙박을 하는 여행의 장소로도 인기를 얻고 있다고 한다. 미치노에키라는 장소를 무료로 제공하면서 차박 여행자들에게 향토 음식과 지역 상품을 판매하고 있다.

위태로운 한국의 고령화와 빈집 문제, 지방 소멸의 위기

이와 같은 고령화와 빈집 문제가 일본만의 문제는 아니다. 우리나라 역시 지방에는 노인들만 살고 있는 마을이 많다. 청년회장의 나이가 60세를 넘는 마을도 많다는 것을 미디어를 통해 종종 마주하기도 한다. 우리나라에서 서울, 부산에 이어 인구 밀도 3위를 차지하고 있는 인천광역시 원도심에도 빈집이 많다. 인천뿐만 아니라 대도시권의 빈집 수는 지방보다 훨씬 많은 비중을 차지하고 있다.

우리나라도 벌써 여러 해 도시 재생에 많은 예산을 책정하고 있으며 정부뿐만 아니라 민간에서도 빈집에 대한 관심은 점점 높아지고 있다. 지자체별로 여러 가지 지원책을 시행하며 빈집 은행을 운영하는 지역도 있으니 조금만 관심을 보인다면 큰돈 들이지 않고 내 집 마련을 할

인천시 원도심의 빈집

수도 있다.

OECD국가 중 노인 빈곤층 1위, 노인 자살률 1위, 출생률 최하위 국가가 지금의 대한민국이다. 2018년 우리나라의 빈집은 총 142만 채로 집계되었다. 또한 전국의 시군구 228곳 중에서 소멸 위험 지역으로 89곳을 예상하고 있다. 이런 흐름이라면 우리나라도 머지않아 일본과 같은 대열에 서게 되지 않을까 우려된다.

2019년 인구 자연 감소가 시작된 우리나라의 고령화율은 14.8%로 집계되었다. 또한 한국의 고령화는 일본보다 10년 더 빠르게 진행되고 있고 2026년 초고령사회로 접어든다고 전망하고 있다. 이미 고령사회로 들어선 만큼 일본의 고령화와 빈집 문제에 대한 다양한 상황과 대책에 적극적인 관심을 기울여서 타산지석으로 삼아야 할 것이다. 또한 면밀한 검토나 중장기적인 계획 없이 유행처럼 비슷비슷한 단발적인 정책은 지양하고, 지역 주민이 공감할 수 있고 지역 사회가 지속 가능한 근본적인 대책을 정부와 시민 사회 모두 진지하게 고민해야 할 것이다.

일본의 고령화 대책과
노인들의 삶

이옥자 (사회복지 전문가)

일본 지역 사회의 고령화에 따른 다양한 모습

일본의 온천 지역이나 지역 마을에 가면 예전과 달리 한적하고 상점가는 꽤 조용하다. 지역 상점가는 문을 닫은 가게가 많고 점점 낙후되고 있다. 한때 경제활동 인구가 증가하여 도쿄에서 분산되어 도쿄권 위성 도시로 빠져나간 시기가 있었다. 그러나 현재 지역이나 위성 도시는 순식간에 인구가 줄어들어 슬럼화되거나 올드 타운이 되었다. 소도시는 불편한 교통, 쓰레기 문제, 상하수도 문제가 점점 심각해진다. 오래된 건물을 재건축하거나 철거하는 데 비용도 많이 들기 때문에 지역은 점점 더 슬럼화된다. 1990년대 초반 도쿄 위성 도시나 소도시에 입주한 사람들의 경우, 아직도 은행에 대출금이 남아 있는데 집값은 하락해 대출금을 갚기 힘들어지고 생활이 더욱 궁핍해졌다.

일본은 지방 소도시에만 노인들이 많을까? 그렇지 않다. 대도시, 중소도시에도 노인들이 많다. 사실 지방 소도시에 살던 노인이나 소도시로 나갔던 노인들도 나이가 들면서 교통이 편리하고 병원이 가까운 대도시를 찾는다. 나이가 들어 쇠약해지거나 병이 들면 인프라가 편리한 대도시를 선호하기 때문이다. 일본만이 아니라 머지않아 우리의 미래도 이렇게 바뀔 가능성이 크다.

일본에서는 노인과 범죄와의 관계를 다룬 연구, 드라마, 영화 등이 다양한 관점에서 조명되고 있는데 2009년 상영된 헝가리 영화 〈Konyec삶의 축배〉가 큰 반향을 일으킨 적이 있다. 연금만으로는 생활이 어려운 노부부가 범죄를 일으키는 과정이 많은 공감을 불러일으킨 작품이었다. 줄거리는 이렇다. 어느 밝은 대낮 우체국에서 81세 백발노인이 총을 들이대며 "어이. 돈 내놔, 이거 진짜 총이야"라고 말하자 우체국 직원이 순순히 돈을 건넨다. 영화지만 현실 같은 이야기다. 실제로 이와 비슷한 사건이 지역 뉴스나 신문에 자주 등장하기도 한다. 76세 남성이 형무소에서 가석방된 후 돈이 없어 노상에서 생활하다가 커피 1통을 훔쳐 체포된 사건이 있었다. 왜 커피를 훔쳤냐는 질문에 노인은 감옥에 들어가면 잠잘 곳도 있고 밥도 나오고 일도 할 수 있어서 홈리스 생활보다 감옥 생활이 낫다는 생각에 범죄를 저질렀다고 말했다. 또 다른 75세 여성은 연금으로 생활하며 살아간다. 그런데 생활이 아주 어렵지는 않았지만 돈 쓰는 것이 아까워 편의점에서 도둑질을 하다가 붙잡혔다. 2019년 《고령사회백서高齡社會白書》에 따르면 일본은 고령화와 함께 65세 이상의 고령자 범죄율도 늘고 있다. 홀로 배고프고 외롭게 살기보다는 차라리 범죄를 저질러 철창 안에서 의식주 문제를 해결하려는 것이다.

더불어 고령사회나 초고령사회에서는 간병 문제를 빼놓을 수 없다. 최근에는 노인을 돌보다가 지친 나머지 발생하는 끔찍한 사건도 많은데 이른바 간병 살인이다. 26세 딸이 60세 모친을 돌보다가 살인하는 사건도 있고 70대 며느리가 90대 시아버지를, 82세 남편이 81세 부인을 간병하다가 살해하는 사건도 있다. 초고령사회는 간병하는 보호자의 나이도 많아져서 65세 이상 노인이 노인을 돌보는 노노돌봄老老介

護 현상이 일어나고 있다. 2인 가족일 경우, 가해자 한 사람이 모든 부담을 안고 있을 경우, 가해자에게 장애나 건강 문제가 있을 경우 간병 살인이 일어날 확률이 높아지며 가해자의 40% 이상이 동반 자살을 꾀한다고 한다.

일본의 대도시에는 노인만을 위한 특화된 마을이 늘어나고 있다. '노인들의 하라주쿠'라고 부르는 도쿄 스가모巢鴨에서는 가게 주인도, 일하는 사람도, 물건을 사는 사람도 노인이다. 노인 혼자 다니다 노인에게 물어보아도 친절하게 알려주기도 하고 말동무도 되기도 하므로 이런 거리가 점점 늘고 있다. 이것은 일본만의 현상일까?

초고령사회를 위한 다양한 대책

일본의 소도시나 지방에 가면 자동차 앞뒤 면에 고령자 마크고령 운전자 표시를 달고 다니는 차가 유독 많다. 일본은 70세가 넘은 사람이 운전을 할 때 고령자 마크를 부착하도록 권유하고 있다. 나이가 들면 운동 신경이 떨어져 좌우를 살피는 동작이 느려지기 때문에 본인도 주의해야 하지만 주위 사람이나 운전자도 주의를 기울여 달라는 의미다. 원래 일본의 고령자 마크는 단풍잎을 디자인한 모미지もみじ, 단풍 마크를 사용했으나 '낙엽 같다'는 비판이 있어 공모 결과 행복의 상징인 네 잎 클로버와 시니어의 'S'를 조합한 현재의 클로버 마크가 채택되었다. 70세 이상인 자가 고령자 마크를 자동차에 부착하지 않았다고 해서 벌금을 부과하지는 않는다. 그러나 고령자 마크가 부착되어 있는 차에 끼어들기를 하거나 옆에 바싹 붙어서 운전하면 도로교통법 위반으로 벌금을 물거나 행정 처분 점수 1점을 받는다. 고령자가 운전하고 있을

경우 주위 사람들이 배려를 하도록 마련된 조치인 것이다.

일본의 지자체는 노인의 삶의 질을 높이는 새로운 변화를 다양하게 시도하고 있다. 일전에 일본에 갔을 때의 일이다. 인터넷을 하기 위해 스타벅스 커피숍에 갔다. 그런데 80대로 보이는 노인과 40대 중후반쯤 되어 보이는 두 사람이 그림책을 보며 이야기도 하고 그림을 그리기도 하는 광경이 눈에 들어왔다. 궁금하기도 하고 보기에도 좋아 무슨 관계인지 물어보았더니 40대 중후반쯤 되는 사람이 자신은 자식이 아니고 자원봉사자라고 했다. 1주일에 2~3일 자원봉사를 하며 치매 증세를 보이기 시작하는 노인의 치매 속도를 늦춰 주고자 말동무도 하고 차도 마시고 함께 시간을 보낸다고 했다. 차를 마신 후에는 약 30분 동안 노인과 함께 천천히 마을 공원을 산책하면서 시간을 보낸다고 했다.

이미 오래전부터 커피숍이나 편의점은 간병이나 간호에 관한 상담소 역할도 한다. 어느 날 커피숍에 갔는데 2층이 오전 10시에서 11시 반까지 예약이 되어 있어 올라갈 수 없었다. 무슨 행사인지 물어보니 사람이 많지 않은 오전 시간에 치매 환자와 가족 그리고 간병인이 함께 이야기하거나 상담을 하는 커뮤니티 활동이 있다고 했다. 또한 이시카와현石川県의 에비스 종합병원 안에 있는 로손 편의점에서는 헬스케어를 실시하고 있다. 편의점은 기본적으로 식생활과 생활용품을 주로 취급하는 곳이지만 점점 진화해서 건강지향과 고령화 사회의 커뮤니티 역할을 하고 있다. 건강을 위한 OTC 의약품약국에서 판매되는 일반 의약품 판매, 헬스케어까지 담당하면서 지역 사회에서 큰 역할을 하고 있다. 2000년 8월, 병원 편의점 호스피탈 로손 1호점은 일본 내 최초로 병원 안에 생긴 편의점으로 영업시간도 연장하고 긴급병원으로서 야간 물품판매의 수요에 대응해 24시간 영업을 했다. 2013년 12월에는 로손 편의점에서 독립해 신 병동 1층에 '마치 카페MACHI Cafe'를 개설한 호스피탈 로손은 바다를 보면서 커피도 마시고, 돌봄 서비스도 받을 수 있도록 해서 환자나 직원 모두에게 호평을 받고 있다. 편의점에 마을 사람이 모여 정보를 교환하고 매장 안에 진열된 노인 헬스케어 상품을 구입하고 간병 상담도 받을 수 있다. 일본의 편의점은 노인이나 몸이 불편한 사람이 휠체어 타고 다녀도 불편이 없도록 폭이 넓고 화장실도 잘 구비되어 있는 등 장애인과 노인을 고려한 베리어 프리장애자 친화적 환경를 갖추고 있다. 또한 편의점이 복사, 세금, 택배, 행정 서비스를 담당하는 지역 동사무소와 같은 지역 인프라 역할까지 하면서 노인을 위한 지역 사회에서 순기능을 하고 있다.

일본의 자동차 회사는 장애인과 고령화된 노인을 위한 차량과 보조 차량에도 다양한 변화를 꾀하고 있다. 도요타, 닛산, 마쓰다, 미쓰비시, 스즈키 자동차 등은 승하차할 때 편리하도록 90도 회전 가능한 조수석 등을 개발해서 편리함과 실용성을 갖춘 디자인을 시도하고 있다.

지자체에서도 다양한 활동을 하고 있다. 고령자 생활을 지원하는 지원자를 발굴하는 지도프로그램 활성화, 간병 보험법의 개정, 커뮤니티의 활성화, 고령자의 사회 참여를 추진한다. 장애인과 노인의 건강을 돕기 위하여 택배 회사에 물품을 전달할 때 구청 등에서 도움이 되는 다양한 자료를 받아 고령자에게 소식을 전하기도 한다. 또한 트래블 헬퍼장애인이나 고령자의 외출을 도와주거나 장거리 여행을 함께 하는 외출 지원 전문가 등 지역 커뮤니티의 중요성을 강조하고 있다. 최근에는 IT 로봇의 기초 기술과 선진 기술을 도입해서 고령화에 4차 산업혁명을 접목시키고 있다.

일본식 간병보험 제도의 특징

한국에 노인장기요양 보험제도가 있다면 일본에는 개호보험제도가 있다. 개호보험은 일본의 보험제도로 질병^{치매 등}이나 신체장애 등으로 혼자서 일상생활을 하기 어려운 사람을 위한 간병^{수발 포함} 보험제도다. 특히 일본은 고령자에 대한 종합적 요양서비스를 제공한다. 일본의 개호보험은 40세가 되면 가입할 수 있고, 65세가 되면 개호보험 서비스를 받을 수 있다. 개호보험에 가입했다고 해서 누구나 서비스를 받을 수 있는 것은 아니고 서비스를 받기 위해서는 돌봄이 필요하다는 인정증^{요개호인정증}을 받아야 한다. 심사 후 등급에 따라 개호보호 시설에 입주하거나 방문 돌봄, 집안에 손잡이를 설치하는 등의 비용을 지원받을 수 있다.

2020년 일본의 개호보험 제도는 65세 이상 피보험자수가 1.6배 이상 증가했고 서비스 이용자 수도 약 3.2배로 증가했다. 이제 간병 서비스는 고령자에게 없어서는 안 되는 중요한 제도가 되었다. 문제는 75세 이상의 고령자가 급속하게 증가하고 있다는 것이다. 따라서 급속하게 변하는 고령화 사회에서 개호보험 제도는 의료기기, IT 분야, 주택 분야 등 여러 가지 관련 상업과 연계해 나가야 할 필요가 있다. 2014년에 개정된 일본의 개호보험 제도는 효율적이고 질 높은 의료 제공 제도를 구축하기 위해서 지역 포괄 케어시스템을 도입했다. 이와 같은 종합 케어시스템은 고령자의 안정된 생활을 위해 꼭 필요한 제도이므로 안정적이고 계속적으로 운영해야 한다. 개호보험은 일본 전역의 행정구획인 시·정·촌이 보험자가 되고 그 지역에 사는 40세 이상의 피보험자^{가입자}가 납부하고 있는 개호보험료와 세금으로 지불되고 있다. 서비스를 받을 경우 10%만 자기 부담이 되고 연수입에 따라 자기 부담이 20~30%가 되기도 한다. 지원이 필요한 1~2등급의 상태와 1~5등급의 대상자를 수급권자로 하고 있다. 개호2 이상은 의자와 침대와 관련된 서비스를 이용할 수 있고, 개호3 이상의 경우 특별 요양인 홈에 입소 가능한 자격이 주어진다. 개호4, 개호5는 개호 요양시설을 이용할 수 있다. 65세 이상의 제1호 피보험자는 치매 환자나 움직이기 어려운 환자처럼 목욕과 대소변 받아주기, 식사 등 일상생활에서 간병과 지원을 받아야 하는 사람이 대상이다. 이들은 노화로 생긴 병에 따라 개호가 필요한 경우에 개호보험 서비스를 받을 수 있지만 교통사고에 따른 개호는 받을 수 없다. 주로 치매, 뇌혈관질환, ALS 루게릭병, 파킨슨병 관련병, 당뇨심혈관, 동맥경화, 폐질환, 변형성 관절병, 관절 류머티즘, 골절, 암 말기 등의 질환에 보험 서비스를 받을 수 있다. 2017년 4월부터 일본의 지자체에서 새롭게 실시된 개호예방과 일상생활지원 종합사업은 지역 맞춤형 서비스 제공 덕분에 큰 효과를 보고 있다. 이 사업에 따라 서비스를 제공하는 측도 NPO 법인, 자원봉사 등 광범위하게 변하고 있다. 일본의 개호보험 서비스는 주로 자택, 통원치료, 숙박 등 3종류로 나누어 실시된다. 일본에서는 처음부터 고령 친화적 환경을 기반으로 설계한 유료 노인 요양소나 고령자 주택도 지속적으로 늘고 있다.

고령 노인 인구가 급속히 늘어나면서 거동이 불편한 노인과 치매 노인 등도 동시에 늘고 있다. 이런 노인을 보호하는 가정에서는 경제적, 심리적 부담이 증가하고 심각한 갈등으로 이혼이나 가족 해체 등의 문제를 겪기도 한다. 한국 사회에서도 비슷한 사회 문제가 늘고 있다.

우리나라도 인구 고령화가 급격히 진행되면서 장기 요양이 필요한 노인들과 그 가족이 사회에서 지원을 받을 수 있는 방안을 제도적으로 마련하는 일이 무엇보다도 중요하다. 노인 인구와 치매 인구가 증가하면서 2018년 기준으로 65세 이상 노인 1명을 부양하는 데 생산 가능 인구는 5.4명으로 나타나고 있다. 고령자의 안정된 삶을 유지하기 위해서는 가족과 정부, 사회, 가족이 함께 책임져야 하지만 노인이 스스로 해결할 수 있도록 미리미리 준비해야 한다. 기대 수명이 늘어나면서 장기 요양이 필요한 노인 인구가 증가할 것이므로 장기 요양기관 수도 늘리고 사회복지사와 요양 보호사, 자원봉사자 등도 더 늘리고 활성화해야 한다.

일본의 케어센터

케어센터는 가정 내에서 돌봄이 필요한 고령자에게 전문 스태프의 간호나 개호 리하비리재활, rehabilitation의 일본식 약자 등의 서비스를 제공하는 곳이다. 자신의 힘으로 일상생활을 영위하도록 지원하는 시설이다. 이 시설의 기본적인 개념은 고령자의 일상을 도와주고 이용자의 존엄을 지켜주면서 안심하고 안전하게 생활하도록 지원하는 것이다. 현재 노인 개호 시설인 케어센터는 요양원과 요양병원 근처에 있다. 특히 NPO법인의 케어센터는 여러 사람들의 지원과 격려로 잘 유지되고 있는 곳이 많다. 이용자나 가족 모두에게 양질의 서비스를 제공하는 것을 목표로, 주로 65세 이상 개호가 필요한 사람을 대상으로 한다. 다만 케어센터에 따라 40~64세 중에서 특정 질병이 있어 개호가 필요한 사람은 절차를 거쳐 입소하는 곳도 있다. 요양병원과 가까이 있기 때문에 입소자의 긴급 상황에도 대처가 가능하다는 장점이 있다.

'결과'를 적극적으로 활용

　한국 사회도 고령화라는 현실을 고려해서 일본의 인구 변화에 대한 전략과 대응을 학습하고 필요한 부분은 받아들여야 한다. 일본에서 개호보험의 내용이 무엇이고 정책이 어떤 과정을 거쳐 마련되고 개정이 되는지 분석·활용할 필요가 있다. 물론 일본에서 효과를 본 방법이라고 해서 반드시 우리나라에서도 통하는 것은 아니지만, 일본의 사례에서 괜찮은 부분을 도입해 우리나라의 노인 장기요양보험 제도에 적용하면 시행착오를 줄이고 적절한 방지책을 마련할 수 있다. 일본 정책의 성공과 실패를 여러 방면에서 분석할 때 일본의 의도와 시도보다는 '결과'에 주목해 이를 적극적으로 한국 사회에 활용할 필요가 있다. 여러 방면으로 노력해 얻은 좋은 정책이라 해도 국민의 합의와 지지를 얻지 못하면 그 자체로 실패할 수밖에 없다. 신뢰받을 수 있는 정책을 마련한 후 인내심을 가지고 충분히 홍보하고 토론을 거쳐 국민 합의를 이끌어 내는 것이 중요하다. 현재도 인구 변화에 재빠르게 대응하는 일본을 참고해서 한국 사회에 맞는 좋은 제도나 내용은 받아들일 필요가 있다.

일본의 장인정신과 발명품

생활 속에 녹아든 일본인의 발명품
데파치카(백화점 지하 식품 매장)와 일본의 장인 문화

생활 속에 녹아든
일본인의 발명품

강은미 (전 한진관광 통역안내사)

일본에서 4월 18일은 '발명의 날'이다. 1885년 메이지 18년에 현재의 '특허법'의 전신인 '전매특허조례'가 공포된 것을 계기로, 1954년에 특허권과 상표권 등 산업재산권제도의 보급을 목적으로 통상산업성 현 경제산업성에서 제정했다.

2016년 일본은 '3년 연속 과학 분야 노벨상 수상 국가', '과학 분야 노벨상 수상자 누계 22명'의 타이틀을 달았다. 이를 가능하게 했던 원동력은 무엇일까? 일본은 19세기부터 근대 과학의 흐름을 상대적으로 빠르게 받아들였고, 현재도 기초과학 연구에 대한 지원을 아끼지 않는다. 이에 전문가들은 일본 기초과학의 저력이 빚어낸 성과라고 분석한다.

일본에는 100년 넘게 이어져 온, 한 우물만 판 회사가 7만여 개 정도 있다고 한다. 일반적으로 한 회사에서 히트상품으로 성공하면 사업을 확장해서 다른 업종까지 손을 뻗치는 데 반해 일본 기업은 연구개발에 힘을 쏟아 장인정신으로 본업에 전념한다. 그런 장인정신과 국민 전원이 발명가라고 할 정도로 사고의 유연한 발상으로, 기발하지만 쓸모없는 발명품 속에서 뛰어나거나 실용적인 상품이 속속 나오고 있다.

그럼 우리가 사용하는 제품 중 누구라도 한번씩은 사용해 본 일본의 발명품에는 어떤 것이 있는지 간단히 소개하겠다.

알면 다르게 보이는 일본 문화

건전지

　일반인들은 전지 하면 당연히 건전지를 떠올리지만 건전지가 발명되기 전까지는 액체 전지였다고 한다. 액체 전지는 전해액을 보충해야 하고 전극도 수시로 청소하지 않으면 발전능력이 떨어진다. 당시 사용하기 불편한 액체 전지가 아닌 마른 전지를 만들고 싶어 하던 일본의 시계기술자 야이 사키조屋井先蔵가 1887년에 사용하기 간편하고 일본의 한랭지에서도 사용 가능한 시계용 소형 1차 전지 '야이건전지'를 발명했다.

인스턴트 커피와 캔 커피

　커피를 즉석 식품으로 만들 때 추출액을 분말화하는 방법은 아주 간단하지만 그 과정에서 맛과 향이 달아난다. 1899년 미국 시카고에 살던 일본인 과학자 가토 사토리加藤サトリ박사는 녹차를 인스턴트화하는 과정에서 커피 추출액을 진공 건조하는 기술을 발명했다. 1901년 이 특허를 이용해서 크게 성공한 것이 스위스의 네슬레다. 그럼 캔 커피를 고안한 것은 누구일까? 이 또한 일본이다. 1969년 우에시마 커피점현 UCC커피이 언제 어디서든 간단히 커피를 마실 수 있게 밀크가 들어간 캔 커피를 발매한 것이 세계 최초라 한다.

다양한 인스턴트 커피 자판기

참고로 커피믹스는 1976년 한국의 동서식품에서 '맥심'이라는 브랜드로 처음 선보였다. 일본이 발명한 인스턴트 커피에 설탕, 크림 등을 섞어서 1회분씩 포장해서 물에 타 먹을 수 있게 했다.

샤프펜슬

SHARP라는 회사명을 들으면 가장 먼저 떠오르는 이미지는 아마도 전자제품, 전자사전일 것이다. 이 회사명이 샤프펜슬에서 유래되었다는 사실을 아는 사람은 그리 많지 않다. 샤프펜슬은 19세기에 영국에서 특허가 나왔지만 양철에 녹이 슬기 쉬워 비실용적이었다. 1915년 스텐레스제의 실용적인 샤프펜슬을 만든 사람은 하야카와 금속공업의 창시자였다. 'ever ready sharp pen'이라는 이름으로 판매하면서 일본 국내뿐 아니라 해외에서도 주문이 쇄도했다. 그것이 현재의 SHARP라는 회사명으로 이어졌다.

전기밥솥

한때 일본을 다녀온 사람이라면 반드시 사가지고 왔다는 조지루시 마호병과 함께 열풍을 일으킨 조지루시 전기밥솥을 기억하는가? 많고 많은 회사 중에 코끼리표인 조지루시 밥솥을 택한 이유는 보온병 때문일 것이다. 뜨거운 물을 오래 부어 놓아도 식지 않아 마법의 병으로 불린 마호빙 한때 한국에서는 마호병으로 불림으로 유명한 조지루시라면 밥도 식지 않고 오래 보관할 수 있다는 믿음이 있었을 것이다.

전기밥솥은 세계 최초로 일본에서 발명되었다. 전기를 사용해서 밥을 짓는 발상 자체는 1930년대부터 존재하지만 최초로 실용적인 자동식 전기밥솥을 발명한 것은 1955년 도쿄의 미나미 요시타다三並義忠다. 밥이 다 되면 자동으로 스위치가 끊겨 자동식 전기밥솥이라 불렀으며 오늘날의 도시바東芝가 최초로 발매했다.

커터 칼

어느 가정에나 하나씩 있는 커터 칼은 어떻게 탄생되었을까? 1956년 OLFA 주식회사의 전신인 오카다상회는 구두 장인들이 유리 파편을 사용해서 구두 바닥을 깎을 때 날이 무뎌지면 다시 절단해서 사용했던 것과, 옛날 GHQ연합군 최고사령부에서 받은 격자 모양의 초콜릿을 비틀어 자르는 것에서 착상해 커터 칼을 만들어 냈다. 회사 이름인 OLFA는 오루하折る刃, 꺾는 칼에서 온 말이고, 로고 마크는 커터 칼의 형상을 이미지화한 것이다. 기본 색상은 노랑으로 정해 어두운 곳이나 복잡한 공구함에서도 눈에 잘 띄게 했다.

인스턴트 라면

세계에서 연간 1000억 개가 소비되는 인스턴트 라면의 시작은 역시 일본이다. 일본의 대표적인 라면인 치킨라면을 개발한 사람은 1958년 닛신식품日清食品 창업자인 안도 모모후쿠安藤百福이다. 어느 날 튀김 조리 과정을 보면서 얻은 영감과 식감을 힌트로 기름 열로 건조시키는 순간유열건조법을 활용하여 최초로 인스턴트 라면의 기본 공정을 공업적으로 확립하고 양산에 성공하여 치킨라면을 발매했다. 당시 개당

35엔이라는 가격은 우동 6엔과 비교하여 비교적 고가였다. 1971년에 개발된 컵라면의 아버지 격이 되는 셈이다.

비데

TOTO는 1960년대 병원에서 사용하는 의료용이나 복지시설용으로 미국에서 수입한 온수 세정 변좌를 판매하는 회사였다. 1964년 아메리칸 비데사가 치질 환자용으로 개발한 의료용 변기 '워시에어 시트'를 수입해서 판매했다. 1969년에 국산화했으나 당시는 가격이 비싸고 온수 온도도 일정하지 않아 화상 환자가 속출했다.

TOTO는 300명 이상의 항문 위치 데이터를 모으고 쾌적한 물의 온도도 0.1도씩 시험하고 물을 쏘는 각도도 1도씩 시험하는 등 수차례 시행착오를 반복한 끝에, 1980년 온수 세정 장치를 부착한 '비데'를 출시했다.

에어백

자동차의 필수 부품인 에어백도 일본인의 발명품이다. 1963년 특허 신청 사무 대행업을 하던 고보리 야스사부로小堀保三郎가 항공기 사고 등에서 충격을 완화시켜 생존율을 개선시키는 장치로 고안했다. 지금은 생명을 지키는 소중한 장치로 사용되지만 당시에는 기발함을 넘어선 발상으로 일본인 관계자에게 비웃음을 샀다고 한다.

핫팩

추운 겨울에 포장지를 뜯는 것만으로도 발열이 시작되어 언 몸을 녹여 주는 핫팩^{일회용 손난로}은 누구라도 한번쯤 사용해 보았을 것이다. 지금은 겨울의 필수품이 된 핫팩의 시작은 어디일까? 1975년 아사히 화성공업이 미 육군이 사용하던 풋 워머를 토대로 슈슈지구 한정으로 '앗타카산'이라는 상품명으로 판매했다. 그것을 원형으로 1978년 일본바이오닉스가 개발한 일회용 손난로를 롯데전자공업^{현재 롯데로 합병}에서 '호카론'이라는 상품명으로 전국에 발매·보급시켰다.

즉석식품

레토르트 파우치 식품은 미 육군 보급부대 연구개발국이 통조림을 대신한 군용 휴대식으로 개발한 것이 시작이지만 미국의 일반 가정에 이미 냉동냉장고가 보급되어 있어 아쉽게도 일반화되지 않았다. 반대로 일본은 냉동냉장고 보급이 늦어져 상온 보관 가능한 통조림을 대신할 새로운 가공식품이 필요해졌다. 통조림은 보존성은 좋으나 무게와 사용 후의 빈 캔의 뒤처리 문제가 있어서 개선의 목적으로 고안해 낸 것이 레토르트 파우치 식품이다.

1968년 오쓰카^{大塚} 식품공업이 세계 최초로 일반용 레토르트 식품인 '본카레'를 발매했다. 3분만 데우면 바로 먹을 수 있다는 선전에서도 알 수 있듯 보존성보다 간편성을 앞세운 인스턴트 식품의 일종으로 보급되었다.

그 외 기타

아직까지도 유용하게 쓰이는 모기향, 눈이 안 보이는 사람에게 꼭 필요한 점자판 보도블록, 바쁜 출퇴근 속에서 시간을 절약해 주는 지하철 자동 개찰구, 내비게이션 등이 있고, 지금은 사라지고 없지만 당시에는 큰 이슈가 되었던 TV 안테나, 비디오테이프, CD롬, 워크맨 등도 일본인의 발명품이다.

한국의 발명품

일본에서 '발명의 날'이 4월 18일이라면 한국의 '발명의 날'은 5월 19일이다. 측우기의 발명일인 1441년세종 23년 4월 29일양력 5월 19일을 기념해 1957년 5월 19일 상공부가 '제1회 발명의 날' 기념행사를 주관했다.

참고로 특허청이 개청 40주년, 발명의 날 52주년을 맞아 2017년 페이스북에서 뽑은 '우리나라를 빛낸 발명품 10선'에 대한 조사를 벌인 결과 최고의 발명품 1위는 훈민정음, 2위 거북선, 3위 금속활자, 4위 온돌, 5위 커피믹스, 6위 이태리타올, 7위 김치냉장고, 8위 천지인 한글 자판, 9위 첨성대, 10위는 거중기였다. 여기에 몇 개 추가한다면 락앤락의 밀폐용기, 파운데이션을 머금은 촉촉한 스폰지를 이용한 쿠션팩트, IT 강국의 면모를 보여 주는 PC방, MP3플레이어 등이다.

2020년에 세계지적재산권기구 WIPO가 발표한 《2019년 특허협력조약 연례보고서》를 보면 특허 출원이 가장 많은 나라는 1위 중국, 2위 미국, 3위 일본, 4위 독일, 5위 한국으로 42년간 부동의 1위 자리를 지켰던 미국이 2위로 내려갔다. 아시아 국가 비중이 50%를 초과하기 시작한 2018년은 혁신 활동의 중심지가 서구에서 아시아로 넘어가며 역사적 지리적 변화를 겪은 해다. 아시아는 이제 경제와 특히 시장의 중요한 이정표가 되었다.

발명품은 대부분 아주 거창한 것보다는 일상생활을 윤택하고 편리하게 해 주는 제품이다. 생활 속에서 불편한 것을 찾아 생각의 방식을 조금만 바꾼다면 누구라도 발명가가 될 수 있다.

데파치카^{백화점 지하 식품 매장}와
일본의 장인 문화

나고 마리(경희대 문화관광콘텐츠학과 교수)

데파치카 붐

데파치카Depa‐chika는 "department데파트의 지하실地下, ちか"의 줄임말이다. 더 자세하게는 일본 백화점의 지하층에 위치한 식품 매장을 말한다. 일본에서 백화점 지하식료품 매장이 사람들의 관심을 받은 것은 1990년대부터지만, '데파치카'라는 명칭이 정착된 것은 2000년대 초반이다. 백화점마다 브랜드 식품부터 유행 식품까지 다양하게 선보이며 경쟁하면서 미디어에서 자주 화제로 다루었기 때문에 '데파치카'라는 명칭은 완전히 뿌리를 내렸다.

왜 데파치카가 붐이 되었을까? 1990년대 초반의 버블 붕괴부터 2000년대 후반까지 경기 침체가 계속되면서 사람들의 관심이 일상으로 다시 쏠렸기 때문이다. 경기가 좋았을 때는 해외여행, 해외브랜드 상품, 외제차를 갖고 싶었던 사람들이 일상을 충실하게 한다는 목적에 시선을 옮겼기 때문이다. 그중에도 식료품은 가장 일상적인 상품이다. 데파치카 붐을 이끈 것은 여성이지만 동시에 데파치카는 여성의 사회진출을 높이는 데도 도움을 주었다. 1985년 제정된 남녀고용균등법과 1991년 제정된 육아휴직법으로 여성이 결혼과 출산 후에도 일을 계속할 수 있는 제도가 정비되어 맞벌이 부부가 증가했다. 일하는 여성들을 뒤받쳐 준 것은 데파치카의 간편식 가져와서 바로 먹을 수 있는 반찬이나 도시락이다. 거기에다 데파치카는 이용객인 젊은 여성들의 기호에 맞추어 점점 패셔너블한 공간으로 변해 갔다. 매장 디자인뿐만 아니라 화려하게 눈을 끄는 양과자나 반찬의 진열과 포장에도 독창적인 디자인이 반영되었다.

온리원 상품의 개발

경기 침체로 1990년대 이후 백화점 전체의 매출이 감소하고 있다. 특히 매출 하락이 심각한 분야는 주력 상품이던 의류다. 고급 브랜드 선호 감소, 온라인숍 이용자의 증가, 패스트 패션의 등장 등 여러 이유로 의류의 점유율은 최근 10년간 2008~2018년 35%나 줄어들었다. 이를 대신해 백화점의 매출을 높여 준 것이 식료품으로, 현재도 식료품은 부문별에서 매출 1위를 차지한다. 따라서 백화점의 위기를 모면하고 백화점의 매출을 유지하는 역할은 데파치카에 달려 있다.

데파치카마다 타 업체와의 경쟁에서 이기기 위해 입점하는 점포의 발굴에 힘을 쏟고 있다. 경쟁사를 능가하는 해결책은 차별화에 있고, 뛰어난 맛을 자랑하면서도 지역의 유명 맛집에 머무르고 있는 점포를 발빠르게 찾아내어 출점을 의뢰한다. 이런 보물찾기를 처음으로 실행한 것이 전 한신백화점 사장 사에구사 테루유키다. 사에구사는 오사카에서 매출 1위의 한큐백화점을 타도하기 위해 당시 각광을 받지 못했던 데파치카를 경쟁 목표로 선택했다. 사에구사는 전 사원에게 "전국에서 맛있는 것을 모아라. 개인적인 여행 중에도 상관없다"라고 지시를 내리고 스스로도 한결같이 각지를 돌아다니며 '이것이다!'라는 맛을 만나면 끈질기게 출점 의뢰를 했다. 이렇게 노력한 결과 한신의 데파치카는 일본 최고의 데파치카라고 일컬어질 정도가 되었다. 그러자 다른 백화점도 한신의 데파치카를 모델로 온리원 상품의 발굴에 주력하기 시작했다.

어느 데파치카에서 온리원 상품이 화제를 불러일으켜 다른 데파치카에서도 출점 의뢰를 받는 예는 적지 않다. 예를 들어 마쓰야백화점 긴자점 이하 마쓰야·긴자의 바이어가 발굴한 '나카호라목장'이와테현의 우유가 이것에 해당한다. 나카호라목장은 축사가 없는 목장으로, 자연 상태의 잔디를 먹이로 소를 기르기 때문에 우유가 약간 녹색을 띠고 있다. 지역의 우유 그랑프리에서 최우수상을 수상한 이 우유를 마쓰야·긴자의 바이어가 우연히 먹어보고 출점을 의뢰했다. 산과 들에서 자연 방목을 해서 생산한 우유, 요구르트, 아이스크림은 소문난 상품이 되어 현재는 마쓰야·긴자 외에 다카시마야 백화점의 니혼바시점과 나고야점에도 직영점이 들어섰다.

많은 데파치카에서 필수로 입점한 점포라 하더라도 출점처의 데파치카와 협업해서 온리원 상품을 개발하는 경우도 있다. 화과자의 노포 오래된 가게 '료구치야고레키요'가 미쓰코시이세탄백화점신주쿠점 이하 이세탄·신주쿠에서 한정 판매하는 화과자 '무지개 다리'가 이에 해당한다.

'무지개 다리'는 무지개를 모티브로 한천으로 만든 과자로 예술작품처럼 아름답다. 어느 부위를 잘라도 파란 하늘, 흰 구름, 선명한 무지개의 모습을 즐길 수 있다. '무지개 다리'는 료

무지개 다리

구치야고레키요 본점이나 온라인숍에서는 판매하지 않고 이세탄·신주쿠의 데파치카에서만 판매한다.

장인이 지탱하는 데파치카

앞에서 서술한 '무지개 다리'와 같이 데파치카의 번영에는 백화점 업계의 치열한 경쟁을 이겨내기 위한 점포와 상품의 개발, 음식 장인의 기술이 한몫을 하고 있다. 일본의 데파치카가 얼마나 장인 문화에 의지하고 있는지 2019년도 전국 매출 1위인 이세탄·신주쿠의 데파치카에 있는 출점 점포에서 확인해 본다2020년 7월.

데파치카의 입구는 B3, B4, B5의 3곳이다. 이곳은 각각 철도 출구와 연결되어 있다. 각 입구를 중심으로 데파치카는 일본식과 양식 구역으로 구별된다. B3 출구와 연결된 입구로 들어오면, 거기는 일본和의 플로어로 A녹차/특선 화과자, B화과자, C일식, D반찬/도시락의 4개 매장으로 구성되어 있다. 입점한 고객을 우선 A녹차/특선 화과자 매장이 맞이하는 셈이지만, 이것에는 데파치카의 격식을 나타내는 의미가 있다. A 매장에 특선 화과자 메이커로서 이름을 올린 '도라야'창업 1586년, '쓰루야요시노부'창업 1803

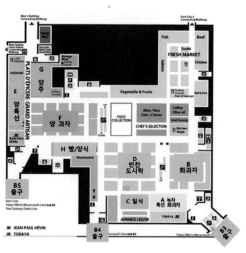

이세탄·신주쿠의 데카치카 구성

간바야시슌쇼 본점　　　　　산지별 브랜드별 녹차

년, '료구치야고레키요'창업 1686년는 화과자업계의 중진으로 오래된 가게 중에서도 손꼽히는 가게이기 때문이다. 예를 들어 '도라야'는 1586년에 교토에서 창업해서 황실에 과자를 납품하고 있었지만, 1868년의 도쿄 천도에 따라 황실과 함께 도쿄에 진출했다. 이들 중진과 함께 A 매장에 상설된 녹차 메이커 '간바야시슌쇼' 본점창업 1558~1569년도 에도시대에 다사茶師의 최고위로서 막부의 비호를 받아온 슌쇼가에서 현재 14대째가 경영하는 노포다. 이와 같이 입점하면 우선 입구에서 격식 높은 장인 문화를 만나는 구조로 되어 있다.

　그다음 입구 오른쪽에는 B화과자 매장이 펼쳐진다. 앞에서 서술한 화과자업계의 중진 이외의 화과자 메이커 20개 점포로 구성되어 있는데, 이 매장의 면면도 만만치 않다. 20개 메이커의 창업 시기는 에도시대 이전이 1개, 에도시대 1603~1867년 5개, 메이지시대 1868~1912년 4개, 다이쇼시대 1912~1926년 3개, 그 이후가 7개다. 예를 들어 '후쿠사야'창업 1624년는 나가사키에 도래한 포르투갈인에게 전수받은 카스텔라 만들기에서 출발해서 지금도 품질을 한층 높이기 위해 끊임없이 연구하는 브랜드다.

과자 이외에도 일본의 특정한 장인문화를 맛볼 수 있는 곳이 C일식 매장이다. 김을 만드는 야마모토 노리점^{창업 1690년}이나 소금 건어물의 카시마야^{창업 1855년}는 이세탄·신주쿠 이외에도 도쿄에서만 전자가 18개, 후자가 13개의 데파치카에 매장을 가진 노포다. 또 C일식 매장의 끝에 있는 '깃쵸 오모테나시카운터'는 이세탄·신주쿠 특유의 코너다^{깃쵸는 점포명, 오모테나시는 환대라는 뜻}. 일본 요리의 '도쿄깃쵸'^{창업 1930년}가 300종에 이르는 전국의 일본 술을 모아 매주 각 술에 맞는 특별 요리를 고안해 제공하는 카운터다.

일식 구역에서 가장 활기가 넘치는 곳은 D^{반찬/도시락}매장이다. 거기에 늘어선 풍부한 도시락의 배경에는 도시락을 애용해 온 오랜 문화가 있다. 에도시대에는 꽃구경 도시락, 연극 도시락이 서민에게 일반화되었고, 메이지시대는 철도 개통에 따라 역에서 파는 도시락^{에키벤}이 나타나 인기를 얻었다. 2차 세계대전 후에는 역에서 파는 도시락 중에도 지역의 특산물 한 종류를 메인으로 지역의 맛을 만끽할 수 있는 특수한 도시락이 유행했고 지금도 이 흐름은 계속되고 있다. 40개 이상의 점포로 이루어진 D^{반찬/도시락}매장에는 소고기 요리의 '아사쿠사이마항'^{창업 1895년}이나 교토 가이세키요리의 '시모가모사료'^{창업 1856년}와 같은 노포 메이커도 있지만, 일식 매장 중에서는 젊은 점포가 가장 많은 매장이다. 그렇지만 일본 최고의 데파치카에 점포를 차린 만큼 젊어도 맛은 일류인 가게가 많다. 후지TV〈이세탄의 데파치카 바이어가 엄선한 미식〉^{2020년 2월 1일 방영}이라는 특집 프로그램에서는 이세탄의 데파치카 바이어가 추천하는 반찬이나 도시락이 소개되었다. 100년 이상 운영해 온 양조업의 발효조미료로 구워낸 '카모수'^{창업 2006년}의 '방어 양념구이', 레스토랑의 맛을 도시락에서 재현하고 있다는 '사가

요네자와코하쿠도 '녹는 치즈와 계란의
요네자와 소고기 고로케'

요네자와코하쿠도 '통째로 계란
푹신 눅진 멘치까스'

야'창업 2007년의 '사가야 로스스키야키 도시락', 고로케 그랑프리에서
4년 연속 수상한 '요네자와코하쿠도'창업 2006년의 '녹는 치즈와 계란의
요네자와 소고기 고로케'가 추천되었는데 이들은 창업 수십 년의 젊은
메이커다.

한편 철도의 B5 출구와 연결된 입구로 들어오면 보이는 양식 구역
은 E서양 특선, F양과자, G양주, H빵/양식의 4개 매장으로 구성되어 있다.
일본和의 플로어에서는 오랜 역사를 가진 화과자 업계의 중진 점포가
고객을 맞이하지만, 서양洋의 플로어에서는 왼쪽에 프랑스, 독일, 영
국, 이탈리아의 유명 점포가 늘어선 E서양 특선매장이 백화점 지하의 격
식을 보여 주는 역할을 맡는다. 입구 정면에 펼쳐지는 F양과자 매장은
26개 점포로 구성되어 유럽의 메이커와 일본의 양과자 메이커가 반씩
점유하고 있다. 일본의 양과자 메이커에는 100년 이상 된 노포가 2개,
50년 이상이 6개 포함되어 있다. 다만 서양洋의 플로어에서는 일본和
의 플로어만큼 노포 점포에 대한 집착이 강하지 않다. 후지TV〈하야
시 오사무의 일본드릴〉2019년 3월 6일 방영에 따르면 이세탄·신주쿠의
데파치카에서 매출 1위의 양과자는 이세탄의 오리지널 브랜드점 '노

아더부르'창업 2011년라는 젊은 메이커의 '피낭시에'로 하루에 4,000개나 판다고 한다. H빵/양식 매장에는 6개의 빵 가게와 이탈리아 요리, 인도 요리, 프랑스 요리, 이탈리안 젤라토 점포가 늘어서 있다.

백화점 지하 전체에서도 양과자 매장은 화려한 색채와 디자인, 향으로 고객을 끌어들이는 인기 매장이다. 란도셀초등학생의 가방을 제조하는 ㈜쿠라레가 초등학교 1학년여자 아이을 대상으로 매년 실시해 온 '원하는 직업은'이라는 설문조사에서 조사를 개시한 2000년부터 2020년까지 21년 연속으로 '케이크 가게·빵 가게'가 압도적 1위를 차지하여 양과자의 인기를 보여 주었다. 이제 과자 매장은 '지하 매장의 꽃'만으로 머무르지 않는다. 근래 다이마루마쓰자카야 백화점도쿄점 이하 다이마루·도쿄의 화과자·양과자 매장은 지하 1층뿐만 아니라 1층에서도 반 이상의 구역을 점유하고 있기 때문이다. 다이마루·도쿄가 도쿄역에 직결되어 디저트를 선물로 구입하는 고객이 많기 때문이지만, 일본 백화점에서는 백화점의 얼굴인 1층에 식료품을 설치하는 것을 오랫동안 피해 온 역사가 있기 때문에 혁명적파격적이라고 할 수 있다. 최근 데파치카의 붐으로 고객을 불러 모으는 중요한 핵심으로 떠오른 화과자·양과자는 외형도 아름답고 격식이 있어 백화점 입구에 설치할 만한 패셔

이세탄·신주쿠 데파치카의 양과자

너블한 상품군으로 인정받은 것이다.

일본의 데파치카는 백화점 매출의 중심이며 데파치카를 지탱하는 것은 바이어와 장인들이다. 경쟁이 심한 백화점 업계에서 바이어는 일본뿐만 아니라 해외의 점포도 주목하면서 맛이 뛰어난 가게를 찾아다닌다. 한국의 데파치카에 비해 일본의 데파치카에 '이트 인 스페이스'음식 먹는 공간가 현격히 적은 것은 점포나 상품의 충실함이 우선되기 때문이다. 그 상품 구색을 갖추게 하는 것은 계승·발전해 온 장인 문화다. 데파치카는 장인들의 기술이 한자리에 다 모이는 음식 박람회의 양상을 나타내고 있다.

현대 일본 사회 속의 전통문화

일본 마쓰리를 보는 눈
태어나면 '신사'에서 축복, 결혼식은 '교회'에서 행복, 죽으면 '절'에서 명복 빌어
사라져 가는 銭湯, 새롭게 탈바꿈하는 센토
기모노와 하나비 그리고 테마파크

일본 마쓰리를 보는 눈

정수미(문화센터 강사)

일본의 마쓰리 하면 여름날 해질 무렵 신사나 사찰의 흥겨운 소리와 전통 노점에서 북적대는 풍경이 떠오른다. 마쓰리에서 가마를 메고 있는 사람들을 보면 그 옛날 풍작과 평안을 기원하는 절실한 마음이 지금까지 이어져 마을과 지역을 떠받치고 있다는 생각이 든다.

신카이 마코토의 애니메이션 〈너의 이름은〉君の名は에서는 미야미즈 신사의 마쓰리 날에 혜성이 떨어져 마을이 소멸해 버리고 만다는 설정으로 마쓰리가 등장한다. 바로 이 마쓰리 날 아침에 여고생 미츠하와 남고생 타키의 몸이 뒤바뀌는 기묘한 체험을 한다. 영화에서 보여 주는 것처럼 마쓰리는 신이나 혼을 맞이하는 제사를 지내 현재와 과거를 연결하고 기억을 소생시킨다는 의식에서 비롯되었다.

일본 민속학의 창시자 야나기타 구니오는 신사를 중심으로 행해지는 의례적 행위를 마쓰리라 규정한다. 마쓰리는 농경사회에서 신에 대한 감사의 행위로 공동체의 제사를 기초로 행해졌다. 그러나 일본의 근대화 과정에서 생활 방식이 변화되었다. 마쓰리에서 종교적 의미는 퇴색해 가는 반면 지역 사회의 활성화를 촉진하고 도시민의 통합을 위한 역할로 기능이 강화되어, 잔치와 향연인 가마 행렬과 예능을 보여 주는 퍼레이드를 추구하기 시작했다. 현재는 북적거리는 축제의 의미로 일본인의 삶 속에 스며들어 있다.

그렇다면 신과의 공생을 표현하며 일본의 정체성을 잘 간직하고 있는 전통적인 마쓰리와, 일상생활에 어울리게 변화된 오락적이고 유희적인 이미지의 현대 마쓰리는 어떻게 다른지 살펴본다.

전통적 마쓰리의 풍경

종교학자 박규태에 따르면 마쓰리의 절차는 한국 무속의례의 경우와 마찬가지로 신을 부르는 행위, 신을 맞이해서 신에게 공물을 바치고 향응하며 감사의 마음을 전하는 의례, 그 후에 신을 보내는 절차로 이루어져 있다고 한다.

본래 마쓰리는 인간이 집단으로 모여 살기 시작하면서 자연스럽게 생긴 초자연적인 존재에 대한 양식화된 행위다. 기원, 감사, 사과, 숭배, 귀의, 복종의 의사를 전달하고 의의를 확인하기 위해 수행된 제사다. 제사는 정기적으로 행해진다고는 할 수 없지만 연중 행사나 통과 의례와 관련해서 정기적으로 행해지는 것이 많다.

일본 3대 마쓰리

자신이 사는 나라에 깊숙이 들어가고 싶어 했던 일본명 고이즈미 야쿠모로 잘 알려진 라프카디오 헌은 신도를 일본인의 종교적 원관념이자 보편적 종교라고 해석했다. 이런 종교적인 성격을 띠는 마쓰리는 대체로 신사에서 시작해서 신사에서 끝나는 경우가 많다.

마쓰리에서 가장 독특하고 인상적인 장면은 미코시 神輿와 다시 山車 행렬이라 할 수 있다. 미코시란 신령을 모신 작은 가마로 이동용 신전이라 할 수 있으며, 다시는 여러 가지로 장식한 수레를 가리킨다. 수레에는 북, 피리, 징 등을 연주하는 악사들이 타며, 지붕을 씌우고 그 위에 창 모양을 만들어 꽂는다. 미코시 행렬이 마을을 도는 것은 신령과 인간이 음식과 춤의 향연을 벌이고 신을 즐겁게 해서 인간이 복을 받는다는 일본인의 사상에서 나온 것이다. 독특한 일본만의 전통적인 특징을 잘 보여 주는 3대 마쓰리에는 관광객이 많이 방문한다. 사실 누가 정했는지는 몰라도 3대 마쓰리보다 더 멋지고 의미 있는 마쓰리도 많이 있다. 일본의 마쓰리는 시작하기 전에 오랫동안 준비하고, 시작하면 서로 협력하며 최선을 다한다. 그리고 마쓰리가 끝나면 모두 하나가 되어 아무 일도 없었던 듯이 깨끗하게 정리정돈을 해서 특히 인상에 남는다.

● 도쿄의 간다 마쓰리

200여 대의 크고 작은 미코시 행렬이 장관인 도쿄의 간다 마쓰리는 매년 5월 15일경 열린다. 에도막부를 연 도쿠가와 이에야스는 1600년에 아이즈 정벌에서 우에스기 가게카쓰와의 전투와 세키가하라 전투 때 승리를 염원하는 기도를 간다신사에서 올리라고 명했다. 신사에서 명을 받아 매일 마음을 담은 기도를 올렸고 마침내 이에야스가 전투에서 승리하여 천하통일을 이루었다. 이 일로 간다신사의 간다묘진이 도쿠가와 집안의 수호신이 되었다.

현재 간다 마쓰리에는 오전 8시에 약 2,000여 명이 약 300m 정도 제례행렬을 한 다음 니혼바시, 오테마치, 마루노우치 등 약 30km 거리를 하루 동안 행진하는 신코사이 神幸祭, 가마를 옮기는 것가 행해진다. 다음날에는 하루 종일 자치회와 기업, 상인회 등의 미코시가 자신들의 마을을 행진하는데, 이때 미코시 약 100대의 뒤를 이어 말을 탄 승려와 신도들이 피리, 북, 장구 등으로 반주하는 간다바야시에 맞춰 진행하는데 규모가 정말 대단하다.

● 교토의 기온 마쓰리

7월의 교토는 야사카 신사를 중심으로 호화롭고 화려한 가마 32대의 행렬로 들썩인다. 산 모양의 장식 단이 있는 야마와 창을 꽂은 장대가 있는 호코가 세계인의 눈을 사로잡는다. 일본 헤이안시대인 869년, 후텁지근한 여름 날씨에 질병과 전염병이 창궐해서 많은 사람들이 목숨을 잃었다. 이런 재앙에서 벗어나기 위해 야사카 신사에 모셔진 '신라의 우두산의 신'인 우두천황을 신센엔神泉苑, 교토의 니조성 남쪽에 있는 연못으로 이전하기 위해 미코시를 보내 전염병을 쫓아내려는 제사를 드린 것이 기온 마쓰리의 시작이다.

기온 마쓰리는 7월 한 달 내내 이어지는데 특히 16일 요이야마와 17일 야마보코라는 수레 행렬이 교토 중심가를 도는 순행이 볼 만한 구경거리다. 전야제인 요이야마 때는 초저녁이 어스름해질 무렵 제등에 불이 켜진다. 교토의 가라스마 거리는 발 디딜 틈 없이 완전히 사람들로 넘쳐나고, 야마보코 위에서는 기온바야시가 연주된다. 마쓰리의 흥을 높이는 기온바야시는 단조로운 느낌이 들기도 하지만 마쓰리가 끝난 후에도 오랫동안 귓전을 맴돈다. 아마도 북, 피리, 종 등으로 이루어진 기온바야시의 연주로 오로지 교토만의 깊은 정취를 느낄 수 있기 때문이다. 하이라이트인 17일, 숨 막히는 무더위 속에서도 12톤이나 되는 야마보코의 방향을 바꾸는 광경은 교토 사람들에게 본격적인 여름을 활기차게 맞설 수 있다는 신호 같아 보인다.

● 오사카의 덴진 마쓰리

매년 7월 24일부터 25일까지 열리는 덴진 마쓰리天神祭에는 100만 명 이상이 참여한다. 천 년 이상의 역사와 전통이 있는 선상 마쓰리다. 덴진 마쓰리는 951년 역모죄로 억울하게 죽은 학문의 신인 스가와라노 미치자네훌륭한 학자로 '학문의 신'으로서 널리 숭배됨를 기리기 위해 오사카 덴만구天満宮에서 시작되었다. 신의 아이가 나무로 만든 창인 가미보코를 오카와강에 흘려보내서 멈춘 곳을 오타비쇼御旅所, 제례 때 미코시를 본전에서 옮겨 임시로 안치하는 곳로 정한다. 오타비쇼란 신령이 휴식하는 곳으로 이곳을 제사 장소로 정해서 죄와 부정을 씻어내는 호코나가시신지鉾流神事를 시작으로 본격적인 마쓰리를 시작한다. 그때 사람들이 배를 타고 맞이했는데 이것이 훗날 후나토교船渡御의 기원이 되었다고 한다. 신령을 맞이하기 위한 선박이 오카와강까지 내려오고 강변에는 많은 불빛과 등불로 반짝거리며 왕래하는 광경은 그야말로 장관이다. 특히 후쿠오카에 있는 다자이후 덴만구大宰府天満宮는 학문의 신인 스가와라노 미치자네를 제신으로 모시고 있어 수많은 수험생과 가족이 찾아와 합격을 기원하는 곳으로도 유명하다.

마쓰리의 현대적 변용

일본 창세 신화의 태양신을 모시는 이세신궁伊勢神宮은 20년 주기로 건물을 새로 짓는다. 미술사학자 다카시나 슈지는 이세신궁의 식년천궁에 대해 "20년에 한 번씩 새로 지어져도 예부터 변함없이 이어져 온 이세신궁의 전통은 일정한 가치를 보여 준다"라고 했다. 전통적 일본의 마쓰리는 신에게 제사를 올리는 원형의 가치를 잘 간직하고 있다. 그의 말처럼 전통이라는 것은 주로 과거에 만들어졌지만 그와 동시에 지금도 끊임없이 새로 만들어지기도 한다는 면에서 새로운 전통을 만들어 가는 것은 아닐까. 그렇다면 신사를 벗어나 중소도시와 대도시의 현대적 마쓰리는 어떤 모습일지 살펴보자.

● 네부타 마쓰리

아오모리 하면 떠오르는 것이 사과와 네부타 마쓰리다. 네부타란 거리를 행진하는 커다란 나무나 대나무에 종이를 붙인 큰 인형 모양의 등불을 말한다. 네부타 마쓰리는 아오모리현 아오모리시에서 8월 2일부터 7일까지 열리며 졸음을 쫓아 내는 네무리나가시를 하기 위해 강이나 바다로 등롱을 떠내려 보내는 축제다. 일본의 동북 지역에서는 예부터 악령을 물리쳐 가을 수확 전에 한여름의 졸음을 달아나게 한다는 의미로 종이 인형을 바다에 띄워 신을 배웅했다. 짚으로 만든 배 형태 등롱과 종이 인형을 장식 대나무에 넣어 바닷물에 띄워 보내 신을 달랜다. 연주를 비롯해 음악과 춤이 어우러지면서 매일 이어지는 거대한 등불의 행렬이 이 축제의 하이라이트다.

네부타 마쓰리를 즐기는 진짜 방법은 마쓰리 속에 함께 들어가 뛰놀고 춤을 추는 하네토가 되어 보는 것이다. 네부타 옆에서 하네토 복장을 하고 마쓰리에 직접 참가할 수 있다니

네부타 마쓰리 모습

얼마나 신나는 일인가. 함께 '랏세라! 랏세라!' 라는 구호를 외치며 모두 하나가 되는 춤을 춘다. 큰북의 용감하고 힘찬 리듬과 눈부시게 화려하고 아름다운 피리소리에 맞춰 사람들이 랏세라 소리를 지르고 춤을 추며 행진한다. 특히 사람들이 열광하는 가운데, 호화찬란한 색의 거대한 네부타라는 무사인형 등불이 어둠 속에서 선명하게 등장하는 장면은 가슴을 설레게 한다. 마지막 날 밤은 네부타를 배에 태우고 화려한 네부타와 힘찬 놀이장단인 하야시로 악령을 불러와 멀리 쫓아버리기 위한 해상운행이 불꽃놀이와 함께 진행된다. 마쓰리 시기가 아니어도 관광 상품으로 온천지역과 시내에서 네부타 마쓰리를 즐길 수 있는 곳이 여럿 있다. 해마다 새로 만들고 그리는 네부타 마쓰리 경진대회도 열린다. 우승하면 네부타 마쓰리의 스토리가 있는 작품을 마쓰리 후에 전시관에 잘 보관해 많은 사람들이 관람하도록 만들어 놓는다. 이처럼 지역 시민들의 정성과 관광 상품의 스토리를 계속 만들어 내는 저력을 보면서 많은 것을 느낀다.

● 요사코이 마쓰리

고치高知공항에 가면 커다란 사진이 눈에 들어온다. 요사코이 마쓰리 풍경과 사카모토 료마의 동상이다. 요사는 고치현의 옛 지역 이름인 도사의 사투리로 밤이라는 뜻이고 코이는 오라는 뜻이다. 요사코이 마쓰리는 한여름인 8월 9일에서 12일까지 4일간 고치현 고치시에서 개최된다. 박진감 넘치는 군무와 눈길을 사로잡는 의상에 관객도 저절로 어깨가 들썩거린다. 요사코이는 전통적인 봉오도리를 추는 팀이 있는가 하면 특색 있게 만들어 낸 즉흥적인 느낌의 현대풍 경연을 벌이는 팀도 있다. 춤사위는 보고만 있어도 질리는 일이 없다.

요사코이를 더욱 잘 즐기려면 최소한의 기본 규정을 알아두면 좋다. 반드시 캐스터네츠 같은 나루코를 들고 앞으로 행진하며 춤을 추어야 한다. 마치 탁구채 같은 모양의 깜찍한 나루코는 원래 소리로 참새를 쫓던 도구였다고 한다. 나루코의 리듬감과 소리도 심사 기준이 되기 때문에 귀 기울여 들어보자. 그리고 에도시대의 승려와 여인의 러브스토리가 삽입된 민요인 요사코이부시를 부른다. 승려와 여인과의 러브스토리가 왠지 아이러니하다는 생각이 들기도 한다. 그 이야기에 나오는 유명한 전설의 다리가 하리마야바시 はりまや橋, 명성에 비해 실망스러운 명소 중 하나다. 선두에는 대형트럭인 지카타샤가 음향기기를 싣고 팀을 이끌어 볼거리를 선사한다.

이렇게 나루코와 요사코이부시, 지카타샤 등 지역의 고유함을 나타내는 최소한의 규정만 지키면 누구라도 참가할 수 있다. 요사코이 마쓰리의 또 하나 놓칠 수 없는 중요한 특색으로 색과 디자인이 강렬한 의상이다. 요즘은 개성적인 스타일로 주제에 맞게 준비한다. 요사코이는 일본의 젊은이들이 가장 참가하고 싶은 축제로 비슷한 요사코이가 전국적으로 행해지고 있다. 그런데 어찌된 일인지 6월에 삿포로에 가면 오도리 공원에서 열리는 유명한 요사코이 소란 YOSAKOIソーラン 마쓰리가 있다. 고치의 요사코이 마쓰리에서 변용 발전된 이 마쓰리의 규모는 상상을 초월할 정도다. 원조보다 원조가 아닌 것이 더 발달하고 활성화되면서 전국적으로 세계적으로 인정받는 것을 보면서 일본의 또 다른 저력을 알 수 있다.

● 도쿠시마의 아와오도리

도쿠시마의 아와오도리는 400년이 넘은 일본의 전통 마쓰리다. 진정한 공동체의 부활과 재생이라는 축제의 의미를 보여 주는 도쿠시마현의 아와오도리 축제는 매년 8월 12일에서 15일까지 도시 전체가 들끓는다. 아와는 도쿠시마의 옛 지명이고 오도리는 춤이라는 뜻이다. 아와오도리의 반주 음악은 노리모리라고 한다. 악기의 구성은 3줄 현악기인 샤미센과 피리, 북 그리고 꽹과리와 비슷한 가네다.

축제에 공식적으로 참여하는 그룹을 렌連이라고 하는데 매년 전국에서 1,000개 이상의 렌이 신청한다. 최종 선발된 렌은 20개다. 공식적인 공연 외에도 여러 렌이 강가나 골목 여기저기에서 '얏토사, 얏토사'라는 추임새를 외치며 흥겹게 놀이하듯 즐기기도 한다. 얏토사는 '오랜만이야, 잘 지냈어?'라는 의미라고 한다. 끊임없이 상대의 안부를 물으면서 누구나 같이 할 수 있는 춤사위인 것이다. 남녀의 춤의 형태가 약간 다른데 기본적으로는 빈손으로 리드미컬하게 추지만 때와 상황에 따라 부채 등을 가지고 춤을 추기도 한다. 같은 춤이라도 남자는 다이나믹하게 추며 여성은 우아하고 품위 있게 그리고 고상한 몸동작으로 춘다. 마쓰리 기간이 아니어도 도쿠시마 시내의 요사코이 공연장 등에서 관광객을 맞이하기 위하여 렌이 항시 준비되어 있는 것을 보아도 관광대국임을 알 수 있다.

우리나라에 강강술래가 있는 것처럼 일본의 추석에 해당하는 오봉에 추는 춤인 아와오도리는 조상을 맞이하고 기리는 민속 무용이다. 일본의 오봉 기간에는 백만이 넘는 사람들이 아와오도리를 춘다고 한다. 리듬에 따라 오른손과 오른발, 왼손과 왼발을 각각 동시에 앞으로 내미는 아와오도리의 스텝은 간단하지만 중독성이 있다. 쉬운 듯 어렵지만 계속 팔을 흔들어야 하는 아픔도 잊게 하는 춤사위다.

● 홋카이도 유키 마쓰리

광활한 대지에 사람도 자연의 일부가 되는 홋카이도에서 열리는 겨울 여행의 꽃이라는 삿포로의 유키 마쓰리는 1950년 개최된 이후 일본에서 가장 인기 있는 눈과 얼음의 겨울 축제다. 하얀 눈이 절정인 2월에 삿포로는 영원한 눈의 왕국으로 변한다.

눈 축제는 동서로 약 1.5km에 이르는 도심 한복판의 오도리 공원, 스스키노 행사장, 스도무 행사장이 주요 행사장이다. 오도리 공원에는 폭 25m 이상, 높이 15m 이상에 달하는 압도적 크기의 눈 조각상이 전시된다. 타지마할, 파리의 개선문, 일본의 성 등의 눈 조각상을 보면 그야말로 크기와 섬세함에 압도된다. 삿포로 TV 탑에 오르면 어릴 때 보았던 크리스마스 카드에서 튀어나온 것 같은, 오도리 공원의 인파로 북적이는 포근한 겨울 정취를 한눈에 조망할 수 있다. 특히 스스키노 행사장의 밤은 조명에 휩싸인 눈 조각상 덕분에 낮과는 또 다른 환상의 세계로 바뀐다. 또한 캐릭터 얼음조각을 타 보거나 만져 볼 수 있어서 홋카이도만의 체험을 즐길 수 있다. 스도무 행사장은 사카에마치역에서 걸어서 8분 거리인데 눈썰매와 미끄럼틀이 있고 눈사람을 직접 만들 수도 있다. 아이와 함께라면 더욱 좋지만 따뜻한 방한 복장은 필수다.

거대한 눈 조각상의 테마는 매년 달라지며 기획에서부터 현지 조사, 도면과 미니어처 제작까지 거의 1년이 소요된다고 한다. 하나의 작품을 만들기

유키 마쓰리 모습

위한 많은 사람들의 헌신적인 노력에 놀라울 뿐이다. 눈이 부족할 경우에 깨끗하고 더 좋은 눈을 구하기 위해 산속에서 많은 눈을 퍼오는 광경을 보면 입이 벌어질 정도다. 눈 조각상과 더불어 밤하늘을 수놓은 전등 장식, 인파로 북적이는 멋진 광경으로 뒤덮이는 유키 마쓰리는 가히 마법의 세계다.

일본은 마쓰리와 관광의 나라

여기에서 소개한 마쓰리에는 몇 가지 공통점이 있다. 바로 일상을 벗어난 세계라는 점이다. 함께 하는 의식으로 불사른 에너지는 현실의 긴장을 한꺼번에 해방시켜 준다. 매년 되풀이되는 대향연은 다시 일상으로 돌아가는 완충지대가 되어 지역 공동체를 강하게 결합하는 역할을 한다. 또한 마을마다 전해져 오는 마쓰리는 애니메이션, 영화, 게임 등으로 변용되어 일상에서도 지금 현재를 즐길 수 있게 한다. 다시 말하면 일본의 전통은 새롭게 가공되어 새로운 전통을 낳는다고 할 수 있다. 전통을 잘 이어오면서 활성화하기 위한 노력은 변형된 마쓰리, 보여 주는 마쓰리, 관광 마쓰리 등으로 이어져 일본인이 마쓰리를 지키고 사랑하는 마음이 잘 느껴진다.

마쓰리는 우리에게 현대 일본을 보다 폭 넓고 깊이 있게 이해할 수 있는 또 다른 가이드가 된다. 이제 마쓰리라는 오솔길을 벗어나 일본 문화를 품고 있는 큰 산을 둘러보자. 다른 오솔길도 가보고 싶은 생각이 들 것이다.

태어나면 '신사'에서 축복, 결혼식은 '교회'에서 행복, 죽으면 '절'에서 명복 빌어

오영상(뉴스핌 국제부 기자)

한국인이 이해하기 힘든 일본의 종교 문화
일본만의 독특한 신불神仏 신앙이 배경

한국 사람들이 일본을 말할 때 가장 흔히 쓰는 표현이 '가깝고도 먼 나라'다. 맞다. 일본은 가까운 나라다. 서울시청에서 도쿄 도청까지 거리는 1,154km에 불과하다. 서울에서 제주도까지가 475km인 것을 생각하면 외국치고는 무척 가까운 것이 맞다. 인천공항에서 비행기를 타면 나리타成田공항까지 두 시간이면 도착한다. 생김새도 비슷하고 같은 한자 문화권이라는 점도 일본을 가깝게 느끼게 하는 요소다.

하지만 한발 들여다보면 은근히 멀게 느껴질 때가 많다. 역사적 문제에 대한 감정의 간극은 차치하더라도 '한국과는 많이 다르구나'라고 느끼는 부분이 적지 않다. 그중 하나가 종교와 관련된 것이다. 한국은 종교 구별이 뚜렷하다. 기독교인이 절에 가서 제사를 지내거나, 불자가 교회에서 결혼식을 올리는 일은 상상하기 어렵다. 그럼에도 일본은 다르다. 아기가 태어나면 신사神社에 찾아가 건강과 미래를 빌고, 결혼할 때는 교회나 성당에서 식을 올리고, 장례식은 절에 가서 불교식으로 치른다. 참으로 알 수 없는 가깝고도 먼 나라다.

아이가 태어나면 온 가족이 '신사' 찾아가 축복 빌어

일본 사람들은 아이가 태어나면 한 달 정도 지난 뒤 신사에 가서 아이의 탄생을 보고하고 건강하게 자라기를 신에게 기원한다. 이것을 '오미야마이리お宮参り'라고 한다. 다른 말로는 '하쓰미야모우데初宮詣', '하쓰미야마이리初宮参り', '우부스나마이리産土参り'라고도 부른다. 일반적으로 남자아이의 경우 생후 31일이나 32일, 여자아이는 32일이나 33일에 신사를 찾아가지만 지역별로 차이는 있다. 교토에서는 여자아이가 빨리 시집을 갈 수 있도록 남자아이보다 빠른 시기에 오미야마이리를 끝내는 풍습이 있다. 예전에는 부계 사상의 영향으로 아빠와 친조부모만이 함께 갔고 엄마는 산후조리를 이유로 참석하지 않았다. 하지만 지금은 아빠, 엄마는 물론 친조부모, 외조부모가 모두 참석하는 것이 일반적이다.

아이가 3세, 5세, 7세 되는 해에는 '시치고상七五三'이라고 해서 전통옷을 입고 신사에 가서 지금까지의 무사 성장을 감사하고 앞으로의 무병장수를 기원한다. 일반적으로 남자아이는 3세와 5세 때, 여자아이는 3세와 7세 때 신사를 찾는다. 에도시대에 3세기 되는 남녀 아이가 머리를 기르기 시작하는 '가미오키髪置', 5세 남자아이가 처음으로 하카마袴, 일본의 전통의상으로 하반신에 착용하는 하의. 보통 기모노 위에 입는다를 입는 '하카마기袴着', 7세 여자아이가 처음으로 어른처럼 허리띠를 매는 '오비토키帯解き' 등의 행사에서 유래했다고 전해진다. 본래는 11월 15일에 행해졌지만 요즘은 10월 중순에서 11월 하순 사이에 좋은 날길일을 골라 행하는 것이 일반적이다.

매년 정월에는 '하쓰모우데初詣で'라고 해서 신사를 찾아가 새해의

안녕과 소원을 비는 신년 신사 참배를 한다. 1월 1일이 되면 각 지역의 신사는 가족, 연인, 친구들과 함께 하쓰모우데를 하기 위해 찾아온 사람들로 북적인다. 하쓰모우데 후에는 '오미쿠지 길흉을 점치기 위해 뽑는 제비'를 통해 한 해 자신의 운을 점쳐 보기도 한다. 일본에서 가장 유명한 하쓰모우데 장소로는 도쿄의 '메이지明治신궁'을 꼽을 수 있다. 정초가 되면 300만 명 이상이 이곳을 찾는다. 요즘 한국 관광객에게도 인기 있는 도쿄의 관광 코스 오모테산도가 바로 메이지신궁에 하쓰모우데를 하러 가는 참배 길이다.

결혼식은 '교회'가 부동의 인기 1위

현재 일본 내 기독교인은 전체 인구의 1% 정도에 불과하다. 하지만 종교와는 관계없이 기독교 스타일의 결혼식을 희망하는 사람이 매우 많다. 집에 불단을 두고 아침저녁으로 부처님께 공양을 드리는 사람도 결혼식은 교회에서 기독교식으로 하기를 희망한다는 것이다. 종교의 문제가 아니고 하나의 '라이프스타일'이다. 이런 결혼식 스타일을 일본에서는 '채플 웨딩'이라고 부른다. 기독교의 결혼식 절차에 따라 예배당에서 올리는 결혼식이다. 보통 교회에 부속된 작은 예배당을 채플이라고 부르지만 일본에서는 호텔이나 리조트 등에 세워진 예식 전용 장소를 말하는 경우가 대부분이다. 피로연을 하지 않고 친척이나 친한 친구들만 불러 결혼식을 올리고 싶은 커플에게 인기가 많다.

일본의 한 여성 잡지가 조사한 바에 따르면 교회에서 올리는 결혼식이 인기를 끄는 가장 큰 이유는 '순백의 웨딩드레스'다. 일본 여성들도 결혼식에서 웨딩드레스를 입는 게 평생의 로망으로 여겨지는데 신사보다는 교회가 웨딩드레스와 어울리기 때문이라는 것이다. 또 교회 결혼식만의 멋진 분위기도 이유 중 하나로 꼽힌다. 웨딩마치 선율에 맞춰 하얀 융단이 깔린 버진 로드를 걸어 들어오는 신부는 결혼식의 하이라이트임이 틀림없다. 그러나 일본의 교회 결혼식은 기독교 결혼식을 모방한 결혼식이 많다. 진짜 교회나 성당에서 결혼식을 하는 경우도 있지만 대부분은 교회나 성당처럼 꾸며진 예배당풍의 시설에서 결혼식을 올린다. 호텔 등 예식장마다 예배당을 하나씩 갖추고 있고, 결혼식이 있을 때만 목사님이나 신부님을 불러 식을 진행한다. 목사님이나 신부님도 대부분은 결혼식장에 고용된 외국인^{주로 백인}이다.

  일본도 한국처럼 청첩장을 보내 하객을 초대한다. 다만 일본이 한국과 다른 점은 청첩장을 받은 후 참석 여부에 대해 꼭 답장을 해야 한다는 것이다. 일본의 결혼식은 보통 가족이나 친척, 친한 친구 등만을 초대해 적은 인원으로 진행되며, 경우에 따라 지정된 자리를 준비하기도 한다. 물론 식사도 매우 고급스럽게 준비한다. 따라서 인원수를 잘 맞추는 것이 중요하다. 그래서 일본에서는 청첩장을 남발하는 일이 없다. 꼭 참석해 주길 바라는 사람에게만 보내고, 청첩장을 받으면 참석하는 것이 예의라고 여긴다. 축의금은 꽤 많이 내는 편인데 한국에서는 보통 5~10만 원 정도 내지만 일본은 기본적으로 3만 엔^{약 30만 원} 정도다. 친한 경우에는 5~9만 엔 정도를 낸다고 한다. 청첩장을 남발하지 않는 것이 이해가 가기도 한다. 짝수는 '찢어진다', '갈라진다'는 의미가 내포돼 있어서 축의금은 홀수로 하는 것이 예의다.

장례식은 90%가 '불교'식으로

　마지막 가는 길은 부처님과 함께한다. 일본 장례식의 약 90%는 불교식으로 치러진다. 일본의 불교는 에도시대에 막부의 보호를 받으며 크게 번창했고, 당시 유교에 비해 종교적 역할이 강조되면서 사찰이 장례 의식을 전담했다. 특히 일본의 사찰은 대부분 산속이 아닌 주택가 주변에 자리 잡고 있으며, 사찰 내에 가족 납골묘도 갖추고 있는 곳이 많다.

　사람이 죽으면 검은 테두리의 흰 종이에 기추忌中, 상중라고 쓴 표시를 대문 또는 현관에 붙인다. 장례식은 불교식으로 행해지며 따뜻한 물로 씻고 흰 수의나 고인이 생전에 좋아했던 옷을 입힌다. 그리고 스님이 옆에서 경을 읊고 고인에게 가이묘戒名, 사후의 불교식 이름를 부여한다. 사망한 밤에는 '쓰야通夜'라고 해서 가족이나 친척, 친구가 모여 고인의 곁에서 식사를 하며 밤을 새운다. 쓰야 다음날 불교식 장례식이 집이나 절에서 치러진다. 장례식에 갈 때 검정색 옷을 입는 건 한국과 비슷하다. 다만 일본에서는 옷이나 가방, 구두 모두 광택이 없는 것을 입고 신어야 한다. '고덴香典'이라고 하는 조의금을 낼 때도 정해진 형식이 있다. 보통 1만 엔 정도를 내는데 봉투에 돈을 넣을 때 사람 얼굴이 앞으로 보이게 넣어야 한다. 문상을 마치고 돌아갈 때 상주 측에

시내에 있는 묘

서 주는 답례품에 꼭 소금이 들어 있는데 집에 들어가기 전에 몸에 전체적으로 뿌려 준다.

일본에서는 대부분 화장을 해서 납골묘에 안치한다. 화장이 끝나고 뼈가 나오면 가족들이 젓가락으로 뼈를 항아리에 담는다. 이때 뼈의 모습이 가부좌를 틀고 있는 부처님을 닮았다 해서 '노도보토케喉仏'라고 부르는 목의 인후 뼈 갑상연골이라고도 하고 경추 2번이라고도 한다는 분쇄하지 않고 고인과 가장 혈연이 깊은 사람이 수습해 가장 위에 올린다. 여기서 유래한 일본인의 식탁 예절이 밥 먹을 때 절대 젓가락으로 음식을 다른 사람에게 건네주지 않는다는 것이다. 젓가락에서 젓가락으로 무언가를 옮기는 행위는 사람이 죽은 후 유골을 수습하는 행위에만 허락되기 때문에 젓가락으로 집은 음식을 다른 사람의 젓가락을 통해 옮기는 것은 절대 해서는 안 되는 행동이다.

종교에서만은 배타성이 보이지 않는 일본인

신도와 불교는 일본의 양대 종교다. 이 두 종교는 서로 영향을 주고받으면서 일본만의 독특한 신불神仏 신앙을 탄생시켰으며, 일본인의 삶 속에서 생활 속의 신앙으로서 병립하고 있다. 한 집 안에 신단神壇과 불단仏壇이 모두 모셔져 있는 경우가 많은 것도 이런 이유에서다.

개인적으로 아주 좋아하는 일본 가수가 사다 마사시다. 1952년생이니 한국식 나이로 하면 70세다. 통기타를 치며 한 편의 시라 해도 손색이 없을 주옥같은 가사를 읊조리는 모습을 보면 정태춘이나 김광석이 떠오른다. 그가 1979년 발표한 〈親父の一番長い日 아버지의 가장 긴 하루〉라는 노래 속에 일본인의 종교 문화가 오롯이 담겨져 있다. 귀여운 딸

을 낳은 후 오미야마이리를 다녀오고, 시치고산을 지내고, 딸의 결혼을 허락한 후 손을 잡고 나란히 집 안에 마련된 불단 앞에서 기도를 하고, 웨딩 벨소리가 울려 퍼지는 교회에서 올리는 결혼식까지. 한 편의 서사와 같은 가사 속에 신도, 불교, 기독교가 섞인 일본인의 종교관이 스며들어 있다.

태어나서는 신사에 가고, 결혼식은 교회에서 하며, 장례식은 절에서 하는 일본인의 모습은 우리에게는 선뜻 이해하기 어려울 수 있다. 하지만 만물에 신이 깃들어 있다 믿으며 종교에서만큼은 배타성을 보이지 않는 것이 우리가 잘 몰랐던 일본, 일본인의 한 모습이다.

사라져 가는 銭湯,
새롭게 탈바꿈하는 센토

유춘미 (도쿄 한국문화원 세종학당 한국어 강사, 한국문화협회 체험연구회 마중물 대표)

일본의 동네 목욕탕인 센토 銭湯를 아시는가. 예부터 센토는 후로야 風呂屋, 유야 湯屋라고도 불렀다. 센토는 일본인에게 단순히 몸을 씻는 것만이 아닌 목욕을 하면서 하루의 피로를 풀며 건강을 유지해 주는 역할을 해 왔다고 볼 수 있다. 그런 역할을 해 왔던 센토가 현대에 와서는 시대의 흐름으로 많이 사라지고 있는 추세다. 과거부터 일본 사람들의 일상생활의 밑바탕이 된 목욕 문화를 만들어온 센토에 대해 알아보자.

일본의 독특한 목욕문화 센토의 역사

목욕은 언제부터 어떤 형태로 시작되었을까. 일본의 목욕 문화는 '시욕 施浴, 시요쿠'이라는 한증막 형태가 시작이라고 볼 수 있다. 시욕은 일본에 불교가 전래되었을 때 승려들이 몸을 정갈하게 하기 위해 사찰에 설치한 욕실을 지역 주민에게도 사용하게 한 것이다. 당시 목욕은 수증기가 가득한 방에 들어가는 것으로 시작했다. 그 증기로 땀을 흘리고 몸을 뜨겁게 데운 후 욕조에 있는 따뜻한 물로 몸을 씻어 내거나 따뜻한 물이 들어 있는 탕 안에 들어가는 방식이었다.

나라奈良에 있는 도다이지 東大寺나 호케지 法華寺에는 지금도 대탕옥大湯屋이나 욕당浴堂이 남아 있어 당시 시욕의 자취를 볼 수 있다. 집이나 동네에 목욕탕이 없던 시대에 사원에서 목욕을 했던 서민에게는 시욕이 종교적인 의미가 아닌 목욕의 즐거움을 알게 해 준 중요한 장소였다. 헤이안시대 말에는 지금의 센토의 선두라고 할 수 있는 탕옥湯屋이 등장했다. 나라시대에 시작된 이 시욕의 습관은 가마쿠라시대에 들어와서 더욱더 번성했다. 무로마치시대에 들어서도 막부나 사원에서 시욕은 계속되었는데 사찰이 '공덕 목욕'의 명칭으로 일정한 날을 정해 서민에게 이용하게 하기도 했다. 이 시대의 시욕 습관은 개인에게도 점차 퍼져 집안에 목욕탕을 만드는 여유로운 가정도 생겼다.

이렇게 사원의 시욕에서 시작된 센토의 발전은 에도시대에 와서 큰 변화를 가져왔다. 동네를 중심으로 발전한 센토가 단지 씻는 곳이 아닌 사람이 모이는 커뮤니티의 중심지로 변모한 것이다. 에도시대에 센토는 이리고미유入り込み湯라고 하며 혼욕이 주를 이루었으며 이는 에도시대 말기까지 계속되었다. 메이지시대에 와서야 겨우 혼욕이 사라지면서 센토의 양식도 일변하여 개량의 바람을 맞는다. 그래서 지붕에 김이 나가는 굴뚝을 설치하거나 욕조를 넓히는 등 다양하게 개량한 목욕탕이 많이 생겨난다. 다이쇼시대에 들어와 센토는 더 근대화되어 바닥이나 욕조에 지금까지 사용해 왔던 나무가 아닌 타일이 도입된다. 센토는 그 후로도 변화를 거듭해 쇼와시대에 들어와서는 수도식의 물을 사용하고 욕실 내부도 개량을 더해 위생 면에서도 더욱 향상되었다.

그런 흐름 속에서 쇼와 30년 1955년에는 각 가정에도 목욕탕을 설치하면서 지금 형태의 목욕탕 구조가 보급되었다. 이제 센토가 아닌 집에서도 목욕을 즐길 수 있어 매일 욕조에 들어가 목욕하는 문화가 정착되었다. 본격적으로 도시 인구가 늘어나면서 도심 곳곳에 센토가 건축되었고 1965년경에는 전국에 약 2만 2,000곳이 넘었다. 이렇게 시대와 더불어 다양한 변화와 발전을 가져온 센토는 현대에 와서는 동네 곳곳에서 어떤 모습을 보이고 있을까. 동네 안에서 주민의 하루의 피곤을 풀어 주던 센토는 지금은 어떻게 변했을까. 현대 생활에서 센토의 모습을 따라가 본다.

센토의 구조와 특징

최근에는 센토에 들어서면 신발장에 신발을 넣고 나서 입구에 있는 자동판매기를 이용해 목욕권을 구입하는 곳이 많아졌다. 목욕권을 구입해 프론트에 내고 남탕과 여탕을 구분해 놓은 노렌暖簾, 출입구에 내걸어 놓은 천 안으로 들어가면 바로 탈의실이다. 지금의 프론트는 이전의 센토에서는 반다이番台 역할을 했던 곳이다. 이전의 반다이는 남탕과 여탕의 탈의실로 들어가기 전 중간에 위치해 있었다. 반다이는 약간 위치가 높아서 그곳에 앉으면 남녀 탈의실이 한눈에 보였다. 물론 지금은 전통적인 반다이보다는 남녀 탈의실에 들어가기 전에 있는 프론트가 그 역할을 대신하고 있다.

센토에서 가장 중요한 욕조를 중심으로 센토의 구조를 살펴보기로 한다. 욕조는 냉욕을 할 수 있는 냉탕, 탕욕, 전기 욕조 등을 기본으로 하는 곳이 많고 노천욕을 할 수 있는 곳도 있다. 특히 이전과 달리 요즘은 일본식 목욕탕에 익숙하지 않은 외국인이 목욕탕을 이용하는 경우도 적지 않다. 그래서 목욕탕 입구에는 '탕 안에 들어가기 전에 몸에 물을 끼얹거나 샤워를 할 것', '탕 안에서 몸을 씻지 말 것' 등 입욕 시 지침이나 지켜야 할 매너 등을 포스터로 붙여 놓은 곳도 많다. 만약 일본에서 센토를 가면 탕에 들어가기 전에 반드시 몸을 씻어야 한다는 것을 잊으면 안 된다. 또한 탕 안에 들어갈 때는 탕 안에 이미 들어가 있는 사람을 배려해 첨벙첨벙 들어가지 말고 아주 천천히 물소리를 최소한으로 내며 탕 안에 발을 들여 놓아야 한다. 그것도 일본의 센토를 이용하는 중요한 예의이기 때문이다.

일반적으로는 센토에 들어서서 보이는 입구의 프론트 앞에는 음료수나 맥주 등을 마시며 휴게실처럼 쉴 수 있는 공간이 있는데 주로 동네 할머니 할아버지의 커뮤니티 장소가 되기도 한다. 여탕 탈의실 한쪽 구석에는 아기를 눕힐 수 있는 유아용 침대가 있고 옷을 벗어 보관하는 보관함이 있는데 물론 열쇠를 채우게 되어 있다. 그런데 한국과 다른 것은 보관함이 아닌 옷 바구니도 보관함만큼 놓여 있는 곳이 많다는 점이다. 특히 할머니들은 그 바구니에 옷을 차곡차곡 채워 넣고 탕에 들어간다. 보관함이 없던 과거에 사용되던 방식을 지금도 그대로 사용하고 있는 것이다.

또 다른 일본 센토의 특징 중 하나는 남탕과 여탕으로 들어가는 입구에 반드시 걸려 있는 노렌과 벽에 그려진 벽화를 들 수 있다. 벽화의 경우는 벽 쪽에 욕탕을 설치한 관동지방의 센토에 많으며 욕탕을 중앙에 설치한 관서지방에서는 거의 보기 힘들다고 한다. 페인트칠로 그린 벽화는 다이쇼시대에 시작되어 인기를 끌었는데 여탕보다는 남탕에 더 많다. 남탕의 경우는 전면에 후지산이 그려져 있는 경우가 많고 여탕에는 여성과 아이의 모습 등을 표현한 그림이 많다.

현대에 들어 센토의 영업시간은 오후 늦게 또는 저녁부터 시작해서 밤 12시 전후까지가 일반적이었다. 그러나 근래에 들어서는 아침 6시부터 시작하는 곳도 늘었고 이용객 감소로 인해 가까운 곳의 센토들은 서로 시간이 많이 겹치지 않도록 조정해서 영업하는 경우도 있다. 센토의 이용요금은 물가통제령의 규정에 따라 각 지자체가 결정하는데 금액의 상한액이 정해져 있다. 중학생 이상의 성인은 490엔이며 초등학생은 200엔, 미취학 아동은 100엔이다.

사라져 가는 센토, 살아남는 센토

1965년경에는 전국에 약 2만 2,000곳이 될 정도로 센토가 성행했다. 센토는 일본의 경제성장과 더불어 인구의 증가로 궤를 같이 했지만 각 가정 안에 목욕시설의 보급이 진행되면서 1968년을 기준으로 감소하기 시작했다. 원인으로는 시설 낙후를 개선할 개수비의 부담, 경영자의 고령화, 후계자의 부재 등을 들 수 있다. 도쿄의 경우 일주일에 한 곳은 문을 닫는다고 할 정도로 센토는 사양 산업이 되고 말았다. 그나마 센토를 운영하기 위해서는 입지와 설비가 최소한이어야 수지타산을 맞출 수 있지만 동네 시장이나 상점가를 드나들던 사람은 대형

센토의 모습

마트로 발걸음을 돌리고 있는 추세다. 게다가 작은 목조 건물만큼이나 초라하고 낡은 분위기의 센토에는 젊은 사람들이 가지 않으려 한다. 주택가를 조금만 벗어나도 세련된 분위기의 편리한 시설을 갖춘 온천에서 목욕을 즐길 수 있기 때문이다. 이제 센토는 지역을 벗어나기 힘든 노인들의 모임 장소로 전락하고 만 것일까. 많은 사람이 오가지 않는 오래된 상점가 한쪽에서 오랫동안 서민이 피로를 풀고 몸을 청결하게 하는 장소로 이용되어 온 센토는 이대로 문을 닫을 것인가.

그런데 최근 스스로 변신을 꾀하는 센토가 있어 화제다. 센토는 주로 대대로 가업을 이어서 하는 경우가 많은데, 젊은 세대가 운영권을 갖게 되면서 조부모나 부모가 운영하던 스타일과 다르게 바꿀 경우 성공 확률이 높다. 물론 센토 나름의 상황과 거스를 수 없는 시대의 흐름도 한몫하고 있을 것이다. 센토를 살리고 대대로 내려온 가업을 이어 나갈 수 있을까. 센토 경영자의 고민은 결코 적지만은 않을 것이다.

젊은이들이 센토를 멀리하고 있는 가운데에서도 또 다른 한쪽에서는 센토를 살리기 위해 작은 붐을 일으키고 있는 이들도 있다. 조용하지만 확신을 갖고 일본의 전통 문화의 하나인 센토를 지키면서 여러 기능을 가진 멀티 공간으로 발전시켜 나가는 이들을 소개한다.

센토 재생 프로젝트

전직 일러스트레이터인 젊은 여성이 건강이 안 좋아져 휴직 중일 때 건강을 되찾게 해 준 곳이 바로 센토였다고 한다. 센토에게 은혜를 갚기 위해 좋아하는 센토의 매력을 그림으로 그리기 시작했는데 그가 그린 센토는 이미 40군데가 넘는다. 욕실에서 나누는 인간의 교류, 욕탕이나 사우나를 즐기는 방법, 센토에서 파는 먹을거리, 욕탕에서 나온 후에 최상의 시간을 누리는 방법 등 다양하고 폭넓은 센토의 매력을 수채화로 표현해 2019년 《센토 도해銭湯図解》라는 이름으로 책을 펴 냈다. 이 책은 타이완에서도 중국어로 번역되어 판매되고 있다. 작가 는 센토는 낡은 문화가 아니며 센토에 가는 것이 멋진 일이라고 인식 되도록 새로운 문화를 키우기 위해 다양한 활동을 해 오고 있다. 또한 누구나 사양 산업이라고 생각하는 센토에 대한 인식에 새로운 입김을 불어넣어 더 건강하게 살리기 위해 다양한 프로젝트를 만들고 있다.

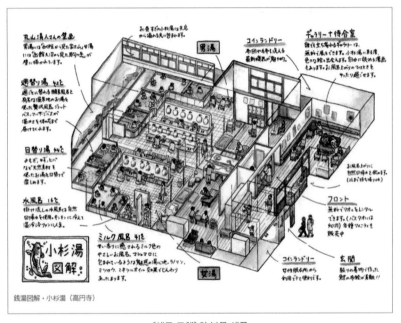

《센토 도해》의 본문 샘플

도쿄센토 東京錢湯

　도쿄에는 도쿄도 목욕탕 조합東京都浴場組合이 있다. 2019년 12월 기준 520곳의 센토가 가맹되어 있으며, 이용객에게 도쿄를 중심으로 센토의 정보를 전해 주는 '센토 정보 창구'라고 할 수 있다. 센토에 가 본 적이 없는 사람이나 가고 싶지만 들어가 본 적이 없는 외국인 등 잠재적인 이용객에게 센토에 대한 살아 있는 정보를 알려준다. 홈페이지는 일본어뿐만 아니라 영어, 중국어, 한국어로도 열람할 수 있으며 일본 센토의 역사와 이용 방법도 설명되어 있다. 또한 이곳에서는 2015년부터 시코구四国 88군데 사찰을 순례하는 오헨로상お遍路처럼 센토를 순례하는 프로그램을 만들어 88군데 이상 달성한 '센토 순례자'에게 경품으로 조합이 제작한 배지와 오리지널 수건을 증정하고 인정증도 수여한다. 또한 2018년부터는 스마트폰 앱을 제작해 앱의 지도를 보면서 편리하게 센토를 순례할 수 있다. 1991년에는 도쿄 고토쿠 공중욕탕협회公衆浴場協会에서 10월 10일 1010 숫자 발음이 센토와 유사함을 '센토의 날'로 제정하고 이용 촉진을 목적으로 일본 사단법인과 일본기념일 협회로부터 인정받아 등록되었다.

일본 센토 문화협회

　일본 센토 문화협회日本銭湯文化協会는 일본의 목욕 문화와 그 문화를 지탱해 준 센토를 적극적으로 후세에 물려주어야 한다는 사명을 가지고 탄생했다. 2019년 7월 기준 센토 37곳이 가입되어 있다. 협회는 일본인 한 사람 한 사람이 목욕을 통해 자기 자신과 가족, 지역, 사회,

국가를 다시 돌아보는 기회를 만들기 위해 센토 검정 시험 銭湯検定試験을 만들었다. 센토 검정 시험은 2급, 3급, 4급이 있는데 4급은 그다지 어렵지 않은데 3급, 2급으로 올라갈수록 난이도가 올라간다. 2급을 취득하면 전국 센토 가이드 투어를 할 수 있는 자격증이 주어진다. 그렇다면 2급에는 어떤 문제가 출제되고 있을까? '센토를 외국인에게 설명할 때 어떻게 할 것인가?'처럼 폭 넓고 난이도가 상당히 높은 문제가 출제된다. 2급은 문장력을 요구하는 필기 문제이고 3, 4급은 3개의 보기에서 답을 고르는 문제다. 시험을 준비하는 수험생을 위해 공식 서적도 출판되고 있다.

이 외에도 영화업계에서는 최근 4~5년 전부터 동네 목욕탕 센토 살리기 붐이 불면서 센토를 무대로 한 영화도 제작되어 지역의 센토를 소개하고 광고한다. 영화에서는 스토리를 통해 일본의 다양한 온천, 센토, 여러 가정의 목욕탕까지 목욕의 역사와 다양한 목욕 문화를 소개하고 있다. 물론 크게 화제가 된 영화는 없으나 센토를 무대로 했다는 점에서 의의가 있다. 다음은 센토를 주제로 한 영화다.

- 〈파티는 목욕탕에서 시작된다〉パーティは銭湯からはじまる, 2012년
- 〈새끼손가락 랩소디〉小指ラプソディ, 2014년
- 〈테르마이 로마이〉로마 공중 목욕탕 テルマエ・ロマエ, 2014년
- 〈행복 목욕탕〉湯を沸かすほどの熱い愛, 2016년
- 〈멜랑콜릭〉メランコリック, 2019년
- 〈나는 태양을 잡고 있다〉わたしは光をにぎっている, 2019년

센토에서 느끼는 일본인의 전통문화

　최근 센토는 복합공간으로 진화를 꾀하고 있다. 살아남기 위한 자구책으로 센토는 본래 가진 기능을 이용하면서도 과거의 명성을 살리기 위해 세상을 향해 변신하는 모습을 보여 주고 있다. 욕실과 탈의실을 모던하면서 밝은 분위기로 바꾸고, 손님이 목욕을 하면서 빨래도 할 수 있도록 입구 한 쪽에 빨래방을 정비한 곳도 생겼다. 손님이 센토를 이용하지 않고 빨래방만 이용하는 것도 가능하도록 빨래방과 목욕탕의 입구가 따로 되어 있다. 또 이용 시간도 융통성 있게 아침 6시부터 밤 12시까지 영업시간을 늘리고 휴게실을 카페 같은 분위기로 만들어 여유롭게 목욕 시간을 즐기는 경우도 있다. 점점 휴식을 포함한 공간으로 더 다양하게 진화하고 있다. 이런 센토의 변화를 보면서 일본의 센토가 한국의 '찜질방'처럼 가족, 친구, 연인이 같이 즐기는 복합공간으로 거듭나는 날이 언젠가 올 것이라고 믿어 본다. 일본을 여행할 기회가 있다면 동네 목욕탕 센토에서 일본의 전통문화를 온몸으로 느껴 보는 것은 어떨까.

기모노와 하나비 그리고 테마파크

홍유선(일본어 번역작가)

한 폭의 그림 같은 모양과 색깔의 아름다움
- 경제력의 정점과 쇠락을 대변하는 기모노

일본은 중고 시장이 매우 활성화된 나라다. 다른 나라를 전혀 모르니까 이런 말을 함부로 하는 건지도 모르겠지만 우리나라에 비하면 중고 제품에 무척 관대하고 그 가치도 인정하는 편이다. 그래서 중고 제품은 가격도 높으며 매매도 잘되기 때문에 중고 시장 규모가 크다.

큰아이가 초등학교에 갓 입학하고 아르바이트를 하면서부터 기모노에 관심을 가지게 되었다. 취미로 바느질을 좋아하는데, 큰아이 친구 엄마가 처음에 기모노 모양만 잡는 가리누이 가짜로 바느질한다는 의미인데 우리말로는 가봉용 손바느질 일을 소개해 주었다. 그때부터 길을 가다가도 기모노 가게가 눈에 들어오면 쇼윈도를 기웃거렸다. 기모노를 취급하는 가게에는 고급 신상품만 판매하는 곳, 신상품과 중고품을 함께 판매하는 곳, 중고품만 취급하는 곳이 있다. 또 벼룩시장에 가면 중고 기모노 판매자가 어김없이 나와 있다.

평소에도 옷에 관심이 있는 편이라 기모노에 끌리기 시작했는데, 기모노는 한복과 달리 색상과 문양이 화려하다. 한복은 차분하고 여유 있는 우아한 매력이 있다면, 기모노는 단출한 모양 속에 '오비'라는 허리띠의 무게가 중심을 잡아주는 단호함이 돋보인다. 한복에서 원색적인 색동은 활기찬 건강함을, 금·은박은 화려함을, 자수는 섬세함을 보여 준다. 한복은 섶의 길이나 소매 폭의 넓이 등 디자인에서 변화나 유행을 반영하지만 기모노의 디자인은 똑같다. 옷감의 색상이나 모양 아니면 오비의 폭이나 묶는 모양으로 변화를 줄 수 있다. 역시 각 나라의 전통복은 그 나라의 역사와 문화와 기질을 반영하며 만들어지는 법이다.

기모노를 한마디로 표현하면 옷감의 현란하고 변화무쌍한 색상과 디자인이다. 기모노는 펼치면 입체가 생기는 곳이 한 군데도 없다. 펼쳐 놓으면 직사각과 정사각이 이어진 T자 모양이다. 옷 모양은 아주 단순해서 옷감 자체에 색깔과 디자인을 넣는다. 기모노 옷감은 앞면보다는 뒷면을 중심으로 디자인한다. 그래서 옷감을 짤 때부터 펼쳐진 뒷면에 한 폭의 그림이 나오도록 짠다. 가끔 어떤 호텔 로비에는 금사와 은사를 넣어 섬세하고 고급스러운 자수로 짠 오래된 기모노를 인테리어용으로 전시해 놓기도 한다. 이때는 앞면이 아닌 보통 뒷면을 보여 준다.

그러나 나는 신상품이든 중고든 기모노 매장을 지나갈 때나 벼룩시장에서 바닥에 깔아놓은 채 누군가의 손길을 기다리는 기모노를 보면서 일본 경제의 어두운 그늘을 본다. 일본 경제가 한창 좋았던 버블 당시에는 긴자의 미쓰코시 백화점 입구에 1000만 엔 현재 1억 원 정도짜리 기모노가 떡 하니 버티고 있었다. 당시에는

다다미방에서 기모노를 입고 있는 모습

어느 백화점이나 1층 로비에 화려한 기모노를 많이 전시했다.

인연이 닿아 내게 잠시 가봉 바느질을 시킨 분도 버블 경기였을 때 줄곧 미쓰코시 로비에 전시되었던 기모노를 만든 작가였다. 그런 분이 왜 기모노 바느질 경험이 전혀 없는 나에게 일을 맡기게 되었을까? 바로 버블 경기와 더불어 기모노 산업도 쇠락의 길을 걷다 못해 폭삭 망한 수준에 도달했기 때문이다. 한창 잘 나가던 기모노 사업이 망하고 갖고 있던 재고로 다시 작게나마 일어서 보려고 인건비가 저렴한 나에게 일을 가르치면서 가봉 바느질을 시켰던 것이다.

지금 기모노의 가장 큰 시장은 역시 성인식과 시치고상七五三이다. 매해 1월 둘째주 일요일이 성년의 날인데, 만 20살 성년이 된 젊은이는 기모노를 입고 성인식에 참가하며 하루를 즐긴다. 그리고 시치고상은 아기가 태어나면 무해 무탈하게 잘 자라게 해 달라고 3세, 5세, 7세 되는 생일에 기모노 차림으로 신사에 가서 기도하는 행사다. 아장아장 걷는 아이가 기모노를 입은 모습은 귀여운 한편 의젓해 보인다. 우리나라에서 돌잔치에 색동 한복을 입는 것과 마찬가지일 것이다. 전차나 거리에서 기모노 차림의 여자를 자주 볼 수 있는데, 이들 중에는 다도 모임에 가는 사람이 많다. 일본에서는 다도를 배우러 가거나 다도 모임에 갈 때 기모노를 입는 게 일반적이다. 일본 고유의 다도 문화를 하나의 전통으로 유지하고 싶어 하는 것 같다. 나라면 그냥 좋아하는 차를 마시고 즐거운 시간을 보내기 위해서라면 옷차림도 그날그날 기분에 맞춰 좋아하는 옷을 골라 입고 가겠지만 일본 사람들은 그렇지 않다.

한여름 밤을 수놓는 불꽃놀이
- 재난 희생자의 혼을 위로하는 하나비

들기만 해도 일본을 연상시키는 단어가 있다. 스시, 기모노, 천황, 버블 경기, 섬나라, 엔화 등이다. 각 나라마다 역사와 전통 속에서 생활과 밀접한 단어는 도태되지 않고 살아 움직인다. 그중 하나가 하나비로 우리말로는 불꽃놀이다. 일본에 오면 까만 밤하늘을 화려하게 수놓는 불꽃놀이를 볼 기회가 많다.

해마다 여름이 되면 일본 전역의 밤하늘은 형형색색과 여러 모양의 불꽃으로 피어난다. 불꽃놀이도 화약과 기술이 발달해서 해마다 진화를 거듭하고 있다. 도쿄에서 7월 4째 주 토요일에 열리는 스미다가와 하나비는 약 100만 명이 모일 정도로 규모가 가장 크고 유명하다. 몇 년 전에 지인의 집이 스미다가와 옆에 있어서 불꽃놀이를 보러 간 적이 있다. 그 집은 쏘아올린 화약 껍질과 파편이 머리 위로 내려올 정도로 강 한가운데서 화약을 쏘아 올리는 배와 아주 가까워서, 엄청난 폭발음과 함께 불꽃이 그려내는 그림을 선명하게 볼 수 있었다.

그런데 지인의 집은 7층짜리 작은 오피스 건물로 맨 위층에 살림집이 있는데, 스미다가와 하나비가 있는 날에는 옥상과 사무실을 개방해서 음료수와 술과 간단하게 먹을 수 있는 식사 대용의 음식을 제공하면서 1인당 5,000엔이라는 입장료를 받고 장소를 제공한다. 행사 당일에 그 지역은 오후 12시부터 길거리가 통제되는데, 통제 구역 안에 사는 사람이거나 통행증이 있는 사람만 다닐 수 있다. 가끔씩 일본 사람들의 상술에 놀라곤 한다. 우리나라라면 아는 사람에게 불꽃놀이를 볼 수 있는 장소를 제공하면서 돈을 받는다는 것은 상상할 수 없다.

한여름 밤에 불꽃이 만들어 내는 환상적인 아름다움은 한순간에 사라지지만 불꽃놀이의 역사는 비교적 오래되었다. 1613년에 영국 사람이 중국제 분출 화약을 보여 주었는데 에도시대 초대 쇼군인 도쿠가와 이에야스가 일본에서 최초로 불꽃놀이를 본 사람이라고 전해진다. 음력 5월 28일은 여름에 강에 들어가서 수영할 수 있는 날로 가와비라키라고 한다. 양력으로 6월 말이나 7월 초에 해당하고 이때부터 음력으로 8월 26일까지 양력으로는 9월 말까지 강에서 수영이 가능하다. 이 기간이 바로 불꽃놀이 시기다. 매년 일본 전국에서 1,000회 전후의 불꽃놀이 대회가 개최되고 있으며 오사카 덴진 마쓰리의 유명한 호노 하나비에는 약 13만 명이 모인다.

그런데 일본의 불꽃놀이는 화려한 만큼 슬픈 역사를 가지고 있다. 일본 사람에게 불火은 진혼의 의미가 있다. 일본에서는 우리나라의 추석에 해당되는 오봉의 무카에비와 오쿠리비에서 알 수 있듯이, 태울 염이란 한자에는 부정한 것을 다 태워버리고 어둠을 밝혀 신성하게 한다는 의미가 숨어 있다. 그래서 일본어에서는 태양日과 불火이란 한자 발음을 똑같이 '히'라고 읽는데, 일본 사람들이 죽은 사람을 인도하고 위로하기 위해 특별한 불꽃을 태웠다고 한다.

앞에서 언급한 스미다가와 하나비도 1733년에 일본을 뒤덮은 대기근과 역병으로 죽은 사람들의 혼을 추모하기 위해서 시작되었다. 또한 2011년 3월에 발생한 동일본대지진으로 희생된 사람들을 위령하기 위해 이듬해 8월 16일에 요쓰쿠라 진혼 부흥 하나비를 개최했다. 일본의 3대 불꽃놀이 중에 하나인 니가타현의 나가오카 마쓰리 하나비도 추에츠 대지진의 희생자를 추모하는 행사다. 이렇듯 일본 전역에서 한여름 밤에 화려한 꽃을 수놓으며 퍼지는 크고 작은 불꽃은 역사에 기록된 재난의 희생자들을 위로한다.

불꽃놀이에는 여러 기업을 비롯해서 개인도 기부에 참가한다. 일본의 밤하늘을 밝히는 불꽃 속에는 하나하나 셀 수 없지만 그 불꽃을 보는 사람의 마음속에는 각기 다른 수많은 사연이 담겨 있다. 우리 집도 아이들이 중학생이었을 때까지 여름이면 폭죽과 물을 채운 양동이를 들고 맨션 옥상과 공원에서 폭죽을 터트렸다. 타닥타닥 소리를 내며 위를 향해 쪼르르 피어오르는 불꽃을 신기한 눈으로 쳐다보던 아이들의 모습이 선하게 떠오른다.

어린이들의 놀이터 도시마엔에 해리 포터가 온다
– 테마파크도 명품 시대

유원지는 아이들의 꿈동산이다. 한때 일본은 테마파크의 세상이었다. 테마파크 인기가 얼마나 많았으면 백화점 옥상에도 테마파크를 만들었던 사례도 있다. 그런데 지금은 테마파크가 인기가 없어진 지 오래다.

일본 유원지의 역사는 100년에 이르렀다. 시간이 흐르면서 우리나라가 일본보다 앞선 것도 많아졌지만 일본이 근대화가 빨리 이루어진 만큼 대체적인 도시 인프라는 우리나라보다 빨라서 테마파크도 일찍이 번성했다. 지금은 그 많던 테마파크가 역사의 한 페이지 속으로 사라졌고 테마파크 역시 양극화의 진행에 걸맞게 명품 시대를 맞이하고 있다. 명품 테마파크로는 도쿄의 디즈니랜드와 디즈니시, 오사카의 유니버설 스튜디오, 나가사키의 하우스텐보스를 들 수 있다. 이외의 테마파크는 거의 고사 직전에 놓여 있다.

디즈니랜드와 디즈니시, 유니버설 스튜디오, 하우스텐보스는 우리나라에서도 유명하고 인기가 많다. 10대와 20대 사이에서 이들 테마파크는 일본 관광의 필수 코스로 등장할 만큼 압도적인 인기를 자랑한다. 그런데 이들이 모두 일본 고유의 테마 파크가 아니라 미국의 애니메이션, 영화, 그리고 덴마크의 분위기라는 콘텐츠를 기반으로 한다.

디즈니랜드나 디즈니시와 유니버설 스튜디오는 인기가 하늘 높은 줄 모르고 치솟고 있지만 다른 테마파크는 경영난을 이기지 못하고 문을 닫는 양극화가 빠른 속도로 진행되었다. 그런 가운데 최근에 비교적 도쿄 도심에 위치한 도시마엔의 일부가 폐원되면서 그 자리에 해리포터를 테마로 한 테마파크가 들어온다고 한다. 역시 테마파크도 단순한 놀이 시설로는 살아남을 수 없고 콘텐츠를 제공할 수 있어야 한다.

일본 최초의 테마파크는 1910년에 설립된 오사카에 있는 다카라즈카 온천으로 2019년에 탄생 100주년을 맞이했다. 일본의 테마파크는 많은 변화를 겪으며 현재에 이르렀다. 1912년에는 오사카의 히라카타 파크가 개설되었고 도쿄에는 1922년에 아라카와유원, 1926년에 도시마엔이 개설되며 테마파크의 문이 열렸다. 1950년대 들어서 지금의 테마파크인 유원지 개설이 러시를 이루면서 1990년대까지 각 현은 경쟁하다시피 테마파크 건설에 앞장섰다.

그렇게 일본 모든 가족의 단란한 한때를 상징하고 인기 많던 테마파크는 2000년대 들어 시들해진 인기에 경영난을 이기지 못하고 하나둘씩 폐원의 길을 걸으면서 몰락의 시대를 맞이했다.

그런데 디즈니랜드나 유니버설 스튜디오, 하우스텐보스는 새로운 콘텐츠를 선보이며 갈수록 인기몰이를 하면서 명품 테마파크로 진화하고 있다. 테마파크 디즈니에서는 디즈니는 언제까지나 미완성의 세계로 새로운 것을 계속 만들어 낸다고 선전한다. 유니버설 스튜디오 역시 영화 속에서 뽑아 낸 콘텐츠로 매년 새로운 유니버설을 만들어 내고 있다.

잃어버린 20년의 주역인 일본 버블시대의 막이 열린 1983년에 도쿄 디즈니랜드와 나가사키 오란다마을이 개업했다. 디즈니의 성공을 보고 당시 버블로 돈이 넘쳐나던 일본에 테마파크 건설이 줄을 이었는데, 이때 건설된 테마파크는 20년이 채 되지 않아 모두 문을 닫고 말았다. 성공한 디즈니를 재현하기 위해 조성된 테마파크는 성공의 문턱도 밟아 보지 못하고 도중하차를 해야 했다.

일본 테마파크가 경영난을 이기지 못하고 폐원한 데는 여러 이유가 있다. 첫 번째 출생 수가 줄어들면서 이용자 수가 현저하게 줄었기 때문이다. 두 번째 버블 형성기에 넘쳐나는 돈으로 건설업에 투자했지만 버블이 꺼지면서 잃어버린 20년을 맞이한 일본의 소비가 수직 하강했기 때문이다. 가정 경제가 어려워지면 첫 번째로 소비를 줄이는 항목이 생계에 필요 없는 여가 오락비이기 때문이다. 마지막으로 경제와 상관없이 시대의 흐름에 맞춰 일본의 생활 자체가 풍요로워지면서 사람들이 새로운 것을 찾는 욕구가 강해졌기 때문이다.

이런 측면에서 디즈니 영화사를 바탕으로 늘 새로운 것을 쏟아 내는 디즈니랜드나 유니버설 스튜디오는 새로운 콘텐츠로 손님을 열광시키기에 충분하다. 지금의 디즈니랜드는 1983년의 디즈니랜드가 아니다. 이들 테마파크는 살아 있는 생물처럼 변화한다. 그런 변화와 영상을 통해 만들어진 꿈의 캐릭터들이 살아 움직이는 디즈니랜드와 디즈니시는 인기가 영원할 것처럼 보인다.

테마파크 중에 이바라키의 탄광지에 세워진 죠반하와이안센터^{현 스}

파 리조트 하와이안즈는 좀 특이한 배경을 가지고 있다. 1970년 해외여행 자유화를 맞이한 일본에서 하와이 여행은 해외여행의 로망 중에 로망이었다. 당시 일본의 경제 수준에서 달러가 매우 비쌌기 때문에 실제로 하와이 여행을 갈 수 있는 사람이 흔하지 않았다. 그래서 폐광이 된 이바라키에 가짜 하와이를 만들어서 하와이 체험을 하자는 발상으로 스파 리조트 하와이안즈가 탄생했다. 폐광으로 일자리를 잃은 광부들은 하와이 댄스와 사투리가 아닌 표준어를 배우는 눈물겨운 노력을 하면서 전국에서 몰려드는 손님을 맞아들였다. 이런 배경 스토리가 모두에게 회자되자 영화로 제작되어서 전국 극장에서 상영되었다.

이렇듯 일본에서 테마파크는 한때 단란한 가족의 놀이터란 상징으로 표현될 정도로 인기를 끌었지만 지금은 역사 속으로 사라지고 사진으로 남아 추억의 공간이 되었다. 도시마엔이 부분적으로 일부 시설을 폐쇄하고 책은 물론 영화로도 세계적인 인기를 모은 해리 포터를 재현한 테마파크로 바뀐다고 한다. 1926년에 개업한 도시마엔도 곧 100살을 맞이한다. 도쿄 사람이라면 한번쯤 갔을 만큼 친근한 테마파크로 그들에게 1장의 사진쯤은 남아 있으리라고 생각한다. 그런 도시마엔에서 영화 속의 해리 포터가 어떤 새로운 해리 포터로 태어날지 궁금하다. 그리고 몇 년 전에 나고야에 레고랜드라는 테마파크가 생겼는데 적자 파산이 이어지고 있는 나고야의 테마파크가 앞으로 성공으로 이어질지도 매우 궁금하다.

8

일본을 강국으로 만드는 힘, 독특한 문화에서

일본인은 왜 '이야시^{癒やし}'를 원하는가?

- 일본인이 원하는 힐링 이야기

도이 미호(한성대 교양대학 교수)

언제부터였을까? 일본에서 '이야시^{癒やし}'라는 말이 일상에서 자주 등장하고 잡지나 TV, 상품 설명이나 광고에도 '이야시'가 붙은 문구가 자주 나온다. 이제 '이야시'라는 단어를 듣기만 해도 왠지 마음이 편해 질 정도다. 현대사회를 살아가는 일본인에게 없어서는 안 될 '이야시' 란 무엇일까? 일본 사회가 그토록 원하는 '이야시'에 대한 이야기를 풀 어 볼까 한다.

이야시

이야시^{癒やし}란 이야스^{癒す}, [병, 허기, 고통 등을] 낫게 하다, 치료하다, 가시게 하 다의 명사형이며, 본래는 신체적인 고통의 치유나 완화의 뜻으로 사용 되는 말이었지만, 요즘은 주로 지친 마음을 위로해 주고 평안함과 긍 정적인 에너지를 가져다주는 것, 나를 힐링시켜 주는 것을 나타내며 다양한 분야에서 폭넓게 사용되고 있다. 사람마다 '이야시'를 얻는 곳 이 다르며 '이야시'의 공급원도 다양하다. 예를 들어 피톤치드 넘치는 삼림욕 즐기기, 아로마 테라피, 힐링 음악 감상, 명상, 아기나 귀여운

동물이나 아름다운 풍경 사진 감상을 통해 '이야시'를 얻을 수 있다. 그뿐만 아니라 마음을 편안하게 해주는 분위기를 지닌 사람이나 캐릭터는 '이야시계~癒やし系~'라 부르고 '이야시계 아이돌'까지도 있다. 해마다 잡지나 온라인에서 실시되는 '이야시계 연예인 인기 랭킹 조사'를 보면 상위권을 차지하는 연예인의 특징이 있다. 이목구비가 뚜렷한 조각 같은 미남 미인이 아니라 친근감이 있는 귀여운 상이고 온화하고 폭신폭신한 이미지를 지녔다는 것이다.

인터넷으로 「癒しの 이야시의」라는 검색어를 입력하면 '이야시의 사진', '이야시의 음악', '이야시의 색칠', '이야시의 공간' 등 여러 명사와 결합된 '이야시의 ~ '가 수두룩하다 검색엔진 google.co.jp에서 癒しの(이야시의~)를 검색하면 무려 1억 3200만 건의 결과가 표시된다. 2020.5.30. '이야시의 공간' 같은 경우 검색되는 그림은 카페, 스파, 마사지숍, 미용실, 오래된 민가, 인테리어, 부동산, 정원 가꾸기, 수족관, 사찰, 음식 등 실로 다양한 이미지와 소개 글이 있고, 매우 특이하지만 유골 펜던트를 판매하는 백

'이야시계 연예인 인기 랭킹 조사'에 단골로 등장하는 대표적인 '이야시계 여배우' 아야세 하루카. 천진난만한 미소와 가끔 보이는 엉뚱한 행동이 사랑스럽다고 여성 팬들도 많다.

'이야시'로 검색하면 이와 같이 아름다운 풍경 이미지 사진이 많이 나온다. 이 사진은 오키나와의 바다 모습이다.

에자키 구리코에서 발매된 빼 빼로 과자 'Pocky'. 맛의 종류 는 매우 다양한데 사진은 진한 밀크초코로 코팅한 '이야시의 밀크' 시리즈다.

한큐백화점 안에 개설된 '이야시의 공간'이라는 매장. 여기서는 불 단 관련 용품이나 유골 펜던트 등을 취급하고 있다. 유골 펜던트 는 원래 영국에서 유래된 고인의 추억을 간직하는 추모의 한 방법 이며, 일본의 주얼리 메이커가 펜던트에 고인의 유골이나 머리카 락을 소량 보관할 수 있게 만든 액세서리다.

화점 사진이 나오기도 한다.

이와 같이 이야시가 일본인의 일상생활에 깊이 들어와 있다 보 니 이야시에 대한 연구도 매우 다양하게 이루어지고 있다. 논문 검 색 사이트에서는 무려 8,513건의 이야시 관련 연구 결과를 찾을 수 있는데 CiNii 국립정보학연구소의 학술문헌 검색서비스에서 癒し(이야시)를 입력한 결과, 2020.5.30, 흥미로운 점은 예술, 심리학, 언어학, 종교학 등을 포함하는 인문학 분야 전반부터 의학, 경제학, 건축학은 물론 수학과 정치학 같 은 분야에서도 관련 논문이 있다. 이처럼 이야시에 대한 관심, 연구가 여러 방면에 걸쳐 사회 전반의 중요한 키워드가 되어 있음을 확인할 수 있다.

이야시癒やしの 변천사

그렇다면 일본 사회에서는 언제부터 이야시라는 말을 사용하기 시작했고 어떻게 정착되었는지 살펴보자.

이야시라는 말은 1990년대 후반부터 조금씩 사용하기 시작되었고, 1999년에 신조어·유행어 대상으로 선정되면서 급격히 확산되어, 「癒しの効果 이야시의 효과」「癒しの力 이야시의 힘」 등 우리 생활 속에 개념이 정착되었다. 마쓰이2013는 잡지 기사 제목을 분석해 언론이 이야시라는 단어를 시대를 대표하는 키워드로 만들기 위해 의도적으로 관련 기사를 먼저 내보냈다는 데이터를 제시하면서 이야시의 정착 과정 마쓰

이야시의 시기별 변화

시기	특징	대표적인 사례
제1기 (여명기: 1988~1994년)	미국에서 들여온 힐링 상품이 국내에서 영세기업을 중심으로 제공 시작된 시기	–
제2기 (도입기: 1995~1998년)	대기업도 힐링 상품 판매에 뛰어든 시기	• 화장품 회사가 아로마 테라피 제품을 출시 • 고급 호텔이 힐링을 주제로 한 숙박 플랜 판매
제3기 (성장기: 1999~2002년)	'이야시' 시장이 급성장한 시기	• 사카모토 류이치의 〈energy flow〉 • SONY의 로봇강아지 'AIBO' • 음이온 공기청정기 • '이야시의 마을', '이야시의 온천' 등 지방 관광지가 '이야시'를 세일즈 포인트로 전략 전개
제4기 (성숙기: 2003~2007년)	'이야시'가 비즈니스에서 일반명사로서 정착하며, '이야시' 제품이나 서비스는 이후 계속됨.	• '이야시계 캐릭터' • 'LaQua(라쿠아, 도쿄돔 내 온천스파)'

이, 2013을 '의미 창조 프로세스'라고 부르고 있다.

앞의 도표에서 주목해야 할 시기는 바로 제3기다. 이 시기에 '이야시 붐'이 일어났다고 할 수 있다. 이에 관해 구체적인 사례를 하나 소개한다. 이 시기에 일본 사회가 어떻게 바뀌었는지 알 수 있다.

1988년에 발매 개시된 리게인 Regain 이라는 영양드링크제가 있다. 발매 당시 일본 사회는 한창 버블경기 1986~1991년 였다. 샐러리맨도 많이 일하면 일할수록 돈을 벌 수 있었고 고급 외제차, 해외여행, 마이홈 등 원하는 것은 무엇이든 손에 넣을 수 있다는 꿈과 희망에 가득 찬 시대였다. 이 시대를 반영하듯 리게인의 초기 TV 광고에서는 배우 도키토 사부로 Tokito Saburo 가 리게인을 한 손에 들고 세계를 무대로 활약하는 기업 전사를 연기했다. 웅장하고 힘찬 주제가 〈용기의 징표 勇気の しるし〉음반은 60만 장이 팔렸고, 노래에 나오는 '24시간 싸울 수 있습니까? 24時間戦えますか'라는 가사는 유행어가 되었다. 이 시대의 사람들은 피곤함을 잊은 채 오직 '앞으로, 앞으로'를 외치며 열심히 나아가는 일에만 몰두했다.

하지만 1999년에 버블경기가 붕괴되면서 사회 분위기는 180도 달라졌다. 그때 만들어진 리게인의 새로운 TV 광고에서 사용된 곡이 바로 사카모토 류이치의 〈energy flow〉이었다. 〈용기의 징표〉와는 완전히 다르게 표현된 것이다. 고요하고 편안한 멜로디의 피아노 솔로 곡은 앞만 보고 달려온 일본인에게 큰 위로를 주었고 지친 이들에게 큰 사랑을 받았다.

이 에피소드가 상징하듯 일본의 이야시 시장은 버블경기 붕괴가 큰 분기점이 되었다. 비싸면 비쌀수록 물건이 팔렸고 화려하고 자극적인 일이 넘쳐났던 버블 경기 시대였다. 본래 인간은 편안함과 평온함

액티브하게 일하는 샐러리맨이 주인공인 리게인 광고의 한 장면. 카피는 '24시간 싸울 수 있습니까?'라는 뜻이다.

인기 만화와 콜라보해서 새로운 이미지로 다가온 2014년의 리게인 광고의 한 장면. 카피는 '3~4시간 싸울 수 있습니까?'라는 뜻이다.

을 추구하는 존재다. 이렇게 생각하면 지친 마음에 위로와 치유를 받고 싶어 하는 현상은 매우 당연하다. 이후 로봇 강아지 '아이보'가 큰 인기를 얻고 화려한 해외여행보다는 고요한 시골 마을에서 시간을 보내는 것을 선호하는 사람들이 늘고 '이야시계 캐릭터'의 대표격인 '유루캬라ゆるキャラ'가 큰 사랑을 받게 된 것도 다 자연스러운 흐름이었다.

여담이지만 앞에서 소개한 리게인의 노래 가사가 2014년에는 〈24시간 싸우는 건 힘들어24時間戦うのはしんどい〉로 바뀌었고, 광고 카피는 '3~4시간 싸울 수 있습니까?3~4時間戦えますか'가 되었다. 열심히 일하도록 요구되는 시간이 대폭 축소된 셈이다. 같은 제품이라도 시대에 따라 광고 카피가 달라진다는 것이 흥미롭고, 또 이 제품이 계속 생산이 된다면 10년 후에는 어떻게 변할지도 궁금해진다.

내일로 나아갈 수 있는 힘의 원천

지금까지 이야시란 무엇이며, 그것이 일본 사회에서 어떻게 정착되어 왔는지 살펴봤다. 힘든 현실에서 받은 스트레스로부터 자기 자신을 지키기 위해 사람들은 자기 나름의 방식으로 대처한다. 첫 번째 대처가 이야시를 얻는 것이다. 점점 불안해지는 현실 사회에서 사람들은 이야시에 끌릴 수밖에 없다. 그것은 최근 세계를 혼란에 빠뜨린 코로나19 사태에서도 알 수 있다. 코로나19의 확산은 우리들의 생활과 커뮤니케이션 스타일을 완전히 바꾸어 놓았다. 생활환경의 큰 변화가 사람들에게 불안감이나 스트레스를 계속 주다 보니 그만큼 이야시의 역할은 더 커질 수밖에 없다. 아무리 기술이 발달해도 인간의 힘으로는 어떻게 할 수 없는 미지의 일이 있다는 것을 뼈저리게 느꼈기 때문이다.

이런 상황에서 볼 때 앞으로도 일본 사회에서는 이야시가 여러 분야에서 중요한 키워드가 될 것이고, 이에 따라 이야시에서 나오는 새로운 문화가 많이 생겨날 것이다. 이야시는 예측 불가한 내일로 나아갈 수 있는 힘을 주기 때문이다. 이야시의 다양한 형태와 힘에 더욱더 주목하고 싶다.

일본의 만화와
애니메이션의 힘

고성욱(아동문학가, 전직 교장)

망가, 그리고 재패니메이션

사람들이 '만화'라는 낱말을 들을 때 떠오르는 이미지는 대체로 단순하다. 바탕 그림에 말풍선을 넣어 엮어가는 이야기다. 가끔 짧은 해설이 들어가기도 한다. 영어에는 우리가 만화라고 번역할 수 있는 말이 꽤 여러 가지가 있다. Comics, Cartoon, Graphic novels, Manga 등이다.

코믹스는 재미난 이야기다. 우리가 갖고 있는 만화의 이미지에 가장 가깝다. 학습 만화 같은 것도 여기에 포함된다. 카툰은 주로 시사적 견해를 표현한다. 그래서 풍자와 유머가 담긴 경우가 많다. 그래픽 노블이란 일반적으로 예술성이 높은 만화를 가리킨다. 스토리도 비교적 복잡하지만 코믹스와 구분이 분명하지는 않다. 망가まんが는 '일본의 만화'를 가리키는 말이다. 그런데 코믹스나 카툰처럼 그냥 하나의 만화 장르로 통한다. 이 사실은 일본이 세계적 만화 강국임을 간접적으로 웅변한다.

미국과 프랑스, 그리고 일본은 세계 3대 만화 강국이다. 그런데 이들 세 나라 만화 표현 방식은 상당한 차이가 있다. 미국 만화는 세분화된 작가 시스템으로 만들어진다. 미국에서 정규 연재되는 만화는 구성 작가, 삽화가, 펜슬러와 잉커, 색채 전문가, 편집자 등 세부 전문가들이 공동 제작한다. 한 편의 영화를 찍는 것 같다. 슈퍼맨이나 배트맨처럼 정의로운 영웅이 등장하는 히어로물이 인기가 있다. 프랑스에서는 만화를 '제9의 예술'이라고 부른다. 프랑스는 유럽 최고의 만화 강국이다. BD라고도 하는 프랑스 만화는 50여 쪽 정도로 길지 않은 분량이다. BD는 스토리보다 메시지에 무게 중심을 두는 편이다. 철학적 분위기를 간직한 만화도 많다. 일본 만화는 한마디로 정의하기 어렵다. 정말 다양한 모습의 만화를 가지고 있기 때문이다. 일본 만화에서 다루지 않는 소재는 없다. 스토리텔링 중심의 이야기부터 범죄, 음식, 철학, 스포츠, 도박, 음악, 심지어 섹스에 이르기까지 일본 만화에 금기란 없다. 그래서 일본의 만화 시장은 거대한 산업을 이룬다.

애니메이션은 처음에 '만화영화'라고 불렀다. 만화로 그려진 그림이 영화처럼 움직인다는 뜻이다. 하지만 애니메이션은 지금 만화나 영화와는 전혀 다른 고유한 장르적 특성을 가진다. 애니메이션은 이어지는 장면을 연속 촬영해서 마치 움직이는 것처럼 보이게 한다. 초창기에는 찰흙이나 모형 같은 피사체를 조금씩 변형하면서 장면을 이어 갔지만 요즘은 대부분 3차원 모델링을 컴퓨터로 재현한다. 일본에서는 애니메이션을 아니메アニメ라고 줄여 부른다. 일본의 아니메 산업은 미국과 더불어 세계에서 가장 커다란 시장 규모를 가지고 있다. 망가가 그렇듯이 일본의 아니메를 '재패니메이션'이라고 독립해서 부르기도 한다.

우타가와 히로시게의 우키요에 〈사루와카 거리의 밤 풍경〉과 빈센트 반 고흐 〈밤의 카페 테라스〉. 빈센트 반 고흐는 우타가와 히로시게의 우키요에 그림에 매료되어 강한 영향을 받은 것으로 알려져 있다. 두 그림은 서로 다르지만 분위기나 구도에서 묘한 동질감을 느낄 수 있다.

재패니메이션의 거장과 대표작

19세기 유럽에서는 '자포니즘'이 유행했다. 자포니즘은 일본적인 것을 즐기고 선호하는 '일본 취향'의 미술 운동이다. 당시 유럽 화가들은 우키요에에 열광했다. 특히 후기 인상주의 거장인 고흐는 우키요에에 지대한 영향을 받았다. 일본에 대한 이런 관심이 20세기 후반 망가와 아니메로 이어졌다고나 할까? 이것은 우키요에의 현대적 버전이라고도 할 수 있다. 아니메는 망가와 함께 발전했으며 아이와 어른을 아우르는 주제와 줄거리로 진화했다.

일본을 대표하는 애니메이터를 간추리는 게 쉽지는 않지만, 여기서는 세 사람만 꼽아서 그들의 대표작과 함께 살펴본다.

● 데즈카 오사무, 〈철완 아톰〉

1928년, '미키 마우스'가 미국에서 개봉된다. 운명처럼 바로 그 해 데즈카 오사무가 이 세상에 태어난다. 대학에서 의학을 전공한 그는 졸업 이후 평생 꿈꾸던 전업 만화가가 되었다. 망가를 이해하려면 반드시 데즈카 오사무를 알아야 한다. 그는 오늘날 일본 만화의 여러 특징을 완성해서 '일본 만화의 아버지'라고 부른다. 일본의 만화는 데즈카 이전과 이후로 나뉜다는 말이 있을 정도다.

애니메이션은 만화가 피워 낸 꽃과 같다. 일본에는 만화를 잡지에 연재해서 인기를 얻으면 애니메이션으로 제작하고, 다시 캐릭터 상품으로 만들어 수익을 얻는 비즈니스 모델이 있다. 데즈카가 바로 이런 모델을 만든 사람이다. 그는 일본 만화와 애니메이션의 독창적 세계를 열었다는 평을 얻었다. 서구에서 망가와 아니메의 연구자들은 데즈카 오사무를 가장 먼저 탐구한다.

데즈카는 만화에서 얻은 수입을 애니메이션 제작에 쏟아 부었다. 그 과정에 도산을 경험하기도 했지만 마침내 애니메이션 시장 구조를 만들어 냈고 대중화에 큰 공을 세웠다. 1970~80년대 그의 망가와 아니메는 우리나라에서도 엄청난 인기를 누렸다. 특히 〈철완 아톰〉과 〈밀림의 왕자 레오〉는 우리 어린이들에게 거의 국민적 영웅으로 받아들여졌다. 물론 우리나라의 어린이들은 대부분 이것이 일본의 캐릭터라는 사실은 모르고 있었다.

〈철완 아톰〉은 일본에서 방영된 최초의 TV 애니메이션이다. 우리나라에서는 〈우주 소년 아톰〉이라는 제목으로 방영되었다. 사람과 똑같은 감정을 가진 로봇 소년의 이야기다. 우리가 지금 살고 있는 21세기를 배경으로 로봇의 눈을 통해 바라본 인간의 내면, 인간과 로봇의 공존에 대해 생각하는 작품이다. 원작은 잡지《소년》에 연재되었던 SF 만화다. 1963년 일본 최초로 매주 30분씩 TV에서 이 아니메가 방영되었는데, 엄청난 인기를 얻었고 세계 각국으로 수출되었다. 데즈카는 〈철완 아톰〉에서 리미티드 기법을 사용하기도 했다. 등장인물의 입만 벙긋벙긋 움직이는 방식으로 움직임을 표현한 것이다. 수십 년 전, 텔레비전 만화 영화에서 자주 보던 장면으로 부족한 제작비를 아끼기 위한 선택이었다. 〈철완 아톰〉은 데즈카 오사무의 대표작이면서 세계 애니메이션 역사에 길이 남을 기념비적 작품이다.

● 미야자키 하야오, 〈이웃집 토토로〉

〈센과 치히로의 행방불명〉, 〈이웃집 토토로〉, 〈하울의 움직이는 성〉 등 제목만으로도 애니메이션 팬들의 마음을 설레게 하는 인물, 미야자키 하야오. 그는 초등학생 시절 몸도 약하고 체격도 작아서 늘 열등감에 시달렸다고 한다. 그래서 방안에 틀어박혀 독서나 그림에만 열중했고, 가족들은 이런 그를 걱정했다. 이런 성장사 때문인지는 몰라도 〈이웃집 토토로〉나 〈마녀 배달부 키키〉에는 뚜렷한 악인이 등장하지 않고, 일본 전통 문화의 바탕인 애니미즘 같은 정령 신앙 요소들이 배경을 이룬다.

미야자키는 현대의 어린이들이 자연과 접촉하는 기회가 적다는 점을 아쉬워한다. 그래서 자연을 아주 중요한 탐구 대상으로 삼고 연약한 지구 생태계를 따뜻한 시선으로 바라본다. 〈이웃집 토토로〉의 토토로는 언덕에 솟은 거대한 나무 꼭대기에서 살고, 〈센과 치히로의 행방불명〉의 오물신은 온천 목욕을 통해 깨끗해진 후 원래 모습으로 되돌아간다.

1985년 미야자키 하야오는 '스튜디오 지브리'라는 일본 최고의 애니메이션 제작사를 설립한다. 스튜디오 지브리는 리얼한 배경, 실사로는 표현이 어려운 카메라 기법으로 미야자키가 일본 애니메이션계의 대부에 오르는 데 큰 몫을 했다. 스튜디오 지브리는 오로지 극장용 애니메이션에만 주력하면서 재패니메이션의 진가를 세계에 알렸다. 애니메이션 분야에서 타의 추종을 불허하는 미국의 '월트 디즈니'가 두려워하던 유일한 나라가 일본이었다. 그 중심에 스튜디오 지브리가 있었다.

● 신카이 마코토, 〈초속 5센티미터〉

신카이 마코토는 현재 일본 최고의 애니메이션 감독 중 한 사람이다. 한국에도 오타쿠_{마니아 이상으로 심취한 사람} 급의 팬을 거느리고 있다.

일본의 거의 모든 애니메이터들은 일본 특유의 전통적 도제 방식으로 성장해 가지만 신카이는 달랐다. 그는 애니메이션을 동인 활동으로 익혔고, 게임 회사를 다니며 취미 생활로 시작했다. 또 '1인 제작'이라는 독창적 방식으로 작품을 만들어 자신을 알렸다. 대학에서 문학을 전공해서 자신의 작품을 직접 소설로 쓰기도 했다. 2007년 〈초속 5센티미터〉를 통해 대중에게 본격적으로 이름을 알린 후, 〈언어의 정원〉, 〈너의 이름은〉, 〈날씨의 아이〉 등 명작을 연출했다.

신카이는 비교적 부유한 집안 출신으로 어려서부터 SF나 우주에 대한 이야기를 좋아했다. 그래서 그의 작품에는 유난히 우주 공간이 자주 등장한다. 신카이의 아버지는 대학을 졸업한 그가 가업을 물려받기를 원했지만 신카이가 이를 사양했다고 한다.

신카이 아니메의 특징은 화사한 색감의 아름다운 영상미다. 그에게는 '빛의 마술사'라는 별명이 있다. 눈부신 영상미는 사랑 이야기를 표현할 때 특히 더 빛이 난다. 그의 작품 등장인물들은 독백으로 스토리 전개를 이어가는 경우가 많다. 이 방식은 주인공의 감성을 섬세하게 표현하는 데 효과적이다. 마치 연애소설을 읽는 것 같은 느낌을 주기 때문이다. 다만 뛰어난 영상미에 비하면 상대적으로 스토리텔링이 조금 약하다는 비판도 있다. 신카이 마코토는 미야자키 하야오의 뒤를 이을 감독으로 기대를 모으고 있다.

'알고 계신가요? 초속 5센티미터, 벚꽃 잎이 떨어지는 속도.' 어느 날 신카이 마코토는 한 여성 팬으로부터 이런 메일을 받는다. 〈초속 5센티미터〉는 그 한 통의 메일로 시작되었다. 나중에 실제 벚꽃 잎이 떨어지는 속도는 그보다 훨씬 빠르다는 게 밝혀졌다. 하지만 그건 별로 중요하지 않았다. 그는 '초속 5센티미터'라는 낱말에서 느껴지는 로맨틱함을 살려 영화를 만들었다. 〈벚꽃 이야기〉, 〈우주비행사〉, 〈초속 5센티미터〉라는 세 편의 단편으로 구성된 첫사랑의 아픔을 담은 이야기다. 첫사랑이 결실을 맺는 건 흔한 일이 아니다. 이 작품에서도 사랑은 이루어지지 않는다. 신카이는 이 영화에서 이 같은 첫사랑의 아픔을 표현했다. 상실의 상처를 지닌 사람들에게 위로를 주겠다고 생각한 것이다.

그런데 어땠을까? 사람들은 드라마에서라도 사랑의 완성을 원했던 모양이다. 그래서 작품 속 사랑의 실패는 상처를 더욱 아프게 했다는 평이 많았다. 그럼에도 많은 사람들은 이 영화를 보았고 흥행에도 큰 성공을 거두었다.

망가와 아니메의 내일

일본의 만화와 애니메이션의 수준은 세계 최고라고 해도 결코 지나친 말이 아니다. 망가와 아니메는 뛰어난 재미와 작품성으로 전 세계 사람들에게 찬사를 받았다. 미국의 픽사와 디즈니도 유명했지만 일본 아니메의 위세도 대단했다.

일반적으로 어린이 대상의 애니메이션은 TV로 방영되기 전에 현지화라는 과정을 거친다. '로컬라이징'이라는 이 작업은 등장인물 이름이나 지명 등을 그 나라 사회나 문화적 특성에 어울리도록 바꾸며, 가벼운 화면 수정을 가하는 것이다. 한국의 청소년들은 성장 과정의 어느날, 어린 시절 자신이 날마다 가슴 졸여 방영을 기다리던 애니메이션들이 이런 과정을 거친 일본 작품이었다는 걸 알고 충격을 받은 경험이 있을 것이다. 이처럼 한국에서도 일본 아니메의 위력은 대단했다.

그렇게 재미있었던 망가와 아니메는 그 명성을 유지하고 있을까? 유감스럽지만 그렇다고 말하기 어렵다. 만화와 애니메이션의 세상이 조금 달라지고 있다. 코로나19가 한창이던 2020년 5월, 신문에 눈길을 끄는 기사 한 편이 실렸다. '망가 무너뜨린 만화'라는 제목이었다.조선일보, 2020. 5. 5. 글로벌 시장에서 서서히 자리 잡아 가고 있던 한국 만화가 드디어 미국 시장에서 일본을 꺾고 1위로 등극했다는 내용이었다. 주인공은 바로 〈신의 탑〉이라는 웹툰이다. 웹툰은 '웹'과 '카툰'의 합성어로 한국에서 만들어진 한국식 신조어다. 웹툰은 스마트폰 이용자들이 즐기는 웹 만화다. 디지털 문화 환경에서 우리 만화가 북미와 유럽에서 꽃을 피우기 시작한 것이다. 글로벌 콘텐츠 시장에서 한국 만화는 미국 코믹이나 일본 망가에 이어 글로벌 만화 콘텐츠 시장에서 신흥 강자로 떠오르고 있다.

　일본인은 일반적으로 '과거와 전통'에 대한 자부심이 강하고 자신이 하는 일에 투철한 장인 정신을 가지고 있다. 대단히 훌륭한 일본 문화의 장점이다. 그런데 'e 테크놀로지'로 부르는 급격한 변화의 시대에 지나치게 전통에 집착하는 태도는 시대를 거스르는 요소로 작용하기도 한다. 망가는 웹툰으로 대변되는 만화의 현대화 경향에 적응하는 데 어려움을 겪고 있는지도 모르겠다. 그렇다고는 하지만 망가는 여전히 세계 만화 시장의 절반 정도를 장악하고 있고 한국 만화는 이제 막 출발선을 지난 정도라는 사실을 잊어서는 안 된다.

　재패니메이션도 최근에 다소 정체된 느낌이 있다. 그렇지만 일본인은 세계에서 애니메이션을 가장 많이 보는 사람들이다. '아니메와 함께 성장하는 일본인'이라고 말해도 그리 이상하지 않다. 그래서 일본인은 애니메이션을 이해하고 감상하는 능력이 세계 최고다. 몇 십 년에 걸쳐 전 국민이 애니메이션을 보고 자라는 환경은 다른 나라가 쉽게 흉내 낼 수 있는 게 아니다. 이렇게 구축된 시장은 결코 그리 쉽게 무너지지 않는다. 앞으로 '망가와 아니메'는 어떤 변화와 발전을 보여 줄지 자못 궁금하다.

일본인과 동아리 활동

- 일본의 저력은 동아리 활동에서 나온다

미네자키 도모코(홍익대 교수), 한국어 번역: 박상현(경희사이버대 교수)

일본인과 동아리

요즘 매일 보고 있는 TV 프로그램이 있다. 하나는 NHK에서 아침 8시부터 방송하는 〈아침 연속 TV 소설〉이다. 통칭 '아침 드라마'라고 한다. 다른 하나는 아침 드라마 이후에 방송되는 〈아사이치 あさイチ〉라는 정보 프로그램이다. 2020년 상반기에 방영된 아침 드라마는 〈옐 エール〉이었다. 오랜만에 남자 주인공이 등장하는 드라마로 실제 작곡가인 고세키 유지 古関裕而와 그의 아내인 고세키 긴코 古関金子를 모델로 한 이야기다. 고세키 유지는 일본을 대표하는 작곡가로 1930년대부터 1980년대에 걸쳐 수많은 곡을 만들었다. 응원가와 교가 등 지금도 불리는 곡도 많다.

한편 〈아사이치〉는 생활의 다양한 장면에서 유용한 정보를 전달하는 정보 프로그램으로 진지하면서도 친근감 있다. 이 〈아사이치〉의 명물 중 하나가 '아침 드라마 이어가기'인데, 바로 직전에 끝난 아침 드라마의 소감을 MC가 자연스럽게 코멘트하는 것이다. 아침 드라마 이어가기에서 오미 유리에 近江友里恵 아나운서 30대 여성가 대학생 때 '응원부'였다고 고백했는데 그것이 인터넷에서 화제가 되었다. 아침 드라마 〈옐〉에서 와세다대학교 응원가인 '푸른 하늘'이 테마가 되어 방영된

주週의 일이다. 오미 유리에 아나운서는 매우 가냘픈 이미지로 겸손하고 청초한 사랑스러운 여성이다. 하지만 '응원부'는 대학의 운동부 경기 등에서 응원을 목적으로 한 동아리部活로 에너지가 넘치고 활발한 동아리다.

오미 유리에 아나운서가 '응원부'에 들어갔다는 것은 시청자에게는 의외성을 느끼게 하는 소식이었다. 그리고 필자는 이 뉴스에서 '동아리'에 대한 일본다운 일면을 느낄 수 있었다.

동아리 활동이란 무엇인가

여기서 '동아리'란 무엇인가에 대해 정리해 보자.《신메이카이국어사전新明解国語辞典》에 따르면 동아리란 '중고등학교 등에서 하는 신문부·음악부·야구부 등의 비교과교육 활동. 클럽 활동'이라고 되어 있다. 이처럼 동아리는 학교의 교과로 설정되지 않은 과외 활동을 말한다. 한편 중학교와 고등학교의 교육과정을 정하는 「학습지도요령」에는 동아리는 '학교 교육의 일환'이며 학생들의 자주성이나 사회성을 기르는 중요한 활동이라고 되어 있다. 결국 동아리는 '학교 교육의 일환으로 학교에서 이루어지는 과외 활동'이라고 정의할 수 있다.

동아리에서는 교사가 고문顧問을 맡아 활동 지도와 학생 관리를 하는 것이 일반적이다. 학생은 고문을 맡은 교사의 지도를 받으며 활동한다. 다만 최근에는 동아리의 지도로 교사의 업무 과다가 문제가 되어 학교 인근 지역의 사람에게 동아리의 지도를 요청하는 경우도 있다. 이처럼 동아리는 학교에 그치지 않고 지역과의 교류를 포함한 활동으로 모습을 바꾸고 있다.

중학교와 고등학교의 동아리

중학교와 고등학교의 동아리는 학생이 모두 가입해야 하는 것은 아니다. 어디까지나 '자발적'으로 하는 것이다. 그럼에도 약 90%의 학생들이 동아리에 참여하고 있다. 학생 중에는 동아리에 들어가지 않는 학생도 있다. 그런 학생을 장난삼아서 '귀가부帰宅部' 소속이라고 부르기도 한다. 그 정도로 동아리에 들어가는 것은 중학교와 고등학교에서는 일반적이다.

동아리의 종류는 크게 운동부체육계와 문화부문화계로 나뉜다. 운동부에는 야구부, 축구부, 배구부, 테니스부, 검도부 등 다양한 스포츠를 하는 부가 있다. 한편 문화부에는 연극부, 음악부, 미술부, 합창부, 서예부 등 문화예술 관련 활동을 하는 부가 들어간다. 학생들은 대부분 1학년 때 동아리에 들어가고 3학년 여름에 있는 대회에 참가한 후에 그만두는 경우가 일반적이다. 동아리에 들어가면 평일은 방과 후에 거의 매일 훈련한다. 주말도 토요일과 일요일 중에 하루는 훈련하는 경우가 많다. 따라서 대부분은 한 개 동아리에 들어가지만 드물게 두 개

고교 동아리의 서예부

이상의 동아리를 함께 하는 학생도 있다. 반면에 때때로 동아리에 소속되어 있어도 활동하지 않는 부원도 있다. 이런 학생은 '유령 부원幽霊部員'이라고 한다.

대학의 동아리

　대학에서도 중학교와 고등학교처럼 운동부와 문화부가 있다. 대학에는 풋살부와 라크로스부lacrosse, 하키와 비슷한 경기 등 중고등학교에서는 볼 수 없는 동아리도 있어서 선택의 폭이 더 넓다. 단, 중고등학교의 동아리와 달리 대학의 동아리는 학생에게 일반적이지 않다. 대학에는 '서클'이라는 운동이나 문화 활동 등의 취미를 즐길 수 있는 동호회 단체가 있다. 서클은 학생들이 자율적으로 만든 것이기에 활동하는 날이나 출석 등에서 아주 자유롭다. 반면에 동아리는 학교가 인가한 단체여서 서클에 비해 규칙과 훈련이 엄격한 편이다. 또한 단순한 취미에 그치지 않고 진지하게 활동하는 분위기가 있다. 대학 동아리에 소속된 경우, 서클에 비해 시간적으로 자유롭지 못하고 훈련도 힘들다. 따라서 대학 생활을 즐겁게 보내고 아르바이트도 열심히 하고 싶은 학생은 동아리를 피하고 서클에 가입하는 경우가 많다. 하지만 대학의 동아리는 힘든 훈련으로 인내력, 조직 내의 사회성, 적극성 등을 기르는 장소로 간주되어 동아리 활동이 취업에 유리하게 작용된다는 장점도 있다. 내가 대학생이었던 1990년대 후반에도 대학에서 체육계 동아리 활동을 했다면 취업에 유리하다는 말을 많이 들었는데, 그런 경향은 최근 취업 사이트를 살펴봐도 변하지 않는 것 같다.

회사의 동아리

　지금까지 학창 시절의 동아리를 소개했지만 사회인도 동아리 활동을 하는 경우가 있다. 동아리가 있는 회사도 있기 때문이다. 회사 동아리는 직원이 회사로부터 인가를 받아서 만드는데, 실외 활동과 실내 활동을 하는 동아리로 나눌 수 있다. 실외에서 인기가 있는 동아리에는 풋살부, 볼더링부Bouldering, 암벽 등반, 골프부 등이 있다. 한편 실내 동아리에서 인기가 있는 동아리에는 영화부, 요리부, 보드게임부 등이 있다. 동아리는 직원 간의 의사소통과 업무 활성화 등에 도움이 된다고 한다.

동아리의 의의

체육계 동아리가 취업에 유리하게 작용했다는 말을 했지만 그와 관련해서 일본인이 동아리에 어떤 의미를 가지고 있는지를 소개한다.

일본의 선도적인 교육출판기업인 베네세 그룹은 동아리의 특징으로 다음의 4가지를 들고 있다. 첫째, 인간관계가 넓어진다. 둘째, 같은 뜻을 가진 동료가 생긴다. 셋째, 인간관계 속에서 예의를 배울 수 있다. 넷째, 강한 마음을 기를 수 있다. 이것은 내가 경험했던 동아리의 특징과 동일하다. 나는 중학교와 고등학교에서는 검도부에, 대학에서는 반더포겔부Wandervogel, 집단으로 산과 들을 도보하는 단체에 들어가 활동했다.

개인적인 경험도 참고해 위에서 든 네 가지 특징을 살펴본다.

첫째, 인간관계가 넓어진다. 주로 동급생과의 교류가 중심이 되는 학교생활에서 동아리는 선후배와 함께 활동을 하기 때문에 좀 더 폭넓은 인간관계를 형성할 수 있다. 동아리 외에도 학년을 넘어서 함께 하는 활동이 없는 것은 아니지만 동아리는 더 밀접하게 활동하게 된다. 그 때문에 다른 활동과는 교류의 질이 다르다고 할 수 있다. 나 역시 선배와 함께 훈련한 것, 선배로서 후배를 지도했던 것이 지금도 추억으로 남아 있다.

둘째, 같은 뜻을 가진 동료가 생긴다는 점이다. 일본에서 동아리는 그냥 좋아서 하는 것뿐만이 아니라 지역 대회 나아가 전국 대회에 출전하는 것이 하나의 활동 목표다. 이것은 체육계뿐만 아니라 문화계에서도 마찬가지다. 따라서 대회에서 승리하기 위해 힘든 훈련을 하는 곳이 많다. 한국에서는 주로 운동에 재능이 있는 학생들이 힘든 훈련을 하고 기술을 연마한다고 생각하는데, 일본에서는 전국 방방곡곡의 중학교와 고등학교에서 훈련에 힘쓰는 학생들이 있다고 보면 된다. 같은 동아리 회원은 같은 뜻을 가진 동료로서 일반 급우와는 다른 특별한 존재가 된다. 중학교와 고등학교 그리고 대학교에서 함께 활동했던 동료와는 지금도 가끔 연락을 취하고 있지만 동고동락을 한 '동지'이자 '동료'라는 의식이 강하다. 동아리는 단순히 활동을 즐길 뿐만 아니라 힘든 훈련을 함께 경험한다. 그 경험이 동료와 정을 깊게 하고 결과적으로 동지 같은 느낌을 준다. 그러나 동아리에 소속했다고 해서 반드시 프로선수 혹은 국가대표선수를 목표로 하는 것은 아니다. 일본의 동아리는 대중적인 분위기의 부에서 전문성이 높은 부까지 폭넓게 존재한다.

셋째, 인간관계 속에서 예의를 배울 수 있다는 것이다. 베네세 그룹은 "동아리의 시작과 끝에 주고받는 인사, 고문 선생님이나 선배에 대한 경어, 경기나 발표회 장소에서의 매너 등"을 경험해서 사회에 필요한 예의를 배울 수 있다고 했다. 내가 속한 곳은 검도부였기 때문에 예의범절은 다른 동아리보다 엄격했을지도 모른다. 하지만 검도부뿐만이 아니라 대부분의 운동부는 인사와 예의범절 등이 엄격했다. 또한 문화부에서도 대회에서 좋은 성적을 얻으려는 동아리는 예의에 엄격한 경향이 있었다고 생각한다. 이것은 일본 사회의 근저에 있는 무사도의 정신과 관련이 있다고 생각한다. 무사도의 정신을 전하는 무도武道에는 '예절로 시작하여 예절로 끝난다'는 말이 있다. 인사는 상대를 존중하고 존경을 나타내는 매우 중요한 것이라고 생각한다. 또한 무도는 기술 향상만을 목적으로 하는 것이 아니라 무도를 통한 인격 형성을 큰 목표로 한다. 이런 생각은 무도계武道系의 동아리뿐만 아니라 동아리 전체 그리고 나아가서 일본 사회에서도 중시된다.

넷째, '강한 마음을 기를 수 있다'는 것은 앞에서 말한 인격 형성과도 관련이 있다. 동아리에서는 지도자의 방침과 선후배 관계에서 자신의 뜻대로 되지 않는 여러 가지 상황이 발생한다. 이런 상황을 극복함으로써 어려움에도 지지 않는 강한 마음을 기를 수 있다.

위의 네 가지 특징은 많은 동아리에 공통되는 것이라고 생각된다. 또한 사회인에게 필요한 자질과 겹치는 부분도 많다. 따라서 취업 활동할 때 동아리의 경험이 높게 평가되는 것이다. 일본에서 공전의 대히트를 기록한 드라마 〈한자와 나오키半沢直樹〉 시즌 2 2020에서도 동아리의 의미를 느끼게 하는 장면이 나온다. 주인공인 한자와 나오키는 대학생 때 검도부였다. 한자와 나오키의 부하와 거래처 사장도 역시 검도부 출신이었다. 드라마에는 그 세 사람이 검도를 통해 교류하는 장면이 나온다. 셋이서 함께 대련對鍊하면서 소통하는 장면이다. 비록 같은 학교에서 활동하지 않았다고 하더라도 같은 동아리에 속했던 사람들은 그것만으로 친근감을 느끼고 때로는 속마음을 나눌 수 있다. '동아리'라는 것은 단순한 취미에 그치지 않는 힘을 가진 것이다.

동아리를 통해 얻은 강한 마음과 상대방에 대한 신뢰

지금까지 동아리란 무엇인지 알아보고 그 의의를 살펴봤다. 여기서 다시 한번 화제가 됐던 오미 유리에 아나운서의 이야기로 돌아가고 싶다. 그는 자신이 '응원부'였다는 것을 고백한 방송 후에 같은 회사에 있는 응원부 출신의 다른 사람에게서 많은 인사를 받았다고 한다. 다음 날 방송에서 그는 "응원부 출신에는 나쁜 사람이 없다", "응원부는 역시 좋다고 생각했다"라고 말했다. 결국 오미 아나운서는 고백을 통해 '같은 뜻을 가진 동료들과 교류할 수 있는' 기회와 '인간관계가 넓어지는' 계기를 얻었다. 같은 뜻을 가진 동료들은 비록 같은 학교에 소속되어 있지 않더라도 서로를 격려하는 동료가 될 수 있다. 그 배경에는 동아리를 통해 '예의'와 '강한 마음'을 갖게 된 상대방에 대한 신뢰가 있다.

이런 동아리의 세계는 경험하고 싶어도 쉽게 할 수 있는 것이 아니다. 하지만 한국에서는 만화, 애니메이션, 영화 등 많은 일본 문화 콘텐츠를 만날 수 있다. 그중에는 동아리를 주제로 한 것이 많이 있다. 그런 작품을 통해 일본의 동아리를 '체험'해 보는 것은 어떨까.

"잘 달리셨습니다."
마라톤의 나라 일본

이영기(일본 TVSnext사 스포츠 생방송 담당)

일본에서 전철을 타고 가다 보면 하천 산책로를 따라 조깅을 즐기는 사람들을 항상 볼 수 있다. 어쩌다 마라톤 대회가 열리는 날이면 수많은 사람들이 하천 산책로를 가득 메우고 달리는 모습도 볼 수 있다. 도쿄 도심의 관광지 중 하나인 황거에서도 조깅을 즐기는 사람들이 끊이질 않는다. 어쩌면 장수 국가 일본의 숨은 이면에는 달리기 문화가 있는 것이 아닐까? 일본인에게 '달리다'라는 것은 과연 어떤 의미를 가지고 있을까?

사실 일본은 마라톤에 관심이 매우 많은 나라다. 올림픽 개최를 앞두고 TV를 비롯한 미디어에서는 '마라톤 그랜드 챔피언십'이라는 거창한 이름을 붙인 올림픽 마라톤 대표 선발전부터, 올림픽 마라톤 개최 장소의 삿포로 이전, 계속해서 새로운 기록을 경신하는 마라톤 대회와 마라톤 슈즈 논란 등 연일 마라톤 관련 뉴스를 쏟아 냈다.

그러나 코로나19의 영향으로 도쿄 올림픽은 1년 연기가 결정되었고 이제는 개최 여부마저 불투명한 상황이다. 어느새 올림픽이나 마라톤 뉴스는 자취를 감추고 연일 코로나19 관련 뉴스가 그 자리를 메우고 있다.

알면 다르게 보이는 일본 문화

대하드라마도 마라톤

일본의 인기 TV 프로그램 중 하나인 NHK 대하드라마는 2020년 올림픽을 앞두고 2019년 한 해 동안 일본의 올림픽의 역사를 소재로 방영하기도 했다. 〈이다텐~도쿄 올림픽 이야기~いだてん~東京オリムピック噺~〉라는 제목의 이 드라마는 가나쿠리 시소金栗四三라는 실존 인물의 인생을 따라가며 일본의 올림픽 첫 참가부터 1964년 도쿄 올림픽 개최까지의 역사를 다루고 있다.

가나쿠리 시소는 일본인 최초로 올림픽에 참가한 선수로 1912년 스톡홀름 올림픽 마라톤 경기에 출전했다. 도쿄에서 열린 예선 대회에서 당시 세계 신기록을 수립하면서 기대를 한 몸에 받았으나 올림픽 마라톤 경기 도중에 열사병으로 쓰러져 행방불명이 되고 만다. 결국 며칠간 주변 민가에서 회복한 후 선수단에 합류했지만, 당시 '실종된 일본인'이라는 뉴스가 크게 보도되어 스웨덴에는 아직까지도 가나쿠리 선수의 얼굴을 기억하는 사람이 많다. 이후 스톡홀름 올림픽을 기념하는 이벤트에 초청받은 가나쿠리 선수는 마라톤 골 지점에 도착하는 퍼포먼스를 펼치면서 54년 8개월 6일 5시간 32분 20초라는 기록으로 경기를 마무리한다. 이는 지금까지도 마라톤 최장 시간 완주 기록으로 남아 있다. 가나쿠리 선수는 일본 마라톤의 발전을 위해 은퇴 후에도 여러 활동을 펼쳤는데, 그중 마라톤 선수를 발굴하기 위해 대학생을 대상으로 개최한 '도쿄 하코네간 왕복 대학 역전 경주'는 통칭 '하코네 역전'이라는 이름으로 지금까지도 매년 1월 2일과 3일 양일간 일본 최고의 마라톤 이벤트로 인기리에 열리고 있다.

일본의 올림픽 마라톤 최초의 금메달 수상자는?

1912년부터 시작된 일본의 올림픽 마라톤 도전은 2000년이 되어서야 결실을 맺는다. 시드니 올림픽에서 다카하시 나오코高橋尚子 선수가 올림픽 신기록을 수립하며 금메달을 획득한 것이다. 당시 일본의 TV 중계를 보면 열광한 아나운서가 "일본 올림픽 육상경기 여성 최초의 금메달"이라며 흥분한 목소리를 몇 차례나 들을 수 있다. 일본은 1912년 올림픽부터 마라톤에 도전하며 국제적으로는 마라톤 강국으로 알려졌지만, 올림픽 금메달에는 좀처럼 이르지 못했기 때문에 아나운서의 흥분도 이해할 만했다. 하지만 일본은 이미 64년 전에 올림픽 마라톤 금메달 수상자를 배출했다. 시드니 올림픽 여자 마라톤 중계방송처럼, 일본에서는 일본 최초의 올림픽 마라톤 금메달 수상자의 이름을 좀처럼 말해주지 않는다. 그 주인공이 바로 손기정 선수이기 때문이다.

1936년 베를린 올림픽 마라톤에서 손기정 선수가 금메달을, 남승룡 선수가 동메달을 획득한 후 일본에서 올림픽 마라톤 메달리스트의 이름을 당당하게 말할 수 있게 될 때까지 30년 가까운 시간이 필요했다. 쓰부라야 고키치円谷幸吉 선수가 1964년 도쿄 올림픽에서 동메달을 획득한 것이다. 당시 쓰부라야 선수는 결승선 직전인 국립경기장 트랙까지는 2위로 들어왔으나 마지막 트랙 구간에서 영국 선수에게 추월당해 아쉽게 3위로 마무리했다. 일본인이 올림픽 마라톤에서 처음으로 메달을 획득한 순간이었지만 일본인에게 이 장면은 기쁨보다는 아쉬움으로 남았던 것 같다.

시민 러너의 성지 '황거'의 탄생

도쿄 올림픽으로부터 한 달여가 지난 1964년 11월 1일 새벽, 일본 왕의 거주지인 황거 皇居 주변에 사람들이 모였다. 주인공은 긴자 등 주변 술집에서 일하는 이른바 호스티스들. 도쿄 올림픽 마라톤의 아쉬움을 달래기 위해 40여 명의 여성들이 모여 '황거 1주 마라톤대회'를 개최한 것이다. 이 이벤트는 잡지를 통해 소개되고, 황거 인근에 위치한 국립 국회도서관 직원들이 이 기사에 자극받아 점심시간을 이용해 황거 주변을 달리기 시작했다. 이 활동은 점차 주변의 다른 직장인들에게도 퍼졌고, 1975년에는 일본 육상경기 연맹에서 황거 주변을 달리는 러너를 위해 시계탑을 기증하기에 이른다. 사쿠라다몬 桜田門 주변에 설치된 이 시계탑은 지금까지도 '황거 러닝'의 출발선과 결승선으로 애용되고 있다.

2007년에 열린 제1회 도쿄 마라톤대회로 인해 마라톤 붐이 일어, 황거 주변에서 일하는 직장인 외에도 많은 사람들이 황거 러닝을 즐기게 되었다. 하지만 무엇보다 황거 러닝의 기폭제가 된 것은 2011년 3월에 발생한 동일본대지진이었다. 당시 전철 등 교통망이 마비되어 걸어서 출퇴근해야 하는 경우가 속출했는데, 이를 계기로 만일을 대비해 걸어서 출퇴근 가능한 체력 정도는 있어야

시민 마라톤

한다는 인식이 퍼졌다. 그래서 체력 증진을 위해 황거 주변을 달리는 이른바 '시민 러너'가 급증한 것이다.

황거 코스는 비교적 넓은 인도가 무려 5km나 끊임없이 연결되어 있다. 게다가 천왕의 거처로 경찰이 24시간 경비하기 때문에 여성들도 퇴근 후 어두운 야간에 안심하고 달릴 수 있다. 수년 전부터는 샤워와 탈의실을 저렴하게 이용할 수 있는 '러닝 스테이션'이라는 시설이 주변에 속속 탄생하면서 그야말로 황거는 일본 시민 러너의 성지가 되었다.

'역전 마라톤'에서 '마라톤'으로

마라톤 관전의 관점에서 보면 일본에서는 마라톤보다는 '역전 마라톤'의 인기가 높은 것이 사실이다. 역전 마라톤은 긴 거리를 여러 사람이 나누어 달리는 릴레이 형식으로 이루어진다. 거리나 주자의 수는 대회에 따라 다양한데, 앞서 소개한 '하코네 역전'의 경우에는 107.5km를 5명이 나누어 달리는 형식으로 이틀에 걸쳐 왕복으로 이루어지기 때문에 결과적으로는 10명이 215km를 달리는 셈이 된다. 매년 1월 1일에 인기리에 개최되는 전국 실업팀 대항전인 '뉴이어 역전'은 7명이 100km를 나누어 달린다. 물론 마라톤과 역전 마라톤은 장거리 달리기라는 공통점이 있어서 역전 마라톤 선수가 마라톤 경기에 참가하는 경우도 많다. 따라서 역전 마라톤의 인기가 마라톤까지 자연스럽게 이어지고 있다.

2020년 예정이던 도쿄 올림픽을 앞두고 일본인 마라톤 선수들 사이에서는 남녀 각 3명이라는 도쿄 올림픽 출전권에 도전하는 선수들이 늘어났다. 일본 실업단 육상경기 연합은 도쿄 올림픽에서 좋은 성적을 거두기 위해 마라톤 일본 신기록을 수립한 선수에게 1억 엔을 지급하는 등 포상금 제도를 운용했는데 2018년부터 3차례나 신기록이 수립되었다. 오사코 스구루大迫傑 선수는 마라톤 일본 신기록을 수립한 후 다시 자신의 기록을 경신해서 무려 2억 엔을 받기도 했다. 마지막 올림픽 대표 선발전에서는 포상금이 바닥나 예정된 금액을 지불할 수 없게 되는 등 도쿄 올림픽을 앞두고 일본인 마라톤 선수들의 기록이 눈에 띄게 향상되었다. 이에 따라 일본에서 마라톤에 대한 관심과 인기는 나날이 높아졌다.

마라톤의 시작은 건강검진?

일본에서 마라톤은 보는 것뿐만 아니라 직접 즐기는 스포츠로서도 인기가 높다. 일본에서는 중고등학교의 동아리 활동이 활성화되어 있어 장거리 육상 경험자도 많다. 뛰어난 학생들은 후에 마라톤 명문 학교를 거쳐 실업팀에 입단해서 마라톤 선수가 되기도 하지만, 그렇지 않은 사람들 중에도 평범한 직장인이 된 후에 취미로 마라톤을 즐기는 경우 역시 많다.

그렇지만 일본의 시민 마라톤 대회에서 가장 참여 인구가 높은 세대는 40대 남성으로 대회마다 차이는 있지만 40대 남성이 전체 참가자의 30%를 넘기는 경우도 많다. 개인적인 생각이지만 이는 일본의 건강검진 제도가 40세가 되면 정밀 진단을 받는 것과 관련이 있어 보인다. 한국에서 40세가 되면 생애 전환기 건강검진을 받는 것처럼, 일본에서도 40세가 되면 '인간 도크人間ドック'라는 정밀 건강검진을 받는

다. '인간 도크'란 선박을 도크dock에 넣어서 정밀 검사를 하는 것처럼 꼼꼼하게 살핀다는 뜻에서 유래된 명칭이다. 정밀 건강검진에서 좋지 않은 결과를 받아든 40대 남성들이 가장 경제적이고 효과적으로 건강을 관리할 수 있는 운동 방법이 바로 마라톤인 것이다.

출발하면서 전원이 잘 먹겠습니다いただきま~す라고 외치는 이색 마라톤

일반 시민들이 즐기는 마라톤 대회 중에는 지역성과 독자성이 있는 특이한 마라톤도 다수 있다. 젊은 세대에서 어르신까지 즐기는 마라톤이다. 마라톤의 인기는 2007년 도쿄 마라톤 이후 상승하고 있다. 인기 있는 도쿄 마라톤은 추첨으로 이루어지는데 경쟁률은 10대1 이상이라고 한다. 여행 기분으로 전국에서 참여하는 경우가 많다. 지역 마라톤은 경관이 좋은 곳, 많은 사람들이 응원해 주는 곳, 지역 특산물 먹을거리 등이 좋은 곳일수록 인기가 많다. 그중에는 아주 특이한 마라톤도 있다. 쌀로 유명한 니가타의 미나미우오누마시南魚沼市의 구루메 마라톤グルメマラソン은 풍광이 아주 좋은 마라톤 대회다. 출발할 때 참가자 전원이 '잘 먹겠습니다いただきま~す'라고 큰 소리를 내며 달린다. 경기가 다 끝나면 그 지역의 명물 고시히카리 밥을 마음껏 먹는 뷔페食べ放題의 구루메파티グルメパーティー를 즐긴다. 그 지역의 소고기와 돼지고기를 활용한 스테이크, 돼지고기 카레, 낫토, 향토 요리 등 다양한 먹을거리가 준비되어 있다. 니가타의 명물인 쌀 고시히카리 홍보와 쌀로 빚은 명주를 자연스레 홍보하며 즐기기도 하는 셈이다. 지역 주민과 참가자 모두가 즐거운 마라톤 대회라 할 수 있다.

일본은 정말 마라톤의 나라인가?

일본 전역에서 열리는 마라톤 대회는 1년간 1,500개가 넘는다고 한다. 이 중 일부 대회는 일본 육상경기 연맹에서 인증을 받아서 시민들의 완주 기록이 공인 기록으로 인정받을 수 있다. 이들 대회는 기록을 통합 관리해서 매년 마라톤 전국 랭킹을 공지하고 있어서 해당 대회를 완주한 시민 러너는 자신의 연령별 전국 순위를 확인할 수 있으며, 대회 기록을 수립한 경우에는 별도의 상금도 받을 수 있다.

이렇게 보면 일본은 마치 마라톤의 나라처럼 보이지만 실상은 그렇지만도 않다. 2019년 2월에 일본의 스포츠청에서 발간한 '스포츠 실시 상황에 관한 여론조사'를 보면 일본인이 최근 1년간 가장 많이 실시한 스포츠는 '걷기'로 62.1%나 차지했다. 반면 '달리기'는 14%로 5위에 불과했다. 1위를 차지한 '걷기'에는 '산보_{산책}', '어슬렁어슬렁 걷기', '전철 1구간 걷기' 등 스포츠라 부르기도 민망한 생활 속 걷기가 포함되어 있다. 2위를 차지한 '계단 오르기'가 16%에 불과한 것을 보아도 일본인이 운동에 소비하는 시간이 상당히 적은 것을 알 수 있다.

실제 걷기는 몇 분만 걸어도 숨이 차고 땀이 나는 노약자 외에는 운동이 되지 않는다. 그래서인지 자신이 운동 부족이라고 느끼는 사람의 비율이 80.5%나 달했다. 한국이나 일본이나 직장 생활에 쫓기다 운동할 여유를 챙기지 못하는 것은 마찬가지인 것 같다.

앞서 소개한 40대 남성에 이어 일본인이 마라톤을 시작하는 두 번째 시기로 60대가 있다. 은퇴 후에 시간에 여유가 생겨 그동안 챙기지 못한 건강에도 신경 쓰게 된 것이다. 다행히 달리는 것은 건강에도 좋을 뿐만 아니라 돈도 들지 않기 때문에 많지 않은 연금으로 연명해야 하는 고령자에게는 최고의 스포츠다. 하지만 안타깝게도 은퇴 후에도 달릴 수 있는 체력을 유지하고 있는 경우는 사실 많지 않다. 대다수가 이제는 걷기조차 힘든 노약자가 되어 버렸기 때문이다.

여담으로 앞서 소개한 NHK 대하드라마의 제목 〈이다텐〉은 불교에 등장하는 '이다텐 韋駄天'이라는 신의 이름이다. 이다텐은 발이 빠른 신으로, 일본에서는 달리기가 빠른 사람을 일컬어 '이다텐' 또는 '이다텐 달리기'라고 표현하기도 한다. 이다텐은 빠른 발을 이용해서 수행 중인 석가에게 음식을 구해 와서 제공했다고 전해진다. '달리다'라는 뜻의 한자 馳와 走를 이용한 「馳走ちそう」라는 단어는 원래 불교 용어로 식사뿐만 아니라 고통 받는 사람들을 돕기 위해 분주하게 돕는다는 뜻이다. 이에 일본에서는 음식을 대접받은 후 '잘 먹었습니다'라는 뜻으로 '잘 달리셨습니다'라는 의미를 가진 「ご馳走ちそうさまでした」라는 표현을 사용하게 되었다고 한다. 일본인에게 '달리다'라는 것은 우리들이 생각하는 것 이상으로 문화 한편에 깊숙이 자리 잡고 있다.

일본과의 비즈니스

일본 비즈니스 40년 - 한국과는 다른 일본 사회의 특징
일본과의 무역 30년과 일본 경제

일본 비즈니스 40년
- 한국과는 다른 일본 사회의 특징

김형기(주식회사 맥스텔 대표)

개인보다 집단 중심의 사회

일본 사회는 개인보다는 집단 중심의 사회다. 일본인은 조직의 일원이라는 소속 의식인 나카마仲間 의식이 무척 강하다. 자신이 나카마에서 제외되어 소속 집단에서 괴롭힘이나 따돌림을 당하는 것을 매우 두려워한다. 이는 나카마가 아니면 조직의 보호를 받지 못하고 목숨을 보장받을 수 없었던 과거 역사 경험에 기인한 것이라 생각된다. 따라서 조직에서 결정한 사항에 대해 싫어도 내색을 하지 않고 따르는데 이는 따돌림을 당하지 않기 위한 그들 나름의 생존 전략이라 볼 수 있다.

일본인이 겉으로 보여 주는 태도를 '다테마에', 진짜 속마음을 '혼네'라고 한다. 한국인은 속마음과 다른 태도를 보이면 표리부동한 이중인격자라고 비난하지만 일본인은 혼네를 드러내지 않는 것을 미덕으로 생각한다. 따라서 아무리 자신이 슬프고 힘든 상황에 있더라도 공개적인 장소에서는 이를 잘 드러내지 않는다. 사고로 희생자가 생겼을 때, 한국 뉴스에서는 가족들이 희생자를 살려내라고 관계자를 붙들고 대성통곡하는 장면을 흔히 볼 수 있지만 일본에서는 그런 장면은 보기 힘들고 슬픈 심정을 속으로 억제하면서 차분하게 이야기하는 모습만 나온다.

조직의 규칙을 어겼을 때는 처벌을 각오해야 하며, 징벌의 대표적인 것이 '무라하치부村八分'다. 무라하치부란 2가지의 경우, 즉 장례와 화재가 났을 때를 제외하고는 일체 그 사람과 접촉을 끊는 집단 따돌림을 말한다. 장례와 화재 때 도와주는 것은 이를 방치해서 전염병이 발생하거나 화재가 번져 자신들까지 피해를 입는 것을 방지하기 위함이다. 그렇기 때문에 일본인은 집단 내에서 튀거나 돌출된 행동을 하지 않으며, 조직에 피해를 주지 않으려고 노력한다. 몇 년 전에 일본 정부의 도항 금지 권고를 무시하고 분쟁 지역에 들어갔다가 테러 조직에게 납치되어 풀려난 저널리스트에 대한 뉴스를 본 적이 있다. 모든 매스컴에서 개인의 경솔한 행동으로 정부와 국민에게 커다란 피해를 주었다며 당사자를 강하게 비판하는 것을 보고 한국과는 너무 다르다는 것을 느꼈다. 당사자 또한 공항 입국장에서 국민에게 머리 숙여 사과하면서 앞으로는 행동에 조심하겠다는 말만 남기고 조용히 귀가했으며 귀국 항공료도 당연히 본인이 부담했다. 무사 귀환을 마치 무슨 큰 공이라도 세운 것처럼 영웅시하고 인터뷰하는 한국과는 너무도 다른 모습이었다.

조직의 우두머리인 '오야붕'이 부하인 '꼬붕'을 외부의 위험으로부터 보호해 주고 부하는 그 대신 우두머리를 위해 충성을 다 바치는 은사와 봉공의 관계는 아직도 일본 사회 곳곳에 깊이 남아 있다. 정치 자금 관련해서 수사 기관의 조사를 받은 국회의원 비서가 국회의원에게 책임을 돌리지 않고 자기가 전부 책임을 지거나 나이 많은 비서가 자기가 모시던 정치인의 젊은 자식을 대를 이어 깍듯이 모시는 경우도 흔히 볼 수 있다. 일본 기업 특유의 종신고용제도 은사와 봉공의 관계로 이해해야 한다. 회사는 고용을 통해 종업원과 그 가족의 생계를 책임지고 종업원은 회사를 위해 충성을 다하는 관계로 이를 서구적 기업 경영의 잣대로 평가해서 폄훼하는 데는 선뜻 동의하기 어렵다. 일본 기업이 서구 기업에 비해 새로운 시도나 변화에 소극적이며 일본에서 벤처기업이 성공하기 쉽지 않은 것도 집단적 조직 문화를 중시하는 사회 분위기와 무관하지 않다. 스포츠 분야에서도 한국은 개인 종목에 강하고 일본은 단체 종목에 강한 면모를 보여 주는 것도 이런 이유라 생각한다.

일본은 결혼하면 부인이 남편의 성을 따르는 부부동성제도를 도입하고 있다. 물론 남편이 부인의 성을 따르는 경우도 있지만 흔하지 않다. 최근 여성의 사회적 진출이 늘어나면서 결혼으로 성이 바뀌어 생기는 여러 불편함을 호소하는 여성이 늘어나고 이들을 중심으로 결혼 후에도 자신의 성을 그대로 쓰는 '부부별성제도' 도입을 추진하고 있지만 아직도 법률을 개정하려는 움직임은 보이지 않고 있다. 부부동성제도 또한 일본 사회에 널리 퍼져 있는 남존여비 사상과 남성 중심의 집단주의에 뿌리하고 있다.

신용과 전통을 중시하는 사회

일본에는 오래된 가게나 기업이 많다. 현존하는 세계 최고最古 기업은 일본의 '곤고구미 金剛組'라는 건축회사로 서기 578년에 백제 출신 도래인 곤고 시게미쓰 金剛重光가 창업했으니 1,400년이 넘었다. 곤고구미는 일본 최초의 관사인 시텐노지 건립에 참여한 것으로 알려져 있다. 일본에는 100년이 넘는 장수 기업이 3만 3,000여 개가 있으며 숫자로는 세계 1위다. 이에 비해 한국에 현존하는 최고最古 기업은 1896년에 박승직 상점으로 창업한 '두산'으로 120년이 조금 넘었다. 이와 같이 일본에 장수 기업이 많은 것은 조상이 해 온 일에 대한 자부심과 이를 계승 발전시키겠다는 사명감을 가지고 가업을 이어 가는 일본 사회 특유의

포목점 에치고야에서 시작한 도쿄 니혼바시의 미츠코시 백화점 본점

전통 때문이라 하겠다. 최근에는 조금 변하기는 했어도 아직도 가업을 잇기 위해 해외 유학에서 돌아오거나 다니던 직장을 그만두고 밑바닥부터 시작하는 사람을 많이 볼 수 있다.

그 분야에서 최고가 되겠다는 일념으로 평생 동안 노력하는 일본인들의 장인 정신은 한국인이 본받아야 할 덕목이다. 후손이 전대의 이름을 그대로 따르는 '습명'이나 한 가게에서 오랫동안 헌신적으로 일한 점원에게 같은 상호의 점포를 열도록 허락해 주는 '노렌와케' 전통은 바로 자부심, 사명감, 장인정신의 상징이다. 습명襲名이란 후계자가 선조나 스승의 이름을 물려받아 활동하는 것을 말하는데 도예가인 제15대 심수관, 가부키 배우인 제13대 이치가와 단쥬로가 그 예다. 노렌와케는 상호를 나눈다는 의미로 오랫동안 자기 밑에서 일한 직원이 독립할 때 자신의 상호를 쓰게 하고 거래처도 나누어 주는 것을 말한다. 습명이나 노렌와케는 자신의 능력에 대한 인증서로 볼 수 있는데, 이들은 그 이름에 먹칠을 하지 않으려고 부단히 노력하고 손님들은 그 이름을 믿고 이들을 응원하고 그에 상응한 값을 흔쾌히 지불하는 전통 사회의 상징이다. 이런 까닭으로 일본에는 '시니세'라고 하는 100년이 넘는 가게들이 많다. 선물로 인기가 높은 양갱 제조업체인 '도라야'도

도쿄 아카사카의 도라야 본사 매장　　　　도쿄 아자부쥬방의 창업 230년의 국수집

그중 하나다. 1500년대 무로마치시대 후기에 창업해 500년이 넘게 이어오는 도라야의 양갱은 다른 업체 제품보다 가격이 월등히 비싼데도 잘 팔리고 선물로 받은 사람도 매우 기뻐한다.

　몇 년 전 한국에서 출장을 온 사람과 함께 500년이 넘은 국수집 오와리야尾張屋에 간 적이 있었다. 가격은 매우 비싼 편이었는데 맛은 도쿄의 보통 국수집과 별반 차이가 없었다. 아마도 두 곳의 맛을 구별할 정도의 수준까지 도달하지 못했기 때문이기도 하겠지만 이른바 가성비가 좋지 않았다. 그런데도 항상 손님들로 북적거리는데 오랫동안 투자한 노력에 대해 그 가치를 인정하고 프리미엄을 지불하는 것을 당연시하는 일본인의 마음가짐을 엿볼 수 있다.

　단기적인 이익보다 장기적인 신용을 중시하는 일본의 상관습은 최근의 중국발 코로나19 사태에 따른 마스크 품귀 때도 예외가 아니었다. 아침 일찍 약국 앞에서 줄을 서서 마스크를 산 적이 있었는데, 당연히 값이 비쌀 것이라는 생각과 다르게 평상시에 파는 가격 그대로여서 마치 횡재를 한 느낌이었다. 물건이 딸린다고 값을 올려 판매하지 않고 공급업체도 값을 올려 납품하지 않는다. 납득할 만한 인상 요인이 없으면 한번 약속한 가격을 올리지 않는 것, 이것이 바로 신용을 중시하는 일본 상거래의 룰이다.

학력보다 실력을 중시하는 사회

학벌로 사람을 평가하고 중시하는 한국과 달리 일본은 실력을 중시하는 사회다. 2019년 일본의 대학 진학률은 54.7%_{일본 문부과학성 자료}로 한국보다 낮다. 한국처럼 모두 일류 대학을 지향하지는 않는다. 일본은 학력보다는 능력을 더 쳐주고 그에 맞게 대우해 주는 사회 분위기다. 반드시 대학을 가야 한다고는 생각하지 않으며, 자기가 목표하는 분야의 전문가가 되기 위해 일찍부터 해당 분야로 진출하는 경우가 많다. 대학 졸업장이 필수인 한국과 달리 대학을 나오지 않아도 취업이 가능하고, 전문가가 되면 부와 명예를 함께 얻을 수 있기 때문이다.

임진왜란 때 포로로 잡혀간 조선 도공들 중 전쟁이 끝난 후 귀국을 거부하고 그대로 일본에 남기를 희망한 사람이 많았다고 한다. 이는 무사에 준하는 신분적 대우 등 도공에 대한 일본의 대우가 조선에서 받은 대우보다 훨씬 좋았기 때문이었다. 실력에 걸맞은 대우는 그 분야 최고를 추구하는 장인정신으로 이어지고 그 결과 일본은 세계적인 도자기 수출국으로 발돋움할 수 있었다. 일본 도자기의 아버지로 추앙받는 이삼평이 만든 아리타야키有田燒도 바로 이런 결과물이라 할 수 있다.

일본에 서양식 총이 들어온 때는 1543년으로 규슈지방의 다네가시마 섬에 표류한 포르투갈 상인이 갖고 온 것으로 알려져 있다. 당시 그 섬의 영주인 다네가시마 도키타카는 거금을 주고 2정을 구입해서 자기 부하에게 똑같이 만들도록 했는데 명령을 받은 대장장이가 핵심 부품인 나사를 만들기 위해 결국은 자기 딸을 포르투갈 상인에게 바치고 그 제조법을 알아냈다고 전해진다. 덕분에 일본은 전국시대에 이미 세계 최다의 조총 보유국이 되었고, 임진왜란에서 조선의 군대가 왜군한테 무참히 패배한 것은 이미 정해진 결과라 하겠다.

지금도 일본에는 관심 분야를 공부하는 자발적인 동아리 모임이 매우 활성화되어 있는데, 멤버들의 수준 또한 높아서 아마추어라고는 생각할 수 없을 정도로 해당 분야 전문가 수준이다. 또한 학자나 전문 연구자뿐만 아니라 일반 샐러리맨도 자기가 종사하는 분야에 관련된 전문 서적을 많이 펴내고 있는 것도 이런 사회 분위기를 나타내는 현상이라 하겠다.

예측이 가능한 사회

일본에서는 중요한 정치나 사회적 이슈가 어떤 방향으로 결론이 날지 거의 예측이 가능하다. 이렇게 예측이 가능한 것은 '네마와시ねまわし'라는 일본 사회 특유의 관습 때문이라 생각한다. 네마와시란 일을 추진할 때 반드시 거치는 사전 의견 조율 과정을 말한다. 충분한 시간을 갖고 서로의 입장과 의견을 조율하기 때문에 결론까지는 많은 시간이 걸리지만 일단 결론이 나면 진행은 매우 빨리 이루어진다. 이런 네마와시의 과정에서 어떤 방향으로 결론이 날지 사전에 충분히 감지할수 있다. 선거에서도 어느 정당이 이길지 또 누가 총리가 될지를 투표 전에 매스컴의 논조와 보도를 보면 대강 알 수 있다. 매스컴의 예측과 실제의 선거 결과가 거의 일치한다. 예측대로 아베 이후에 8년간이나 관방장관이었던 아키타 출신의 스가 요시히데가 수상이 되었다.

2019년에 있었던 천황 양위도 네마와시와 제반 절차를 거치느라 상황전대의 천황을 말함이 퇴위 의사를 TV를 통해 국민에게 표명하고도 2년 반이나 지나서야 실현되었다. 네마와시를 위해서는 일단 전문가로 구성된 자문회의를 만들고 이들이 수차례의 회의를 거쳐 의견서를 작성하고 제출한 뒤에 정부는 제출된 의견서에 따라 일을 진행한다. 일본 사회에 잘 적응하려면 충분한 네마와시를 거쳐 서두르지 말고 인내심을 갖고 기다려야 한다.

예약이 정착된 사회

일본 사회는 예약이 정착되어 있는 사회다. 맛있는 식사 한 끼를 하려면 사전에 예약을 해야 한다. 그렇지 않으면 무한정 기다려야 하는 경우가 많다. 물론 손님이 넘쳐 예약 자체를 안 받는 식당도 있다. 예약한 인원에 변동이 있으면 최소한 하루 전에 알려 주어야 한다. 그렇지 않고 당일에 예약을 취소할 경우에는 음식 값을 전부 지불해야 하거나 초과된 인원의 식사 준비가 안 되는 경우도 있다. 이는 예약 인원에 맞추어 미리 식자재를 준비하기 때문이다. 한번은 한국에서 출장 온 손님을 저녁에 초대한 적이 있었는데 그 손님이 갑자기 일행을 데리고 와서 난감했던 적이 있었다. 코스 음식을 예약해 두었는데 추가 인원의 음식 준비가 안 돼 결국은 당초 예약한 인원수의 식사를 나누어 먹었다.

너무나 당연한 일이지만 일본 회사와의 미팅 요청도 충분한 시간 여유를 갖고 진행해야 한다. 갑작스럽게 요청하면 약속이 잘 안 되는 경우가 많은데 이는 일정이 가능한지 누가 참석할 것인지 등을 내부에서 네마와시를 할 시간이 필요하기 때문이다. 그런데 어렵게 잡은 미팅을 한국 쪽에서 갑자기 일방적으로 취소하거나 변경해서 사람을 곤혹스럽게 만드는 일이 심심찮게 있다. 상대방이 충분히 납득할 수 있는 이유라면 그나마 양해가 되지만, 납득하기 어려운 이유라면 상대방에게 신용을 잃게 되어 두 번 다시 약속하기가 힘들어진다.

철저한 준비의 매뉴얼 만능 사회

일본인이 어떤 일을 수행할 때 빼놓을 수 없는 것이 매뉴얼이다. 일하는 절차와 방법 그리고 발생 가능한 사태에 대한 대처법까지 깨알같이 문서화되어 있다. 일본 사회에서 매뉴얼은 관청, 기업, 학교 등 거의 모든 부문에서 필수품처럼 되었다. 매뉴얼은 일 처리를 표준화하고, 문제가 발생할 때 대처법까지 미리 문서화해 둠으로써 초심자도 단시간에 쉽게 업무를 익히고 시행착오를 줄여 업무 효율을 높인다는 장점이 있다. 매뉴얼이 강력한 힘을 발휘하는 곳은 식당, 편의점, 슈퍼와 같은 아르바이트를 많이 쓰는 업소다. 하지만 매뉴얼에 정해진 대로 일을 처리하다 보니 융통성 없는 경직된 일처리로 폐단도 많다. 매뉴얼은 철저한 준비로 효율적인 일처리가 가능하다는 긍정적 측면이 있지만 창의적인 업무처리에 방해가 되고 책임회피를 위한 면피용으로도 이용된다는 부정적인 측면도 있다. 그 예로 2011년에 발생한 후쿠시마 원자력 발전소 폭발 사건의 원인과 책임을 일본 국회에서 추궁하는 장면을 TV에서 본 적이 있는데, 매뉴얼에 언급된 높이보다 더 높은 지진해일이 덮쳤기 때문에 대책이 없었다는 것이 당시 해당 전력회사 임원의 답변이었다. 상상을 뛰어넘는 상황이라 대책이 없었던 것은 당연하며, 향후에는 금번 사태를 감안해 매뉴얼을 수정하고 대책을 세우겠다는 말이 답변의 요지였던 것으로 기억한다. 실제로 담당 전력회사인 도쿄전력의 경영진 중 책임을 지고 물러나거나 처벌을 받은 사람은 아무도 없었다.

일본에서 생활하면서 한국과 비교해서 불편한 일 중의 하나가 은행 업무다. 일본에서 은행에 가서 예금 계좌를 만들려면 많은 시간과 인내가 필요하다는 사실은 경험해 본 사람은 모두 공감할 것이다. 일본 은행에 예금 계좌를 만들려면 우선 일본 내 주소지가 있어야 한다. 주소지 지자체에 가서 주민신고를 하고 나서 주민표^{한국의 주민등록에 해당}를 발급받아 본인 사진이 부착된 신분증과 도장을 가지고 은행창구에 가서 신청해야 한다. 여기서 중요한 것은 '일본 정부기관이 발행한 신분증'이어야 한다는 것이다. 한국 여권을 가지고 가서 본인임을 확인해 주어도 이를 인정해 주지 않는데, 그 이유는 업무 처리 매뉴얼에 본인 확인이 가능한 서류로 '일본 정부가 발행한 신분증'으로 규정되어 있기 때문이다. 모든 서류를 갖추어 신청해도 한국처럼 ATM 카드를 즉석에서 발급해 주는 것이 아니라 며칠 후에 집이나 직장으로 우송해 준다. 본인이 창구를 방문해서 직접 수령하는 제도는 없고, 자택에서 본인 또는 가족이 수령하는 것만 가능하다. 그런데 정작 집으로 배달된 카드를 수령할 때는 가족 여부를 서류상으로 확인하지 않고 구두로 묻고 전해주면서 받았다는 사인을 받아간다. 언제 누구한테 전달했다는 사인만 있으면 나중에 문제가 생기더라도 면피가 가능하기 때문일 것이다. 그야말로 눈 가리고 아웅이다.

함께 근무하던 회사의 일본인 직원이 딸아이를 데리고 식당에 갔다가 맥주와 주스를 시켰는데 식당 종업원이 맥주와 주스를 가지고 와서 매뉴얼에 있는 대로 맥주는 어느 손님 것이냐고 물어봤다는 우스갯소리도 들은 적이 있다.

디지털보다 아날로그가 중심인 사회

세계는 바야흐로 AI나 자율주행 자동차와 같이 디지털이 주류를 점하는 사회가 되었다. 하지만 일본은 아직도 디지털보다는 아날로그가 주류인 사회다. 일상생활에서도 사인보다는 도장이 널리 사용된다. 일본의 대형은행인 미쓰이스미토모 은행에서 계좌 개설이나 주소 변경 때 본인 확인을 도장 대신 사인도 가능하도록 한 서비스를 시범 도입한 것이 불과 2017년 2월이었다.

일본에서는 아직도 신용카드보다 현금 사용 비율이 월등히 높다. 현금만 받는 식당도 많기 때문에 사전에 신용카드를 받는지 확인하지 않으면 낭패를 보는 경우가 종종 있다. 특히 오래된 유명 식당일수록 그런 곳이 많다. 그러다 보니 소액도 전부 카드로 지불하는 한국과 달리 잔돈을 넣는 동전 지갑을 휴대해야 하는 불편함이 있다. 최근 코로나19 사태로 소비자들 사이에 감염을 두려워해 현금 대신 스마트폰을 이용한 결제가 늘고 있는 것은 조그만 변화다. 하지만 카드 결제를 하더라도 세무 처리를 위해서는 업소 담당자의 도장이 날인된 별도의 수기手記 영수증을 첨부해야 한다.

아파트의 현관 키도 번호를 누르거나 카드를 갖다 대면 열리는 스마트 키가 아닌 열쇠를 넣고 돌려야 하는 곳이 대부분이다. 한국처럼 번호 키나 접촉식 카드 키가 아니라 열쇠를 항상 가지고 다녀야 해서 주머니는 열쇠 꾸러미와 동전 지갑으로 항상 무겁고 불룩하다.

완벽성을 추구하는 전통적인 제조업에
서 일본은 세계 최고다. 하지만 신속성이
중시되는 디지털 분야에서는 한국에 한
참 뒤처져 있다. 드라마, K - POP, 스마트
폰, SNS 등 디지털 관련 산업 분야에서 한
국이 일본을 앞서고 있는 현상은 앞으로

지금도 성업 중인 열쇠 전문점

도 상당 기간 계속될 것이다. 변화가 다양하고 속도가 엄청나게 빨라
제품의 부침이 심한 디지털 시대에는 오랜 시간을 들여 완벽한 제품을
내놓더라도 이미 철 지난 구닥다리가 되어 버릴 수 있다. 그렇기 때문
에 완성도가 다소 미흡한 제품일지라도 남보다 먼저 시장에 선보이고
후에 문제점을 해결해 가는 것이 중요하다. 하지만 아날로그 가치관에
익숙해져 있는 일본이 디지털 가치관으로 금방 전환하기는 쉽지 않다.
중국발 코로나19 사태 때 대만에서 마스크 재고 앱을 개발한 IT 담당
이 38세 여성 장관인 것에 비해 아베 내각의 IT 담당 장관은 78세 다케
모토 나오카즈라는 국회의원이라는 사실이 이를 잘 보여 준다.

일본에서 성공하려면

일본과의 비즈니스에서 성공하려면 일본인에게 신뢰를 얻을 때까
지 오랜 시간 참고 기다려야 한다. 이를 무시하고 단기간에 결과를 얻
으려고 조급히 행동하면 결코 성공하지 못한다. 일본인은 대체로 상대
방이 신뢰할 만한 사람인지 오랜 시간을 두고 체크하기 때문이다. 조
금씩 거래를 늘려 가면서 상대방을 확인하지만 일단 믿을 수 있는 사
람이라고 판단되면 거래 관계가 오래 지속되며 다른 업체의 조건이 조

금 좋다고 해서 쉽게 거래처를 바꾸지 않는다. 따라서 기존 거래처에서 품질이나 납기 등에 심각한 문제가 발생하지 않는 한 신규 거래를 트기가 쉽지 않다. 아니 거의 불가능하다고 하는 편이 정확할 것이다. 그러다 보니 신속한 결정과 단기 성과를 선호하는 한국 기업은 더 이상 기다리지 못하고 중도에 포기해 버리는 경우가 많다. 이런 경향은 양국 간의 스포츠 경기에서도 잘 볼 수 있다. 단기 승부인 토너먼트 전에서는 한국이 강하지만 리그전에서는 일본이 강한 것이 그것이다. 따라서 실패를 두려워하지 않는 도전적인 한국인이 단기간에 큰 성과를 내려고 하지 않고 끈기를 가지고 인내하면서 장기적으로 차분히 일본 시장에 접근한다면 반드시 성공하리라 믿는다.

일본과의 무역 30년과
   일본 경제

양재근(제이씨하모니 대표)

일본 경제, 호황기에서 거품경제로

　1970년대는 도요타, 혼다, 소니, 파나소닉, 캐논 등의 일본 기업이 세계 시장을 장악해 간 시기다. 1980년대는 일본의 수출이 더욱 늘어난 시기로, 1983년을 기점으로 자산시장이 급속하게 활성화되었다. 1985년 달러화 강세의 시정 조치인 '플라자 합의' 등으로 일본 제품의 가격경쟁력 하락으로 수출이 감소해 경제성장률이 떨어졌지만 부동산 가격과 주식 가격은 반대로 올라갔다. 이 당시만 해도 전 세계의 부자가 전부 일본에 있다고 해도 틀린 말이 아닐 정도로 일본은 세계 최강의 경제대국이었다. 이런 현상은 1990년대 초반까지 계속 유지되었다.

　한편, 일본과 이웃해 있는 우리나라는 1979년 박정희 대통령이 서거한 이후에 많은 변화를 겪었다. 일본의 경제성장에 주목해서 1980년대부터 전국 대학에 일본 관련 학과가 생기기 시작했고 일본과의 교류도 상당히 활발해졌다. 1998년 김대중 대통령이 일본의 대중문화를 개방하는 물꼬를 튼 이후, 2002년에 〈겨울연가〉가 일본의 안방에 상륙하면서 중장년 여성을 중심으로 한류가 확산되기 시작했다. 이를 계기로 한국에 대한 일본인의 이미지도 크게 바뀌었고 그 이후로 지금까지 한류는 한국의 경제발전에도 기여해 오고 있다.

조남주의 소설《82년생 김지영》의 시대적 배경이었던 1980년대를 살펴보면, 한국에서는 조지 오웰의《1984》, 무라카미 하루키의《1Q84》와 같은 소설과 영화가 크게 화제가 되었고, 일본에서는 재일교포 출신의 손정의 대표가 1982년 소프트뱅크를 설립하면서 일본 재계의 새로운 다크호스로 떠올랐다.

1980년대 한국에서 대학을 다닌 사람들은 소위 캠퍼스의 상징인 사랑, 자유, 낭만을 전혀 맛보지 못하고 퀴퀴한 최루탄 냄새, 5.18 민주화운동을 규탄하는 대자보와 현수막, 사진으로 둘러싸여 있었다. 도서관에서 공부에 매진한 학생들도 있었으나 정권 타도를 외치며 보도블록을 깨고 화염병을 던지다가 군에 입대하거나 휴학한 학생도 만만치 않게 많았다. 이 세대가 바로 '386세대'이며 현재는 50대의 가장이 되었다.

이 시기에는 한일관계가 점점 좋아지면서 일본어를 할 줄 아는 학생이나 일본 관련 전공 학생들이 연수나 아르바이트를 위해 일본에 가는 일이 많았다. 이들이 선호하는 지역은 주로 도쿄와 오사카였다. 나역시 예외는 아니었다. 휴학을 하고 오사카에서 다양한 아르바이트를 하면서 보낸 젊은 시절은 이후 한일 무역 업무를 하는 데 커다란 자산이 되었다. 1980년대 중후반 오사카의 중심부는 '해가 지지 않는 거리'라고 부를 정도로 휘황찬란한 네온사인이 반짝이는 거리로, 밤새 먹고마시고 즐기려는 직장인으로 넘쳐났다. 그야말로 젊은이들의 천국이었다. 서구권에서 온 사람은 별로 없었고 외국인이라면 대부분 한국인이었다. 섬유 분야의 주도권이 아직 중국으로 넘어가기 이전이라 한국은 섬유회사의 전성기를 맞았다. 대학 졸업 후 새로운 도전을 위해 전기 전자 분야에서 완전히 다른 섬유 분야로 옮긴 것이 인생의 전환점이 된 이유다.

1997년 IMF 외환 위기가 가져다 준 기회

일본은 1989년까지 부동산과 주가 상승 등 최고의 시기를 구가했으나 1990년부터 일본정부의 규제 강화로 부동산과 주식이 폭락했다. 1990년대는 1980년대와 달리 '잃어버린 10년 일본'으로 불릴 정도로 기업과 개인의 파산이 늘어나고 은행 도산이 여기저기서 일어났다. 소비세도 1996년에 3%에서 5%로 인상되면서 일본의 경기는 더욱 어려워졌다. 기업과 은행이 연쇄 파산하고 내수가 줄어들고 기업의 수익성도 나빠지면서 부실 채권의 문제 등이 심각해지자 일본은 금융권에서 대출을 줄이고 해외의 자금 등을 환수하기 시작했다. 그 영향으로 한국 경제도 더욱 어려워졌고, 결국 1997년 한국은 금융위기를 맞았다. 이처럼 1990년대는 일본과 한국 모두에게 어려운 시기였다.

어려운 상황에서도 1997년에 손정의 대표는 미국의 로스 페로와 합작 후 1998년 주식 상장을 하면서 일본에서 두각을 나타냈다. 망하는 회사가 있으면 흥하는 회사도 있다. 일본도 예외는 아니었다.

사회에 영향을 받는 개인도 사정이 어렵기는 마찬가지였고 나도 예외는 아니었다. 사회생활을 시작한 지 7년쯤 되었을 때 팀장으로 승진하는 기쁨을 누렸으나 그것도 잠시, 갑자기 닥쳐온 외환 위기로 내가 다니던 회사가 직격탄을 맞았다. 계열사를 23개 거느렸던 우리 회사도 결국 하루아침에 파산 상태를 맞이한 것이다. 나도 당시의 많은 젊은이들처럼 회사에서 내쫓기거나 퇴사하는 암울한 현실에 합류했다.

퇴사 후 뜻이 맞는 사람들 몇 명과 손잡고 창업을 했다. 창업할 당시 1달러에 900원이던 환율이 1,500원 이상으로 올라가는 바람에 상품보다는 환차익으로 톡톡히 재미를 보았으며 국제 금융의 흐름과 글로벌 세계를 알게 되었다.

마음을 나눈 일본인 바이어와의 인연

2000년 초에는 일본의 경기가 좋아지면서 장기 불황 탈출의 기회로 보였지만 2007년 미국에서 시작된 서브프라임 모기지 사태로 일본과 한국 등 아시아 여러 나라는 다시 경제적 어려움을 겪기 시작했다. 이런 상황에서도 손정의 대표는 2000년부터 더욱 두각을 나타냈고, 아시아의 새로운 강자 중국이 부상하기 시작했다.

한편, 나는 공동 창업한 지 일 년 반쯤 지나 비즈니스를 본격적으로 배워 보려고 사업장을 동대문으로 옮겼다. 일본 도매상들이 원하는 제품을 단기간에 만들어 파는 '보따리 무역'이라는 것을 하기 시작했다. 양복 입고 넥타이 매고 비즈니스를 하면 폼은 날지 모르나 실속이 없다는 것을 알았다. 두세 평 되는 조그만 가게에서 원단 도매 장사를 해서 연 매출을 수백억까지 올리는 사람들이 있다는 말을 들었기 때문이기도 했다. 싸고 좋은 물건을 찾아서 아침부터 다음 날 새벽까지 원단 시장, 부자재 상가, 밤 도매시장, 소매시장 등을 뛰어다녔다. 일본 바이어가 주문한 제품을 제작하기 위한 원단을 찾아내어 지게꾼이나 오토바이에 실어서 보내는 것까지 마치면 항상 밤 8시가 넘었다. 3년 반이라는 준비 기간을 거쳐 2002년에는 선배가 다니던 회사 건물의 한 층을 임대해 아내와 직원 2명을 데리고 사업에 뛰어들었다.

일본어와 일본과의 무역 실무를 배워 창업을 했지만 눈앞에 닥친 현실은 너무나 어려웠다. 창업을 하고 나니 사원으로 있을 때와는 상황이 전혀 달랐다. 당시 일본은 거품경제가 붕괴되고 잃어버린 10년을 겪고 있던 때라 더더욱 어려웠다. 전기·전자 회사에서 일을 하다가 의류업으로 전환한 이유는 진입장벽이 비교적 낮을 것이라고 생각했기 때문이다. 바이어들과 인맥만 잘 쌓으면 별다른 기술이 없어도 적은 비용으로 쉽게 창업할 수 있을 줄 알았다. 그러나 현실은 달랐다.

지금의 회사를 있게 해 준 에피소드가 있다. 눈이 엄청 많이 내린 1995년 겨울이었다. 일본 중소기업의 바이어와 상담을 마치고 나오자 팀장이 일본인 바이어를 김포공항까지 배웅해 주라고 지시했다. 일본인 바이어를 공항에 내려주고 회사로 돌아가다가 문득 엉뚱한 생각이 떠올랐다. 눈이 많이 왔으니 비행기 출발이 늦어져 그 바이어가 혼자 외롭게 있을지도 모른다는 생각이었다. 차를 돌렸다. 아니나 다를까 탑승이 지연된 일본인 바이어는 홀로 쓸쓸하게 앉아 있었다. 자판기에서 커피 두 잔을 뽑아서 다가갔다. 의아한 눈길로 쳐다보는 그에게 돌아온 이유를 말하자 놀라는 눈치였다. 세 시간을 기다려야 된다고 해서 이런저런 이야기를 나누었다. 나는 시간을 때우기 위해 내가 알고 있는 온갖 지식을 털어놓았다. 일본문학을 전공한 것이 도움이 되었다. 능숙하지 않은 일본어로 만엽집, 고지키, 겐지모노가타리, 하이쿠, 사무라이 정신, 일본의 오래된 가게 시니세 등 내가 아는 일본 관련 지식을 열심히 늘어놓았다. 한국의 문화와 사상에 대해서도 이야기했다. 나중에는 서로 가족 이야기까지 나누게 되었다. 일본인 바이어는 말이 별로 없는 사람이었지만 그날은 나와 꽤 많은 이야기를 했다. 세 시간이 금방 지나갔다. 일본인 바이어가 출국하는 것을 보고 다시 회사로 돌아가 업무를 마무리했다. 그 후 일본인 바이어와 나는 마음을 나누는 친구가 되었다. 그 일본인 바이어가 없었다면 이렇게 비즈니스를 활발히 하고 있는 현재의 나는 없었을지도 모른다. 당시 일본에서 매장이 70개에 불과하던 회사가 5년 후 급성장을 하면서 매장이 850개로 늘어나 불황 속에서도 강한 기업으로 성장할 수 있었다.

동일본 대지진의 위기를 기회로

2011년 3월 11일 발생한 사상 초유의 천재지변인 동일본 대지진으로 일본은 경제적으로 타격을 받았다. 그러나 2012년 아베 신조 내각의 아베노믹스 등 다양한 정책으로 2013년부터는 주식이 상승하는 등 일본 경제는 회복의 기미를 보이면서 2018년까지 성장했다. 2018년 일본의 경기는 꽤 좋아 보였다. 대학을 졸업하면 2~3개 기업에 취업이 가능할 정도였다.

내가 하던 사업 역시 일본의 경제 회복에 힘입어 해마다 매출이 증가했다. 하지만 2011년 동일본 대지진은 내가 하던 비즈니스에 큰 시련을 가져왔고 그때의 참담함은 지금까지도 잊을 수 없다. 당시 주요 거래처는 본사가 후쿠시마, 물류센터가 동북지역에 있었는데 모두 동일본 대지진으로 직격탄을 맞았다. 일본의 황금연휴를 대비해서 만들었던 제품 50만 장은 출하가 중지되었다. 한 치 앞도 보이지 않는 불확실한 상황이 벌어졌고 창사 이래 최대의 위기가 찾아왔다. 무사히 살아 있다는 것만으로도 감사해야 할 상황이었다.

회사에 닥친 위기로 속은 바싹바싹 타들어 갔지만 일본에 있는 거래처를 돕는 게 먼저라는 생각이 들었다. 마트로 달려가 컵라면, 초코파이, 담요 같은 생필품을 구입해서 보따리 무역상을 동원해 일본의 거래처로 격려 편지와 함께 보냈다. 물이 오염되었을 것 같아 선배 사장과 협업해서 2리터짜리 생수 2,000개를 컨테이너로 보냈으나 수질 검사 등을 이유로 통관이 지연되더니 결국 거부당했다. 천재지변 상황에서조차 외국 음료는 안전성을 확인할 수 없다며 통관을 거부하는 일본 당국의 처사가 답답했지만 어쩔 수 없었다. 매뉴얼대로 처리하는 것이 일본의 문화이니 내가 고집을 부린다고 될 일은 아니었다. 할 수 없이 보따리상을 최대한 동원해서 생수를 보냈다. 일본의 거래처에서는 무척이나 반가워했고 고마워했다. 몇 달 후 일본 상황이 진정되고 물류센터가 복구되자 보류되었던 제품 출하가 정상적으로 이루어졌고 묶였던 자금도 풀렸다. 그 일로 서로 신뢰가 쌓인 덕분에 추가 추문이 쇄도해서 매출이 급상승하는 기적이 일어났다. 위기가 기회로 바뀌는 순간이었다. 일본의 주거래처에서는 회장이 자필 편지와 직원들의 감사 메시지를 보내왔다. 사람이 어떻게 살아야 하는지를 일깨워주는 산 증거가 된 그 편지는 지금도 소중하게 간직하고 있다. 당시 국내외의 다른 거래처들은 돈을 못 받을지도 모른다 싶어 소극적이었지만 돈보다 신의를 지킨 것이 일본인의 마음을 움직인 것이다. 실제로 일본의 비즈니스에서는 신뢰가 정말로 중요하다. 일본의 주거래처는 지금도 그때의 이야기를 하면서 정말 고마웠다고 말한다. 고마운 일은 두고두고 감사 인사를 하는 것이 일본의 문화라더니 정말 그대로였다.

사실 급박한 상황에서 위험을 무릅쓰고 상대방을 먼저 생각하기는 쉽지 않다. 일본에 물건을 보내고 물건값을 받지 못하면 우리 같은 소기업은 바로 파산할 수도 있다. 당시의 내 행동이 어쩌면 무모했을 수도 있지만, 손잡고 일하던 상대 회사가 도산하거나 바이어가 떠나 버

방글라데시 거래선 가족들의 본사 방문

리면 우리 회사 역시 사라질지 모른다고 생각했기에 가능한 일이었다. 그런 상황이 다시 온다고 해도 나는 똑같이 행동할 수밖에 없을 것이다.

엔화 약세를 뜻하는 '엔저 유도'로 무제한 돈 풀기로 대변되는 아베노믹스가 시행되자 일본에 수출하고 달러로 결제를 받던 우리는 20% 가까이 수익이 하락해 다시금 위기를 맞았다. 대략 13~15%의 영업 이익을 내던 것이 적자로 돌아서는 바람에 회사 운영이 몹시 힘들었다. 방향 전환을 검토하지 않을 수 없었다. 중국 생산을 유지하면서 동남아시아를 개척하기로 하고 면밀하게 검토한 끝에 2016년부터 방글라데시로 진출하기로 결정했다. 3년을 고생한 끝에 메인 공장을 지어 현재 니트 100만 장 이상 생산해서 면세로 일본에 수출한다. 방글라데시로 결정한 이유가 있다. 중국 산동성 웨이하이에서 우리 물건을 만들던 사장이 방글라데시에 가서 자리를 잡은 다음 우리한테 오더를 요청해 왔고 그 견본을 제작하다가 인연이 닿은 것이다. 처음에 회사를 차린 것도 위기 때 면세 지역에 공장을 지어 판로를 개척한 것도 모두 사람을 통해 연결된 것이다. 사람이야말로 가장 소중한 재산이라는 사실을 새삼 절감했다.

어려울 때나 잘 나갈 때 기업인들의 어록을 가슴에 새기며

일본에서는 경기 부양을 목표로 여러 차례 양적 완화를 실시했으나 인구 감소라는 구조적인 문제는 자연스레 수요 감소로 이어졌다. 일본에서는 더 이상 수요가 증가하지 않았다. 2019년에는 그동안 논란을 거듭하던 소비세율 인상이 단행되었다. 이때에도 손정의는 최고의 적자를 내면서도 새로운 가능성에 도전했다. 특유의 위기 속에서도 공격적 경영 스타일을 내세우는 손정의 대표의 경영철학과 비전이 기대되기는 했지만 나는 내 자신을 잘 알기에 적절하게 억제하고 조절해 나가는 방향으로 전환했다.

일본이 소비세를 10퍼센트로 인상하면 상품 가격이 인상되어 판매가 부진할 것을 우려한 매장 바이어가 인상분을 제조사인 우리에게로 떠넘기는 바람에 영업이익은 자연히 줄어들었고 경영이 어려워지기 시작했다. 그래서 사업을 점점 축소했고 이는 한국 내로 방향을 전환하는 계기가 되었다.

'길이 없으면 길을 찾고, 찾아도 없으면 길을 닦으면서 나가라', '시련이란 뛰어넘으라고 있는 것이지 걸려 엎어지라고 있는 것이 아니다'. 내가 평소에 존경하는 故 정주영 회장님의 어록이다. 사업을 하다 보면 어려울 때가 있고 그때마다 기업가들의 어록을 떠올리며 마음을 다잡는다. 사업을 하다 보면 항상 꽃길만 걸을 수는 없다. 2020년 가을과 겨울을 대비해 중국, 미얀마, 방글라데시에 있는 5개 공장에서 100만 장의 니트 의류를 생산 중인데 코로나19로 공장들이 폐쇄되지 않을까 조마조마했다. 바이어들은 판매 부진을 이유로 이미 생산에 들어간 제품의 주문량을 줄이고 또 줄이고 최대한 줄여나갔다. 충분히 더 넓히고 확장할 수 있음에도 불구하고 이런 과감한 축소 결정이 어려운 시련을 극복해 내는 데 커다란 밑거름이 되었다. 어려울 때 시련을 어떻게 극복하느냐는 능력과 운에 달려 있다. 나는 그때그때 내가 할 수 있는 일을 할 뿐 달리 방법이 없다. 다행히 해외사업을 많이 축소한 덕분에 커다란 위기는 잘 넘기고 있다. 코로나19 팬데믹으로 전 세계가 모두 어려운 상황이다. 코로나19 초창기에 일본에서 마스크를 구하기 어렵다는 말을 듣고 2020년 4월 말에는 마스크 900장을 힘내라는 편지와 함께 신세를 많이 졌던 거래처로 보냈다. 2011년 상당히 어려웠을 때 그들과 어려움을 함께 한 이후 나에게 많은 변화가 있었기에 가능한 행동이었다. 꼭 무엇인가를 바라서가 아니라 받은 만큼이라도 감사의 마음을 표현하기 위해서다.

새로운 한일관계를 기대하며

2019년 한국과 일본은 사상 최악의 관계였다고 해도 과언이 아니다. 강제 노동 피해자 배상 문제, 일본군 위안부 문제, 반도체 소재 등 3개 품목 수출 규제, 한일군사정보보호협정인 지소미아 종료 결정 등으로 인해 상당히 어려운 시기였다.

2019년이 최악의 관계였으니 앞으로는 더 나아질 것이고 나아져야만 한다. 진솔한 민간 교류, 기업의 상호 의존과 협력 등으로 양국 간의 신뢰는 더 깊어질 것이다. 그렇게 전망하는 이유는 한일 관계의 어려움 속에서도 양국의 민간은 상호 신뢰가 끈끈하고 기업은 서로 필요하기 때문이다. 정치적으로는 어려움이 있기는 하지만 개인과 기업은 상호 신뢰하고 협력하고 있기 때문이다.

1993년 섬유회사에 입사할 당시 이 업계는 이미 사양 산업이라는 말이 나돌았다. 그러나 남들이 다 사양 사업이라면서 떠날 때 나만의 노하우를 가지고 뛰어들어 사업을 확장해 나가는 것은 흥미진진하면서 조마조마하기도 했다. 죽을 만큼 힘든 때도 있었지만 위기가 오히려 기회를 가져다 준 적도 있었는데, 이것은 개인 교류와 기업 간 상호 협력을 꾸준히 이어왔기 때문이라고 생각한다. 예전보다 많이 줄이기는 했어도 여전히 일본을 비롯한 여러 나라에 수출하고 있다. 앞으로도 건강이 허락하는 날까지 일하고 싶다.

사람은 살아가면서 많은 이들과 인연을 맺는다. 자극을 받거나 위로를 받을 때도 있지만 때로는 상처를 입기도 한다. 언제 어디서 누구를 만나든 그 인연을 잘 이어 나가는 게 정말 중요하다는 것을 나이가 들수록 깊이 느낀다.

삶에는 기회와 운이 있다. 30년 동안 일본을 통해 많은 것을 배우고 도움도 받았다. 일본 사람을 통해 일을 배웠고 신뢰를 쌓았고 친구도 사귀었다. 앞으로도 서로 협력하며 잘 지내고 싶다. 역사적·정치적으로는 껄끄러운 부분도 있지만 우리와 일본은 떼려야 뗄 수 없는 관계다. 비 온 뒤에 땅이 굳듯이 어려운 한일 관계가 잘 풀려 좋은 관계가 되기를 기대한다. 내가 아는 일본 바이어들은 한국인이 진실하고 성실하고 적극적이어서 매력이 있다며 좋아한다. 우리가 먼저 손을 내밀고 같이 가자고 한다면 일본인도 미안해하며 우리의 손을 덥석 맞잡을지도 모른다. 정말 그랬으면 좋겠다. 머지않아 다시 그런 날이 오기를 기대한다.

독서 강국 일본으로
떠나는 문학 여행

일본의 독서열, 간다진보초 헌책방 거리를 거닐다
'나'를 이야기하기 좋아하는 일본문학
일본 근대 역사소설 대표 명작 모리 오가이의 《아베 일족》

일본의 독서열,
간다진보초 헌책방 거리를 거닐다

박경수(전남대 일본문화연구센터 학술연구 교수)

지금은 일본도 스마트폰이 대세이지만, 일본을 처음 방문한 외국인들은 대중교통을 이용하면서 문화적 충격을 받는다. 바로 일본인의 습관으로 자리 잡은 독서 패턴에 감동하기 때문이다. 이처럼 전철이나 기차 안에서 스마트폰을 들여다보는 사람 사이에서도 수많은 사람이 조용히 신문을 보거나 책을 꺼내 들고 독서를 하는 모습을 만날 수 있다. 카페나 공원 등 많은 사람이 이용하는 공공장소에서도 독서 삼매경에 빠진 주부나 어르신도 흔하게 보인다. 스마트폰의 영향으로 예전만큼은 아니어도 상당수가 독서를 한다. 이들의 독서열이 일본의 저력이라는 생각을 해 본다.

그렇다면 일본인의 이 같은 꾸준한 독서열은 어디서 오는 것일까? 그 배경을 알려면 도쿄 중심부에 있는 전통적인 서점가로 가 보면 된다.

세계 최대의 서점가 간다진보초

일본에서 독서를 좋아하거나 책에 관한 관심이 있는 사람이라면 고서점가인 진보초에서 하루 종일 책을 보며 시간을 보낸 추억이 있을 것이다.

도쿄 중심부 지요다구에는 세계 최대의 서점가 간다진보초가 있다. 에도막부의 무사 진보 나가하루의 저택이 있던 데서 유래한 지명이다. 도쿄에는 진보초 외에도 분쿄쿠文京区나 와세다대학 주변에 크고 작은 고서점가가 있지만, 야스쿠니 신사와 메이지대학 사이 가로세로 약 2km에 걸쳐 늘어서 있는 이곳 진보초의 서점가는 세계에서 가장 큰 규모를 자랑한다. 그도 그럴 것이 지하철 진보초역에 내리면 네거리 곳곳에 문학이나 인문학은 물론 아동도서, 영화, 미술, 외국도서 등등 분야별로 전문성을 지닌 서점들이 즐비하다. 서점가에는 특히 고서점이 160여 개소나 밀집되어 있어 고서점가로는 세계 최대급이다. 이 때문에 '헌책방거리'라는 인상이 강하지만, 신간 서적을 출판하거나 이를 판매하는 서점도 함께 있어 신구의 조화가 어우러진 곳이기도 하다.

도쿄는 어디를 가더라도 중소 규모의 서점을 발견할 수 있지만, 시내 한복판에 이렇게 소규모의 서점들이 특성별로 대를 이어 가업을 지켜가고 있는 것을 보면 실로 대단하다는 생각이 든다. 광화문이나 강남에 소재한 대형 서점 외엔 몇 킬로 반경 내에서 동네 서점을 찾아볼 수 없는 한국의 현실에 비하면 실로 부러움의 대상이 아닐 수 없다.

일본 출판문화의 메카 간다진보초

원래 진보초는 에도시대 때 에도성을 지키는 무사들의 숙소가 있던 곳이었는데, 메이지유신 이후 숙소와 부속건물이 국가 재산으로 환수됨에 따라 근대 국민 교육을 위한 장으로 활용되고 있다. 이에 따라 초중고등학교와 대학이 세워지면서 주변에 자연스럽게 출판사와 더불어 책을 판매하는 서점도 생겨 났다. 진보초에 가장 먼저 자리 잡은 서점은 1877년 고서점으로 개업한 '유히카쿠有斐閣'이다. 지금까지 6대 손代孫이 대대로 운영하는 주식회사 형태의 유히카쿠는 진보초 서점 가의 시작인 셈이다.

진보초가 유명 서점가로 부상한 데는 이와나미 서점의 창업자 이와 나미 시게오와 근대 문학사에 큰 족적을 남긴 소설가 나쓰메 소세키의 영향이 크다. '유히카쿠'가 생기고 36년 후인 1913년, 당시 간다여자고 등학교 교원이던 이와나미 시게오는 진보초의 화재가 있었던 자리에 자신의 이름으로 고서점을 개업했는데, 이때 도쿄제국대학 교수이자 문학자인 나쓰메 소세키와의 만남은 일본 최고의 출판사로 급성장하 는 발판이 되었다. 이를 전후로 잇세이도, 도쿄도를 비롯한 다수의 점 포가 신설되고 1920년에는 드디어 '도쿄고서적조합'까지 설립되면서 진보초는 전국적으로 유명해졌다.

서점의 활기는 출판업으로 이어지게 마련이다. 그 때문인지 진보초 에는 이와나미 서점을 비롯해서 다수의 출판사가 있다. 현재 진보초의 랜드마크로 부르는 산세이도 본점 외에도 잇세이도, 쇼가쿠칸, 슈에 이샤 등 이름난 대형 출판사가 포진되어 있어 일본 출판문화의 현주소

진보초 서점가 상세 안내도

를 그대로 보여 준다.

한국에 비해 번역의 역사가 길고 인문학이 번성한 일본의 출판문화에 대해서는 전부터 익히 들은 바가 있지만, 진보초 서점가의 규모와 전문성은 실로 놀랍기만 하다.

일본 지성계의 견인차

도쿄 토박이들의 자부심이 깃든 진보초 주변에는 예부터 유수한 대학이 위치하고 있어 일본 지성계를 이끌어 왔다. 1880년대에 메이지법률학교^{현 메이지대학}, 영국지리법률학교^{현 주오대학}, 일본법률학교^{현 니혼대학}, 센슈학교^{현 센슈대학} 등 법률 계통의 학교가 잇따라 설립되자 학생과 연구자를 상대로 법률 서적 전문 서점이 속속 생겨났고, 이후 이들 대학의 학부가 다양화됨에 따라 각 분야별로 전문화된 서점도 늘어났다. 몇몇 대학이 도시 외곽으로 이전했지만 지금도 진보초 주변에는 대학이 많다.

지도에서 보듯이 메이지대학, 호세이대학, 니혼대학, 센슈대학, 도쿄의과대학, 도쿄치과대학, 준텐도대학, 공립여자대학, 순다이학원, TAC, LEC 등이 이곳에 포진되어 있어 전공 서적은 물론 일반 서적의 수요층도 상당하다.

대학가에 있는 고서점가

간다진보초의 명물 고서점·헌책방

진보초에는 대규모 출판사나 전문성 있는 유명한 서점도 있지만 소규모 서점과 고서점도 상당히 많다. 그중에서도 진보초가 책방 거리로 유명해진 것은 단연 고서점 덕분이다. 고서점은 야스쿠니대로와 스즈란거리 야스쿠니대로 개통 이전의 메인스트리트를 따라서 160여 개 점포가 쭉 늘어서 있다. 사진집, 고지도, 의학서 등 전문 서적을 취급하는 곳도 많지만 소설, 만화, 잡지 등 대중 서적을 판매하는 점포도 상당히 많은 편이다.

헌책방의 가장 큰 장점은 무엇보다도 필요한 책을 정가보다 훨씬 저렴하게 살 수 있다는 점과 이미 절판되었거나 구하기 힘든 희귀 도서를 만날 수도 있다는 점이다. 일반 서점에서는 돈을 주고도 구하기 힘든 중고 서적이나 고서를 헌책방에서 발견했을 때의 기쁨이란 이루 말할 수 없다. 그러나 일본은 헌책 가격과 새 책 가격이 별로 차이가 없다. 필요한 책 몇 권을 부담 없이 사려고 했다가 계산할 무렵엔 비싼 책값 때문에 정신이 번쩍 들기도 한다. 그나마 축제 기간에는 할인 행사가 있어서 조금이라도 더 싸게 살 수 있으니 다행이다.

헌책방에서만 느낄 수 있는 독특한 분위기는 학창 시절의 감성을 자아낸다. 천장까지 빼곡히 쌓아 놓고도 공간이 부족해 이곳저곳 쌓여 있는 책 더미, 어두운 실내 조명에 적당히 쌓인 먼지, 책에 취해 헌책방 구석구석을 뒤지고 있는 손님, 무심한 듯하면서도 손님이 필요한 책을 이야기하면 곧바로 책을 찾아주는 친절한 주인까지…. 진보초는 헌책이나 중고 서적을 매매하는 과정에서 갖가지 사연을 품고 있는 곳이기에 지방에서 상경해서 향학열을 불태우던 가난한 학생들을 떠올리

헌책방에 깨알같이 적어 놓은 정보

며 젊은 날의 감성에 젖어본다. 그 친구들도 책 살 돈이 없어서 지난 학기 책을 팔아 신학기에 필요한 전공서적을 조금이라도 싼값에 구하려고 어지간히 발품을 팔고 다니지 않았을까? 진보초에 비해 규모는 작지만 한국에도 이런 향수를 떠올릴 만한 고서점이 부산 보수동에 남아 있다. 250m쯤 되는 좁은 골목을 사이에 두고 50여 곳의 고서점이 늘어서 있는 보수동의 책방거리는 한국전쟁 피난민의 갖가지 애환과 전쟁 중에도 배움의 끈을 놓지 않으려는 학생들의 부단한 발자취를 느낄 수 있는 곳이다.

헌책이나 중고 서적은 한 시대의 소중한 기록물이자 그 시대의 지적 산물이라는 점에서 상당한 가치가 있다. 이런 점에서 진보초의 고서점은 귀중본과 희귀본 등을 수집해서 잘 보관했다가 꼭 필요한 사람에게 전달해 주는 미덕이 있는 곳이다. 이를 대변이라도 하듯 고서에 대한 책방 주인의 정성은 이만저만이 아니다. 헌책이 들어오면 우선 먼지를 털어낸 다음 한 장씩 넘겨 가며 오염된 부분을 정성껏 닦아 낸다. 그러고는 손수 붓으로 책 제목과 가격을 써 넣은 띠를 두른다. 심지어는 붓으로 책 내용에 관한 설명을 써서 책갈피에 끼워 두기도 한다. 물론 진보초 헌책방에 국한된 이야기만은 아니지만 책방 주인의 정성 덕분인지 대충 진열된 듯한 헌책에 자꾸만 눈길이 간다.

간다진보초, 복합 문화 공간을 창출하다

'세계 어디에서도 찾아볼 수 없는', '세계 최대 규모를 자랑하는'이라는 수식어가 무색하지 않을 정도로 진보초 고서점가에 대한 일본인의 자부심은 대단하다. 그런 만큼 진보초의 책방 주인들은 일찍부터 이곳을 테마가 있는 복합 문화 공간으로 특화시켜 나갔다.

60주년 간다헌책방 축제 광고

1960년 가을부터 매년 야스쿠니대로를 따라 약 500m 거리에서 열리는 '간다후루혼 마쓰리'는 책을 매개로 문화와 축제를 성공적으로 엮어 낸 사례다. 고서점과 헌책방 주인들이 주도하는 이 축제는 2019년에 60회째를 맞아 명실상부한 전통 있는 축제로 자리 잡았다. 이 축제가 포문을 열면 행사장 인근의 출판사와 신간 서적을 취급하는 서점까지 합류해서 헌책과 새 책을 아우르는 그야말로 '책의 축제'가 펼쳐진다. 바로 '진보초 북 페스티벌'이다. 2019년에 29회째를 맞은 이 행사는 매장 면적만 5,000평이나 되는 공간에 약 1000만 권의 재고 책과 엄청난 양의 신간 책까지 싼 가격에 판매한다. 이때 저자 사인이 들어간 책을 사려는 사람들로 장사진을 이루기도 한다.

진보초의 북 페스티벌은 고서나 헌책 또는 신간 서적 판매에 그치지 않는다. 곳곳에서 축제에 활기를 더해 주는 미니 콘서트, 인근 학교 학

진보초 북 페스티벌 축제

생들의 취주악, 작가와의 만남, 문학상 수상식, 사인회, 전시회, 문화
강좌 등을 열고 있어 그야말로 '책의 축제'다운 면모를 보여 준다.

우리는 책을 매개로 문화와 축제를 엮어 대성공한 사례로 영국 웨
일스의 '헤이온와이 Hay-on-Wye'를 언급하곤 한다. 인구 2,000여 명
의 작은 시골 마을을 테마가 있는 관광 마을로 변신시켜 명실공히 '세
계 최초의 책 마을'이자 '세계에서 가장 유명한 책 마을'이라는 명성을
얻은 '헤이페스티벌 Hey Festival'이 그것인데, 헤이페스티벌의 시작이
1988년인 데다 고서점 수도 30개소 정도인 것을 감안하면 진보초는
전통 면에서나 규모 면에서도 월등하다.

책의 축제를 즐기는 사람들, 지친 다리를 쉬어 가게 하는 찻집, 갖가
지 음식의 향연이 이어지는 크고 작은 음식점, 고서와 잘 어울리는 중
고 음반이나 우키요에를 전문으로 취급하는 가게, 고서점 거리에 걸맞
게 옛 일본 영화를 상영하는 작지만 조금은 특별한 '진보초시어터', 그
리고 곳곳에 책 관련 소품을 취급하는 좌판까지 모두 함께 어우러져
독특한 문화를 만들어 낸 진보초야말로 책을 테마로 한 최상의 복합
문화 공간이다.

진보초의 북카페 '책거리'

진보초에는 쿠온출판사2011년 창업, 사장 김승복가 운영하는 한국 서적 전문 북카페 '책거리 CHEKCCORI'가 있다. 2015년 여름에 오픈한 책거리는 한국문학서, 아동서, 만화, 실용서 3,000여 권에 한국어 학습서, 한국 관련 일본어 책 약 500여 권을 갖춰 놓고 판매하는 서점일 뿐만 아니라 한국 문학과 한국어, 한국 문화를 좋아하는 사람들이 모이는 사랑방이다. 김승복 사장은 책거리의 오픈 기념으로 '새로운 한국 문학 시리즈'를 기획했는데, 한강의 《채식주의자》를 필두로 한국 문학서 14권을 일본어로 번역 출간한 데 이어 최근 박경리의 대하소설 《토지》를 20권 분량으로 일본어 번역 출판을 진행 중이다.

북카페 책거리의 내부

북카페 책거리는 책으로 한국을 알린다는 취지로 국적에 상관없이 한국 책을 좋아하는 사람들을 모으고, 거기서 작은 커뮤니티를 만들어 낸다. 한국 서적 주문 대행 서비스는 물론이고 한국과 일본의 작가나 아티스트를 초대해서 토크쇼나 공연 등을 여는 '책거리 라이브' 외에도 '독서회', '저자 사인회' 등이 연간 100회도 넘게 열린다. 게다가 외부인에게 이벤트 등을 위한 공간 대여 서비스까지 하는 등 책 덕분에 다양한 인연을 만들어 가는 소중한 공간이기도 하다.

아직도 살아 있는 일본의 독서열

간다진보초의 이모저모를 둘러보니, 인터넷의 보급으로 독서 패턴이 다양해진 현재 일본의 독서문화가 새삼 궁금해졌다. 진보초의 출판문화가 상징하듯 15년 전까지만 해도 일본의 책 출판량과 종류는 실로 엄청났다. 총 4,300여 출판사에서 연간 발행한 단행본이 14억 3062만 권에 달했다. 그중 신간이 3만 8,000여 종이니 하루에 100여 종이나 되는 신간이 독자를 만나기 위해 서점에 쏟아진 셈이다. 특히 단행본보다 값이 싸고 휴대하기 좋은 포켓 사이즈의 문고본은 장소에 상관없이 독서를 가능하게 했고, 주머니 사정이 좋지 않은 독자까지 흡수해서 일본인의 독서열 상승에 큰 몫을 했다.

이렇듯 다양한 서적 간행과 효과적인 유통망에 따른 높은 독서열로 한때 '독서왕국'이란 명성을 얻었던 일본이지만, 디지털 시대가 도래하자 일본인의 독서 패턴에도 큰 변화가 생겼다. 문학서보다는 흥미 위주의 오락 잡지나 만화 등을 선호하는가 하면, 인터넷과 휴대 전화에 익숙한 젊은 층에서는 종이책보다는 전자책을 즐겨 보는 경향이 많아졌다. 특히 주로 10대나 20대 젊은이들이 창작하고 읽는 게이타이소설携帶小說의 경우 100만 뷰를 넘는 베스트셀러도 있어 젊은 층의 독서 패턴 변화를 실감하게 한다. 이런 추세는 종이책 출판 시장의 판매 감소로 이어져 《마이니치신문》2018. 11에 따르면, 2017년 일본의 종이 출판물 판매액은 1조 3701억 엔한화로 약 13조 7000억 원으로 전년 대비 13년 연속 감소 추세를 보였다. 매년 상승일로에 있던 전자책도 2017년 시장 규모가 2215억 엔으로 전년보다 350억 엔 정도 증가하는 데 그쳤다. 그러니까 종이책과 전자책 판매액을 합하면 1조 5916억 엔으로, 전년에 비하면 4.2%가 감소한 것이다.

그러나 평론가 쓰노 가이타로가 "일본인은 학력과 무관하게 평생 하루에 1권씩 책을 읽는 사람이 무수히 많으며, 매일 꼬박꼬박 3권씩 읽는 독서광도 적지 않다"라고 했듯이 일본인은 생활 속에서 기존의 독서 패턴을 고수하고 있다. 1억 2000만 명의 일본인이 2014년 한 해 동안 서점에서 6억 4000만 권의 책을 사서 보았고, 도서관에서 7억 권을 빌려 보았다는 '일본출판자협의회'의 조사와 진보초의 사례에서 보았듯이 책과 독자를 연결해 주려는 출판사와 서점의 지속적인 노력과 실천이 있기에 가능한 일이다.

일본인의 책에 대한 애착과 독서열은 아직도 건재하다는 생각이 든다. 진보초의 북 페스티벌에서 만난 'あなたの人生を変える一冊との出会いがあるかも?당신의 인생을 변화시킬 한 권의 책을 만날 수 있지 않을까요?'"라는 문구가 울림이 되어 돌아온다.

'나'를 이야기하기
좋아하는 일본문학

강우원용(가톨릭관동대 VERUM 교양대 교수)

자연주의 문학과 사소설

일본에 근대문학이라는 개념이 막 생겨나기 시작한 19세기 말 당시 유럽에는 자연주의라는 문학 사조가 유행하고 있었다. 인간의 성격이 시대 환경과 유전자에 따라 결정된다고 믿는 자연주의 문인들은 마치 몸을 해부하듯이 인간의 마음까지 샅샅이 파헤쳐서 묘사하는 작업이 문학의 역할이라고 믿었다.

전통적인 문학 양식인 일기나 수필에 익숙했던 일본 문인들은 이런 서양 사조를 참조하면서 '나'라는 개인에게 눈을 돌렸다. 자신만 아는 비밀스럽고 부끄러운 내면을 사실대로 쓴다면 있는 그대로의 인간, 거짓 없이 진실을 추구하는 인간을 표현할 수 있다고 믿었던 까닭이다. 때로는 추악한 행위를 세상에 밝혀서 사회 윤리적으로 논란을 일으키기도 했지만 글로 표현된 진정성을 예술적 가치로 평가하는 사람도 적지 않았다. 어느덧 '나'에 대해 고백하는 소설이 끊이지 않고 등장하자 사람들은 이런 부류의 작품을 '사소설'이라고 부르기 시작했다.

고백하는 작가와 인간의 진실 - 다야마 가타이

　일본 자연주의 작가 다야마 가타이1872~1930년의 소설 《이불蒲団》
은 대표적인 초기 사소설로 알려진 작품이다. 대부분의 일본문학사 책
에서 사소설의 시조로 소개하고 있지만 그렇다고 해서 뛰어난 내용으
로 구성된 수작이라고 보기는 어렵다. 줄거리는 비교적 단순한 편이
다. 중견 소설가인 30대 남자 주인공 다케나카 도키오는 소설가를 지
망하는 여학생 요코야마 요시코를 제자로 받아들인다. 요시코는 지방
에서 상경한 까닭에 도키오의 집 2층에서 하숙을 하며 학교를 다니고
문장 지도를 받는다. 중년의 권태감에 빠져 있던 도키오는 요시코와
함께 지내면서 삶에 활력을 되찾고 요시코에게 제자 이상의 감정을 품
는다. 요시코는 요시코대로 이전부터 사귀어 오던 남자친구가 있었는
데, 둘의 관계를 알게 된 도키오는 질투심에 요시코의 부모에게 이 사
실을 알리고 요시코와 남자친구를 갈라놓으려 한다. 마침내 요시코는
부모의 손에 이끌려 고향으로 돌아간다. 그리고 이 소설을 유명하게
만든 마지막 장면은 이렇게 마무리된다.

"요시코가 매일 사용했던 이불인 연둣빛 당초무늬 요 위에, 두터운 솜을
넣은 똑같은 무늬의 이불이 포개어 있었다. 도키오는 그것을 꺼냈다. 그
리운 여인의 머릿기름 냄새와 땀 냄새가 뭐라 형언할 수 없는 울림으로
다가와 도키오는 가슴이 두근거렸다. 눈에 띄게 때가 탄 이불의 비로도
깃 부위에 얼굴을 묻고, 마음껏 그리운 여인의 체취를 맡았다.
성욕과 비애와 절망감이 돌연 물밀 듯 도키오의 가슴을 덮쳤다. 도키오는
그 요를 깔고, 이불을 덮고, 때가 탄 비로도 차가운 깃에 얼굴을 묻고 흐느
꼈다.

다야마 가타이

『이불(蒲団)』

어두컴컴한 방안, 창 밖에는 바람이 거칠게 몰아치고 있었다."《이불 蒲団》

아끼는 제자의 장래를 위해 연애를 반대하고 고향으로 돌려보낸 스승의 근엄한 모습 이면에는 순진한 제자를 여성으로 바라보는 남자의 성적 욕망이 감추어져 있었다. 소설은 한 남성의 은밀한 내면의 고백을 통해 추하고 이중적인 인간의 본모습에 접근하려고 했다. 게다가 이 부끄러운 주인공이 작가 자신일 때 비로소 고백의 진정성이 보장된다고 믿었다. 인간의 속마음은 더럽고 추하지만 그것을 소설로 드러내는 과정은 진심을 담은 예술적 행위라는 것이 초기 사소설의 의도였던 셈이다.

삶의 고뇌와 깨달음의 조화 - 시가 나오야

일본에서 가장 훌륭한 작가로 인정받는 인물은 아마도 나쓰메 소세키 1867~1916년 일 것이다. 얼마 전까지 그의 얼굴이 1,000엔 지폐에 새겨질 정도였으니 인기를 짐작하기 어렵지 않다. 나쓰메 소세키가 높이 평가받는 이유는 인간이 짊어진 삶의 무게와 고민을 깊고 섬세하게 소설로 승화시켰기 때문이다. 하지만 나쓰메 소세키는 사소설 작가가 아니다. 자신의 경험과 일상을 토대로 쓴 작품이 없지는 않지만 가감 없이 '나'를 표현하는 자연주의나 사소설 기법을 원래부터 좋게 생각하지는 않았다.

　나쓰메 소세키만큼의 인기는 아니지만 일본 문단에서 '소설의 신'이라고 하는 사소설 작가로 시가 나오야1883~1971년가 있다. 왜 소설의 신인지를 둘러싸고 여러 의견이 있으나 선이 굵고 완성도 높은 문체로 많은 후배 문인의 존경을 받았다고 한다. 아버지가 대단한 재력가인 덕에 그는 평생을 생계 문제로 걱정할 일이 없었다. 그 대신 가치관이 다른 아버지와 사사건건 부딪혔고 집안일을 돕는 하녀와 결혼하면서 불화는 극에 달했다. 몇 년이 지나고 나서야 끊어졌던 부자의 인연이 회복되는데, 시가 나오야는 이 일련의 과정을 소설의 재료로 삼아 삶에서 부딪히는 고뇌에서 인간이 추구해야 할 가치가 무엇인지 찾으려고 노력했다.

　많은 사소설 작가가 가난과의 싸움을 소설에 그리면서 삶과 예술에

나쓰메 소세키

시가 나오야

대해 의문을 제기한다. 그에 비하면 시가 나오야는 현실적인 문제보다 고뇌를 거쳐 도달하는 깨달음, 인격적인 성숙, 정신의 안정, 조화로운 심적 상태를 강조한다. 요즘 말로 '금수저'니까 그런 여유로운 태도가 가능하지 않겠냐고 반문할 수 있다. 하지만 배부른 사람일수록 인생의 고뇌와 삶의 굴레를 응시하기 쉽지 않다. 더군다나 '금수저'로 누릴 수 있는 영화보다 자기 자신에 대해 고민하고 성찰하는 문학을 평생의 업으로 선택했다는 점에서 특별한 인물임이 틀림없다. 혹시 그런 까닭에 소설의 신이라고 불렀는지도 모르겠다.

사소설의 문법과 작가의 파멸 – 다자이 오사무

《이불》이후 일본문학은 자기 고백의 문학사를 새로 쓰기 시작했다. 문학을 지망하는 수많은 사람들이 소설 속에 심경이나 심정을 담아내려고 노력했고, 그중에는 단련된 문장과 수려한 문체로 독자의 마음을 끌어당기는 인기 작가가 등장했다. 그리고 머지않아 사소설에는 몇 가지 암묵적인 규칙이 생겨났는데 일본문학 연구자 안도 히로시의 설명에 따르면 그 규칙은 다음과 같다. 사소설은 주인공이 소설가임을 밝히고, 독자가 읽고 있는 지금 '이 소설'의 작가가 바로 '그'라는 사실을 감추지 않는다. 따라서 소설에는 내용적인 서사뿐만 아니라 소설이 어떤 과정을 거쳐 완성되어 가는지를 담은 메타적인 '또 하나의 서사'가 파생된다. 여기에 소설의 구조, 소재로 사용되는 전기적 사실, 독자의 독서 습관 등이 복합적으로 관계되면서 일종의 사소설 문법이 형성된다.

한국에도 잘 알려진 소설 《인간실격》의 작가 다자이 오사무1909~

다자이 오사무

《인간실격》

1948년는 다소 과도할 정도로 자의식에 억눌린 인물을 그려 낸다. 독자는 그의 소설에 등장하는 주인공 대부분을 작가 자신이라고 생각하면서 읽는데, 이 독자 습관은 소설가의 과거 이력에 대한 소문과 기사, 그리고 앞서 읽은 다른 작품을 토대로 형성되는 경우가 많다.

예를 들어 다자이 오사무는 사회주의 운동과 탈퇴, 진통제 약물 중독, 4번의 자살 미수 등이 실생활에서 큰 화제를 모았고, 이들 일화를 소설의 재료로 삼으면서 작품과 작가의 삶이 밀접하게 연결되었다. 결국 39살에 시도한 5번째 자살이 미수에 그치지 않고 죽음에 이르렀기에 마지막까지 '소설적'인 생애를 보냈다고 할 수 있다.

그가 시도한 자기 고백은 실생활을 나열하는 단순한 방식이 아니라 경험에 노출된 자의식의 변화를 세밀하게 분석하며 그 묘사에 치중한다. 한편으로는 드러낼수록 오히려 미궁에 빠지는 자아를 보여 줌으로써 '나'의 이야기를 통해 인간의 본질에 가까이 다가가려는 노력의 공허함을 역설적으로 증명하려고 했다.

현대 사소설 작가 - 니시무라 겐타

다자이 오사무처럼 자신의 삶을 자학적으로 그리는 사소설 작가는 작품이 지속되는 한 피폐한 삶을 멈출 수 없다는 딜레마를 안고 있다. 소설의 주요 재료가 되는 불행하고 파멸적인 삶이 어느 순간 행복으로 바뀌면 더 이상 소설을 쓸 재료가 없어지고 마는 이율배반에 빠진다. 따라서 일부 사소설 작가에게는 예술을 위해 실생활을 희생하고 파멸을 연기해야 하는 숙명이 따른다.

1967년생으로 2011년에 《고역열차 苦役列車》로 아쿠타가와상을 수상한 현대 사소설 작가 니시무라 겐타도 파멸을 끌어안고 사는 유형의 작가다. 중졸의 학력, 건설노동, 술, 성매매, 채무, 폭력으로 얼룩진 일상에 밝은 빛은 보이지 않는다. 다만 존경하는 사소설 작가 후지사와 세조의 묘지를 지키고 기념하는 일만이 삶의 유일한 보람이다. 그렇다고 소설 속의 '내'가 항상 우울하고 자학적인 것만은 아니다. 때로는 코믹한 문장이 우여곡절 많은 안쓰러운 일상을 '웃기지만 슬픈' 페이소스로 장식한다.

다야마 가타이의 《이불》 이후로 100년이 지났지만 전통적인 사소설 화법으로 가득 채워진 니시무라 겐타의 소설은 일본 문단에서 환영받고 있다. 일본의 독자는 여전히 작가의 은밀한 내면의 고백, '나'의 이야기 속에서 진실한 인간의 본모습을 발견하며 감동을 얻는다. 모든 일본문학이 사소설은 아니지만 사소설이 일본문학사에서 하나의 큰 획을 긋고 있는 것만큼은 분명하다.

오늘날 우리는 다양한 소셜 미디어 활동을 통해 다른 사람의 생각과 경험담을 들여다보는 일에 익숙하다. 가장 개인적인 이야기가 오히려

니시무라 겐타

《고역열차(苦役列車)》

가장 강력한 소통의 도구로 자리 잡은 셈이다. 마찬가지로 사소설이라는 개인의 감동 코드를 들여다보고 공감하는 일 또한 일본이라는 타자와 소통하는 방법이 될 수 있다. 일본과 일본인을 깊이 이해해 보고 싶다면 사소설을 추천한다.

일본 근대 역사소설 대표 명작
모리 오가이의 《아베 일족》

남이숙(군산대 일어일문학과 교수)

작가의 집필 의도와 노기 마레스케의 순사

1641년 봄, 히고 지방^현 구마모토현의 초대 번주로 녹봉^{연단위로 지급받는} ^{미곡} 54만 석을 받던 다이묘 호소카와 다다토시가 병사하고 사십구재를 지내기까지 중음^{中陰} 기간 동안 열여덟 명의 가신이 할복해서 순사한다. 중음이란 망자가 다음 생을 기다리는 사십구일을 말하며, 순사자는 이 기간 중에 자신의 결의를 이행해야 한다. 주군의 죽음에 뒤따르는 순사는 우리에게 무척 낯선 일이지만 일본 중세 봉건사회에서는 흔히 벌어지던 일로 하나의 관례일 뿐 크게 주목할 만한 사건은 아니었다.

근대 문학의 거장 모리 오가이 ^{1862~1922년}는 이 사건을 소재로 삼아

모리 오가이

《아베 일족》

1913년 《아베 일족》이란 소설을 발표했다. 후지모토 지즈코에 따르면 이 작품은 오가이의 작품 중에서도 가장 수작이며 역사소설의 대표적 명작으로 관련 연구도 많이 이루어졌다고 한다. 작품이 발표된 당시 일본은 근대화 작업을 마무리하고 서구 열강과 어깨를 나란히 하면서 이웃나라 조선을 강제 병합하고 대륙침략의 야욕을 불태우던 시기였다. 이 시기에 작가는 왜 이미 한물간 낡은 봉건시대의 무사도 정신을 전면으로 끌어내 주군을 따라 순사하는 사건을 토대로 한 작품을 썼을까. 기쿠치 칸菊池寬은 그 모티브를 근대 일본 건설의 구심점인 메이지 천황 사망 후 순사한 육군대장 노기 마레스케의 할복사건에서 찾고 있다.

노기 마레스케는 메이지시대에 활동한 군인으로 러일전쟁에서 제3군 사령관으로 최대 격전지 여순旅順 요새전을 지휘했던 인물이다. 노기는 전쟁이 끝난 뒤에 황족 교육을 담당하는 학습원 원장으로 취임해서 후에 쇼와 천황으로 즉위한 황태자 히로히토의 교육을 맡기도 했다. 그런 그가 메이지 천황이 서거했다는 소식을 듣고 천황의 장례식 날 자택에서 부인과 함께 할복자살을 한 것이다. 일설에 따르면 1906년 1월 전쟁을 끝낸 노기는 귀국해서 메이지 천황을 배알하고 '충성과 용맹으로 무장한 군대를 이끌고도 여순 공략에 6개월을 낭비하고 수많은 인명을 희생하여…'라며 울음을 터뜨리고 '속죄하고 싶다'라고 했다고 한다. 천황은 이 말을 듣고 그의 뜻을 헤아려 '지금은 죽을 때가 아니오. 짐이 세상

노기 마레스케

을 떠난 뒤에 생각하시오'라고 뜻을 전했다는 것이다.

천황의 뒤를 따른 순사는 전쟁에 대한 책임을 속죄하겠다는 천황과의 약속을 지키기 위한 것이었다고도 볼 수 있지만, 이 사건은 당시 일본 사회에 커다란 충격을 주었다. 국민들은 슬퍼하며 길에서 통곡하기도 했고, 그를 군인의 신으로 추앙하는 신사를 각지에 세우기도 했다. 하지만 한편에선 그의 죽음을 시대착오적인 죽음이라 비판하는 목소리도 있었다. 독일 유학까지 다녀와 서양의 근대 합리주의 세례를 받아 온 작가 모리 오가이에게 노기 마레스케의 순사는 간과할 수 없는 사건이었다.

허락받지 못한 할복과 아베 가문의 몰락

다시 본론으로 돌아가 보자. 일본 봉건시대 사무라이가 스스로 목숨을 끊는 할복은 일종의 명예로운 죽음으로 까다로운 형식과 규범에 따르게 되어 있었다. 그리고 공개된 장소에서 엄격하고 장중하게 진행되었다. 사무라이가 평생 성심껏 주군을 섬겼다고 해서 제 마음대로 함부로 순사할 수 없고 주군의 허락을 받아야 한다. 허락 없이 할복하는 것은 비난받아 마땅한 헛된 죽음으로 매도되기 때문이다. 군신 간에 묵계가 맺어진 것으로 받아들여져 인정되는 경우가 있기는 하나 이는 드문 일이었다. 인정된다고 해도 허락 없는 할복은 허락 받은 할복과 격이 다르므로 그에 상응하는 차별을 받아야 했다.

소설은 주군의 죽음이 임박하는 장면에서 갈등을 맞이한다. 가신들은 병문안 자리에서 순사의 결의를 밝히고 허락을 받는다. 평생 자신을 도와준 가신들이 순사를 허락해 주기를 간청하자 주군 호소카와 다다토시는 고민에 빠진다. 죽기보다는 살아남아 자신의 후계자인 아들 미쓰히사를 돕게 하는 것이 현명한 일이지만 관례 때문에 허락하지 않을 수 없기 때문이었다. 당연히 순사해야 마땅하나 순사하지 않은 가신에 대해서는 번 안팎에서 격렬한 비난이 쏟아진다. 죽어야 할 때 죽지 않은 자라고, 은혜를 모르는 비겁한 자라고. 그런 자를 주군의 후계자가 받아들일 수는 없다는 식으로 비난받고는 했다. 이것은 참으로 모욕적인 일로 살아남은 가신들을 분하고 억울하게 만드는 결정이었다. 살아 있다고 해서 살아 있는 게 아니었다. 차라리 죽는 게 명예로운 일이므로 가신들은 되풀이해서 순사를 허락해 주기를 요청하고 결국 주군이 허락하게 되는 것이 상례였다. 죽음을 앞둔 주군 호소카와 다다토시 역시 이 상황 속에서 열여덟 명의 가신에게 순사를 허락한다. 그런데 의외의 일이 벌어졌다. 다다토시의 측근 무사인 아베 야이치에몬 미치노부가 순사를 허락받지 못한 것이다.

"그대의 뜻은 충분히 알겠노라. 하지만 살아남아 미쓰히사를 돌보라."

아무리 간청을 해도 똑같은 대답만 돌아왔다. 다다토시가 순사를 허락하지 않은 것은 야이치에몬을 특별히 아껴서가 아니었다. 야이치에몬은 자신의 일에 충실하며 매사 실수가 없었고 성실하고 완벽했다. 이런 점이 공연히 다다토시의 심기를 언짢게 했다. 다다토시는 야이치에몬을 볼 때마다 왠지 골탕 먹이고 싶은 생각이 들었다. 절대 권력을 쥔 자에게 불가능이란 없었기 때문에 이런 횡포는 마음만 먹으면 언제나 가능했다. 이런 일이 반복되다 보니 야이치에몬은 주군에게 할 일을 사전에 보고하지 않고 처리하곤 했다. 일 처리가 정확했으므로 비난할 여지는 없었다. 다다토시는 자신의 잘못된 생각을 고쳐보려 무진 애를 썼지만 달이 흐르고 해가 지나도 그 마음은 변함이 없었다. 오히려 야이치에몬이 자신의 의지로 일을 척척 처리하는 모습이 점점 미워졌다. 감정의 갈등은 주군이 최고 권력을 갖고 있는 봉건제 주종관계에서 흔히 발생하는 일이었다. 경우에 따라서는 주군의 사소한 기분 하나로 한 사람의 운명이 좌우되기도 했다.

주군의 사십구재가 지나자 순사하지 않은 야이치에몬을 비난하는 눈빛이 사방에서 번득거렸다.

"야이치에몬은 주군이 순사를 허락하지 않은 것을 다행으로 여기면서 즐겁게 살고 있다. 허락이 없다 하더라도 주군의 뒤를 따라야 하는 것 아닌가."

이런 험담까지 귀에 들어왔다.

"이 야이치에몬이라는 사람이 목숨이나 아까워하는 사내로 보인단 말이지? 좋다. 그렇다면 전혀 그렇지 않다는 것을 보여 주지"라고 결심한 야이치에몬은 결국 할복해서 자신의 결의를 드러냈다.

그러나 주군의 허락을 받지 못한 순사였으므로 야이치에몬의 가족은 순사자에 합당한 대우를 받지 못했다. 새로운 주군 미쓰히사의 최측근으로 부상한 하야시 게키라는 가신이 "주군의 허락을 받은 순사자와 차별을 두어야 하므로 야이치에몬의 지위를 맏아들 아베 곤베에에게 상속받게 할 수 없다"라고 주장했기 때문이다. 야이치에몬의 녹봉은 다섯 명의 아들에게 분할되었다. 일족 전체의 녹봉은 달라지지 않았다. 나름대로 아베 가문을 배려한 미쓰히사의 조치였지만 아베 일족의 본가가 소멸함에 따라 아베가의 지위는 예전보다 크게 낮아졌다.

다다토시 일주기 제삿날 곤베에는 분향을 마치고 단도를 꺼내 자신의 상투를 잘라 다다토시의 위패 앞에 바쳤다. 순사자 가족에 대한 합당한 대우를 받지 못한 것, 아버지의 지위를 상속받지 못한 데 대한 불만으로 무사의 신분을 버리겠다는 선언이었다. 주군 미쓰히사는 감정을 누르거나 사심을 억제하기에는 너무 젊었다. 곤베에는 곧 참수되었다. 할복 지시가 있었다면 명예로운 죽음이 분명하다. 그런 죽음은 아베 가족들도 이의를 제기하지 않고 묵묵히 받아들였을 것이다. 곤베에가 격렬하게 상투를 자르며 불만을 드러낸 것도 내심 할복 기회를 갖고 가문의 명예를 되찾겠다는 표현일 따름이었다.

은혜를 베풀어 불만에 대처하는 관대한 마음이 부족한 미쓰히사는 도적 무리를 처형하듯 백주에 곤베에의 목을 베었다. 아베 일족에게는 참을 수 없는 모욕이었다. 참수당한 가족을 둔 집안이 무슨 면목으로 동료들과 어울려 주군께 봉사하겠는가. 남은 일족도 평온하게 살지 못하고 토벌될 것이다. 모두 같이 죽는 수밖에 없다고 생각한 아베 일족은 곤베에의 저택에서 저항하다 죽기로 결정한다. 결전을 앞두고 아베 일족은 저택 내부를 구석구석 청소하고 보기 흉한 물건은 모두 태웠다. 이승에서의 마지막 성찬을 마친 후에 노인과 여자들과 아이들이 자결했다. 이들의 시신은 정원에 큰 구덩이를 파고 묻었다. 젊은이들은 최후의 결전을 준비했고 격렬히 저항하다 모두 다 장렬히 전사하고 만다.

집단 규율이 강제하는 비극적 죽음

작가는 이 같은 이야기를 담담하게 전개하며 가신들의 순사 관례를 좋거나 나쁘다고 언급하지 않는다. 하지만 행간을 읽다 보면 자신도 모르게 당당하게 죽음을 맞이하는 사무라이와 그의 가족에게 짙은 연민의 정을 느끼게 된다. 작가가 노리는 것은 이런 사회적 분위기 속에서 살아가야 하는 그들에게 느끼는 안타까움과 슬픔이 아니었을까. 야이치에몬은 관례대로 주군을 따라 죽는 일을 택하고 싶었으나 자신의 의지대로 할 수 없었고, 주군의 명령대로 살아남아 새 주군을 모시며 살아가려 힘썼지만 이 또한 주변 사람들의 비난으로 견뎌낼 수 없어 결국 자살을 선택했다. 할복은 일반적으로 스스로 행하는 명예로운 죽음이라고 생각되지만 실상은 그렇지 않았고 명예와는 거리가 먼 죽음이었다.

작가가 이 작품을 쓴 의도는 무엇이었을까. 관례대로 할복하는 것은 절대 권력의 압력에 따른 것일 뿐이고 주변 사람들의 비난 때문에 할복하는 것은 사회 분위기에 저항할 수 없어서 행하는 어쩔 수 없는 행동일 뿐이라고 주장하고 싶어서였을 것이다. 나아가 노기 마레스케 부부의 순사를 미화시키는 사회적 분위기를 비판하고 순사는 전근대적 행위라고 일침을 가하고 싶은 생각도 작용했을 것이다. 자신의 의지라기보다는 절대 권력을 따라 순사해야 한다는 규범에 따르는 노기 장군을 보며, 집단의 규율 안에서 자기가 원하는 삶이 아닌 다른 삶을 살아야 하는 비극을 이 작품을 통해 비판하고 있다는 생각이 든다.

집단이나 권력의 과오로 희생되는 개인을 둘러싼 얘기는 결코 400여 년 전만의 이야기는 아니다. 오늘을 사는 우리의 삶 속에서도 얼마든지 볼 수 있는 현재 진행형의 비극이다.

일본식 표현과 커뮤니케이션

정말,
한자도 일본어?

박경애(일본어 교육전문가, 건국대 강사)

어느 날 일본 드라마를 보다가 혼자 웃은 일이 있었다. 여자 주인공이 사회 초년생으로 호텔에서 일을 하는데, 호텔을 찾은 손님이 건네준 명함을 받아들고 '오테아라이상御手洗'이라고 하자 옆에 있던 선배가 당황하며 '미타라이상'이라며 정정해 줬다. 일본인이라도 일본인의 성을 잘못 읽는 경우가 있지만 성씨를 화장실오테아라이는 일본어로 '화장실'이라는 뜻이라고 할 리는 없을 것이다. 그러고 보니 일본에서 한자는 곳곳에서 다양한 발음으로 활용되고 한국에서 사용되는 한자와 그 양상이 많이 다르다. 일본어가 쉽다고 가벼운 마음으로 배우기 시작한 사람도 일본어 한자에 고전하면서 공부를 포기하는 이유도 한국과 일본의 한자 사용에 차이가 있기 때문이다. 그렇다면 일본인은 한자를 어떻게 학습하고 일본 사회 속에서 한자가 어떻게 사용되는지 살펴본다면 일본어 속의 한자가 한층 흥미롭게 다가올 수 있다.

일본어만의 독특한 한자 읽기

한자는 중국에서 한반도로 건너왔고 또 한반도에서 일본으로 전해졌다. 중국에서 사용하는 한자는 대부분이 한자 하나에 발음도 한 가지다. 음의 악센트인 성조는 여기서는 언급하지 않기로 한다. 한국에서 사용하는 한자도 대부분 한자 하나에 발음이 한 가지다. '다닐 행行'이 들어가는 단어를 예를 들면, 한국에서는 은행銀行, 흥행興行, 행사行事와 같이 '행行' 자는 자음어로만 사용하고 어떤 단어와 조합되더라도 음이 바뀌지 않는다.

그런데 일본어에서 사용하는 한자는 한 가지 한자에 읽는 방법이 다양하다. 행行은 은행긴코에서는 코こう로 발음하며, 행사교지는 교ぎょう로 발음하며, '가다'의 의미일 때는 이쿠行く로 발음한다. 그뿐만이 아니다. 행궁あんぐう은 안あん으로 읽고, '유행하다'라는 동사에서는 하야루流行る로 등장하며, 이혼장이라는 뜻의 미쿠다리한三行半은 쿠다리くだり로 발음하니 중국어나 한국어에서 읽는 한자의 발음과 비교하면 정말 생뚱맞다고 할 수 있다. 이와 같은 다양한 한자 읽기는 일본에 한자가 전래된 시기와 깊은 관련이 있다.

일본에 한자가 본격적으로 들어온 시기는 5~6세기경이다. 한자를 읽는 방법에는 두 가지가 있는데, 음독音読み과 훈독訓読み이다. 소리 나는 대로 읽는 음독에는 오음, 한음, 당음, 관용음이 있는데 오음은 당시 중국과 가장 교류가 많던 백제가 주로 사용했고 이를 6세기경 불교와 함께 일본에 전했다. 일상생활 속에서 사용하는 한자는 한음이 주로 사용되지만 사원이나 불교와 관련된 한자는 오음으로 읽는 경우가 많다. 일본어를 막 배우기 시작한 입문 단계에서 익히는 단어에도 오음으로 읽는 단어가 있다. '형제'인 교다이兄弟, '대학'인 다이가쿠大学 등이다.

당음으로 읽는 한자는 그렇게 많지 않지만 의자인 이스椅子, 수박인 스이카西瓜, 이불인 후톤布団이란 발음은 일본어를 배우는 사람이라

오다하라의 우이로(小田原のういろう)

면 익숙할 것이다. 한국 사람들이 일본 여행을 가면 '요캉'이라고 하는 양갱을 많이 사 온다. '요캉'과 생김새가 비슷한 것으로 우이로 外郎 라는 화과자가 있다.

사진에서 보듯 대나무 잎 같은 포장지에 포장되어 있는데 우이로 外郎 의 한자가 '바깥 외'로 '우이'로 발음한다. 이 단어 역시 당음으로 읽는다. 여담이지만 혹시 양갱인 줄 알고 사 온 선물이 양갱이 아닐 수 있으니 잘 확인하길 바란다.

관용음이란 중국의 원음에 없는 음으로 일본에서 사용하는 한자음 등을 모은 것으로 다이쇼시대 1912~1926년 이후부터 관용음이라고 부른다. 관용음은 잘못 읽거나 읽기 편하게 발음한 것이라고 할 수 있으며 예로는 유뉴ゆにゅう 로 발음하는 수입 輸入 이나 샤사쓰しゃさつ로 발음하는 사살 射殺, 죠초じょうちょ 로 발음하는 정서 情緒 같은 단어가 있다.

한자를 읽는 또 한 가지 방법으로 훈독 訓読み 이 있다. 훈독은 한자가 들어오기 이전부터 일본에서 사용하던 일본어를 표기하는 데 사용되었으며 이때 읽은 한자의 훈독이 현재 사용하는 한자 훈독의 기원이 되었다. '훈'은 중국에서 어려운 말을 알기 쉽게 설명하거나 고어를 현대어로 바꾸거나, 사투리를 공통어로 설명하는 데 사용했는데 일본에서는 중국어가 외국어이기 때문에 일본어로 번역하는 데 사용되었다고 볼 수 있다. 야마산, 山, 히카루光る, 빛나다, 페이지頁ページ, 미터米メ―トル와 같은 외래어에도 사용된다. 훈독에서 훈은 의미에 해당하는 한자를 일본어로 읽은 것이다.

다닐 行의 다양한 발음도 오음^{ぎょう, 교}, 한음^{こう, 코}, 당음^{あん, 안}, 훈독^{行く, 이쿠}으로 읽었기 때문이다. 이와 같이 한자 읽기와 관련된 배경을 알면 일본어에서 한자를 왜 그렇게 다양하게 발음하는지 이해할 수 있고, 중국에서 건너온 한자가 일본인이 사용하기 편하도록 다양하게 사용되고 있는 점에서 일본인의 특성을 읽을 수 있다. 또한 현대어 일본어에서는 음독, 훈독 이외에 음과 훈을 섞어 읽는 음훈읽기^{重箱読み}나 훈음읽기^{湯桶読み}도 있다.

히라가나와 가타가나는 한자로부터

일본에 한자가 들어오고 한자를 일본어 음으로 표기하기 위해 만요가나^{万葉仮名}가 만들어졌다고 한다. 만요가나는 한자가 나타내는 의미와 관계없이 한자의 자음이나 자훈을 이용해서 음을 읽은 것으로《만요슈^{万葉集}》에 많이 사용되었기 때문에 만요가나라고 했다.

히라가나와 가타가나는 만요가나에서 생겼다고 할 수 있다. 한자의 초서체를 바탕으로 헤이안시대 초기에 히라가나^{平仮名}가, 한자의 일부를 따서 가타가나^{片仮名}가 만들어졌는데 이와 같은 가나^{仮名}에 대응해 한자를 마나^{真名}라고 불렀다. 히라가나와 가타가나는 한자의 일부를 따서 만들었다고 해서 가나라고 호칭했고, 가타가나의 경우는 한자의 일부만을 빌려왔다고 해서 불완전하다는 의미의 가타^片를 붙였음을 알 수 있다. 이에 반해 한자는 진정한 한자로 마나라고 호칭했을 것이다. 따라서 현재에도 한자는 단어의 주된 의미를 표시하고 히라가나는 동사나 형용사가 활용하는 부분인 오쿠리가나^{送り仮名} 표기에 사용되며 가타가나는 외래어 표기나 의성어, 의태어 등에 사용된다.

히라가나의 유래 　　　　　　가타가나의 유래

한자를 간략화한 히라가나는 한자에 취약했던 여성에게 크게 호응을 얻었다. 특히 궁중에서 황후를 모시던 궁녀들이 일본에서 자랑스럽게 여기는 《겐지모노가타리》나 《마쿠라노 소시》와 같은 작품을 탄생시키기도 했다. 당시는 귀족사회였기 때문에 한자는 남성이 공적인 자리에서 사용했고 히라가나는 사적인 장면이나 여성들이 사용하는 것으로 여겼다.

일본인이 익혀야 하는 교육한자와 상용한자

현대 일본어는 한자와 히라가나, 가타가나, 알파벳, 숫자 등을 사용하고 있다. 각 장르별로 한자는 전체의 30% 정도를 차지하고, 가장 가독성이 좋은 것도 한자와 히라가나의 비율이 3:7이라고 한다. 그만큼 일본어에서 한자가 차지하는 비중이 크다고 할 수 있다. 실제로 일본인이 의무적으로 익혀야 하는 교육한자는 1,026자로 1학년 때 80자, 2학년 160자, 3학년 200자, 4학년 202자, 5학년 193자, 6학년 191자를 학습한다. 그 후 중학교와 고등학교 때까지 교육한자가 포함된 상용

한자 2,136자를 배운다. 상용한자 2,136자를 학습하면 법령, 공문서, 신문, 잡지, 방송 등에서 사용하는 현대 일본어를 쓸 수 있다고 간주한다. 이는 내각고시 '상용 한자표'로 제시되어 있다. 중고등학교 입학시험, 취직시험에서도 한자 읽기와 쓰기가 반드시 출제가 되고 있어서 일본인도 한자 공부에 공을 들여야 한다. 실제로 초등학교에 들어가면 한자 쓰기 노트가 따로 있고 매일 한자 쓰기 숙제가 있다. 일본인이 초등학교 6년 동안 한자 쓰기 숙제를 하는 것처럼 일본어를 배우는 학습자도 매일 한자를 직접 쓰면서 익히겠다는 마음가짐이라면 일본어 한자에 대한 생각이 달라질 것이다.

일본에도 한국과 같은 한자검정고시가 있다. 일본에서는 일본한자능력검정이라고 하는데 한자검정 또는 한검漢検이라고도 한다. 상용한자 2,136자를 읽고 쓰고 활용할 수 있는 정도의 레벨이 2급에 해당하고 최상급인 1급은 약 6,000자의 한자를 읽고 쓰고 활용할 수 있는 수준이라고 한다. 합격하려면 200점 만점에 80% 정도의 점수를 취득해야 한다.

다양한 한자 학습법

위에서 살펴본 대로 일본인에게 한자의 비중이 큰 만큼 다양한 한자 학습법이 사용되고 있다. 유아들은 카드놀이와 같은 가루타 놀이를 하면서 한자와 친숙해진다. 초등학교에 들어가면 반복해서 쓰거나 부수를 익힌 다음 그 부수가 들어가는 한자를 모아 암기하기도 한다. 그중에서 저학년부터 고학년까지 효과적인 학습을 할 수 있는 미치무라식 한자 학습법은 매우 획기적이다. 미치무라 시즈에道村静江 선생님은 시각 장애인을 교육한 경험에서 미치무라식 한자 공부법을 착안했다. 시각 장애인은 글을 쓸 수 없으니 입으로 외우도록 했는데 그 효과가 아주 좋았다. 이후 일반 학생에게도 소리 내어 읽으면서 암기하는 미치무라식 한자 지도법은 큰 반향을 일으켰다.

미치무라식 한자 공부법의 키워드는 기본 한자와 부수, 가타가나를 잘 조합하는 것이다. 기본 한자란 초등학교 저학년에서 배우는 한자로 가타가나를 이용해서 외우도록 한다. 가타가나 모양 그대로 활용할 수 있는 '이, 에, 카, 타, 나, 니, 무, 메, 히, 로 イ, エ, カ, タ, ナ, ニ, ム, メ, ヒ, ロ' 등을 활용한다. 예를 들면 좌左는 '나+에ナ+エ'로, 명名은 '타+로タ+ロ'로 암기한다. 또 가타가나의 모양을 조금 변형시켜 암기에 적용시킨 것으로 '우, 쓰, 사, 소, 루ウ, ツ, サ, ソ, ル' 등을 이용할 수 있다. 예를 들어 공空은 '우+루+에ウ+ル+エ'로 암기한다. 기본 한자나 처음 배우는 부수는 입으로 말할 수 있도록 상세하게 설명하고 이를 전부 말로 할 수 있도록 지도한다. 간단한 모양의 부수는 부수의 명칭과 그 의미를 이해하도록 해서 부수를 통해 한자의 뜻을 유추한다. 예를 들어 새 추隹는 새와 관련이 있다. 모을 집集은 '나무에 새가 모여 든다'는 이미지로, 나아갈 진進은 쉬엄쉬엄 갈 착辶＋隹으로, 「辶」는 앞으로 나간다는 의미다. 나아갈 진進은 진행進行, 행진行進과 같은 단어로 사용된다. 미치무라식 한자 공부법은 한자를 분해하는 안목을 기르고 분해한 부수나 부분의 확실한 의미를 익힘으로써 획수가 복잡한 한자도 암기할 수 있다.

가타가나를 이용한 한자 학습법에는 IFImage Fix법도 있다. 례礼는 '네+레ネ+レ'로 비比는 '히+히ヒ+ヒ'로 외우는 방법이다. 또 일종의 스토리텔링이라고 할 수 있는 고로아와세語呂合わせ로 이야기를 만들어 암기하는 방법도 있다. 예를 들면 빌릴 대貸를 '대신할 대代 + 조개 패貝'로 구분해서 '대신에 조개를 빌려줘代りに貝を貸してくれ'로 암기 한다.

올해의 한자

일본에서는 12월 12일이 '한자의 날'이다. 엽서나 웹사이트를 통한 공모에서 결정한 '올해의 한자'를 이 날 발표한다. 한자 한 자에 포함되어 있는 깊은 의의를 재인식하자는 목적으로 시작되었는데 2020년에 25회째를 맞이했다. 한 해의 세태를 함축해서 표현하는 만큼 '올해의 한자'를 통해 그 해의 사건을 유추할 수 있다.

2010년 올해의 한자는 '더울 서暑'로 이 해 여름 일본 전국의 평균 기온이 관측사상 최고를 기록해 폭염으로 인한 일사병에 걸린 사람들 이 속출했다. 2011년은 '얽어맬 반絆'이다. '유대, 인연, 기반'이라는 의 미대로 2011년 3월 11일 일어난 동일본대지진을 비롯하여 후쿠시마 제1 원자력발전소 사고로 많은 일본인은 가까운 사람을 잃었고 또 피 해를 입은 사람을 돕기 위한 손길로 사람과의 관계에 대해 다시 한 번 생각하게 된 해였다. 2014년의 '세금 세稅'는 17년 만에 인상된 세금과 관련된 화제가 끊이질 않았던 특성을 보여 준다. 2017년에는 '북녘 북 北'으로 북한이 미사일을 홋카이도 해안에 발사한 것과 관련이 있다. 2018년은 '재앙 재災'로 홋카이도 지진을 비롯하여 오사카 지진, 시마 네 지진, 서일본 호우, 부알로이 태풍21호, 나크리 태풍24호, 기록적인 폭염 등 자연재해가 많았다. 2019년은 일본의 연호가 '헤이세이'에서 '레이와'로 바뀐 해인 만큼 '하여금 령令'이 선정되었다. 이와 같이 한자 한 자를 통해서 일 년의 세태를 표현하고 있는 일본은 한자가 생활이요, 문화 그 자체다.

2020년의 한자는 '빽빽할 밀密'이 선정되었다. 코로나19 확산으로 제시된 방역 구호 '3밀 회피'에서 가져온 단어로, 2019년 연말부터 이어지고 있는 코로나19 사태로 2020년 내내 일본뿐만 아니라 전 세계가 팬데믹 상태에 빠진 상황을 잘 표현해 준다.

그 외 일본 속의 다양한 한자

음식과 관련된 한자로 가쓰동カツ丼, 돈가스 덮밥, 다닌동他人丼, 다른 사람이란 뜻으로 돼지고기와 계란을 재료로 한 덮밥, 오야코동親子丼, 부모와 자식이라는 뜻으로 닭고기와 계란을 재료로 한 덮밥과 같이 한자를 보면 어떤 음식인지 추측할 수 있는 것도 있는가 하면, 일본인도 한자를 보고도 잘 모르는 음식 이름도 있다. 예를 들면 음식 이름으로 시지미지루蜆汁, 바지락 국, 오미오쓰케御御御付, 밥과 같이 나오는 국, 쓰쿠네捏ね, 갈은 고기를 반죽하여 경단으로 만든 것, 완탕雲呑, 중국 요리의 하나인 만둣국 등이 있다.

한편 한국어와 일본어에서 같은 한자를 사용하지만 의미가 전혀 다른 경우도 있다. 친분親分이라는 한자는 한국어에서는 '친분'이 있다는 뜻이지만 일본어에서는 '두목'이라는 의미다. 또 공부工夫는 일본어에서는 '궁리하다'는 뜻이다. 억겁億劫이란 말은 한국에서 '무한하게 오랜 시간'을 나타내지만 일본어에서는 '귀찮다'는 뜻으로 사용된다. 부기浮気도 한국어에서는 '부기가 빠지다'라는 의미의 '부종'을 의미하지만 일본어에서는 '바람기'라는 뜻이다. 여중女中은 한국어에서는 '여자 중학생', 일본어에서는 '여자 종업원'을 의미한다.

읽기 어려운 일본 지명도 많다. 오샤맛푸老者舞, 홋카이도 구지로군 구지로쵸, 오이데生出, 이와테현 리쿠젠다카타시, 아테라자와佐沢, 야마카타현 니시무라군 오에마치, 누루유微温湯, 후쿠시마현 후쿠시마시 등은 현지에 사는 일본인이 아니면 읽기 어려운 한자라고 할 수 있다.

일본어는 한국어와 발음이 같은 단어도 많고 문법도 비슷하지만 역시 외국어다. 만두饅頭라는 단어는 중국에서는 중국인이 주식으로 먹는 빵으로 한국에서는 물만두, 찐만두와 같은 다양한 재료를 소로 넣은 음식이지만 일본에서는 팥소를 넣은 화과자의 일종이다. 중국에서 건너온 같은 한자라도 사회에서 사용하는 의미는 사람들의 삶과 깊은 관계가 있다.

이상으로 일본어 학습자가 대체적으로 힘들어 하는 한자에 관해 살펴보았는데 일본어를 잘 하기 위해서 한자는 꼭 익혀야 한다. 앞에서 소개한 한자의 다양한 학습법을 참고해 주었으면 한다. 마지막으로 개인적으로 경험한 학습을 바탕으로 조언하자면 일단 문장 속에 나오는 한자를 읽으면서 무슨 뜻인지를 파악하도록 한다. 문장을 막힘없이 술술 읽을 수 있으면 한자를 쓸 수 있도록 연습하는 것이 좋다. 이런 과정을 반복하면 한자 어휘를 늘릴 수 있다.

어색한 일본어 표현
탈출하기 꿀팁

오구라 스미요(방송대 강사)

한국어와 일본어의 표현 차이: 자기 소개

한국어와 일본어는 많이 비슷하다. 어휘, 어순, 표현까지 다른 외국어와 달리 말만 그대로 바꾸면 통하는 경우가 많은 것도 사실이다. 그러나 글을 쓸 때 자신의 의도와 달리 잘못된 통역이나 번역을 하는 경우가 종종 있다. 또한 단순 통역직역으로 오해를 받는 경우도 있다.

외국어 회화 기본 중의 기본은 바로 자기 소개다. 일본어로 자기 소개를 할 때 뭐라고 할지 생각해 보자. 혹시 「こんにちは。私は…안녕하세요. 저는…」라고 말하려고 했는가. 일본어 원어민끼리 인사하는 경우에는 「はじめまして。○○です。처음 뵙겠습니다. ○○입니다.」가 일반적이다. 요즘 방영된 일본 드라마에서 등장인물이 차례차례 인사하는 장면에서도 그런 식이다.[1] 「私は 저는」「私の名前は 제 이름은」라고는 거의 하지 않는다. '저는'이라는 말을 반복하면 자기 주장이 너무 강한 사람이라는 인상을 줄 수 있다. '제 생각은'이라고 말하는 경우에도 굳이 '나'를 강조하며 「私は」「私の考えは」라고 안 하고 마지막에 「~と思います」만 붙이면 된다.

---

1   TBSドラマ「G線上のあなたと私」(2019) 第8回 중.

① （×） 私は·私の考えはそれがいいと思います。 저는/제 생각은
　　 그것이 좋다고 생각합니다

② （○） それがいいと思います。 그것이 좋다고 생각합니다

①에서 '나는', '저는'에 해당하는 말은 일본어로 소통할 때는 거의 안 쓴다.

일본어 학습자가 분명히 일본어로 이야기하는데 원어민 입장에서 들을 때는 어색한 일본어 표현일 때 아쉬움이 든다. '만나서 반갑습니다'라는 뜻에서 말하는 「お会いできてうれしいです」가 대표적이다. 나름 반가운 마음으로 이렇게 말하는 일본어 학습자에게 어색한 일본어라고 지적하기 어려울 때가 많다. 하지만 「お会いできてうれしいです」는 잘못된 표현이다. 「お会いできて光栄です 만나서 영광입니다」라는 표현이 있긴 하지만 직접 볼 기회가 거의 없는 사람을 만났을 때만 쓰는 인사다. 예를 들면 대통령 같은 직접 보기 힘든 정치가나 노벨상 수상자 정도를 생각하면 된다. 따라서 비즈니스 자리에서 한국식으로 생각해 나름 좋은 의미로 「お会いできて光栄です」를 사용하면 오히려 상대방 일본인에게 오해를 불러일으킬 수 있다. 상대방 일본인은 이런 인사를 들으면 자신을 비행기에 태우며 놀린다는 느낌을 받아 불쾌해할 수 있으니 조심해야 한다. 「お会いできて光栄です」는 그냥 만나서 기쁘다고 전하는 표현이 아니라 그 사람을 만날 수 있는 것만으로도 자신에게 영광이라고 생각하는 경우에 쓰는 표현이기 때문이다.

그럼 뭐라고 하면 될까? 그냥 간단히 「よろしくお願いします 잘 부

탁합니다」, 「なにとぞよろしくお願いいたします^{아무쪼록 잘 부탁합니다}」
라고 하면 된다.

　모처럼 일본어로 말하는데 상대방에게 '외국인이니까 어쩔 수 없다', '듣기 좀 거북하다'라는 인상을 주는 것보다 센스 있고 기분 좋게 전달되는 것이 좋다. 어색한 일본어를 쓰기 쉬운 실제 상황을 살펴보면서 소개한다.

인사말의 실제 사용 예시로 보는 차이: 「こんにちは」와 '안녕하세요'

　일본어로 낮 인사를 뭐라고 할까? 바로 「こんにちは」다. 한국어로 번역하면 '안녕하세요'다. 한국에서 '안녕하세요'는 어떤 상황에서나 무난하게 사용하는 인사지만, 일본에서 「こんにちは」는 상황을 봐서 사용해야 한다. 크게 다섯 가지 상황을 예로 들어보겠다.

　① 길에서 아는 사람을 만났을 때

　「こんにちは」를 쓰면 한국어의 '안녕하세요'와 비슷한 의미다. 아는 사람끼리 가볍게 하는 인사다.

　② 처음 보는 사람한테 인사할 때

　이때는 「こんにちは」보다 「はじめまして」라고 한다. 일본에서 「こんにちは」는 주로 아는 사람한테 쓴다.

③ 비즈니스 자리에서 인사할 때

일본에서 비즈니스 관계에서는 「こんにちは」를 쓰지 않는다. 그냥 간단히 「よろしくお願いします 잘 부탁합니다」 「お世話になっております 늘 신세가 많습니다」라고 한다. 처음 만나는 한국인 2명, 일본인 2명이 회의를 하는 자리가 있었다. 첫 만남에서 한국인은 '안녕하세요'라고 하고 일본인은 「今日はよろしくお願いします 오늘 잘 부탁합니다」라고 했다. 두 언어의 표현 차이를 느꼈던 순간이었다.

④ 가게에 들어가서 가게 주인에게

한국에서는 작은 가게에 들어갈 때 "안녕하세요"라고 인사하는 사람들이 있다. 그러나 일본에서 일반 손님은 「こんにちは」라고 하지 않는다. 아는 사람이나 업무 때문에 가게를 방문한 사람이 「こんにちは」라고 인사한다. 그럼 일본에서 손님은 뭐라고 하면 될까? 말없이 목례만 하는 사람이 대부분이 아닐까 한다. 「こんにちは」라고 인사하면서 들어가는 사람은 단골손님일지도 모르겠다.

⑤ 메일과 편지의 첫인사

많은 일본어 학습자가 한국어 인사와의 차이 때문에 당황하는 경우가 많다. 한국어로는 편지나 메일을 '안녕하세요'라고 시작해도 괜찮은데 일본어로는 그럴 수가 없다. 개인적인 편지라면 계절에 맞춰서 기후의 인사를 먼저 써야 되고 비즈니스 메일이라면 상대방과의 관계에 따라서 앞머리를 바꿔야 한다. 아무리 자주 연락하는 사람이라도 「こんにちは」로 시작할 수는 없다.

이렇게 5가지 예를 봐도 '안녕하세요'는 바로 「こんにちは」로 기계적으로 바꿔 쓰면 안 된다는 사실을 알 수 있다. 아무리 한국어와 일본어가 비슷해도 역시 다른 문화 속에서 사용하는 '외국어'이기 때문이다. 다른 인사말도 자세히 살펴보면 자신의 모국어와 다른 외국어 세계가 보이기 시작할 것이다.

한국에서는 괜찮지만 일본에서는 그렇지 않은 말: 수고하셨습니다 / 상관없어요 / ~하세요

요즘에는 외국어를 할 때 사전이나 자동번역기를 이용하는데, 이때 위와 같은 표현의 한국어를 일본어로 직역해 사용하면 상황에 따라서 문제가 될 수도 있다.

우선, 일본에서 '수고하셨습니다'라는 말은 손윗사람에게 사용하지 않는 것이 좋다. 예를 들어, 학생이 선생님에게 「お疲れさまでした 수고하셨습니다」라고 하지 않는다. 이 표현은 원래 같이 일하는 사람끼리 또는 손님한테 쓰는 말이기 때문이다. 일본 학교에서는 수업이 끝나면 학생들이나 선생님이나 서로 「ありがとうございました 감사했습니다/고마웠습니다」라고 하는 편이다. 나 역시 정말로 학생들한테 일본어를 공부해 줘서 고맙다는 마음을 담아 이렇게 인사한다.

'상관없어요'도 일본어로 할 때는 주의해서 써야 한다. 전에 일본어를 배우는 어느 한국인 학습자의 대답을 듣고 조금 충격을 받은 적이 있다. 「これでいいですか 이것으로 해도 될까요?」라는 질문에 「別べつにいいです 뭐, 괜찮아요」, 「関係かんけいないです 상관없어요」라는 대답이었다. 특별히 문법적으로 틀리지 않았지만 일본인에게 이런 식으로 대답하면 상대방의 관심을 거부한다는 뉘앙스가 담겨 있어서 무뚝뚝하게 들릴 수 있다. 실제로 일본의 인기 배우가 영화 시사회 무대인사 자리에서 기자 질문에 「別に」라고 대답해서 불성실하다며 큰 비판을 받은 적이 있었다. 이런 식의 표현은 보통 사춘기 아이들이 어른한테 반항적으로 쓰니 주의할 필요가 있다. 그렇다면 일본어로 '그렇게 해도 괜찮다'라는 뉘앙스로 대답하려면 어떻게 말해야 할까? 「はい、けっこうです」「かまいません」 등 상대방한테 허용과 허가를 나타내는 표현을 고르면 된다.

　마지막으로 '~하세요'라는 표현도 한국어는 정중한 느낌으로 한 가지 표현으로만 사용하지만 일본어에서는 상황에 따라 '~하세요'라는 말도 표현을 다르게 사용한다. 전에 김포공항의 상가에서 걸음을 멈춘 적이 있다. 표지판에 「トイレはこの道をまっすぐ行きなさい」라고 적혀 있었기 때문이다. 갑자기 외할머니의 말씀을 들은 것 같은 느낌이었다. 어떤 한국어를 일본어로 직역했는지 맞춰 보자. 그렇다. '화장실은 이 길을 따라 쭉 가세요.'이다. 한국말로는 아주 정중한 말투인데 일본어는 그렇지 않다. 「しなさい」는 가정에서 어르신이나 부모가 아이에게 또는 학교에서 선생님이 학생에게 쓰는 말이기 때문이다. 한국어에 비해 일본어는 부모나 선생님이라도 자식이나 학생에게 명령형을 거의 쓰지 않는다. 「~しろ ~해」라는 표현은 보통 경찰이 급한 상황에서만 쓴다. 「~てください 해 주세요」도 학교 선생님이나 의사가 일방적으로 명령할 때 쓰는 말이라 손님과 같은 면식이 없는 사람에게 쓰는 것은 적당하지 않다. 그렇다면 표지판에서 권유를 나타내는 '~하세요'에 해당하는 일본어는 어떻게 써야 할까? 「トイレは直進ちょくしん 화장실은 직진」이라고 하면 된다. 일본인에게 직접 말로 권유하는 경우라면 「まっすぐ行って突き当たりです^{쭉 가시면 앞에 있습니다}」라고 해야 자연스럽다.

일본인끼리도 서로 오해할 수 있는 미묘한 일본어 표현

지금까지는 한국인이 잘못 사용하면 오해를 받을 수 있는 일본어 표현을 소개했다. 그런데 일본인들 사이에서도 자칫 잘못 쓰면 오해할 수 있는 표현이 있다. 이는 주로 세대 차이에서 나온 것이라고 할 수 있다. 개인적으로 직접 겪은 이야기를 하나 해보겠다.

나보다 젊은 일본인과 대화했을 때 맞장구로 「なるほどですね^{역시 그렇군요}」라고 들었을 때는 깜짝 놀랐다. 알아보니 요즘 젊은 세대가 자주 쓰는 말이라고 한다.[2] 이 표현은 신세대 일본인 사이에서 자주 쓴다고 하지만 두 가지 점에서 봐도 잘못된 일본어 표현이다.

먼저, 문법적으로 「なるほど」는 감탄사라서 「です」에는 연결되지 않는다. 한국인 일본어 학습자도 일본 드라마 등에서 종종 들었을 「なるほど」는 자신이 몰랐던 것을 상대방의 설명을 통해 이해되었을 때 감탄하는 뉘앙스로 사용한다. 그런데 이 표현은 손윗사람에게 그대로 사용하면 좋지 못한 인상을 줄 수 있으니 조심하자. 마치 연장자나 윗사람이 하는 말을 평가하는 느낌을 주기 때문이다.[3] 아무리 정중체인 「です」를 붙여도 소용없다는 뜻이다. 「なるほど」는 친한 친구끼리 또는 심사할 때 등 상대방을 평가하는 자리에서만 쓰는 것이 좋다.

2 　椎出版社 「Discover Japan」Vol.55 2016年5月」 P.42
3 　三省堂「新明解国語辞典 第七版」(2012)등 연장자, 윗사람한테 쓰는 말이 아니다고 지적하는 서적도 있다.

일본어는 상대방 의견을 평가하는 표현을 피하는 경향이 있다. 부사 「けっこう」도 그런 표현 중에 하나다. 다른 사람의 의견을 듣고 「けっこういいですね^{패 좋네요}」라고 하면 상대의 기분을 해칠 수 있다. 「けっこう」는 허물없는 사이에서나 사용하는 표현으로 자신의 예상이나 경험상 생각했던 수준보다 좋다는 뜻이 된다. 그래서 '의외로 내 생각보다 좋은 의견이다'라는 의미로 상대방을 낮게 평가하는 뉘앙스를 줄 수도 있기에 손윗사람에게는 사용하지 않는 것이 좋다.

일본인 사이에서도 세대에 따라 같은 말도 다르게 받아들일 수 있다. 내가 직접 들은 경험도 있고 인터넷을 찾아보면 실례가 되는 표현인지 투고한 기사를 많이 찾을 수 있었다.[4] 언어가 변하고 세대 차이에 따른 언어 표현을 조심해야 하는 것은 한국도 마찬가지다.

오랫동안 한국인에게 일본어를 가르치면서 느낀 점이 있다면 용기 있게 일본어를 적극적으로 사용해 보려는 태도가 한국인 학습자의 장점이라는 것이다. 자신이 아는 단어를 구사해서 적극적으로 말하는 한국인 학습자를 보면 대단하다는 생각이 든다. 그래도 가능한 분위기와 상황에 맞게 적절한 일본어를 사용하면 더 좋다. 자연스러운 일본어를 습득하려면 미디어를 활용하거나 주변의 일본인의 말을 집중해서 들으며 참고하는 것도 좋다. 이처럼 살아 있는 일본어를 학습하다 보면 한국인과 사고방식이 다른 일본인에게 오해를 불러일으키지 않고 말하는 사람의 마음을 잘 전달하는 소통에 많은 도움이 될 것이다.

---

4 TRANS-biz.(https://biz.trans-suite.jp/924)에 연장자한테 쓰지 않은 것이 좋다는 지적이 있고 Yahoo!知恵袋, BIGLOBE なんでも相談室 등에 「けっこう+형용사」의 사용 여부에 대한 일반 투고가 많이 있다.
張 琳(2014), 「「けっこう」の意味機能の多様性 : 漢語「結構」からの変容」, 東洋大学大学院紀要51, p.44, 31에서 「けっこういい」의 평가 의식을 언급한다.

일본인의 감사 표현과
사죄 표현은 진실한 것인가?

방극철(순천대 일본어 일본문화학 전공 교수)

최근 한국과 일본의 관계는 그 어느 때보다 악화되었다. 코로나19 위기로 양국 간에 민간 교류마저 끊긴 상황이 매우 안타깝다. 이럴수록 우리는 냉정하게 일본을 이해하고 분석해야 한다. 일본을 여행하다 보면 '일본인은 참 친절하고 상냥하다'라는 말을 자주 듣는다. 무엇보다도 일본인의 겸손한 행동과 언어 표현에서 그렇게 느낄지도 모른다. 일본 사람은 왜 '고맙다'와 '미안하다'를 여러 번 반복하며 말하는 것일까? 그 말 속에는 진정으로 감사함과 미안함이 들어 있을까? 아니면 또 다른 커뮤니케이션 전략일까?

감사 표현과 사죄 표현

우리는 일본을 이해하기 위해 무엇을 어떻게 알아야 할 것인가? 이 물음에는 여러 가지 답이 있을 수 있다. 인간의 생각이 온전히 담겨 있는 언어, 그리고 오랜 기간 축적된 역사와 문화 등을 떠올린다. 일본인은 어떻게 감사를 표하고 또 어떻게 사과를 하며 한국인과 차이는 무엇인가. 언어문화의 차이를 바르게 이해하는 것은 '서로 바르게 알기'의 시작이 된다. '서로 바르게 알기'는 개인 간의 의사소통의 핵심이며,

한일 양국을 이해하고 갈등을 완화하는 초석이 될 것이다.

인간은 '말과 글'로 소통한다. 'AI 인공지능' 시대가 되어도 말과 글은 소통의 중요 수단이다. 언어가 서로 다른 문화권의 사람들과 소통하기 위해서 외국어를 배우고 그 외국어를 통해 자신의 의사를 전달하고 다양한 정보를 얻고 공유한다. 정보를 얻어서 우리가 원하는 사회적·경제적 활동을 한다. 우리는 언어를 통해서 지식을 쌓고, 그 지식을 기반으로 지혜롭게 살려고 노력한다. 서로 다른 문화를 올바르게 이해하는 것은 글로벌 시대, 4차 산업혁명 시대에도 여전히 어려운 과제다. 말과 글이 다른 언어문화권의 사람들과 바르게 이해하고 소통하는 것은 최근의 번역기나 번역 앱 프로그램으로도 대체가 거의 불가능하다. 예들 들어, 한국인이 일본어의 음성적 특성과 차이까지 고려하면서「すみません」을 사죄의 의미, 감사의 의미, 사람을 부르는 말 등 문맥에서 적확하고 엄밀히 구별하여 사용하기 쉽지 않다. 우리가 제스처나 비언어 행동까지를 문맥에서 올바르게 사용하는 데는 오랜 시간이 걸리는 이유이기도 하다.

최근에는 기존의 언어 기능인 읽기, 듣기, 쓰기, 말하기 외에도 공감하기의 기능을 넣어 언어를 5기능으로 분류하는 학자도 있다. 현대 사회는 '공감하기'가 중요한 화두가 되었다. 타인과 공감하기, 타인의 아픔을 이해하기, 일본인과 공감하기를 통해서 우리는 일본을 이해하고 일본과 갈등도 줄이고 화해도 한다. 우리가 지향하는 평화로운 이웃 국가, 함께하는 동아시아의 모습이 아닌가? 동아시아의 글로벌 시민 의식을 갖춘 젊은 미래 세대의 모습을 상상하면 참으로 가슴 벅차오른다. 상대방과 공감하기를 위한 첫 발걸음을 언어 행동에서 찾고자 한다. 이렇게 생각해 보면, 언어가 출발이고 모든 세계의 소통과 해결의 근원이며 원동력이 된다.

언어 행위, 언어 행동에 대해서 잠시 생각해 보자. 사회생활을 하면 의도하든 의도하지 않든 하루에도 몇 번씩 감사, 사죄, 의뢰, 거절 등의 장면과 만난다. 언어를 사용하고 표현을 선택하는 순간에 나는 과연 적절하고 올바른 표현을 하고 있는지 되묻게 된다. 내 말을 상대방이 바르게 이해했는가? 커뮤니케이션에 오해는 없었는가? 잘못된 사용은 없었는가? 우리가 일본인의 커뮤니케이션 과정을 이해하는 데 중요한 것은 커뮤니케이션의 본질을 이해하는 것이다. 일본인은 일본 문화권 속에서 성장하고 학습한다. 그와 마찬가지로 한국인은 한국어 문화권의 영향을 받으면서 성장한다. 따라서 일본어 화자와 한국어 화자는 커뮤니케이션에서 다른 부분이 많다. 예들 들어, 어떤 행동이 일본인의 입장에서 보면 예의 없는 언어 행동이지만 한국인에게는 그렇지 않을 수 있다. 자신이 '당연'과 '상식'으로 생각하는 일이 상대방에게는 아무렇지도 않은 경우가 있다는 점이다. 이런 차이는 국제화 사회를 살아가면서 이문화 커뮤니케이션을 이해할 때 매우 중요하다.

한국과 일본은 여러 방면에서 많이 다르다. 일본을 연구하면 할수록 더욱더 차이를 느낀다. 일본은 지리적으로 가까운 이웃 국가이지만, 언어 행동을 보면 사용 양상이 매우 다르다. 또 한국어와 일본어는 계통이 달라서 지금도 대조언어학, 사회언어학 등의 분야에서 적지 않은 연구자들이 언어 행동 특성에 관한 개별 연구를 하고 있다. 언어는 변화하기 때문에 이런 현상은 계속 진행될 것이다. 사회계층별, 세대별, 성별, 지역별로 말과 표현이 다르기 때문에 완벽하고 온전한 소통은 참으로 어렵다. 노인어, 유아어, 젊은층의 말, 여성어, 남성어 등 각각 특성이 있는 것처럼! 이런 현상을 킨스이 사토시는 '역할어'의 개념으로 설명하고 있다. 즉, 일본어는 역할어의 성격이 있어서 어느 특정의 인물이 연령, 성별, 직업, 계층, 시대, 인물 모습, 풍모, 성격 등 사용할 것 같은 말투가 있다고 이해하면 된다.

또한, 메이지시대의 국민 작가 나쓰메 소세키의 소설 작품 속에서 등장인물이 사용하는 말과 현대의 대표적 작가인 무라카미 하루키의 작품 속에서 등장인물이 사용하는 말은 현재의 '동경 표준어'와 오사카 '간사이 방언' 차이 이상으로 다른 말과 표현이 되어 버렸다. 동경 표준어에서 감사 표현을 「ありがとうございます」로 하지만, 오사카 지방에서는 「おおきに」로 하는 것은 외국인의 감각으로는 이해하기 어려워서 적절하게 사용하기 쉽지 않다.

한일 감사 표현과 성차를 이해하기

표준 일본어에서 '감사 표현'은 대표적으로 「ありがとう」, 「ありがとうございます」, 「どうも」, 「どうもありがとう」, 「どうもありがとうございました」 등이 있다. 감사를 뜻하는 한자어인 感謝를 사용한 「感謝かんしゃします」도 있다. 고유의 일본어에서는 '고맙다'는 뉘앙스인 「ありがとう 계열」을 감사의 의미로 주로 사용하며, '감사하다'는 한자를 사용해 「感謝かんしゃ+する」의 형태로 표현한다. 한국어에서는 '감사합니다' 계열, '고맙습니다' 계열을 주로 사용한다. 참고로 '감사'의 의미로 사용되는 한국어 표현을 소설과 설문 조사의 경우에서 살펴보자. 오고시 마리코는 한국어 소설 속에서 '감사' 의미를 나타낼 때 '고맙다'가 '감사하다'보다 압도적으로 많았다는 결과를 발표했다. 그런데 내가 2018년 조사한 한일 대학생들의 감사 표현의 실태

조사 결과를 보면, 한국어에서 특히 동료 간 대화에서 남성 14명 응답 중 7명이 '감사하다 系'를 사용했다. 따라서 화자와 상대방이 어떤 관계이고 그 화제가 어떤 내용인가에 따라서 '감사합니다' 계열과 '고맙습니다' 계열의 사용 양상은 매우 다르게 나타날 수 있다. 소설 속의 통계가 경향을 파악하는 데는 의미는 있으나, 상대방 간의 관계가 매우 중요하다는 점을 고려한 통계 조사가 이루어져야 할 것이다.

일본어의 '감사 표현'도 성별과 친분 정도에 따라 다르게 사용되어 올바르게 사용하기 어렵다. 이해를 돕고자 여기서 TV 드라마나 소설 속의 경향을 소개하면, '감사'가 한국어에서는 윗사람에게 사용되는 경우가 많지만 일본어에서는 오히려 친한 사이에서 '감사' 표현이 많이 사용된다는 점이다. 한일 양국에서 감사 표현의 사용 실태의 차이를 엿볼 수 있는 부분이다.

일본어는 성별에 따라 언어에 차이가 있다. 비록 지금 현대 일본어는 성차가 축소되는 경향이 있지만, 한국어에 비해 성차가 뚜렷한 언어다. 따라서 일본어를 사용할 때는 성차를 고려해서 상대방에게 적절하게 사용해야 원활하게 커뮤니케이션 할 수 있다. 일본어로 된 문학 작품을 읽으면 성별에 따라 사용하는 종조사, 1인칭, 2인칭 대명사가 다르다는 것을 쉽게 알 수 있다. 예를 들어, 일본어에서 종조사「~わ, わよ, わね, のよね, かしら」등은 주로 여성이 사용하며, 남성이 사용하면 문맥의 특수성을 고려하더라도 우스꽝스럽고 어색하게 들릴 수 있다. 남성은「~ぜ, ぞ, よな, もんな」등을 사용한다. '나'를 지칭할 때도 일본어는 성별에 따라 다른 표현을 사용한다. 흔히 우리가 듣는 '와타시わたし'는 남녀 모두 사용할 수 있다. 하지만 '아타시あたし'는 여성이, '보쿠ぼく', '오레おれ'는 남성이 사용한다. 2인칭에서는 '안

따あんた'는 여성이, '오마에おまえ', '기미きみ'는 남성이 주로 사용한다는 것을 기억하자.

일본어의 경어 사용에서 한국어와 큰 차이점: 내외관계를 이해하기

큰 틀에서 일본어는 상대에 따라 달라지는 상대경어, 한국어는 윗사람에게는 절대로 경어를 사용해야 하는 절대경어로 알려져 있다. 모두 그렇다고 할 수 없지만 큰 틀에서 보면 그렇다.

일본인은 자신의 가족이나 직장 등 자신이 속한 영역을 '우치', 타인이 소속된 부분을 '소토'로 구분한다. 이렇게 구분하는 것은 경어 사용에서 중요한 기준이 된다. 기본적으로 '우치'에 속하는 사람에게는 경어를 사용하지 않고, '소토'에 속하는 사람에게는 경어를 사용한다. 예를 들어, 자신의 직장 상사를 타인에게 말할 때 직장 상사여도 '우치'에 속하기에 경어를 사용하지 않는다. 반면, 한국어는 직장 상사는 자신의 윗사람이므로 상하관계를 고려해서 항상 경어를 사용한다. 이런 의미로 일본어는 상대방과의 관계우치에 속하는가, 소토에 속하는가에 따라 경어 사용이 결정되는 상대경어이고, 한국어는 손윗사람에게 경어를 사용하는 절대경어의 경향이 강하다고 볼 수 있다.

그리고 반말이나 존댓말처럼 친한 사이와 친하지 않은 사이에 사용하는 언어가 다르다. 즉, 상하관계, 내외內外관계 등에 따라 경어 표현의 선택이 달라진다. 물론 화자의 속성이 매우 중요한 요소가 된다. 화자가 학생인 경우와 교수나 직장인의 경우의 말투는 달라지기 마련이다. 학생은 아직 경어 표현에 익숙하지 않고 사용 어휘에 젊은이 말의 특성이 반영될 수밖에 없다. 다음 〈장면 1〉은 대학생이 화자인 경우, 한국어와 일본어에서 감사 표현의 차이를 보여 준다.

〈장면 1〉 식당에서 주문한 요리를 종업원이 가지고 왔을 때, 당신은 어떻게 말합니까?

*화자: 대학생 자신

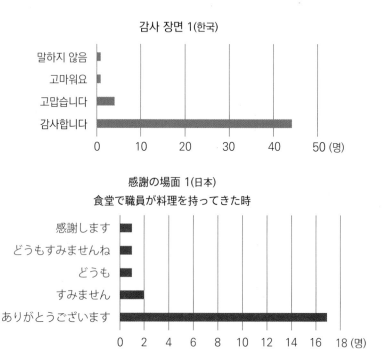

감사 장면 1(한국)

感謝の場面 1(日本)
食堂で職員が料理を持ってきた時

〈장면 1〉에서 한국과 일본의 감사 표현의 차이를 이해할 수 있다. 한국에서는 '감사합니다'89.79%, 총 50명 중 44명가 압도적으로 많이 사용된다. '고맙습니다'의 사용은 4명이 있는데, 이것도 여학생이 사용하는 것으로 나타났다. 일본에서는「ありがとうございます」77.27%, 총 22명 중

17명를 대부분이 사용한다. 「すみません」2명과「どうもすみませんね」1명의 합계 3명이라는 것이 한국과 다른 점이다. 즉, 일본어에서는 '사죄 표현'이 감사의 의미로 사용되는 경우가 있다. 일본어에서「すみません」은 가족처럼 친하지 않은 사람에게 감사의 의미를 전할 때 사용하기도 한다. 반면, 한국어에서 '미안합니다' 대신에 직접 감사를 표현하는 '감사합니다'가 대부분이며 '고맙습니다'는 의외로 적다.

〈장면 2〉 회사 면접에 합격하고 나서 취업 추천서를 써 준 교수에게 어떻게 감사 인사를 합니까?

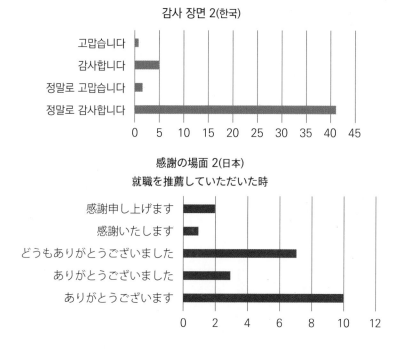

감사 장면 2(한국)

感謝の場面 2(日本)
就職を推薦していただいた時

〈장면 2〉에서 한국 학생들이 일본 학생에 비해서 교수에 대한 감사

표현을 더욱 정중하게 사용하는 경향이 보인다. 한국 학생은 '정말로 감사합니다'를 압도적으로 사용하지만, 일본 학생은 「ありがとうございます」를 사용하며 한국어의 '감사합니다'에 해당되는 정도의 경어 표현을 사용한다. 이처럼 한일 양국 대학생들이 교수에 대한 감사 표현에서 정중도의 차이를 보이고 있다. 즉, 양국 대학생들이 화제취업 추천에 대한 감사의 인식 정도의 차이가 인사 표현에 반영된 것이다.

일본어의 사죄 표현과 '소극적 정중함'을 이해하기

다음으로 사죄 표현을 보자.

〈장면 3〉 수업 이동 중 캠퍼스를 걷다가 다른 사람과 손을 부딪쳤습니다. 그때 부딪친 사람의 손에서 스마트폰이 떨어졌습니다. 그 장면에서 당신은 어떻게 말합니까?

*화자: 대학생 자신

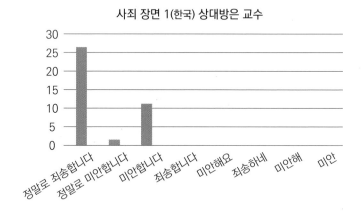

사죄 장면 1(한국) 상대방은 교수

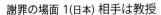

謝罪の場面 1(日本) 相手は教授

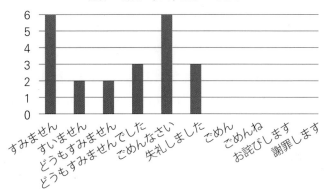

すみません / すいません / どうもすみません / どうもすみませんでした / ごめんなさい / 失礼しました / ごめん / ごめんね / お詫びします / 謝罪します

사죄 장면 2(한국) 상대방은 친한 친구

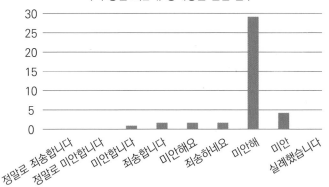

정말로 죄송합니다 / 정말로 미안합니다 / 미안합니다 / 죄송합니다 / 미안해요 / 죄송하네요 / 미안해 / 미안 / 실례했습니다

謝罪の場面 2(日本) 相手は親しい友達

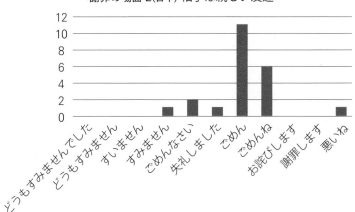

どうもすみませんでした / どうもすみません / すいません / すみません / ごめんなさい / 失礼しました / ごめん / ごめんね / お詫びします / 謝罪します / 悪いね

전반적으로 일본에서는 사죄 표현에서도 감사 표현과 마찬가지로 여학생이 남학생보다 비교적 정중한 표현을 사용한다. '여성은 남성보다 정중한 표현을 사용해야 한다'라는 사회적인 규범과 잠재적·암묵적인 경어 의식이 여전히 남아 있다고 볼 수 있다. 그러나 한국에서는 남학생과 여학생의 차이는 크지 않았다. 즉, 한국어에서는 성차^{性差, 여기에서는 여학생이 남학생보다 공손한 표현을 사용해야 한다는 것을 의미함}가 일본어보다 크지 않다고 볼 수 있다.

〈장면 3〉에서 화제의 성격상 교수나 직원 등 사회적인 지위, 연령 등 윗사람에 대한 정중한 사죄가 한국어의 경우는 3가지 표현으로 집약되지만, 일본어는 상대방이 교수라는 점에서 6가지 사죄 표현이 선택되었다. 이처럼 일본어가 좀 더 다양한 요인^{화자와 상대방 간의 관계}이 작용한 것으로 보인다. 이 부분은 한국어에서는 남녀 모두 윗사람^{상하관계}에 대한 정중한 사죄가 중요하며 정형화된 방식으로 사죄를 표현함을 의미한다.

일본어에서는 상하 관계와 더불어 화제의 중요성에 따른 차이와 남녀에 따른 차이^{여학생이 주로 ごめんなさい 사용}, 즉 성차까지 반영된 결과라고 생각된다. 특히 한국어의 존댓말이 나이를 기준으로 하는 절대경어라면 일본어의 존댓말은 나이 외에도 '우치'와 '소토', 친분관계를 기준으로 하는 상대경어다. 이것이 사죄 표현에도 반영되기도 하고, 나아가 한일 간의 차이로 나타난다.

이처럼 일본어는 사죄 표현의 사용이 매우 복잡하다. 따라서 일본어 사죄 표현의 사용도 상대방과의 관계에 따라 적절하게 사용해야 한다. 경어가 자신과 상하관계, 친소관계, 내외^{內外} 관계 등을 종합적으로 고려해서 사용되는 것처럼 사죄 표현도 마찬가지다. 어느 부분이 사죄 표현 사용에 가장 크게 영향을 끼쳤는지는 학문적 연구 대상이 되지만, 적어도 한국인의 관점에서 보면 한국과 다른 사용인 '우치와 소토의 관계'를 잘 알아야 한다. 그리고 미야케 가즈코의 '감사와 사죄의 언어행동에 관한 일련의 연구'를 보면 일본인의 대인관계 파악과 언어행동 간의 관계를 우치_{가족이나 아주 가까운 사람들}. 소토_{아주 친하지 않지만 자신의 우치와 관련이 있는 사람. 우치 주변에 있음}, 요소_{자신과 우치 관계는 아니지만 어떠한 계기로 관계가 생기는 사람. 통행인, 전철 등 주위의 사람, 서비스 업계의 사람 등} 속에서 파악한다. 미야케가 말하는 '요소'의 개념도 널리 보면 '소토'가 되는 셈이다.

한편, 한국어에서 선배에게도 상대적으로 공손한 사죄 표현_{한국어에서는 연령에 따른 상하관계가 사죄 표현의 선택에 결정적으로 영향을 미치고 있음}을 사용한다. 또한, 성차의 관점에서 보면 일본 여학생이 한국 여학생에 비해 동료에게 정중한 사죄 표현을 하는 점이 특징이다. 일본은 동료에게도 친밀감이 있더라도 상대방에게 피해를 끼치는 것을 상당히 부담스럽게 생각한다. 일본인은 공손하게 사죄해서 상대방 영역을 침해하지 않고 일정한 '심리적 거리'를 유지하는 '소극적 정중함'의 성격이 강한 편이다. 이것은 적극적·긍정적 정중함을 선호하는 한국과 대비된다. 이런 특성을 이해할 때 비로소 '바르게 이해하기'가 가능하며 일본인과 원활한 의사소통을 할 수 있다.

여기에서 일본인의 언어 행동 전략을 잠시 살펴보자. 구마가이 토모코는 일본인이 사죄를 잘하는 것이 논리적으로 자신을 불리한 입장에 놓지만, 실은 일종의 '대인 행동의 스타일'로 기능한다고 보고 있다. 자신의 입장을 불리하게 만들면서 스스로 자신의 체면을 지키지 못하더라도 상대방에게 이해를 구하려는 전략이다. 이와 같은 언어 행동 전략은 의뢰와 사죄뿐만 아니라 '일본적인 겸손'도 나타낸다고 했다. 즉, 자신을 불리한 입장에 놓는 언어 행동이 상대방에게 일정의 효과를 거둔다고 판단하는 상호이해적인 사죄 표현의 스타일이다. 자신을 약자의 입장에 놓는 것이 결국은 상대방에게 결정권이 있고 상대방의 허가를 구하는 사죄 방식으로 '소극적·부정적 정중함' 전략을 선택하는 셈이다. 이런 방식은 일본인의 오랜 언어문화로 구축된 표현 양식[1]으로 우리가 바르게 알아야 할 핵심이다.

반면, 한국의 경우는 자신을 불리한 입장에 놓고 사죄를 구하는 방식보다는 설명하는 방식을 선호하는 편이다. 자신을 불리한 입장에 놓는 겸손함보다는 적극적으로 협조·동조하면서 설명하고 사죄하는 '적극적·긍정적 정중함'의 전략을 취하는 것이다. 결국, 한국인은 겸손한 방식보다 직접적인 사죄 전략이 주가 된다. 이런 관점에서 생각하면, 한국어는 능동표현을 선호하는 언어이고 일본어는 수동표현이 발달된 언어라고 볼 수 있다.

일본어의 감사 표현과 사죄 표현의 평가적 태도와 표현 구조

미나미 후지오는 일본어 경어의 일반적 성격으로 3가지를 들고 있다. 그중에서 배려의 대상 혹은 그에 대한 표현에 관해 언어 주체가 어떤 '평가적인 태도'를 지닌다는 점, 그리고 그 결과 표현의 소재素材적

---

1 자신을 불리하게 놓는 언어 행동을 도이 타케오(土居健郎, 1971:27-28)는 일본인의 「甘え: あまえ; Amae」의 심리로 해석하고 있다. 일본인은 친절한 행위에 대해서 상대방에게 호의를 잃고 싶지 않아서, 앞으로도 오랫동안 응석 부림(甘え)을 하고 싶은 생각으로 「すまない」라는 말을 빈발한다는 것이다. 이런 '사죄'와 '감사'의 언어문화 습관을 이해하는 것이 무엇보다도 중요하다.

내용 혹은 그에 관한 언어 주체의 취급 방식^{언어 표현, 경어 표현 정도로 해석}에 차이가 생긴다는 점을 들고 있다. 결국은 '화자가 상대방을 어떻게 평가하는가?'라는 점이 경어 표현의 성격을 규정한다고 볼 수 있다.

감사 표현과 사죄 표현도 상대방에 대한 화자의 어떤 평가적인 태도^{의식적 때로는 무의식적}가 반영되어 그 평가를 바탕으로 담화 문맥context 속에서 원활하게 커뮤니케이션을 하는 것이다. 한일 양국에서 이런 표현 양상의 차이는 경어의 특성과도 깊은 관련이 있으며, '공손 전략 politeness strategy'의 차이로도 감사와 사죄 표현의 설명이 가능하다. 한일 양국은 오랜 기간에 걸쳐서 언어문화의 역사가 다르기 때문에 상대방을 대하는 평가적인 태도가 다른 것은 너무도 당연하고 자연스러운 현상이다. 이런 현상을 객관적으로 볼 수 있는 안목과 혜안이 필요하다.

일반적으로 한국어에서 감사 표현은 '일회성'으로 그 자리에서 감사의 행위가 모두 끝나는 구조다. 그러나 일본어는 감사의 행위가 일회성이 아닌 반복되는 '다회성'이다. 한국인의 입장에서는 발생한 지금의 행위에 대해 그 자리에서 감사표현이 종료된다고 생각하지만 일본인은 지금 행위에 감사를 표하고 나서 다음에 만났을 때도 감사를 표시하는 특성이 있다. 이처럼 한일 양국은 언어문화 행동 양식이 다르다.

사죄 표현도 감사 표현과 마찬가지다. 사과 담화의 처음과 마지막에 정형적인 사과의 말을 하고, 여기에서 여기까지가 '사과의 담화'라는 경계선을 그어 구분한다. 이상을 정리하면, 일본어의 감사 표현과 사과 표현의 구조는 다음과 같다.

- 감사 표현: [정형적 감사] + [은혜를 입은 내용] + [관련/비관련] + [정형적 감사]
- 사과 표현: [정형적 사과] + [이유 설명] + [보충 설명] + [정형적 사과] + [의향 타진][2]

위에서 설명한 것처럼 일본인은 감사와 사죄 표현도 정형적 표현을 선호하며, 다회성으로 해야 그 행위가 종결된 것으로 해석한다. 이 점을 이해하면 일본인과 커뮤니케이션에 큰 도움이 될 것이다. 우리는 비즈니스 장면에서 일본어의 표현 양식과 담화 방식의 특성을 이해해야 일본인과 원활한 의사소통이 가능할 것이다. 결국 '소극적·부정적인 정중함' 전략이 일본어의 담화에서 중요한 포인트다.

이처럼 일본인의 언어 표현은 감사 표현과 사죄 표현을 자주 사용하는 것이 큰 특징이다. 이런 특징은 우리와 다르기에 그 차이를 인정하고 이해해야 한다. 언어는 그 나라의 오랜 역사와 문화를 내포하고 있기 때문에 언어와 문화, 언어와 비언어를 바르게 이해하는 것이 매우 중요하다. 요즘같이 한일관계가 어려울 때일수록 한일 양국이 서로의 언어와 문화를 존중하고 서로의 다름을 인정해 주어야 한다.

끝으로 이 글이 일본인의 감사와 사죄의 표현을 이해하는 데 조금이나마 도움이 되었으면 한다.

---

2   다키우라 마사토·오하시 리에(2020: 128-130) 이경수·사공환 옮김.

일본인의 애매한 말투와 맞장구

조영남 (고려대 일어일문학과 교수, 담화분석 연구가)

한국인과 일본인의 커뮤니케이션은 단순히 언어를 이해한다고 원활히 소통되는 것은 아니라는 것을 다양한 매체를 통해서 알 수 있다. 언어 습관, 사회문화적 배경, 역사 인식, 환경 지리적 여건 등 다양한 요인 때문에 서로 다른 문화 사이에 마찰이 일어나기도 하고 소통이 어려워지기도 하기 때문이다. 한국인 입장에서는 일본어의 기초적인 문법을 습득하고 나서도 일본인과의 대화가 어렵게 느껴지는데, 대표적인 요인으로 일본인의 애매한 말투와 맞장구가 있다. 구체적인 사례를 통해 애매한 말투와 맞장구의 사회 문화적 배경을 탐색해 본다. 또한 소통을 좀 더 원활하게 하는 방법을 제안한다.

일본인의 애매한 말투

일본인이 자주 사용하는 「早く行かなくちゃ…」, 「東京駅に行きたいんですが…」, 「今週はちょっと…」와 같은 미완성된 문장을 어떤 의도로 사용하는지 제시한다.

다음 대화는 한국인과 일본인이 도서관에서 함께 책을 찾고 있었는데, 일본인 친구가 수업에 늦을 것 같아서 빨리 가자고 말하는 상황이다.

일본인: あ、もう3時、早く行かなくちゃ…(아, 벌써 3시네, 빨리 가
지 않으면)

(한국인의 마음속: 아무리 늦어도 말은 끝까지 해야지)

일본인 친구가 수업에 늦을 것 같다고 빨리 가자는 의미로「早く行
かなくちゃ 빨리 가지 않으면」이라는 축약 형태로 말을 끝맺는다. 그 말
을 들은 한국인은 '「早く行かなくちゃならない 빨리 가지 않으면 안 돼」에
서 왜「ならない 안 돼」를 말하지 않을까? 뒷말을 못할 정도로 매우 바
빴나?'라는 생각이 든다. 일본인은 일상생활의 다양한 장면에서 끝까
지 말하지 않는 미완성된 문장을 즐겨 사용하는 언어 습관이 있다. 문
장을 일부러 생략했다기보다는 이것으로 완결시켰다는 인식이 있는
것이다.

다음 대화는 길을 묻는 상황이다.

일본인: 東京駅に行きたいんですが…
(도쿄역에 가고 싶습니다만…)

일본인은 길 가는 사람에게 길을 물을 때「東京駅に行きたいんで
すが… 도쿄역에 가고 싶습니다만… 」과 같이 가고자 하는 목적지만 표현하고
어떻게 가면 될지까지는 묻지 않는 경향이 있다. 길을 묻는다는 상황
이 명확하므로 굳이 '어떻게 가면 될까요?'라는 표현을 하지 않아도 언
어적으로 부족한 느낌이 들지 않고 완전하다고 느낀다. 이에 반해 한
국어라면 '서울역이 어디에요?'와 같이 의문형을 이용해서 묻는 사람
이 많을 것이다.

다음 대화는 한국인이 일본인에게 영화 보러 가자고 권유했는데 일본인이 거절을 하는 상황이다.

> 한국인: 今週、一緒に映画見に行かない？(이번 주에 함께 영화 보러 안 갈래?)
> 일본인: ごめん、今週はちょっと…(미안, 이번 주는 좀…)
>
> (한국인의 마음속: 나에게 말 못할 사정이 있나?)

「今週はちょっと… 이번 주는 좀…」이라는 일본인의 거절방식에 대해 한국인 입장에서는 왜 이유를 말해주지 않고 분명히 거절하지 않는지 석연치 않은 느낌이 든다. 하지만 이유를 일일이 설명하지 않는 거절 방식은 일본인 사이에서는 자연스럽게 통용된다. 거절한 이유를 일일이 설명하지 않는 대신「今週は都合が悪くて… 이번 주는 형편이 안 좋아서…」라는 애매한 표현으로 에둘러 말하기도 한다. 이런 표현을 통해 수락하지 못하는 발화 의도를 간접적으로 전해서 상대방이 알아주기를 바라는 마음을 호소하는 것이다.

이상과 같이 일본어는 말을 다하지 않아도 발화 의도를 문맥이나 상황을 통해 이해하는 정도가 매우 높은 언어이기 때문에 미완성된 문장의 애매한 말투가 허용된다. 또한 거절을 할 때 구체적인 이유를 설명하지 않아도 서로 오해하지 않는 개인의 사적영역이 존중되는 언어문화이기 때문에 이런 표현방식이 가능하다.

일본인의 맞장구

상대방이 이야기를 할 때 말을 잘 들어주면 호감을 갖게 된다. 일본인은 청자의 역할을 의식하는 듯 들으면서 다음과 같이 다양한 맞장구를 사용하는 경향이 있다.

> 「はい」, 「うん」, 「うんうん」, 「そうですね」, 「そうなんですか」, 「そうなんだ」, 「そっか」, 「あ」, 「ほんとに」, 「だよね」, 「へえー」, 「確かにね」, 「なるほど」

한국인 4명과 일본인 1명이 포함된 어떤 저녁식사 모임에서 생긴 일이다. 50대 한국인 남성이 과거에 있었던 흥미로운 경험담을 이야기하고 있었는데, 3명의 40대 한국인은 조용히 듣고 있었다. 그에 반해 30대 일본인 여성은 50대 한국인 남성의 말 중간 중간에 계속해서 맞장구를 치면서 정말 흥미로운 이야기라며 감동할 때 자주 사용하는 「へえ, へえ」를 사용했다.

5명 정도의 소모임에서 어떤 연배의 사람이 이야기할 때 한국인은 고개를 약간씩 끄덕이면서 철저히 듣는 역할에 종사하는 데 비해 일본인은 맞장구 언어를 통해 상대방의 말을 촉진시키는 추임새 역할을 수행했다.

다음은 한국에 사는 일본인 여성과 일본인 남성의 첫 대면 대화다. 일본인 남성의 일본 귀경 시기의 말 중간 중간에 여성이 맞장구를 치는 상황이다.

일본 여성: この冬休みは日本に帰るんですか? (이번 겨울에는 일
본에 돌아가요?)

일본 남성: 一応年末26 (일단 연말 26일)

일본 여성: はい (네)

일본 남성: ぐらいに帰って (정도에 돌아가서)

일본 여성: んー (응)

일본 남성: で仕事がないから (그리고 일이 없어서)

일본 여성: うん (응)

일본 남성: 多分3日くらい (아마 3일 정도)

일본 여성: 3日 (3일)

일본 남성: この間2日に帰ってきたんだけど (요전날 2일에 돌아왔
는데)

일본 여성: はい (네)

일본 남성: 去年かな (작년인가)

일본 여성: うん (응)

일본 남성: 2日に帰ってきたときに親に怒られた (2일에 돌아왔을
때 부모님이 화냈어)

　일본인 여성이 일본인 남성의 말 도중에 무려 6회에 걸쳐 맞장구를
치는 모습은 매우 흥미롭다. 한국인 입장에서는 조금 지나치다 싶을
정도로 남성의 말 중간 중간에 여성의 맞장구가 들어가기 때문이다.
첫 대면 대화이다 보니 일본인 여성이 더 신경 써서 맞장구를 치는 감
이 있지만, 맞장구는 일본어를 학습하는 학생들 사이에서도 한일 언어
문화적인 차이로 자주 거론된다.

　다음은 심리학자 사이토 이사무가 인간관계를 크게 바꿀 수 있는 커
뮤니케이션의 기술로서 제안한 맞장구의 기본 「さしすせそ」를 소개
한 내용이다 齊藤勇: 2016.

맞장구의 기본 「さしすせそ」

さ	さすが(역시)
し	実力ですね(실력이군요), しらなかった(몰랐어)
す	すごい(대단해)
せ	絶対(절대로), センスいいですね(센스가 좋군요)
そ	そうなんだ(그렇군), それで(그래서)

일본인은 왜 맞장구를 주의 깊게 다룰까? 일본어 교육학자 미즈타니 노부코에 따르면 일본인의 대화 방식은 상대방이 이야기할 때 맞장구를 치면서 대화를 함께 해 나가는 공화共話 방식이라고 한다水谷信子: 1993. 그에 반해 한국인은 상대방이 이야기를 할 때는 집중해서 이야기를 듣는 것을 선호하는 대화對話 방식에 가깝기 때문에 일본인만큼은 맞장구를 치지 않는다고 할 수 있다. 일본인에게 맞장구는 상대방에 대한 배려이자 대화 예법 중 하나다.

사회 문화적 배경

● 일본인의 애매한 말투

일본어학자 하가 야스시는 일본인의 커뮤니케이션이 '사양遠慮의 커뮤니케이션'과 '짐작察し의 커뮤니케이션' 방식을 취한다고 한다. 또 일본인 커뮤니케이션의 뚜렷한 특색은 전달할 의지가 없는 채로 전달한다는 점이라고 했다. 다시 말하면, 일본인은 확실한 의도를 가지고 적극적으로 발신하는 것에 익숙하지 않고 또한 타인의 의지나 사정을 묻거나 확인하려고 하는 발신도 적극적으로 행하지 않는다. 서로

설명하지 않은 문화 속에 살고 설명이 없는 부분을 마음속에서 짐작해서 보충한다芳賀綏: 1979. 후지모리 히로코와 하마다 미와팀 연구에서 거절하는 상황에서 일본인에게 열심히 이유를 설명했을 때 안 좋은 인상을 줄 수 있다고 지적했다藤森弘子: 1995, 濱田美和 외: 2013. 일본인 사이에서 거절 이유를 상세하게 제시하면 상대방의 의향과 관계없이 거절에 대한 수용을 강요하는 느낌을 줄 수 있기 때문에 지나치게 상세한 정보를 제공하지 않는 것이 좋다.

이상과 같이 언어표현을 적극적으로 사용하지 않고 최소한의 표현을 사용하는 '사양遠慮'의 커뮤니케이션이라는 일본어의 특색으로 애매한 말투가 관용구처럼 정착되었고, 상대방은 일일이 설명을 듣지 않아도 스스로 짐작해서 의도하는 바를 이해하는 '짐작察し'의 커뮤니케이션으로 애매한 말투를 보충한다.

다만 김란미 연구팀에서 지적한 바와 같이 일본인의 언어 표현의 특성을 반영해서 일본어 학습자가 일본인에게 이메일을 사용하는 상황에서도「それはちょっと…그것은 좀…」과 같이 애매한 말투를 다용하지 않도록 주의해야 한다金蘭美 외: 2018.

다음은 일본인 학생이 해외에서 일본에 학회 일로 오는 스즈키 교수님의 관광 안내 부탁을 거절하는 메일이다.

> 鈴木先生
> ○○○です。
> ご連絡ありがとうございます。本当にお久しぶりですね。イギリスにいたときが懐かしいです。
> 実は学会２日目の午後ですが、本当に申し訳ないのですが、前から約束していた予定が入っておりまして、時間をつくることが難しそうです。

私としても鈴木先生に色々とご案内したいところがあったので、とても残念です。
また私も近々XX大学に行く予定がありますので、そのときに色々とお話ができたら幸いです。
よろしくお願い致します。

(일본 国立国語研究所 I-JAS코퍼스 자료에서 발췌)

스즈키 선생님
○○○입니다.
연락 감사합니다. 정말로 반갑네요.
영국에 있을 때가 그립습니다.
실은 학회 2일째의 오후 건인데요. 정말로 죄송합니다만, 전부터 약속한 일정이 있어서 <u>시간을 만드는 것이 어려울 것 같습니다.</u>
저로서는 스즈키 선생님께 여러 가지로 안내하고 싶은 곳도 있어서 정말 아쉽습니다.
또 저도 조만간 XX대학교에 갈 예정이 있어서 그때 여러 가지로 이야기할 수 있으면 좋겠습니다.
잘 부탁드리겠습니다.

이메일 상에 나타난 거절하는 방식을 살펴보면 「時間をつくることが難しそうです 시간을 만드는 것이 어려울 것 같습니다」와 같이 미완성된 문장과 같은 애매한 말투는 사용하지 않고 오히려 완성된 문장으로 명확히 자신의 의사를 표현한다. 음성을 동반한 회화체와 문자를 동반한 문어체라는 매체의 차이가 애매한 말투의 사용법에 영향을 준다는 점을 눈여겨볼 필요가 있다.

● 일본인의 맞장구

일본인은 세심하게 마음을 쓰는 배려심이 내포된 커뮤니케이션 스타일을 취하는 경향이 많다. 상대방의 이야기를 성의 있게 듣고 긍정적인 평가를 하는 맞장구를 자주 사용하는 것뿐만 아니라 거절하는 상황에서도 직접적으로 거절하기보다는 「考えてみます생각해 보겠습니다」라든지 「連絡します연락하겠습니다」와 같이 간접적인 표현을 사용하는 경향이 많다. 이것은 상대방의 체면을 중시하여 배려하는 언어 표현을 선택하여 인간관계의 마찰을 피하려는 것이라고 할 수 있다. 부정적인 본심혼네을 솔직하게 제시하면 인간관계가 끝나는 경우가 많기 때문에 불만이 있어도 쉽게 드러내지 않는다. 이는 표면다테마에을 중시하면서 인간관계를 유지하는 커뮤니케이션 스타일이 나온 배경이라고 할 수 있다.

좀 더 원활하게 소통하는 방법

이 장에서는 일본인의 애매한 말투와 맞장구를 중심으로 살펴보았다. 이런 언어표현 외에도 커뮤니케이션상에 나타나는 다양한 목적을 가진 언어행동이나 비언어행동에서 비슷한 맥락으로 소통하는 모습을 볼 수 있다. 예를 들어 부탁하는 장면, 칭찬하는 장면, 상사에게 보고하는 장면 등을 관찰해 보면 상대방을 존중하는 배려심이 담긴 섬세하면서도 동시에 화자 자신의 발신에 소극적이면서 거리감을 유지하는 언어 표현이 발달되어 있음을 체감할 수 있다. 또한 식당 앞에서 줄서 있는 장면을 살펴보면 사람과 사람간의 간격이 벌어져 있어 관계를 적절하게 유지한다는 인상을 받는다.

원활하게 소통하기 위해서는 살펴본 바와 같이 일본식 소통방식을 잘 관찰하면서 커뮤니케이션에 내재된 사회 문화적 공식을 추출해서 이해하려는 노력이 필요하다. 일본인의 커뮤니케이션 방식을 알아갈 때는 매번 새로우면서도 독특하다. 그들만의 방식은 고유한 사회 문화적인 배경에서 발달되고 정착되었다. 일본인의 가치관과 사회 문화가 결국 언어에 투영되기 때문에 이 부분까지 함께 종합적으로 파악해야만 그 언어를 진정으로 이해할 수 있다. 다시 말하면 일본어를 비롯하여 일본 사회와 문화에 대한 이해가 소통을 원활하게 하는 밑거름이 된다는 것이다. 특히 매스미디어에 나타난 한일 문제의 부정적인 면이 한국과 일본 양국 국민의 인식에 영향을 미치기 때문에 정치적인 현안을 잘 해결하려는 의지가 중요하다.

자주 듣는 오사카 사투리
어느 정도 들리나요?

신재관(전 무역회사 CEO)

일본 간사이 사람이 표준어로 뉴스를 하기 위해서는 피나는 노력을 해야 한다고 말한다. 그런데 정보 프로그램이나 버라이어티쇼에서 오사카 사투리를 쓰면 엄청난 인기를 끌 수 있다. 그래서 '뉴스는 표준어로 버라이어티쇼는 오사카말로'라는 표현이 생길 정도다. 우리도 모르게 표준어처럼 자주 듣는 말에 간사이 사투리가 의외로 많다. 특히 '아주, 대단해'라는 뜻의 「すごい、たいへん」에 해당되는 말이 「めっちゃ」이다. 「めっちゃ おもしろい うれしい」는 '아주 재미있다 기쁘다'로 전형적인 오사카 말이다.

이 글에서는 특히 오사카 사투리의 흐름과 상업도시가 된 오사카에 대하여 알아본다. 특히 「食い倒れ」, 「天下の台所」로 표현되는 음식문화, 상술, 관련 내용 등을 소개한다.

오사카 사투리 大阪弁 의 배경

● 역사적 배경

오사카는 고대부터 중세까지 수도인 교토에서 가까워 물류유통의 중심지로 상업이 발달했고, 에도시대부터 근대 초기까지 장사의 도시로 발전했다. 상업을 널리 권장한 도요토미 히데요시가 오사카 중시 정책을 폈는데, 주로 상인들이 장사할 때 거래를 원활하게 하기 위한 정책이었다. 그러자 일본 전국에서 상인이 오사카로 모여들었고 여러 지역의 언어가 뒤섞이면서 이 지역 특유의 말이 생겨났다. 특히 업종, 직책 등에 따라서 말이 세분화하면서 발달했다고 볼 수 있다.

● 사회적 배경

메이지시대를 거치면서 사회적인 환경 변화와 상관습의 변화 등에 따라 언어도 변화를 겪어 왔다. 지금은 수도인 도쿄 중심으로 정치와 경제가 이동하면서 다소 쇠퇴한 느낌이 있으나 오사카 사투리는 아직도 거대한 경제력을 바탕으로 일본에서 가장 많이 쓰이는 사투리로 인식되어 있다.

● 문화적 배경

사투리는 자연스럽게 지역의 정서, 풍습 등 문화를 담는다. 특히 오사카 사투리는 오사카 출신 예능인들이 TV 등에 많이 등장해서 가장 많이 알려진 지역 방언이기도 하다. 흔히 '교토의 기다오레京の着倒れ, 옷치장으로 재산을 탕진함'와 오사카의 '구이다오레食い倒れ, 먹을 것에 재산을 탕진함' 문화를 이야기하기도 한다. 이는 무엇을 중시하는지 보여 주는 문화일 것이다. 1,000여 년 동안 수도였던 교토가 귀족적인 문화와 체면을 중시해서 치장에 중점을 두었다면, 경제 중심지인 오사카는 먹고사는 문제, 실제 이익, 장사를 위한 실속, 나아가 돈에 치중하는 문화가 깊게 자리한다고 할 수 있다.

● 정치·지역적 인식

또 다른 하나의 요소는 정치·지역적인 인식이다. 간사이 지방은 아스카시대부터 에도시대까지 일본의 수도였다. 비록 실권이 없던 천황이 머무는 곳이었지만 문화적인 자부심으로 가득 차 있었다. 오사카는 경제의 중심이라는 자부심이 유난히 강하다. 도요토미 히데요시에 대한 아련한 향수와 아쉬움이 깊게 남아, 도쿠가와 이에야스德川家康로 대표되는 간토도쿄를 중심으로 한 수도권 세력에 대한 은근한 반발도 큰 몫을 했다고 볼 수 있다. 다시 말해 교토는 귀족문화, 오사카는 조닌문화도시상인 문화가 자리 잡은 반면에 간토로 대표되는 도쿄에는 무사문화가 정착하게 되었다. 이런 배경에 따라 교토에는 체면과 자존심을 중시하는 조금은 딱딱한 말이 발달했고, 오사카에서는 장사를 잘하기 위한 상대방 배려의 말과 실속을 중시하는 '뭐니 뭐니 해도 Money'를 중시하는 직설적이지 않으면서 함축된 말이 발달했으며, 도쿄는 정확하고 직선적이며 확실함을 상징하는 무사정신의 표현이 발달한 것으로 보인다.

지역 정서를 잘 나타내는 표현의 차이

우리가 잘 아는 「マンマミーヤ」는 간사이 지방에서는 「ありのままに見なさい있는 대로 보세요」라는 의미다. 몇 해 전에 트위터에서 화제가 된 말이 있다. '오사카지방의 취급설명서'에서 「考えとくわ생각해 볼게」라고 말해도 전혀 생각해 두지 않는다는 말이 화제가 된 것이다.

오사카 지역 상인들의 정서를 보면, 장사를 잘하기 위해 상대를 배려하는 뉘앙스의 차이가 나타난다. 예를 들어 음식이 맛이 없을 때 도

쿄 사람은「だめです」라고 확실히 표현하는 경향이라면, 오사카 사람들은 주변 분위기를 보면서 상대를 배려하여「まーま 그냥-」라는 표현을 쓰는 것을 볼 수 있다.

다른 예로, 바보라는 일본어에 아호^{阿呆}와 바카^{馬鹿}가 있다. 이 두 말은 지역 정서가 다르다. 오사카 사람이 도쿄 사람에게「あなた阿呆やね 당신 바보야」하면 직설적으로 받아들여 엄청 화를 낸다. 그런데 오사카 사람끼리는 흔히 친근감을 표시하는 입장에서 우스갯소리를 하는 정도로 받아들인다. 이렇게「おもろい 재미있는」한 구석이 있다.

오사카 상인사회에서 흔히 주고받던 인사말인「もうかりまっか? 장사 잘 되세요?」라는 표현을 하면 대체로「ボチボチですなあ 그럭저럭」으로 대답한다. 한국 사람은 대체로 '어려워요' 하며 자기입장을 피력하는 경향이 있는데, 오사카 사람들은 장사가 잘되든 못되든 관계없이「ボチボチですなあ」를 감정을 섞지 않고 표현한다. 이는 상대를 배려하는 상인의 배려문화다.

또한 간사이 지방 사람이「行けたら行く 갈 수 있으면 갈게」라고 말하면 가지 않는다는 말이다. 이 한마디에 많은 뜻이 숨겨져 있다고 할 것이다. 어쩌면 오사카 사람들과 한국 사람들의 표현이 비슷한 것도 여럿 있다. 그중에 하나가 '모기에게 물리다'라는 표현이다. 원래는「蚊に刺される」이지만 오사카 사람들은 한국 사람과 마찬가지로「蚊にかまれる」로 사용하고 있다.

상업도시의 정서를 활용한 뛰어난 상술

간사이 사투리로 까불고 떠드는 사람_{물건}을「いちびり」라고 표현한다. 장사가 잘되게 하거나 상대를 즐겁게 하려는 것을 뜻한다. 그런 마음이 지역의 특산품에 녹아들어 지역 정서를 잘 나타낸다. 종류가 다양한 특산품 중에서 「おもろい」한 몇 가지를 소개해 본다.

- 「食い倒れ」를 연상시키는 오사카 사투리를 활용한 토산품과 생활 용품
  - 오사카 하면 타코야키 たこ焼き 가 유명하다. 구워서 집에 가져가면 눅눅해지는 것에 착안한 상품 ⓡ「たこ焼きちゃうんか 타코야키잖아!」는 부드러운 시폰 케이크다. 그리고 사투리 인사말 등이 들어간 케이크와 사탕도 있다. 사진 ①, ①-1 참조
  - 유니버설 스튜디오 JP에 가면 상표명 ⓡ「すぱいだあ 麺」이 있다. 막상 열어 보면 수상한 것이 많이 들어 있다. 사진 ② 참조
  - 선물로 주고받기 좋은 웃음이 절로 나는 아이디어 상품으로는 ⓡ「大阪弁おみくじ綿棒」 사용할 때마다 제비 뽑기로 오사카 사투리도 익히고 그날의 운세를 알아보는 재미가 있는 면봉 제품이 있다. 사진 ③ 참조
- 웃음 예능인 吉本 요시모토 이미지를 살린 건강음료다. 마셔 보면 레모네이드같이 부드러운 ⓡ「オモシロクナ~ル 재미있게 된다」는 음료와, 허리나 관절이 원활해진다 =すべる는 ⓡ「ヨクスベ~ル」의 약품 보조제도 있다. 사진 ④ 참조
- 스포츠 용품으로 타코야키의 이미지를 살렸지만 절대 먹지 못하는 타코야키 모양의 골프공 ⓡ「たこ焼きゴルフボール」이 있다. 일본 여행 선물로 부모님께 드릴 때는 주의사항을 꼭 읽어 보시라고 말씀드리고 선물할 것을 추천한다. 사진 ⑤ 참조
- 다른 이미지 선물로는 가족에게 제격인 타월세트로 ⓡ「ウチ 전용

사투리로 관심을 끄는 다양한 상품

사진 ①　　　　　사진 ①-1　　　　　사진 ②

사진 ③　　　　　사진 ④　　　　　사진 ⑤

타월」의 내용을 보면「アンタ 당신 専用」,「オトン 아빠 専用」,「オ
カン 엄마 専用」등 오사카 사투리를 활용해서 재미와 위트가 있다.

• 용서를 구할 때 선물로 제격인 ®「かんにんペーパー」는 용서의
뜻을 살린 상품으로, 위기를 모면할 때 사서 선물하면 좋은 아이디
어 상품이다. 내용물에「今回のことは水に流して許して 이번 일
은 물에 흘려버리고 용서를⋯」이라고 인쇄된 화장실 휴지다.

이 밖에도 톡톡 튀는 아이디어 상품이 많이 있다.

특이한 오사카 사투리

오사카 사투리를 다 언급할 수 없지만, 많이 쓰이는 패턴을 간략하게 소개한다.

많이 쓰이는 오사카 사투리 예

우리말	표준어	오사카 사투리	예문
미인	美人: びじん	べっぴん	거의 표준어로 쓰일 정도다 べっぴんようおる (미인 엄청 많다)
재미있다	おもしろい	おもろい	あの人おもろいやんか (저 사람 재미있잖아)
~~씨(氏)	さん	はん	君の嫁はん元気かな (자네 부인 건강하지)
정말로	本当に	ほんまに	ほんまに嫌ですわ (정말로 싫어요)
다르다 안 돼!	違う だめ	ちゃうちゃう ああん、あかん	これでええ？ちゃうちゃう、 あかん、あかん) (이것으로 됐어? 아니야 아냐 안 돼) 보통 2번 반복하는 버릇이 있다.
눈 다래끼	ものもらい	めばちこ	疲れてものもらいがでちゃった (피곤해서 다래끼가 생겼다)
왜 그래요 (농담조의 어투)	どうして なんだよ	なんでやねん	家の犬、英語するねん、 なんでやねん (우리 집 개, 영어로 말해, 뭔 일이야!)
닮다, 어울리다	似合ってる	におてる	よく似おてますね (잘 어울리는데)

오사카 사투리 음편 변화의 대표적인 예는 다음과 같다.

오사카 사투리 음편 변화

변환 전	변환 후	변환 전	변환 후
~だ	~や	~そうだ	~そうや
~だよ	~やで	~そうだよ	~そうやな
~だね	~やな	~そうだよね	~そうだ

실제 대화 소개

오사카 엄마와 아들의 대화를 소개한다.

息子: オカン~! 行きしなお好み焼きこってくれへんか、あそこめ
ちゃくちゃ旨いから。

아들: 엄마! 가는 김에 오코노미야키 사다 줄 테야? 그 집 엄청 맛있어.

買って → こって로 표현한다.

オカン: あかん、あかん、パーマあてにいくから,そんな時間ない
ねん。ほんまに！

엄마: 안 돼, 안 돼. 파마하러 가야 해. 그럴 시간이 없어, 정말로!

「パーマかける → パーマあてる」로 표현한다.

오사카 사람의 은유적인 멋진 말 의식

이 지역 사람들의 은유적면서도 유머스러운 표현도 재치가 있다. 오

사카 우동 하면 스우동素うどん, 건더기 없이 국물만 있는 가락국수 같은 우동, 우동 집 가마솥에 물만 있다고 하여 유 바카리湯ゆ, 뜨거운 물+ばかり=한 가지만 있음로 표현하기도 하고, 다섯 마리 원숭이ござる 손님이 자리 잡고 계신다는 이중적 뜻을 빌려서 손님이 계시는 것을 고자루五猿, 원숭이 5마리로 표현한다.

자존심의 간사이 사투리

그렇다고 간사이 지방 사람이 간도 쓸개도 없는 존재いちびり는 아니다. 특히 교토 사람은 자긍심, 자존심 그 자체라고 할 정도로 자기 고집이 세다. 좋은 예가 보통 수도를 중심으로 올라가는 길을 노보리のぼり, 내려오는 길을 구다리くだり로 표현하는데 아직도 이곳 사람들은 도쿄로 가는 길을 구다리하행길라고 반대로 쓰는 자존심을 지키고 있다.

또한 간사이 지역 사람은 자기 지역 말에 대한 자부심과 애착심이 강하고 특히 도쿄에게는 절대로 지지 않는다는 경쟁의식도 뚜렷하다. 프로야구를 보면 오사카 프랜차이즈인 한신阪神 타이거즈와 도쿄 프랜차이즈인 자이언츠 교진巨人의 경기는 애처롭기까지 하다. 다른 팀에 지는 것은 몰라도 특히 한신 타이거즈가 교진에게 지는 것만은 팬들에게 용납되지 않는다. 도요토미 히데요시에 대한 향수와 도쿠가와 이에야스에 대한 안 보이는 감정도 녹아 있어 상대를 폄하하기도 하고 자아의식도 강하게 나타낸다. 특히 간사이 지역의 자기 방어적인 지역 사랑, 지역 말 지키기 등이 강한 측면을 두고 간토 지방 사람들은 오사카 사투리가 상스럽고 거칠다고 말한다.

그립고 정겨운 사투리

매스 미디어나 교통수단의 발달로 사투리의 보급도 활발해져서 사투리를 들을 기회가 늘어났지만, 그 지역 사투리를 알고 쓰기는 매우 어렵다. 다만 자주 들어서 분위기를 읽고 이해하는 것에서 그 지역 사람의 정서를 좀 더 쉽게 이해하고 파악할 수 있다. 요즘은 과거와 달리 사투리 사전 등을 활용하는 방법이 큰 도움이 될 것이다. 혹시 사투리를 못 알아듣겠으면 부끄러워 말고 다시 "표준어로 천천히 말해 주세요" 하고 부탁하면 된다. 일본을 떠나 있어도 간사이 사투리가 가끔은 그립다.

일본어 초심자의
좌충우돌 번역 이야기

김민철(유민국제법연구소, 방송대 대학원생, 변호사)

번역, 일본어 초심자를 위한 도전

'번역은 서로 다른 언어와 문화 사이에 다리를 놓는 종합예술이다.' 출발 언어와 목표 언어는 상이한 언어체계를 가지며 그 배경이 되는 문화요소도 다르다. 외국어와 그 문화에 대한 번역자의 이해, 국어사용 지식과 같은 주관적 요소도 크게 작용한다. 그 때문에 같은 원전을 두고도 결과물은 다양할 수 있다. 그렇지만 좋은 번역은 분명 있다. 이는 원문을 충실히 옮기면서도 잘 읽히는 번역일 것이다. 일한日韓 번역 역시 마찬가지다. 나 같은 일본어 초심자는 엄두도 내지 못할 일이라며 고개를 절레절레 흔들지 모른다. 그러나 포기는 없는 법! 일본어 초심자도 기존 번역에서 부자연스러운 표현을 찾아보고 더 나은 번역을 제안해 보는 것은 충분히 해 볼 만하다. 약간의 성의와 관찰의 노력을 더 기울이면 된다. 자신만의 '자연스러움'의 기준을 조금만 높이면 번역서의 첫 장만 펼쳐도 적지 않은 어색한 표현이 눈에 뜨일지 모른다. 그러니 초심자라 주눅 들지 말고 기라성 같은 번역가의 작품에도 과감히 메스를 대 보자.

이 글에선 '지극히 주관적인 초심자의 관점'에서 실제 일본문학의 번역 사례를 통해 간단한 일한 번역 공부법과 몇 가지 팁을 소개해 보겠다. 일본어와 일본문학을 동경해 왔지만 일한 번역엔 왠지 자신이 없는 초심자들이여! 자, 기대하시라!

대상작품의 소개

내가 고른 작품은 무라카미 하루키의 《노르웨이의 숲》ノルウェイの森, 요시모토 바나나의 《키친》キッチン, 오쿠다 히데오의 《공중그네》空中ブランコ다. 위 세 작품은 대체로 말랑말랑한 분위기라 비교적 부담 없이 일본문학을 시작하는 초심자에게도 추천할 만하다.

1987년 발표된 《노르웨이의 숲》은 무라카미 하루키 1949년~ 의 대표작이자 한국에서 단연코 가장 많이 읽힌 일본문학이라 할 수 있다. 현재까지 국내에서 총 8종의 역서가 출간된 점은 이 작품의 인기를 가늠케 한다. 이 중 1989년 《상실의 시대》란 제목으로 출간된 유유정의 역본은 하루키 신드롬을 일으킨 신호탄이었다. 현재는 유유정의 역본 3판과 가장 근래의 역본인 양억관 역의 《노르웨이의 숲》이 서점가에 유통되고 있다. 이 작품은 주인공 와타나베가 대학시절 다소 상반된 성격을 지닌 두 여인 나오코, 미도리와 맺었던 사랑과 이별, 상실과 아픔에 관한 이야기다. 아련한 청춘의 기억과 향수를 불러일으키는 이 작품은 발표 후 30년이 지난 지금도 강인한 생명력을 유지하고 있다.

1988년 출간된 요시모토 바나나 1964년~ 의 대표작 《키친》은 1999년 김난주 역으로 국내에 소개되어 선풍적인 반응을 일으켰다. 《키친》, 즉 부엌은 가족이 모여 음식을 만들어 먹고 일상을 나누는 치유의 공간이다. 제목처럼 이 작품은 사랑하는 사람의 죽음 앞에서도 서로 아픔을 보듬고 살아가는 사람들의 소소한 일상을 그린다. 첫 번째 단편

〈키친〉은 주인공 미카게가 할머니의 죽음으로 혼자된 후 동년배 유이치와 엄마 역을 하던 에리코와 함께 살아가는 이야기, 두 번째 단편 〈만월〉은 에리코의 죽음 이후 미카게와 유이치가 서로 힘이 되며 따뜻한 관계를 이어가는 후속 이야기, 등장인물을 달리한 세 번째 단편 〈달빛 그림자〉는 사랑하는 연인과 가족을 잃은 사츠키와 히라기의 이야기를 담았다.

2004년 발표된 오쿠다 히데오1959년~의 《공중그네》는 이듬해 이영미의 역으로 소개되어 한동안 국내 일본문학 베스트셀러 반열에 올랐던 작품이다. 앞의 두 작품과 달리 《공중그네》는 TV 애니메이션으로 제작된 특이한 전력이 있다. 그만큼 다분히 코믹한 요소를 많이 담고 있다. 〈공중그네〉, 〈고슴도치〉, 〈장인의 가발〉, 〈3루수〉, 〈여류작가〉의 다섯 개 에피소드를 묶어 놓은 이 작품은 배 나온 정신과 의사 이라부와 독특한 강박과 충동으로 고생하는 환자들의 이야기를 담고 있다. 주인공 이라부는 의사답지 않은 별난 행동으로 이들을 치료해 가고, 결국 자신을 지키고 추스를 수 있는 존재는 자신밖에 없다는 메시지를 전한다.

여기서 살펴본 원작과 비교 역본은 ① 村上春樹,『ノルウェイの森

노르웨이의 숲

키친

공중그네

(上)』講談社文庫, 2019. 7. 1. 發行 80刷 이하 "하루키"와 양억관 역 《노르웨이의 숲》민음사, 2019. 12. 30. 발행 1판 18쇄, ② 吉本ばなな,『キッチン』角川文庫, 2019. 3. 15. 發行 51版 이하 "바나나"과 김난주 역 《키친》민음사, 2019. 7. 5. 발행 1판 82쇄, ③ 奥田英朗,『空中ブランコ』文春文庫, 2019. 1. 31. 發行 18刷 이하 "히데오"와 이영미 역 《공중그네》은행나무, 2020. 3. 23. 발행 1판 176쇄이다. 참고로 수차 판쇄를 거듭하며 출간되어 온 역본은 중간에 오류 등을 바로잡아 번역에 수정이 이루어진 경우도 있으므로 혼동 방지를 위해 판쇄 정보를 확인해 두면 좋다.

부자연스러운 표현 찾기 연습

● 시작이 반, 당신도 할 수 있다

무엇보다 관심 가는 원서와 번역서를 구해서 부자연스러운 표현을 찾는 연습을 해 보길 권한다. 꼭 전문번역 지망자가 아니라도 좋다. 일본어 초심자도 속는 셈치고 따라해 보라. 장담컨대 일본어 공부도 하고 일본문학과도 친해지면서 일한 번역의 매력도 만끽하며 올바른 국어 사용법도 고민해 볼 수 있는 일거사득—擧四得의 기회가 될 것이다.

가능하면 원서를 보며 스스로 번역해 보면 좋다. 그러나 원서 보기가 부담되면 번역서 위주로 봐도 무방하다. 대강의 줄거리를 파악하면서 각각 단어, 문장, 맥락에도 신경을 쓰며 읽어 보라. 혹 작품 감상에 집중이 되지 않는다면 우선 전체를 한번 훑은 후 부자연스러운 표현 찾기에 들어가도 좋다. 읽다 보면 술술 읽히던 번역문 중 어색하게 느껴지는 부분도 있을 것이다. 이런 부분은 원문을 꼼꼼히 확인해 보고 번역자가 왜 이렇게 번역했을까, 나라면 어떻게 표현할까 고민해 보

라. 중요한 것은 보다 나은 표현을 만들고자 하는 집요함이다. 당신의 번역이 전문 번역가의 번역보다 훨씬 훌륭할 수 있음을 믿어라. 그 과정에서 일본어 표현이 어떻게 번역되는지 눈여겨보고 따로 노트까지 해 두면 일본어 공부에도 금상첨화다.

● 술술 읽히지 않는 부분을 한국인 화자의 입장에서 고쳐보라

부자연스러운 표현을 찾아 고쳐 보라니 조금 막막한가? 일단 한 가지만 생각하자. 술술 읽히지 않는 부분을 찾아 한국인 화자話者의 입장에서 과감히 수정해 보는 것이다.

다음은 《노르웨이의 숲》에서 주인공 와타나베의 기숙사 룸메이트 突擊隊의 성격을 묘사한 기술이다. 예시를 한번 읽어 보라.

> 원문 突擊隊は自分のもち物を**極端に大事にする男**だったからだ。 하루키 38쪽
>
> 역문 특공대는 자기 물건을 **극단적으로 여기는** 사내였기 때문이다. 양억관 35쪽

위의 번역문에서 자기 물건을 극단적으로 여긴다는 게 어떤 의미인가 하는 의문이 잠시 들었다. '극단적으로 여기는'에 '소중히 여긴다大事にする'는 의미가 분명히 드러나지 않는 듯했다. 지나친 트집일지 모르나 극단적으로 자기 물건을 소홀히 하는 사람도 있을 수 있지 않은가. 나라면 '**무척이나 아끼는**' 또는 '**끔찍이 아끼는**' 정도로 수정할 것 같다. 이처럼 역서를 읽다 뭔가 의문이 들거나 멈칫하는 부분이 있으면 일단 감각을 곤두세워라.

원문 「**共同生活**ってどう？[…]」 하루키 39쪽
역문 "**공동생활**은 좀 어때? […]" 양억관 36쪽

위 문장은 《노르웨이의 숲》에서 나오코가 대학 진학 후 기숙사에 들어간 와타나베에게 그 생활을 묻는 질문이다. 어째 이것도 좀 어색하지 않은가. 나오코가 한국에서 나고 자랐다면 어떻게 말할까. 여기서 '공동생활'은 와타나베의 기숙사寮 생활을 뜻한다. 그러나 작중과 같은 한국어 구어 상황에서 공동생활이란 표현은 흔히 사용하지 않을 것 같다. '**기숙사 생활**' 정도가 더 와 닿지 않는가. 공동생활에서 느껴지는 왠지 모를 위화감은 위 단어가 다소 포괄적인 뉘앙스를 갖기 때문인 듯하다. 따지고 보면 사회적 동물인 인간이 공동으로 하지 않는 게 뭐가 있는가. 물론 '기숙사 생활'로 고치면 원문에 충실하지 못한 번역이라 돌이 날아올지 모른다. 그러나 맞든 틀리든 한국인 화자의 입장에서 고쳐 보고 그 이유를 곱씹어 보자. 그것이 나만의 번역 노하우를 만들어 가는 시작이다.

초심자의 눈으로 본 자연스러운 번역을 위한 몇 가지 팁

더 구체적인 팁은 없냐고? 조급해 말라. 위 연습 과정이 반복되면 내공이 쌓일 것이다. 대강 이렇게 하면 어떨까 하는 감을 가질 수 있다는 말이다. 그래도 궁금하면 지극히 주관적이기는 해도 초심자의 시각에서 본 다음의 비법 몇 개를 참고해 보자.

● 어려운 한자어는 쉬운 국어표현으로 바꿔 보자

다음 예시를 읽어 보자.

> 역문 나와 부엌이 남는다. 나 혼자라고 생각하는 것보다, 아주 조금
> 그나마 나은 **사상이라고 생각한다.** 김난주 8쪽

'사상' 부분이 약간 불편하지 않는가. 우선 국문만으론 어떤 사상인지 정확하게 파악하기 힘들다. 사물과 현상을 뜻하는 '事象', 사건의 진상을 뜻하는 '事狀' 같은 단어도 있다.

> 원문 私と台所が殘る。自分しかいないと思っているより
> は、ほんの少しましな**思想だと思う。** 바나나 7쪽

원문을 보니 思想이란 단어였다. 그래도 역문은 조금 불만족스럽다. 사상思想이란 말에는 생각, 사유, 사고라는 의미가 있다. 그러나 한국어에서 사상이라 하면 개인의 소소한 생각보다 다소 거창한 사유체계, 세계관, 가치관을 의미하는 경우가 많다. 예시문은 《키친》의 주인공 미카게가 부엌을 통해 자신의 고독한 느낌을 더는 소소하면서도 친근한 감상을 쓴 대목이다. 사상 대신 생각, 사유, 사고 정도로 고쳐 보면 어떨까. 단 '생각이라고 생각한다思想だと思う'로 쓸 수는 없을게다. 그렇다면 '생각인 것 같다'는 어떨까.

> 대안 [...] 나 혼자라고 생각하는 것보다 아주 조금 그나마 나은 **생각인 것 같다.**

역서를 읽다 보면 간혹 익숙하지 않거나 문맥에 어울리지 않는 한자어를 만날 수 있다. 이런 경우는 대체로 원전의 한자어를 국문으로 그대로 옮겼을 가능성이 높다. 그런 한자어 중엔 정작 오늘날 한국어 체계에서 잘 안 쓰거나 더 쉬운 다른 말이 적절한 경우도 많다. 이때 원전의 한자어를 그대로 옮기지 않았다고 해서 잘못된 번역이라 할 수는 없을 것이다.

● 능동 표현으로 고쳐 보자

일본어 문법으로 수동(ら)れる·사역(さ)せる·사역수동(さ)せられる·される형을 배운 적이 있다. 그러나 공부를 해도 늘 자신이 없다. 변명 같지만 이런 일본어 용법을 체화하기 힘든 이유는 정작 한국어에서 이에 딱 맞는 표현이 많이 사용되지 않기 때문은 아닐까.

원문　野村のカツラは、みんなを意識させている。히데오 159쪽
역문　노무라의 가발은 모두가 **의식하고 있다.** 이영미 174쪽

사역표현의 일종인「させている」는 '-하게 하다', '-되게 하다', '-시키다'와 같이 번역할 수 있다. '노무라의 가발은 모두를 의식하게 한다'와 같은 식이다. 그러나 비교적 능동 표현을 선호하는 한국에서 이런 문장은 자칫 번역투의 느낌을 줄 수 있다. 예시 역문과 같은 능동형 번역이 훨씬 자연스럽다. 물론 모든 수동·사역·사역수동 문구를 기계적으로 능동형으로 고쳐야 한다는 말은 아니다. 때로 이런 표현은 독특한 문학적 인상을 남기기도 한다. 그러나 이런 문형을 만나면 일단 간결한 능동 표현으로 수정할 것을 고민해 볼 필요가 있다.

● '-적'(的) 사용을 줄여 보자

일본어에서는 「-的」 표현을 자주 볼 수 있다. 「-的」 표현은 일본 메이지 초기 영어의 -tic과 같은 접미사의 번역어로 사용되기 시작한 것이 국내로 전파돼 오늘날 한국에서도 친숙한 표현이 되었다. 그러나 한국어에선 '-적的' 표현을 남발할 경우 자칫 가독성을 해치는 군더더기가 될 수 있다. 다음의 '특권적인 클럽 같은 것'은 어떤가.

> 원문 　トップ・エリートをあつめた**特權的なクラブのような
> ものがあって**、[…]。하루키 26쪽
> 역문 　톱 엘리트를 끌어 모은 **특권적인 클럽 같은 것**이 있어서,
> 　　　[…]. 양역관 25쪽

'-적的'은 대상이나 상황을 모호하게 표현할 때 사용되는 경향이 있다. 그러나 위 '특권적인 클럽 같은 것'에서는 '-적인的な' 외에도 '같은 것ようなもの'이란 표현을 통해 이미 이중으로 클럽의 성격에 모호성이 부여되었다. 에둘러 하는 표현이 발달한 일본어의 특성이 반영된 부분이다. 그러나 '특권적인 클럽 같은 것'으로 직역하면 조금 간결하지 못한 느낌이 든다. 의미 전달에 문제가 없다면 '-적的'을 생략하는 것도 고려해 볼 만하다.

> 대안 　톱 엘리트를 끌어 모은 **특권클럽 같은 것**이 있어서, […].

● 후치사는 간결하게 번역해 보자

일본어에는 명사 뒤에 붙어 의미상 관계를 나타내는 말이 있다. 후치사後置詞라고 하는 이런 관용구 역시 한국어로 그대로 옮길 경우 간

혹 군더더기처럼 느껴질 수 있다.

> 원문 彼女たちと共に働くことは、**私にとって**、とても心の
> 安まる楽しいことだった。 바나나 96쪽
> 역문 **나로서는** 그녀들과 함께 일할 수 있음이 마음 푸근하고 즐거
> 웠다. 김난주 93쪽

「-にとって」는 입장·관점을 나타내는 표현으로 흔히 '-에 있어', '-의 경우' 등으로 번역된다. 역본은 「-として」와 유사하게 '나로서는私にとって'으로 번역하고 있다. 의미상 별 문제는 없다. 그러나 여기서 「-にとって」 앞의 명사는 곧 그런 입장·관점을 갖는 주체다. 따라서 간결하게 '나는' 정도로 번역해도 무방해 보인다.

> 대안 **나는** 그녀들과 함께 일할 수 있음이 마음 푸근하고 즐거웠다.

● 상황에 맞는 맛깔스러운 번역을 시도해 보자

작품의 분위기나 구체적인 상황에 맞는 번역도 필요하다. 특히 대화체에서는 화자의 성격이나 상대방과의 관계에 대한 고려도 필요하다. 다음 예문을 한번 보자.

> 원문 「ハッタリが大事なんでしょ、そっらの世界は」 히데오 68쪽
> 역문 **"후까시 잡는 게 중요한 거 아냐.** 그쪽 세계에서는." 이영미 12쪽

「ハッタリ」를 사전에서 찾아보면 '흥감', '허세', '허풍'이란 뜻을 가진 속어로 나온다. 그러면 원문을 '허세가 중요하잖아요' 정도로 번역

하면 어떨까. 영 맛이 살지 않는다.《공중그네》는 요절복통, 기상천외와 같은 수식어가 붙어도 이상하지 않을 만큼 코믹한 요소가 다분한 작품이다. 게다가 위 발화문은 뾰족한 것만 보면 두려움에 떠는 야쿠자 중간보스 세이지에게 동거녀 가즈미가 비꼬듯 하는 말이다. 막말이 오갈 것 같은 야쿠자와 술집여자의 대화치고 '허세'란 단어는 좀 약하다. '-요'라는 어미 역시 너무 정중하다. '후까시 잡는 게 중요한 게 아냐'라고 한 역문의 번역이 상황에 비추어 훨씬 감칠맛 나는 것 같다. 다만 후까시는 일본어ふかし에 어원을 둔 말로 국어 순화의 관점을 중시한다면 약간 고민이 남는다. 혹 후까시를 쓰기가 부담된다면 다음과 같이 표현해 보면 어떨까.

대안 **"폼 재는 게 중요한 거 아냐. 그쪽 세계에서는."**

● 일본식 문화가 담긴 단어는 어떻게 옮기는 게 좋을지 고민해 보자

일본문학에는 한국에 없거나 직접 대응시키기 애매한 단어도 많이 등장한다. 이국異國의 문화나 정서가 배어 있는 단어를 별다른 설명 없이 원문대로 옮기면 '이게 뭘까?' 하고 의구심을 갖는 독자도 생길 수 있다. 이런 단어는 어떻게 번역하면 좋을까.

원문 **懷石料理** 하루키 127쪽
역문 **고급 정식** 양역관 110쪽

회석요리懷石料理를 '고급 정식'으로 번역한 것은 일본 문화의 흔적을 줄인 접근법이다. 문화적 생경함으로 인한 독서 흐름의 저해도 막아 준다. 더구나 국내에는 왜색倭色이라 해서 일본 색채를 터부시해

온 경향도 있었다. 히노마루日の丸, 기미가요君が代와 같은 단어는 아직도 군국주의 일본을 연상시키는 다소 부담스러운 단어다. 그런데 마냥 '고급 정식'이라고만 하면 일본 료칸에서 나올 법한 가이세키 요리를 연상시킬 수 있을까. 아마 힘들 것이다.

유유정 역 **가이세키 요리**만드는 대로 한 가지씩 손님에게 내놓는 고급요리 – 옮긴이

「懷石料理」를 '가이세키 요리'로 번역하는 것은 일본풍을 유지한 선택이다. 유유정 역의《상실의 시대》문학사상, 2019. 11. 13. 발행 3판 146쇄 본. 98쪽는 이렇게 번역하면서 역자 주를 추가했다. 외국 작품의 완전한 한국화는 쉽지 않다. 독자의 이해를 위한 배려가 있다면 원전에 담긴 약간의 이질감은 가독성 측면에서 어느 정도 양해될 수 있지 않을까.
이런 단어를 어떻게 번역할 것인가는 전적으로 역자에 달려 있다. 무엇이 맞고 무엇이 그르다 할 수 없다. 초심자 여러분이라면 어떻게 번역할 것인지 한번 고민해 보라.

● 쉼표(,)를 줄여 보자

끝으로 또 하나 생각해 볼 부분이 있다. 바로 구두점이다. 특히 일본어의 쉼표、는 한국어의 쉼표,와 그 모양도 약간 다르지만 문장 내 사용 빈도 역시 상당히 높다.

원문 仕方なく、アパXX情報を買ってきてめくってみたが、こんなに並ぶたくさんの同じようなお部屋たちを見ていたら、くらくらしてしまった。바나나 9쪽
역문 할 수 없이, 주택 정보지를 사서 들춰보았지만, 그렇게 많은

똑같은 방들을 보고 있자니, 어질어질 현기증이 일었다. 김난주 9쪽

역문은 원문의 쉼표를 그대로 구현했다. 그러나 국문치고 쉼표가 많은 느낌이 든다. 이는 일본어와 한국어의 쉼표 사용 빈도에 차이가 있기 때문에 발생하는 현상으로 다른 일한 번역물에서도 유사한 모습을 어렵지 않게 목격할 수 있다. 물론 국문에도 적절한 쉼표 사용은 필요하다. 그러나 잦은 쉼표나 국문 표기에 어울리지 않는 쉼표 사용은 원활한 독서 흐름을 방해할 수 있다. 이에 국문 글쓰기에서는 쉼표를 남발하지 않도록 권장하기도 한다. 위 역문과 다음의 대안을 쉼표 부분을 염두에 두고 읽어 보라. 어떤 문장이 더 읽기 좋은가.

대안 할 수 없이 주택 정보지를 사서 들춰보았지만, 그렇게 많은 똑같은 방들을 보고 있자니 어질어질 현기증이 일었다.

사소해 보이지만 좋은 번역은 문자의 적절한 치환이나 배열에만 달린 것은 아니다.

번역자의 고충과 일한日韓 번역 권유

일한 번역은 결코 쉬운 일이 아니다. 일본어와 그 문화에 대한 식견뿐 아니라 국어를 어떻게 이해하고 활용하는지도 중요하다. 손꼽히는 일본 문학 번역가인 비교역본의 역자들 모두 학부 시절 국문학을 전공했다는 점도 예사롭지 않다. 특히 번역자는 끊임없는 선택과 판단 속에 절대시간을 투여해야 한다. 이런 번역자의 노고 덕분에 일본문학을

보다 편하게 만날 수 있는 것은 분명 행운이다. 그러나 유명 작가의 작품이 출간되면 촌각을 다투어 번역 작업이 이루어지는 상업 출판의 현실 속에서 번역자에게 원문과 그 결과물을 음미할 시간이 마냥 넉넉하진 않을 것이다. 그 때문에 전문 번역가의 노작에도 부자연스러운 표현은 있을 수 있다. 독자는 섣부른 비판에 앞서 번역자의 고충 역시 충분히 이해해야 한다.

오늘날 기계 번역이 등장하고 많은 이들이 번역기의 도움을 받는다. 그러나 번역자의 개성이 담긴 종합 예술에 가까운 문학 번역이 AI로 대체되는 것은 쉽사리 상상하기 어렵다. 이 점에서 번역자의 고독하고 외로운 싸움은 앞으로도 계속 이어지리라 본다. 지금도 어디선가 보다 좋은 번역을 위해 시지프스와 같은 작업을 이어가고 있을 번역자 분들께 열렬한 응원과 감사의 박수를 보낸다. 그분들도 분명 초심자 시절이 있었음을 믿고 이 글을 읽는 일본어 초심자 분들도 용기를 내어 일한 번역의 세계에 흠뻑 빠져보길 바란다.

관광 대국 일본의 문화와 역사

천혜의 자연을 품은 관광지 – 개척의 땅 홋카이도
야구로 전하는 평화 메시지, 히로시마 카프
세계적인 도자기 브랜드 노리타케를 아세요?
순교의 땅 나가사키, 일본 기독교의 상징이 되다.

천혜의 자연을 품은 관광지
– 개척의 땅 홋카이도

고선경(홋카이도대 박사과정)

일본은 크게 4개의 섬으로 이루어져 있다. 도쿄, 오사카 등이 속해 있는 일본의 중심 혼슈, 부산에서 가까운 남서쪽 섬 규슈, 우동과 순례 길로 유명한 시코쿠, 마지막으로 가장 북쪽에 위치한 섬 홋카이도. 그중 홋카이도는 일본 국내 여행지 1, 2위에 오를 만큼 자연 풍광이 아름답다. 대단위 농업이 발달해 있고, 면적에 비해 인구밀도가 낮아 살기 좋은 지역으로 꼽히기도 한다. 일본인이라면 누구나 한번쯤 홋카이도 여행을 꿈꿀 정도다. 명성은 외국에도 전해져 매년 수많은 외국인이 홋카이도를 찾는다.

그런데 홋카이도의 매력은 단지 자연경관에 머물지 않는다. 홋카이도는 오키나와와 더불어 일본 속의 외국이라고 부를 만큼 이색적인 분위기를 자아낸다. 근대에 지어진 서양식 건축물이 잘 보존된 덕도 있겠으나, 홋카이도에는 일본 혼슈와는 다른 독특한 문화가 하나 더 존재하기 때문이다. 여기서는 홋카이도의 개척사를 통해 잘 알려져 있지 않은 홋카이도의 이면을 들여다본다.

일본 최북단의 관광지

한국 면적에 버금가는 홋카이도北海道는 러시아와 인접한 북쪽 바다에 위치해 있다. 홋카이도의 여름은 매우 짧은 편이다. 대개 7~8월 쯤 반짝 더위가 찾아오는데 그마저도 그늘 아래선 기승을 부리지 못한다. 높이 오른 온도가 대략 30도이고 간혹 35도까지 치솟는 경우도 있지만 습도가 낮은 덕에 불쾌하진 않다. 여름의 불청객인 열대야도 없어 더위를 타지 않는 이들은 얇은 바람막이 하나쯤 필수로 가지고 다녀야 할 정도다.

이맘때쯤에는 각 지역마다 크고 작은 불꽃놀이가 열리고, 도시 곳곳에서 비어가든이 문을 연다. 상쾌하게 살갗을 스치는 바람과, 따끔하게 목구멍을 훑고 내려가는 맥주 한 잔, 거기에 하늘 가득 수놓은 불꽃을 보고 있노라면 한낮의 더위쯤은 그저 한여름 밤의 꿈인 듯 여겨진다. 하지만 겨울은 무척 혹독하고 길어서 홋카이도에는 겨울 축제가 많다. 지역에 따라 다소 차이는 있지만 대개 1~2월 사이 곳곳에서 눈 축제를 만날 수 있다. 11월 말부터 내리기 시작하는 눈은 4월까지 거리마다 쌓여 있다. 홋카이도를 '눈의 나라'라고 부르는 이유다. 대개 6m가량 쌓이는 눈은 도로에서 밀려나 인도 사이에 높고 두터운 빙벽을 만들기도 하고, 한곳에 모여 눈 축제의 재료로 쓰이기도 한다. 2월에 열리는 삿포로札幌의 눈 축제는 홋카이도의 대표적인 관광 상품이다. 이와 함께 겨울 홋카이도에서는 러시아에서 흘러내려 온 유빙도 만날 수 있다. 유빙은 세계문화유산으로 지정된 시레토코知床 인근에서 관측된다. 직접 쇄빙선을 타고 나가 유빙을 가르는 짜릿함을 맛볼 수도 있고 유빙 위를 걷는 체험도 할 수 있다.

홋카이도에서 빼놓을 수 없는 또 하나의 즐길 거리는 산 속에 자리한 온천이다. 노보리베츠^{登別}를 비롯해 홋카이도 전역에는 유구한 온천이 많다. 특히 노보리베츠^{登別}에서는 유황은 물론 산성, 염화, 탄산수소염 등 다양한 수질을 경험할 수 있을 뿐만 아니라 증기를 뿜어 내는 활화산 '지옥 계곡'을 가까이에서 구경할 수도 있다.

이 밖에도 홋카이도에는 1년 내내 눈이 녹지 않는 대설산, 일본 최대의 습원 등 자연이 빚어낸 볼거리가 가득하다.

아이누의 땅, 야웁모시리

이 땅은 독특한 역사를 지녔다. 150여 년 전 이곳은 지금의 일본이 아니라 아이누 민족의 땅, 아이누 말로 '야웁모시리^{땅의 세계}'였다.

아이누는 일본 혼슈에 사는 화인^{和人, 이하 일본인}과는 다른 고유의 언어와 문화를 가진 민족이다. 이들은 야웁모시리를 비롯해 러시아의 사할린이나 쿠릴열도 등 북방지역에 흩어져 살며 주로 수렵과 어업으로 생활을 영위해 갔다. 자연과의 섭생과 조화를 중요시했으며 신과 함께 살아간다는 독특한 종교관도 가지고 있었다. 척박한 땅에서 혹독한 계절에 적응하며 살아야 했던 이들에겐 자연에 대한 순응은 어쩌면 당연히 견지해야 할 태도였을지도 모른다. 이들은 신은 어떤 목적을 이루기 위해 때로는 동물로 때로는 사물로 때로는 자연현상으로 인간 세상에 내려와 인간과 함께 지낸다고 믿었다. 그리고 목적을 다한 후에는 본래 자신들의 세상으로 돌아간다고 여겼다. 그래서 아이누 문화에서 신을 본래의 세상으로 돌려보내는 의식은 지금도 매우 중요하게 다루어진다.

아이누는 고유한 복식문화도 가지고 있었다. 주로 나무의 속껍질이나 동물의 가죽 따위를 소재로 옷을 지어 입었는데, 옷에는 독특한 문양을 새겨 넣었다. 북방지역에 광범위하게 흩어져 살았던 아이누들은 옷의 문양으로 서로가 속한 지역을 알 수 있었다. 옷의 문양은 아이누의 정체성을 나타내는 도구였던 셈이다. 한편 옷의 깃이나 소매에 새겨진 문양에는 악귀를 쫓는 특수한 목적도 있었다.

아이누의 의상과 소품

이들에게는 독창적인 언어도 존재했다. 안타깝게도 이들은 기록의 중요성에 대해서는 다소 안일하게 생각했던 것 같다. 아이누는 주로 구전으로 문화를 전승하는 원시적인 방법을 고수해 왔다. 이웃나라인 러시아, 조선, 일본, 중국 등이 문자를 사용한 기록문화를 가지고 있다는 사실을 인지하고 있었음에도 말이다. 앞으로 닥칠 시대의 변화를 예감하지 못한 탓이리라. 야움모시리는 19세기에 일본에 강제 병합되었고, 그들은 비로소 말을 통해 문화를 전하기 어려워졌음을 깨달았다.

강제 병합, '홋카이도'로 개칭

아이누들은 오래전부터 일본인과 교역했다. 대상물품은 주로 그들이 사냥한 해산물이나 러시아 등을 통해 들여온 중국 물자 등이었다.

일본 혼슈에서는 야움모시리를 '에조치'라고 불렀고, 아이누들 역시 혼슈의 사람을 '시삼이웃사람'이라며 자신들과 구별했다.

일본이 본격적으로 야움모시리의 병합에 관심을 보이기 시작한 것은 18~19세기경이다. 일본과 러시아 사이에 놓인 야움모시리를 비롯한 쿠릴 열도는 두 국가의 영역 다툼에서 희생양이 되었다. 18세기 말 러시아의 배가 야움모시리의 북쪽으로 내항했고, 깜짝 놀란 일본은 서둘러 조사단을 파견했다. 그리고 이곳을 일본의 영토로 못 박기 위해 목조 기둥을 세웠다. 이후 메이지 정권1868~1912년이 들어섰다. 이들은 아이누를 무시한 채 야움모시리를 '주인 없는 땅'으로 규정하고 '홋카이도'라는 새로운 명칭을 부여했다. 이런 일이 가능했던 것은 아이누들의 생활양식에서 찾아볼 수 있다.

아이누는 많더라도 한 마을에 10가구 정도만 모여 사는 원시적인 주거 형태를 유지하고 있었다. 마을의 구성원은 일족인 경우가 대부분이었다. 말하자면 18세기에도 아이누는 국가가 아닌 촌락의 형태를 유지하고 있었던 셈이다. 게다가 자연에 순응하는 민족성 때문에 땅을 개인이 소유한다는 개념도 없었다. 그러니 하루아침에 자기네 땅이라고 주장하고 나선 일본인에게 대항할 전략적이고 체계적인 그 무엇도 없었다.

근대화라는 과제에 직면해 있던 메이지 정부는 천연 자원의 보고인 야움모시리에 개척사開拓使를 설치한 후 혼슈에 사는 일본인을 대거 삿포로札幌와 그 인근 지역으로 이주시켰다. 이들에게는 토지와 집 등이 제공되었고 개척한 토지는 개인 소유가 되기도 했다. 개척이 안정기에 들어서면서 자유의지에 따라 수만 명의 사람들이 홋카이도로 들어왔다. 그들은 땅을 일구고 농업 등을 발달시켜 나갔으며 이를 근간으로 홋카이도에는 현재의 대단위 농업지대가 만들어졌다.

자신들의 땅을 빼앗긴 아이누들은 오랜 세월 이어져 오던 문화와 전통을 억압당했고 노동력도 착취당했다. 메이지 정부는 동화정책이라는 미명하에 그들의 생활습관마저 바꿔 놓으려 했다. 수렵과 어업은 금지당했고 두발이나 장식물, 전통 화장도 혼슈의 사람처럼 바꿔야만 했다. 언어도 사용할 수 없었고 이름은 일본식으로 개명해야 했다.

1871년 아이누들은 일본 국민으로 편입되었다. 하지만 호적에는 '구토인旧土人'이라는 꼬리표가 달렸다. 말과 생활습관이 다른 아이누들은 사회 곳곳에서 차별받았고 급기야 기아, 병, 가난에 허덕이다 죽어가는 이들도 생겼다. 이에 따라 자연스럽게 차별을 피해 아이누임을 숨기는 사람이 생기면서 아이누의 인구는 크게 감소했다.

기독교의 역할

아이누들이 자신의 정체성에 관심을 가진 데는 학교 교육은 물론 기독교의 영향도 크다. 특히 영국의 선교사 존 바첼로John Bachelor, 1854~1944년는 아이누를 대상으로 기관지機關誌를 만들고, 기독교 사관을 통해 이들을 계몽하는 한편, 로마자를 이용해 아이누어를 쓸 수 있도록 교육했다. 이때 영향을 받은 이 중에 아이누 최초의 문학박사 치리 마시오와,《아이누 신요집》을 내고 19세에 요절한 치리 유키에 남매의 어머니도 있었다. 부당한 차별 속에서 자신들에게 손 내밀어 준 파란 눈의 외국인 선교사는 그들에게 또 하나의 신이 아니었을까. 그가 전하는 기독교 사관은 한줄기 빛으로 다가왔을지도 모를 일이다.

한편, 기독교는 혼슈에서 넘어 온 사람에게도 영향을 미쳤다. 혼슈에서 건너온 사람들 역시 홋카이도의 삶이 그리 녹록치는 않았다. 비록 토지와 집은 받았지만 척박한 땅을 일구고 개간해서 농작물을 키워내는 것은 이제 막 근대화 길로 접어든 일본인에게도 만만치 않은 일이었다.

이 시기 홋카이도에는 지금의 홋카이도대학의 전신인 삿포로농학교가 설립·운영되었다. 초대 교장은 서양인인 윌리엄 스미스 클라크William Smith Clark, 1826~1886년 박사였다. 우리에게도 'Boys be ambitious소년이여, 야망을 가저라'라는 말로 유명한 클라크 박사는 자연과학, 농학, 영어 등 일반적인 학문을 가르치는 것 이외에 기독교 선교에도 앞장섰다. 그래서 당시 학업을 이어가던 학생들 중에 기독교를 신앙으로 받아들인 이도 적지 않다.

클라크 박사의 영향력은 삿포로 시내에서 어렵지 않게 찾아볼 수 있다. 삿포로 시내에서는 클라크 박사의 이름을 딴 '클라크 ○○'이라는 상호가 곧잘 눈에 띈다. 또한 삿포로 '히쓰지가오카 전망대札幌羊ヶ丘展望台'에는 그의 전신상이, 홋카이도대학에는 그의 흉상이 '야망을 품어라大志を抱いて'라는 석판과 함께 자리하고 있다. 이런 영향 때문인지 도시 곳곳에서는 심심치 않게 교회의 십자가를 볼 수 있다. 특히 홋카이도의 가장 남부에 위치한 하코다테函館 시에는 근대에 만들어진 다양한 건축양식의 교회가 곳곳에 우뚝 솟아 있다. 일본 혼슈에서는 거의 볼 수 없는 광경이다. 전통적으로 신도神道와 불교仏教를 신봉하는 혼슈에서 신사나 절을 만나는 게 일반적인데, 홋카이도에서는 상대적으로 절이나 신사를 찾아보기 어렵다.

되살아나는 아이누 문화

현재 아이누는 일본 전국에 약 2만여 명 존재하는 것으로 알려져 있지만 신뢰할 만한 수치는 아니다. 전술한 대로 오랫동안 일본인에게 핍박받아 온 탓에 여전히 자신이 아이누의 후손임을 숨긴 채 살아가는 이들도 적지 않기 때문이다. 그나마도 2만여 명의 사람들 중 아이누어를 구사할 수 있는 이는 극소수에 불과하다고 한다. 사실 아이누들은 지속적으로 민족운동을 펼쳐 왔고 2012년에는 '아이누 민족당'을 창당하기도 했다. 이들은 자신들의 권익을 주장해 나가는 한편, 문화를 알리는 데도 소홀하지 않았다. 홋카이도 전역에는 크고 작은 아이누 박물관과 전통 마을이 있다.

홋카이도 아칸阿寒에는 실제로 아이누들이 거주하는 마을이 있다. 마치 민속마을 같은 이곳은 길 양옆으로 전통 목공예 상점이 늘어서 있다. 상점가에는 전통음식을 맛볼 수 있는 카페도 있고, 마을 끄트머리에는 전통 공연을 관람할 수 있는 공연장도 마련되어 있다. 또 아이누들이 가장 많이 살고 있는 히다카日高 지방에는 '니부타니 아이누 문화박물관'이 있는데, 이곳에는 아이누들이 사용했던 의복이나 장신구, 도구 등이 전시되어 있다. 한편 아이누가 직접 읊는 이야기도 들을 수 있다. 삿포로 인근 죠잔케이定山渓에도 '아이누문화교류센터'가 있다. 이곳에서는 전시된 물품을 직접 만져 볼 수 있다. 또한 전통 음악이나 춤 등도 관람할 수 있다. 운이 좋으면 연초에 진행되는 신년의례를 직접 관람하거나 참여해 볼 수도 있다. 이 밖에도 어느 정도 규모가 되는 도시 인근에는 크고 작은 아이누박물관이 있다. 최근에는 국가에서 운영하는 국립아이누민속박물관 '우포포이'가 문을 열었다. 아이누 문화를 알리는 역사관 겸 복합문화공간으로 약 1만 7,000m² 규모인 이 공간에서는 아이누와 관련한 영상과 공연을 관람할 수 있을 뿐만 아니라 간단한 문화체험도 할 수 있다.

아이누의 가치가 빛나는 홋카이도

홋카이도의 중심인 삿포로에서 1시간 남짓만 벗어나도 드넓은 대지에 푸르게 펼쳐진 농지를 만날 수 있다. 농지 곳곳에는 포플러나무가 하늘을 향해 곧게 뻗어 있다. 여름철 홋카이도의 중부 후라노富良野에는 대지를 가득 메운 온갖 꽃이 장관을 이룬다. 특히 보랏빛 라벤더는 은은하고 기품 있는 몸짓으로 발걸음을 유혹한다.

농지를 제외하면 거의 모든 세상이 녹음이다. 개척이라는 미명하에 행해진 개발은 홋카이도 곳곳에 이르지는 못했다. 혼슈에서 가까운 곳부터 차츰 사람 사는 곳을 중심으로 편의시설 등이 들어섰을 뿐이다. 그래서 홋카이도 여행은 결코 편리하지 않다. 도시에서 조금만 벗어나도 하루에 1~2대밖에 운행하지 않는 버스, 한 시간에 두어 대뿐인 낡고 오래된 한 량짜리 열차도 있다. 붉은 여우, 사슴, 곰의 출몰도 이곳에서는 예사다.

푸르름이 녹아내리고 지리한 겨울이 찾아오면 비로소 진정한 홋카이도를 만날 수 있다. 드넓게 펼쳐졌던 농지와 자연은 이미 경계를 잃는다. 광활한 대지를 집어 삼킨 백색의 세상이 야웅모시리로 시간을 되돌린다. 너무 고요해서 마치 시간이 멈춰 버린 것 같은 곳. 뜨거운 김을 잔잔히 뿜어 올리는 온천에 들어가 앉아 있으면 도시에서 묵힌 피로가 그대로 녹아내린다.

야구로 전하는 평화 메시지,
히로시마 카프

김은희(제주국제대 일본문화콘텐츠학과 교수)

교과과정이 된 야구사랑

일본에서 야구의 인기가 예전 같지 않지만 그래도 야구는 생활이다. TV 종합뉴스에서 그날의 야구시합은 선발투수와 스코어까지 자세하게 보도된다. 날씨예보와 동급이다. 시즌이 끝난 겨울에는 스토브 리그라는 이름으로 각 구단의 연습 상황이나 선수의 사생활도 뉴스거리가 된다.

일본 남자 어린이의 장래희망 1위는 오랫동안 야구선수였지만 최근 젊은 세대에서 야구팬이 줄어들기 시작했다. 그러나 야구장 관중 수는 오히려 증가하고 있고 야구장 입장권은 여전히 구입하기 어렵다. 이런 현상은 야구를 즐기는 사람이 여러 번 야구장에 가기 때문이다. 야구가 유료 콘텐츠화되면서 TV 중계는 점점 줄어들었다. 일본에서 야구는 점점 전체에서 일부로, 일반에서 특별로 이동하는 추세라고 볼 수 있다.

프로야구의 지역연고 제도는 그 지역의 정서와 생활문화를 지배한다. 저녁 무렵이 되면 지역 토박이들 사이에서는 "이기고 있지?", "오늘 선발 누구야?" 등 주어 없는 대화문이 오간다. 주어는 정해져 있기 때문이다. 일본의 고문맥문화high-context culture를 엿볼 수 있는 부분이다. 자기가 응원하는 야구팀을 밝히는 것은 출신이나 성향, 정체성까지 드러내는 것이나 마찬가지다.

일본은 검정시험의 나라라고 할 정도로 모든 지식을 검정시험으로 범주화하는 경향이 있다. 야구에 대한 검정시험인 '야구지식검정시험'은 1급부터 6급까지 있다. 출제 내용은 야구 규칙에서부터 야구문화 전반에 걸쳐 있다. 교재를 공부하고 예상 문제를 풀면 대부분 합격할 수 있지만 합격자에게는 합격증 이외의 특전은 없다. 지금까지 응시자는 1만 명이 넘는다고 하는데 1회 응시료가 5만 원 정도이니 가볍게 응시하기에는 부담이다. 야구 구단은 각 구단별로 자기 팬들을 겨냥한 검정시험을 별도로 시행하고 있다.

야구가 일본의 국민 스포츠라고는 하지만 지역에 따라 온도차가 있고 야구의 의미도 다르다. 일본 프로야구 12개 구단 중에 히로시마에 연고를 둔 히로시마 카프 Hiroshima Carp 는 야구 구단 이상의 존재다. 히로시마 현민 縣民 은 대부분 카프 팬이다. 히로시마에서 태어난 아이는 모태 신앙처럼 태어날 때부터 카프 팬이 된다. 카프를 응원하는 유전자는 대대로 계승되어 히로시마 현민의 정신으로 뿌리내렸다. 다른 지역에 본거지를 두는 야구 구단의 오리지널 상품은 전문 판매점에서만 판매되지만 히로시마 카프 상품은 시내 편의점에서 응원 도구와 함께 판매된다.

일본의 각 지방 자치단체에서는 현민 영예상이라는 시상제도를 운영한다. 문화 스포츠 면에서 눈부신 업적을 세워 현민의 프라이드를 높인 사람에게 시상하는 제도다. 히로시마현에서 이 제도가 시행된 이래 선정된 현민 영예상 수상자 10명 중에 7명이 야구선수다. 히로시마현 출신 선수가 선정되는 것이 아니라 히로시마 카프에서 혁혁한 활약을 한 선수에게 주어지는 것이다. 다른 지자체와는 다른 히로시마에서 야구의 위상을 말해 주고 있다.

히로시마시 교육청에서는 초등학교 6학년과 시립중학교 1학년 교육과정에 언어수리 운영교과의 히로시마 스타일 커리큘럼으로 '우리들의 히로시마 카프' 단원을 설정하고 있다. 지역연고 구단을 의무교육에서 가르치는 유일한 지방자치단체다. 교과내용은 구단의 역사와 순위, 선수 소개, 역대 유니폼, 마쓰다 스타디움 소개, 히로시마 현민과의 유대감 등이다. 이 교육은 향토교육이라는 근대적 개념으로는 설명되지 않는다. 시민의 필요한 자질을 갖추고 시민으로 역할을 다할 수 있도록 하는 시민성 교육citizenship education의 일환이다. 야구를 통해 공동체 의식을 함양하고 지역사회의 활동에 대한 관심과 참가를 촉

히로시마 시내 상점가(2018)

히로시마 카프 검정시험 합격증

마쓰다 스타디움 2019 시즌

2016 시즌 우승기념 히로시마전철

진하는 것이다. 이처럼 야구단이 시민성 교육의 소재가 될 수 있는 것은 히로시마 카프만이 지닌 특별한 스토리텔링 때문이다.

원폭 부흥의 상징

일본 프로야구의 역사는 길다. 1920년에 합자회사 일본운동협회 설립으로 프로야구가 시작되었다. 일본 야구팀은 일제강점기 조선과 만주에서 원정경기를 펼칠 정도로 성황을 이루었다. 조선인과 만주인을 위한 경기가 아니라 이주한 내지인_{일본인} 거류민을 위한 위문공연 같은 경기였다. 1934년에 대일본 도쿄 야구클럽_{현 요미우리 자이언츠}이 창단되었고 이듬해 1935년에 오사카 야구클럽_{현 한신 타이거즈}이 창단되었다. 1936년에는 도쿄, 오사카, 나고야 등에 5개 구단이 새롭게 창단되어 7개 구단 정규 시즌이 시작되었고 이때 일본직업야구연맹도 설립되었다. 1941년 태평양전쟁이 발발되면서 야구선수도 전쟁에 동원되었고 그중 전사자도 다수 나왔다. 1944년 일본야구연맹은 일본야구보국회로 개칭되었고 전쟁 말기에 이르러 1944년 11월 야구 활동이 중지되

| 히로시마성 | 원폭 투하 직후의 히로시마 시내 |

(출처: http://www.asahi.com/special/nuclear_peace/gallery/dome20th/028.html)

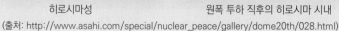

었다. 그럼에도 불구하고 1945년 1월 1일에는 정월 명절 대회가 간사이 지방에서 개최되었다. 1945년 8월 15일 전쟁이 끝나자마자 일본야구연맹은 부활을 선언하고 11월 23일에 동서대항전이라는 특집 경기를 개최했다. 패전 후 어지러운 사회 분위기 속에서도 야구시합을 기획한 것이다. 일본인은 야구에 관대하다.

히로시마는 야구 초창기부터 야구가 번성한 지방으로 중고등학교 야구의 강호 지역이었다. 야구 명문고를 여럿 보유한 히로시마 사람들은 자기지역 연고 구단을 갈망했다. 원자폭탄이 떨어져 풀도 나지 않을 것이라던 피폭지에서 야구는 하나의 희망이었다.

지역사회 각계각층의 유치 노력과 시민들이 창단 운동을 벌인 결과 피폭 5년 후 시민구단 히로시마 카프가 창단되었다. 히로시마성広島城의 별칭인 잉어성鯉城을 따서 야구단 이름을 카프carp, 잉어로 정했다. 히로시마는 강이 산에서 바다로 흘러내리는 삼각주가 발달된 곳에 형성된 도시로 히로시마 시내에는 6개의 강이 바다로 흘러 내려간다. 시내 중심을 흐르는 오타가와太田川의 잉어는 지역 명산이었다. 게다가 잉어는 일본에서는 출세를 상징하는 물고기여서 잉어가 하늘을 오르는 것처럼 원폭으로 잿더미가 된 히로시마가 부흥하라는 소원을 담았다.

히로시마 카프의 창단 이야기는 1994년 만화가 나카자와 케이지의 작품 《히로시마 카프 탄생 이야기広島カープ誕生物語》로 발행되었다. 원폭으로 고아가 된 야구 소년을 주인공으로 카프 창설 이후 1975년 첫 우승까지 여정과 야구와 함께 피폭지에서 살아가는 히로시마 사람들의 모습을 그린 만화다.

창단 초기 히로시마는 최하위 성적에다 선수 월급도 주지 못할 정도

《히로시마 카프 탄생 이야기》(1994)　　　《히로시마 카프 탄생 이야기》(1994)의 한 컷

로 운영이 여의치 않았다. 리그의 짐짝 같은 존재가 되어 창단 2년째 합병설이 제기되었다. 카프팬은 합병을 반대하고 구단 지키기에 힘을 다했다. 히로시마시 경찰청의 경찰관 400명이 성금을 모아 구단에 전달한 것이 마중물이 되어 구단 살리기 모금 운동이 전개되었다. 야구장 앞에 술 담그는 나무통을 모금함으로 놓아 언제든지 자유롭게 기부할 수 있도록 했다. 모금 운동의 결과 카프는 합병과 해산의 위기를 모면하고 새 출발을 할 수 있었다. 시민구단이었기에 가능한 일이었다.

　가난한 구단과 월급을 못 받는 선수들의 고생 이야기보다 더 중요한 것은 식비를 절약해서 야구 입장료를 내는 것을 주저하지 않은 히로시마 시민들의 야구 사랑이다. 좀처럼 이기지 못하는 카프에 자신들의 신세가 오버랩되었을지도 모른다. 이렇게 피폭지 사람들의 울분을 위로해 준 카프는 히로시마의 정신적 지주가 되고 시대가 변하면서 점점 지역 콘텐츠로 자리 잡았다.

만년 꼴찌 구단 히로시마 카프의 반전

히로시마 카프는 창단 이래 든든한 기업의 지원을 받는 다른 구단과는 달리 시민 구단, 가난한 구단, 꼴찌 구단 등의 이미지로 야구팬들 사이에서는 늘 애틋한 존재였다. 이런 이미지 때문에 히로시마 사람들이 더 열심히 응원했을지도 모른다. 그러나 이것은 구단 이미지일 뿐이거나 아니면 스토리텔링화된 히로시마 카프의 콘셉트일 따름이다. 데이터를 보면 창단 70년에 리그 우승 9회, 일본 1위 3회로 결코 초라한 성적이 아니다. 인기 구단으로 알려진 한신 타이거즈는 1945년 이후 리그 우승 6회, 일본 시리즈 진출 6회, 일본 1위는 1회뿐이다.

야구 구단의 성적은 팬들의 응원 열기와는 상관없이 자본의 힘과 비례한다. 스폰서, 프런트, 감독, 선수가 얼마나 박자를 잘 맞추는가에 따라 그 시즌의 순위가 정해진다. 꼴찌 구단 이미지는 B 클래스로 마친 시즌이 많은 구단에게 굳혀지는 이미지다. 리그 6개 구단 중에 3등까지는 A 클래스, 4등부터는 B 클래스가 된다. 이 야구팬들은 자기가 응원하는 구단에 대한 기대감이 크기 때문에 자기가 응원하는 팀은 늘 못해 보인다.

야구 구단은 프로야구 흥행 사업을 주된 내용으로 하는 서비스 업종의 주식회사다. 히로시마 카프가 가난한 구단이라는 것도 이미지에 불과하다. 구단 경영은 첫 우승한 1975년 이래 연속해서 흑자 운영을 하고 있어 지방의 우량기업으로 볼 수 있다. 그러나 이는 수익을 많이 창출해서 흑자기업이 되는 것이 아니라 수익의 범위 내에서 구단을 운영하기 때문이다. 즉 짠돌이 운영으로 마이너스를 없애는 것이다. 선수 연봉도 다른 구단에 비하면 최하위였다. 자유계약선수FA를 고액 연봉으로 붙잡지 않고 남은 선수로 꾸려 나가는 형식을 꾀했다. 그러나 2015년 이후 선수 평균 연봉은 전체 구단의 중간 정도가 되어서 선수 연봉에 인색한 것도 아니다. 지상파 야구 중계 감소로 구단의 수입이 줄어들자 줄어든 만큼 아이디어 상품 개발과 팬클럽 가입 촉진 등으로 메우고 있다.

히로시마 카프의 정식 명칭은 히로시마 도요東洋 카프다. 구단이 재정 위기를 겪을 때 마쓰다 자동차의 전신인 도요공업사東洋工業社의 자금이 투입되어 주식 지분을 갖고 있기 때문이다.

8월 6일 피스 나이터 Peace Nighter

1945년 8월 6일 오전 8시 15분, 미군은 코드명 '리틀 보이'라는 핵무기를 히로시마 시내 중심에 실전 사용했다. 인류 최초로 인간을 대상으로 한 핵무기 사용이었다. 핵무기는 히로시마 인구의 25% 정도의 인명을 앗아 갔다. 8월 9일 나가사키長崎에도 원자폭탄이 투하되자 일본은 1945년 8월 15일 항복을 선언하고 전쟁을 멈추었다. 원자폭탄은 땅에 떨어뜨려 폭발시키는 것이 아니다. 전투기에서 투하된 원자폭탄은 스핀을 일으키며 떨어져 상공 600m 위에서 핵분열로 폭발했다. 상공에서 폭발해서 원폭의 분산 범위가 넓었다. 폭심지 근처에서 폭탄을 맞은 히로시마현 산업장려관은 나중에 원폭 돔이라고 불렀는데 현재는 유네스코의 세계유산으로 등록되어 있다.

히로시마시는 지방 조례로 추도 의미에서 8월 6일을 히로시마 시민 구장의 휴장일로 정했다. 이 기간에 히로시마 카프는 원정경기로 일정을 소화했다. 2009년 새로운 전용구장 마쓰다 스타디움 완공을 계

2015년 피스 나이터 유니폼 HIROSHIMA 86   2015년 피폭70년 피스 나이터
(출처: https://www.hiroshima.coop/peacenighter/index.html)

기로 그 조례를 개정했다. 2011년 8월 6일 요미우리 자이언츠와 홈경기를 개최했는데 53년 만에 히로시마에서 처음으로 열린 정규 시즌이었다.

히로시마 생활협동조합을 비롯한 지역 기업은 8월 6일에 열리는 야구시합에 평화 이미지를 디자인해서 피스 나이터Peace Nighter라는 이벤트를 주최했다. 일본어로 야간경기를 나이터Nighter라고 한다. 이렇게 시작된 피스 나이터는 매년 8월 6일 전후 홈경기 5회 말이 끝나면 전 관중이 참가하는 세리머니를 갖는다. 야구를 응원할 수 있는 평화에 감사를 전하는 의식이다. 전쟁이나 핵무기의 무서움을 모르는 사람에게 야구를 통해 평화의 소중함을 알리는 기회로 삼고 있다. 2015년에 선수들은 전원 이름 대신 HIROSHIMA, 등번호 대신 8월 6일을 의미하는 86번 유니폼을 입었고, 관중들은 평화 메시지를 적은 녹색 신문지를 들고 퍼포먼스를 펼쳤다.

원폭 투하 5년 후에 창단되어 히로시마 부흥의 상징으로 탄생한 카프는 히로시마에서 세계로 평화 메시지를 전하는 매개가 되었다.

세계적인 도자기 브랜드
노리타케를 아세요?

이 정(아이치가쿠인대 겸임교수)

일본의 인구나 경제 순위로 정한 4대 도시는 도쿄, 요코하마, 오사카, 나고야 순이라고 한다. 하지만 도쿄와 인접한 요코하마를 합해 도쿄·요코하마를 묶어 하나로 보고 오사카, 나고야를 보통 일본의 3대 도시라고도 부른다. 나고야는 아이치현의 현청 소재지이며 일본의 중앙 부근에 위치하고 있다. 우리나라로 보면 대전 정도의 위치라 볼 수 있다. 또한 아이치현에는 도요타자동차 본사가 있으며 많은 협력업체와 더불어 탄탄한 경제력을 갖춘 산업 도시인 반면 관광산업은 그다지 발달하지 않아 분위기가 조금 삭막한 편이다.

100년이 넘은 일본의 도자기 노리타케가 전 세계적인 브랜드라는 사실은 여성들은 잘 알지만 남성들은 잘 모르는 편이다. 매우 비싼 고

모양과 디자인에 따라 가격이 천차만별인 노리타케 커피잔

급 브랜드 도자기라는 이미지로 인식하고 있을 수도 있다. 실제로 일본에서도 황실과 귀족이 사용하는 식기로 알려져 있어 일본은 물론 유럽과 아시아 여성에게도 인기가 많다. 그런데 이렇게 세계적인 도자기 브랜드가 된 것은 우리 조상의 역할과 깊은 관계가 있다. 임진왜란 때 일본에 끌려와 일본에 처음 백자소성白磁燒成에 성공한 도공 이삼평의 백자기술을 잘 발전시켜 이루어 낸 결과로 노리타케가 발전했다고 볼 수 있다. 도자기의 신인 이삼평을 통해 시작된 아리타야키가 세계적인 도자기 브랜드로 발전했고, 백자기술의 직간접적인 영향을 이어받아 노리타케가 세계적인 도자기 브랜드로 성장·발전했다는 것이다. 어떤 배경을 통해 노리타케가 세계적인 브랜드로 발전했는지 역사를 거슬러 올라가 보자.

나고야 노리타케의 숲

'노리타케의 숲'은 나고야 번화가인 중심에 위치해 있고 나고야역에서 도보로 약 15분 거리에 있다. 이곳은 도자기 메이커인 노리타케사에서 운영하는 시설로 공원, 레스토랑, 뮤지엄, 갤러리 등 볼거리와 함

노리타케의 숲 정경(출처: 노리타케의 숲 홈페이지)

대한제국 시기 유입된 노리타케 양식기(출처: 한국 국립고궁박물관 제공)

께 노리타케 식기와 잡화 등을 파는 기념품 가게도 있어 일본 국내는 물론 외국의 관광객에게도 인기가 많다.

우리나라에서도 고급 식기로 알려진 노리타케는 메이지시대 1900년 전후 일본 궁내성에 납품되어 황족과 귀족이 사용하기도 했다. 기존의 일본 백자 식기는 하나하나 손으로 빚어야 하기 때문에 소량 생산만 가능했다. 그러나 당시에도 노리타케는 이른바 산업 도자기라는 특징을 갖고 있어 대량 생산이 가능했다. 산업 도자기 중에서도 노리타케는 양식기 생산으로 유명하다. 양식기는 주로 접시를 중심으로 세트가 구성된다. 예를 들어 12명이 식사를 하는 경우 빵 접시, 스프 접시, 샐러드 접시 등등 전부 합해서 식기가 93개 필요하다. 양식기 세트 중에서도 25cm 접시는 만들기가 까다로워서 일본에서 생산이 불가능했는데, 당시 노리타케사는 10년간 노력 끝에 25cm 접시를 만드는 데 성공해 일본 최초로 디너 세트를 완성시켰다. 그렇게 성공한 양식기가 경로는 확실하지 않지만 대한제국 황실에 대량 유입되기도 했다.

노리타케사에서 양식기를 처음 완성했을 때는 유럽의 양식기를 흉내 내는 수준이어서 유럽에서도 홀대 받고 가격도 유럽의 양식기보다 저렴했지만, 독자적인 디자인을 도입해서 점차 고급 브랜드로 인식을 바꾸는 데 성공했다. 모방은 창조의 어머니라는 명언이 입증된 예이기도 하다. 그럼 노리타케가 어떻게 성공하게 되었는지 노리타케의 역사를 좀 더 자세히 살펴보자.

노리타케의 역사

현재 노리타케사는 1904년에 나고야 노리타케라는 지역에 설립하면서 지명을 따서 이름을 지었다. 역사를 거슬러 올라가면 1876년 3월에 모리무라 두 형제가 도쿄 긴자에 설립한 무역회사 모리무라쿠미에서 시작된다. 그 해 11월에는 뉴욕에 히노데 상사를 설립했는데 당시에는 달러를 벌어들일 목적으로 일본에서 도자기뿐만이 아니라 잡화류를 수출해 유럽에 파는 무역회사였다. 현재의 노리타케 구 모리무라쿠미 가 세계적인 도자기 브랜드로 성장할 수 있었던 것은 만국박람회 엑스포 의 영향이 컸다.

1851년 영국 런던에서 세계 최초로 국제 박람회가 개최되었다. 그리고 1862년 영국에서 두 번째 국제 박람회가 열렸을 때 도쿠가와 막부 시찰단이 우연히 박람회장에 들렀다가 깜짝 놀랐다고 한다. 도쿠가와 막부가 출전하지도 않은 일본관이 전시되어 있었기 때문이다. 더군다나 공예품이라고 전시된 물건을 보니 비옷이나 잡화류 등으로 공예품이라기보다는 일본 사람들이 보기에 부끄럽기 짝이 없는 물건이었다. 그래도 일본 종이 와시, 도자기, 칠기 등은 유럽 사람들에게 기술력과 디자인이 높게 평가되었고 그로 인해 수출이 증대되어 외화를 벌어들이는 데 큰 힘이 되었다. 일본관이 전시된 경위는 초대 일본 주재 영국공사였던 올콕 Sir Rutherford Alcock, 1809~1897년 이 주재 당시 일본에서 여러 가지 골동품과 잡화를 수집했고 임기가 끝나고 귀국할 때 영국에 가지고 가서 박람회에 출품한 것이었다.

일본 정부는 외화벌이 수단으로 세계 박람회의 효과와 중요성을 깨달아 적극적으로 세계 박람회 참가에 힘을 쏟기 시작했다. 그 후 1867년 파리 박람회에 일본 정부가 정식으로 참가했고, 1873년 오스트리아 빈 박람회에서는 일본 정부가 공예품을 중요 품목으로 인식하고 품목을 엄격하게 체크한 후에 공식 출품해서 높은 평가를 받고 인기를 얻었다. 더욱이 1878년 파리 박람회 때는 일본 정부가 도자기를 일본의 중요 수출품으로 지정함으로써 당시 자포니즘 붐이 일어나 유럽 각국에 도자기를 대량 수출하는 등 크나큰 성과를 얻었다.

당시 일본 정부는 도자기를 수출 주력 품목으로 지정하고 많은 예산을 편성했다. 도자기 제작업체에 자금을 지원해 주고 좋은 제품을 만들어 세계 박람회에 출품하도록 한 것이다. 그 결과 많은 도자기 제조회사가 창업했고 정부 자금을 토대로 좋은 예술품을 만들어 세계 박람회에 출품해서 좋은 평가도 받았다. 당시 제품이 지금도 예술적으로 가치를 인정받고 있지만 예술품을 만든 회사들은 대부분 도산하고 말았다. 현재까지 남아 있는 회사는 나고야 모리무라쿠미^{현 노리타케사}, 아리타에 있는 고란샤 두 회사뿐이다. 아무리 좋은 제품을 생산해서 인정받았어도 자기 자본이 아닌 정부 자금을 받아 상품을 제작한 회사는 수익 이상의 투자로 인해 이익을 얻지 못하고 결국 도산하고 말았던 것이다. 도산한 회사 중에는 품질이 가장 좋은 도기를 만들어 황실에 납품했다는 세이키 회사, 구타니 도기회사 등이 있다. 현재까지 남아 있는 노리타케사와 고란샤는 정부 자금을 받지 않고 자기 자본으로 운영했다는 공통점이 있다. 정부 자금을 받지 않고 민간자금으로 운영하다 보니 좋은 제품도 중요하지만 수익이 더 중요했기 때문에 자금에 맞는 제품을 만들어 낸 것이 지금까지 살아남은 비결이기도 하다.

일본 정부가 도자기를 주력 품목으로 지정한 것을 발판 삼아 무역상사였던 모리무라쿠미는 1883년 아이치현에 도자기로 유명한 세토 지역의 도자기를 발 빠르게 직거래하기 시작했다. 그 후 1893년 시카고박람회에서 새로운 도자기를 선보이면서 유럽과 어깨를 나란히 할 만한 미술품으로 도자기를 생산하고 세계적으로 인정받았다. 또한 노리타케가 세계적인 브랜드로 성장할 수 있었던 배경은 1895년 뉴욕에 도안부図案部를 설치해서 유럽의 선호도를 빠르게 파악한 것이다. 뉴욕에서 유럽인이 추구하는 도안을 만들어 일본으로 보내고 도안에 맞는 도자기를 만들어 다시 유럽으로 수출하는 형식을 취한 것이다. 지금이야 당연하지만 100년 전이라는 시대적 배경을 생각한다면 파격적인 시스템이었다.

또한 모리무라쿠미는 도자기의 깨지는 성질 때문에 계속해서 수요성이 생기는 것을 인식했다. 식기는 우리 생활에 꼭 필요한 도구여서 깨지면 다시 구입해야 하기 때문이다. 초기 사업 아이템으로 도자기와 잡화류를 선택했던 모리무라쿠미는 결국 도자기로 수익이 많아지자 수익이 적은 잡화류를 정리하고 도자기 사업에만 집중했다.

그래서 1904년 도자기 생산이 용이한 세토에서 운송이 편리하고 가까운 나고야 노리타케 지역에 일본도기합명회사현 노리타케사로 회사명을 바꾸어 설립한다. 100년이 넘게 시간이 흐른 지금은 당시의 노리타케 본사 부지를 도자기에 관한 복합시설로 재탄생시켜 노리타케의 숲이라 칭하고, 시민들의 산책과 휴식을 제공하는 공원으로 재정비했다. 그 결과 도심 속의 아름다운 공원에서 웨딩 촬영이나 영화 촬영을 하기도 하고 시민들이 도심 속에서 자연을 느끼는 공간이 되었다. 또한 100년이 지난 빨간 벽돌 본사 건물을 그대로 유지하고 있어 당시 역사 속 건축양식을 바로 가까이에서 체험할 수도 있다. 나고야의 자부심이자 세계적인 도자기로 거듭난 노리타케는 거슬러 올라가면 우리의 선조 이삼평에서 시작되었다고 할 수 있다. 양식기를 주로 생산하는 노리타케는 백자기술이 없었다면 발전할 수 없었기 때문이다. 여기에서 일본 최초로 백자소성에 성공한 이삼평에 대해서 간단하게 살펴보기로 하자.

백자 도자기의 신 이삼평

양식기는 백자로 만든다. 그런데 일본의 백자 기술은 임진왜란 때 조선에서 끌려온 도공 이삼평에게서 시작되었다. 도요토미 히데요시의 지시에 따라 일본에 끌려온 수많은 도공 중 하나였던 이삼평은 일본에서 백자를 생산하기 위해 오랜 시간 도석을 찾아 헤매다 1616년

아리타 도산 신사에 모셔 있는 이삼평

아리타 이즈미야마에서 도석을 발견했다. 돌을 깨서 만드는 백자는 이삼평이 원석을 발견하지 못했다면 만들 수 없었다. 그리고 조선에서 익혔던 백자 기술을 이용해 일본 최초로 백자소성에 성공한다. 그래서 이삼평은 세계적으로 명성을 떨치고 있는 아리타 도자기의 조상이라고 불리고 있으며 지금도 아리타에서는 이삼평을 신으로 추앙해 신사에 모시고 있다.

일본은 백자 기술을 이어서 계속 발전시키고 보급해서 그 기술을 바탕으로 노리타케사에서도 백자 양식기 세트를 완성하고 성공시켰고, 역으로 일본 백자 양식기를 대한제국의 황실에 보급하기도 했다.

순교의 땅 나가사키,
일본 기독교의 상징이 되다.

김경옥 (한림대 일본학연구소 HK 연구교수)

일본의 종교와 기독교

일본인의 종교관을 나타내는 말 중에 '태어날 때는 신사, 결혼할 때는 교회, 죽어서는 절에 묻힌다'라는 말이 있다. 신도神道와 기독교, 불교가 일본인의 생활과 일체화되어 깊숙이 뿌리 내려 녹아들어 갔음을 알 수 있다. 실제 일본에서 신도는 일본 전체 인구의 100%, 불교는 거의 70% 이상이 믿고 있다. 이에 반해 기독교천주교 포함는 1% 내외라고 한다. 생활과 일체화되어 결혼식을 기독교식으로 거행한다고 하는데 왜 기독교 신자만 이렇게 적은 것일까? 그 이유를 일본의 기독교 전파와 관련해서 역사적·문화적 맥락에서 살펴보자.

쇄국의 땅 일본에 전해진 기독교

일본에 기독교가 처음 전해진 것은 1549년으로 거슬러 올라간다. 예수회 소속 선교사 프란시스코 자비에르는 동아시아에서 선교하던 중에 말라카에서 한 일본인과 만난 것을 계기로 일본의 가고시마로 건너갔다. 당시 유럽에서 일본 무역은 기독교 선교활동과 하나가 되어 있었고, 일본의 다이묘들은 유럽과 교역을 통해 이익을 얻기 위해 유

프란시스코 자비에르 　　　히라도 자비에르 기념 교회

럼에서 온 선교사에게 적극적이었다.

　자비에르는 가고시마에서 선교 활동이 생각만큼 성과를 내지 못해서 1550년 당시 국제 무역항이던 나가사키의 히라도로 옮겨 선교를 시작했다. 다이묘 마쓰우라 다카노부는 히라도에서의 선교를 인정했고, 이로써 나가사키에 기독교의 씨를 심었다. 자비에르가 히라도에 머문 한 달 동안 약 100명이 세례를 받고 기독교 신자가 되었다. 히라도에는 지금도 자비에르를 기념하는 자비에르 기념 교회가 있다. 자비에르는 다이묘들의 협조로 교토와 야마구치에도 기독교를 전하고 1551년 일본을 떠날 때까지 약 1,000여 명의 일본인에게 기독교를 전했다.

　이후 많은 선교사가 일본에 와서 교회를 세우고 선교사를 양성하며 적극적으로 선교 활동을 벌였다. 그중 루이스 프로이스는 교토에 머물며 선교 활동을 했고, 1569년 오다 노부나가는 프로이스에게 교토 거주와 신학교 건립을 허락했다. 노부나가가 기독교에 관용적인 태도를 보인 것은 크리스천 신앙에 대한 관심이나 교리 이해보다도 불교 세력을 타도하려는 정치적 의도와 함께 포르투갈과의 교역에서 이익을 얻는 것이 목적이었다.

순교의 땅 나가사키

　포르투갈의 항해자 바스코 다 가마Vasco da Gama는 항해의 목적을
'기독교와 향신료'라고 말했다. 향신료의 공급과 기독교 전파가 당시
유럽이 일본과 교역하는 목적이었음을 알 수 있다. 일본 선교를 희망
하는 신부神父는 포르투갈 상선에 일본으로 향할 것을 요구했고, 일본
의 다이묘는 신부를 보호하고 선교를 허가하는 대가로 포르투갈과 교
역을 통해 막대한 이익을 얻고 총과 화약을 구입해서 군비를 강화했
다. 포르투갈 상인은 일본과의 무역에서 칼, 은, 해산물 등을 수입했고
일본은 서구의 소총, 화약, 가죽 등을 수입했다. 오다 노부나가처럼 도
요토미 히데요시도 교역에서 이익을 우선시해서 크리스천의 선교 활
동에 관용적이었다.

　그런데 히데요시는 1587년 규슈를 평정하던 중에 크리스천 다이묘
였던 오무라 스미타다가 이미 1580년에 나가사키를 포르투갈의 예수
회에 기진寄進했다는 사실을 알게 된다. 그리고 포르투갈인이 일본인
을 노예로 매매한다는 사실도 전해 듣는다. 히데요시는 우선 다이묘들

〈남만병풍〉 포르투갈인이 일본에 왔을 때의 그림 병풍 (나가사키 역사문화박물관 보관)

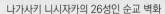
나가사키 니시자카의 26성인 순교 벽화

일본 26인 성인 순교도

이 기독교 신자가 되는 것을 허가제로 바꾸고, 바로 선교사 추방령을 발포하여 해외로 선교사를 추방하고 나가사키를 일본령으로 회수했다. 그러나 히데요시는 교역과 일체화된 유럽인의 선교 활동으로 기독교를 철저하게 금할 수는 없었다.

1596년 히데요시는 스페인이 영토를 확장하기 위해 선교사를 이용한다는 정보를 듣는다. 이듬해 1597년 2월 5일 스페인계 프란시스코회를 중심으로 한 선교사와 신자 26명을 체포하고 나가사키의 니시자카 언덕에서 처형했다. 히데요시는 보는 이에게 두려움을 안겨 주고자 일부러 기독교인이 많이 사는 니시자카 언덕을 처형지로 정했지만, 처형당하는 순교자의 모습을 본 많은 이들은 오히려 크게 자극을 받았다. 그 후 유럽과의 무역으로 번영을 구가하던 나가사키는 순교의 상징으로 일본 선교의 중심지가 되었다.

기독교 박해와 가쿠레 기리시탄^{잠복 크리스천}

도쿠가와 이에야스로 시작되는 에도 막부는 1612년 전국에 금교령을 발표하고 '기리시탄 사종문^{邪宗門}'이라는 이름하에 기독교를 사교시해서 철저하게 엄금했다. 선교사를 국외로 추방했고 나가사키의 성당은 1619년까지 모두 파괴되었다. 1637년 무거운 세금으로 고통받던 시마바라와 아마쿠사에서 봉기가 일어나자 에도 막부는 이를 기독교 신자에 의한 봉기로 규정하고 진압했다.

　에도 막부는 쇄국정책을 취했고 유럽과의 교역은 나가사키의 데지마를 통해서만 할 수 있게 했다. 오직 네덜란드만 교역국으로 인정하고 기독교 신자는 철저히 박해했다. 1657년 오무라에서 숨어서 신앙생활을 하던 가쿠레 기리시탄잠복 크리스천의 존재가 발견되었다. 그 후 막부는 한층 더 심한 박해와 감시를 계속 이어갔다. 이로써 겉으로는 불교도인 척하지만 실제로 숨어서 목숨을 걸고 신앙을 지키는 가쿠레 기리시탄이 생겨났다. 가쿠레 기리시탄이 남모르게 숨어서 신앙생활을 계속 이어오던 중 1853년 페리 제독의 흑선이 에도만에 나타났다. 막부는 미국, 영국, 러시아, 네덜란드와 화친조약을 맺고 1858년 2월 나가사키 부교는 가쿠레 기리시탄을 찾아 내기 위한 수단으로 1629년부터 약 230년간 실시한 '후미에예수나 마리아의 상이 그려진 그림을 밟도록 하는

〈도요토미 히데요시 크리스천 금제 정서〉　　　후미에(마쓰우라 역사자료박물관 보관)

것'를 중지할 것을 선언했다.

1858년 막부는 화친조약을 맺은 4개국에 프랑스를 더해 5개국과 수호통상조약을 체결하고 이듬해 나가사키에 선교사가 들어왔다. 그리고 가톨릭의 파리선교회가 1863년 나가사키에 외국인을 위한 성당인 '오우라 성당'을 건설했다. 나가사키 사람들은 낯선 건물을 바라보며 그곳을 '프랑스 절'이라고 불렀다. 선교사들은 건물의 정면에 '천주당'이라고 한자로 적고 가쿠레 기리시탄이 나타나기를 기다렸다. 오우라 천주당 앞으로 수십 명의 가쿠레 기리시탄이 모습을 드러냈다. 그들은 오우라 성당의 신부 앞에서 자신들이 신자임을 밝혔다. 이 일을 계기로 일본에서는 다시 선교 활동이 시작되었다. 그러나 당시 일본은 여전히 금교령하에 있었고 에도 막부에 이어 메이지 정부도 기독교를 사교邪教시하며 일본의 국체를 모독하고 풍속을 문란하게 해서 사회적 혼란을 야기한다고 기독교 신자를 박해했다.

메이지 정부의 기본 철학은 한마디로 화혼양재라 할 수 있다. 정신은 일본 전통의 천황제 안에서 일본의 도덕을 행하고, 기술은 서양에서 구해서 근대화를 추진한다는 이중의 모순된 철학이었다. 메이지 정부는 서양의 정치제도나 물질번영에 관심이 있었고, 서양의 정신적 근원을 이루는 기독교에는 관심이 없었다. 하지만 메이지 정부의 크리스천에 대한 박해와 탄압 정책이 유럽 각국에 알려져 외국에서 비난을 받자 메이지 정부는 기독교의 선교 활동을 묵인할 수밖에 없었다. 1873년 메이지 정부는 금교령을 해제하고 1889년 '대일본제국헌법'의 '신교의 자유'에 따라 드디어 일본에 신앙의 자유가 주어졌다.

신앙의 자유를 얻은 가쿠레 기리시탄은 우선 자신들의 마을과 촌락에 성당을 세웠다. 남녀노소를 불문하고 기독교 신앙을 가진 사람들은

산타마리아 상   나가사키 오우라 성당

모두 가난한 생활 속에서도 헌금과 헌신을 통해 성당과 교회 건설에 자원해서 참여했다. 그들에게 성당과 교회의 건립은 오랜 박해와 탄압을 이겨내고 신앙을 지켜온 가쿠레 기리시탄의 강인한 의지를 보여 주는 증거였다. 1966년 기독교인 작가 엔도 슈사쿠는 후미에를 소재로 한 소설《침묵》을 발표했다. 이 소설은 2016년 미국에서 영화〈사일런스〉로도 제작되었다.

일본의 젊은이와 교회식 결혼식

메이지 정부는 신도를 '국가의 제사'로 규정하고 신사는 종교가 아니라고 했다. 이후 천황은 정치와 군사의 총괄자로서 신도를 기반으로 한 신앙의 대상이 되었고, 신도는 불교를 포함한 모든 종교의 최상위에 위치했다. 1889년 '대일본제국헌법'하에서 '신교의 자유'는 천황제 절대주의의 표본이라 할 수 있는 '교육칙어'와의 관계 속에서 천황제 추종을 전제로 한 자유였다. 더욱이 일본에 사회적·도덕적 혼란을 야기한다는 '사교'라는 인식은 신도와 불교가 토속신앙처럼 깊이 뿌리내린 일본에서 기독교 인구가 전체 인구의 약 1%밖에 되지 않는 이유 중 하나이기도 했다.

일본의 젊은이들은 교회식으로 결혼식을 올리지만 그것은 신앙에 근거한 규범적 예식이 아니다. 단지 호텔 안에 만들어진 채플 형식의 예식장에서 주례를 맡아 줄 외국인 가짜 목사와 성가대를 고용해서 결혼식을 올리는 것뿐이다. 일본에서 기독교는 생활과 하나가 된 신도와 불교처럼 종교나 신앙의 의미가 아니라 생활의 일부로서 존재한다고 볼 수 있다.

일본의 전통 결혼식은 신도식으로 자택에서 행했으나, 1945년 패전 후 점령기 1945~1952년 일본의 경건한 교회에서 성가대의 성가에 맞춰 진행한 서양식 결혼식은 낯설면서도 이국적인 것으로 일본인이 매료되기에 충분했다. 일본의 젊은이들이 기독교 교리나 신앙 고백과는 아무런 관계없이 교회식의 결혼식을 올리게 된 것은 1960년대부터다. 당시 인기 있는 연예인이 순백의 웨딩드레스를 입고 교회에서 올린 결혼식은 일본 여성에게 동경의 대상이 되었다. 1970년대가 되면 자택 결혼식은 줄어들고, 1980년대에는 영국의 다이애나 황태자비의 로열 웨딩을 계기로 호텔 안에 늘어나는 채플과 함께 교회식 결혼식의 인기가 급상승했다.

아시아의 성지순례지 나가사키

한국의 기독교는 서민적이고 대중적이며 누구나 다가가기 쉬운 종교로서 역동적인 선교로 전파되었지만, 이와 달리 일본의 기독교는 오랜 기간 사교시되어 오다가 막부 말기 하급무사들이 지적이고 합리적인 근대적 지식을 찾는 과정에서 만난 종교였다. 그만큼 일반인들은 기독교의 신앙과 교리보다는 결혼식과 같은 기독교 문화에 익숙하다.

1862년 9월 사쓰마번의 국부인 시마즈 히사미쓰 행렬이 나마무기라는 마을을 지나던 중, 말을 탄 영국인 4명이 무례하게 난입했다는 이유로 히사미쓰의 호위 무사에게 살해당한 나마무기 사건이 일어났다. 이 사건으로 1863년 영국은 사쓰마번과 직접 협상하기 위해 군함 7척을 이끌고 가고시마만에 입항했다. 사쓰마번과 영국 사이에 사쓰에이 전쟁이 일어났지만 사쓰마번은 소극적으로 대처했다. 이것은 기독교와 무관하지 않은 것으로 사쓰마번은 현 가고시마로 자비에르가 기독교를 처음 전파한 곳이었다. 당시 사쓰마번은 사쓰에이 전쟁을 통해 영국과 같은 근대화의 필요성을 느꼈고, 이에 1865년에는 사쓰마의 젊은이를 영국으로 유학을 보내 근대적 지식과 문물을 배워 오도록 했다. 일본 내에서 기독교 인구는 1%라는 미미한 수이지만 기독교 역사는 일본 역사와 함께 숨쉬고 있다.

현재 일본 국토의 1%의 면적을 차지하는 나가사키에는 일본 전국의 가톨릭 성당과 교회의 10% 이상이 몰려 있고 그 수는 130여 개에 이른다. 오랜 기간 몇 대에 걸친 박해와 탄압 속에서도 꿋꿋이 지켜온 신앙의 결실이다. 나가사키 곳곳에는 약 450년 이상을 이어온 신앙이 오늘도 계속 살아 전해지고 있다. 유구한 역사를 자랑하는 교회와 성당은 이제 세계유산으로 등록되어 관광객의 발길을 맞이한다. 나가사키는 오늘도 아시아의 성지순례 코스로서 관광객 유치에 심혈을 기울이고 있다. 한국의 가톨릭과 기독교는 나가사키를 성지순례 코스로 정하고 매년 수많은 사람이 이곳을 방문하고 있다.

닮은 듯 다른
한국과 일본의 관계

신오쿠보에 사는 한국인,
신오쿠보를 찾아오는 일본인

홍유선(일본어 번역작가)

20여 년 전 일본은 드라마 〈겨울연가〉일본어 제목은 冬のソナタ로 한국을 맞이했다. 그전까지 일본인에게 한국은 일본 기업의 하청업을 하는 나라, 저렴한 비용으로 관광할 수 있는 나라로 인식되었다. 그런데 〈겨울연가〉라는 드라마 한 편이 일본인이 가진 한국 이미지에 새로운 바람을 불러일으킨 것이다. 김치의 나라 한국은 겨울 소나타의 나라로 바뀌었고, 배용준욘사마과 최지우지우히메 그리고 박용하라는 한국 연예인의 시대를 열었다.

이와 더불어 배용준의 얼굴이 들어간 사진을 시작으로 머그컵, 쿠션, 드라마에서 배용준이 둘렀던 머플러를 똑같이 짤 수 있는 털실 패키지 상품까지 등장하면서 신오쿠보에 작은 한국이 기지개를 켜기 시작했다. 그 후로 K드라마는 일본 케이블 방송에 새로운 시장으로 등장했고 아침 시간대에 집에서 집안일을 하던 주부들에게 한국 감성을 불어넣었다. 한국 드라마에 빠진 주부들의 발길이 신주쿠의 신오쿠보에 있는 몇몇 식당과 슈퍼로 향하면서 신오쿠보는 일본 속의 작은 한국으로 자리 잡았다. 한국 식당과 연예인 캐릭터 상품을 파는 오쿠보 거리에 가려면 서울의 2호선에 해당하는 야마노테선의 신오쿠보역을 이용해야 한다. 신오쿠보역은 신오쿠보가 K가게로 활성화되기 전까지

코리아 타운으로 알려진 신오쿠보의 모습

는 야마노테선의 역 중에서 이용객이 가장 적고 엘리베이터와 에스컬 레이터도 없는 개찰구가 단 한 군데뿐인 작은 역이었는데, 얼마 전에 는 역 위로 5층 건물이 들어서고 엘리베이터가 설치되는 변화가 일어 났다.

이런 변화는 신오쿠보를 찾는 일본인이 얼마나 많은지를 나타내는 증거 중 하나다. 신오쿠보에서 이케멘 도오리는 유명하다. 골목 양쪽 에 자리 잡은 한국 식당에서 서빙하는 종업원이 모두 잘 생겨서 이케 멘 도오리란 이름으로 부르기 시작했다. 신오쿠보에 가면 한국에 가지 않고도 한국의 모든 것을 경험할 수 있다는 소문이 SNS에서 사진과 함 께 퍼져 나가면서 일본 전역에서 관광버스를 타고 신오쿠보로 관광을 온다. 최근에는 한국까지 못 가더라도 일본에 와서 잠깐이라도 한국을 맛보고자 신오쿠보를 찾아오는 외국인 관광객도 많아졌을 만큼 신오 쿠보는 일본 속의 작은 한국이 되었다.

일본인은 왜 신오쿠보에 열광하는 걸까. 신오쿠보에는 한국적인 것 이 많이 존재하고 유행을 만들어 낸다. 〈겨울연가〉를 시작으로 한국

드라마에 빠진 중년 주부들이 찾았던 초기에는 삼겹살과 길거리 호떡이 유명했다. 삼겹살과 함께 먹는 파 무침과 상추쌈은 현재 일본의 어느 슈퍼에서나 팔고 있고 일본에 쌈 문화를 정착시켰다. 일본에서는 길거리에서 먹는 문화가 없었는데 호떡은 일본인에게 길거리 음식을 경험하게 했다.

한국에서 새 드라마가 방송되면 실시간으로 보는 일본인에게 드라마에 등장했던 음식은 바로 신오쿠보 식당의 새로운 메뉴로 등장해서 새로운 트렌드를 만들어 냈다. 치킨과 맥주의 환상적인 궁합인 치맥, 길거리 음식 호떡 대신 치즈 핫도그가 자리 잡았다. 그뿐만 아니라 '설빙'을 비롯한 한국에서 유명한 음식과 카페, 디저트 브랜드가 신오쿠보에 체인점을 개점하고 인기 상점으로 등장했다.

신오쿠보 활성화는 드라마뿐만이 아니다. '빅뱅'을 시작으로 한국 아이돌 스타를 중심으로 한 K팝은 장작불에 기름을 부은 듯이 신오쿠보에 한류 붐을 꽃피웠다. 그다음에는 K뷰티가 신오쿠보를 점령하기 시작하면서 K화장품 매장은 한국 명동을 방불케 한다. 경제적인 논리로 보면 사람들은 돈이 되는 곳으로 모여든다. 이를 증명이라도 하듯이 신오쿠보의 한국 가게들이 장사가 잘 되면서 신오쿠보에는 하루 밤새 몇 개의 가게들이 신규 오픈하면서 한국인이 몰려들기 시작했다. 새로운 가게가 생기면 그곳에서 일하려는 한국인이 늘어난다. 그렇게 늘어난 신오쿠보를 드나드는 한국인 숫자는 현재 몇 만 명을 넘는다고 한다. 더불어 신오쿠보가 한국 음식을 찾고 한국 식품을 사기 위해 한국인이 모이기 쉬운 장소로 인식되면서, 도쿄 전역에서 한국인들이 그리운 고향 한국을 맛보러 찾아온다. 삼겹살을 먹으러, 냉면을 먹으러, 치맥을 즐기러, 김치와 애호박을 사러 모여들고 최근에는 성주산 참외도 판다고 한다.

오쿠보 거리는 10여 년 전만 해도 한국 가게가 별로 없었고 문이 닫힌 건물이 많았다. 큰길에는 덴동, 마쓰야, 빵집, 고고카레 등 체인점과 오래된 신발가게 등이 있었는데 대부분 일본 가게였다. 골목에 있던 몇몇 한국 음식점과 장터가 유일하게 한국 물건을 파는 곳이었다. 그런 곳에서 일본 가게들은 자취를 감추었고 빠른 속도로 한국 식당, 슈퍼, 화장품 매장이 들어섰다. 드라마를 시작으로 한 K팝, K화장품, K식품 등은 일본 속에서 한국의 위상을 높인 일등 공신이다. 일본 속에는 신오쿠보가 있고 신오쿠보에는 한국인이 살고 있다. 이곳의 한국인이 만드는 음식을 먹으러, 한국 상품을 사러 일본인은 신오쿠보를 찾아온다. 신오쿠보 K화장품 매장에서 근무하는 친구가 이런 말을 했다. "한국 화장품을 홍보하고 팔면서 일본인에게 한국의 좋은 이미지를 심어 주고 한국 상품의 우수성을 알리는 데 자부심을 느낄 때가 있다"라고. 신오쿠보에서 20여 년 부동산을 하는 일본 부동산 사장님의 말은 현재의 신오쿠보를 한마디로 정리해 준다. "신오쿠보에 한류 붐이 불면서 신오쿠보는 밤에 잠을 자지 않는 24시간 깨어 있는 거리입니다. 이곳은 일본 전역의 땅값이 하락하던 시기에도 도쿄에서 유일하게 올랐던 지역입니다. 빈 가게가 나오기를 줄 서서 기다리는 살아 있는 도시입니다."

앞으로 신오쿠보의 한국인은 신오쿠보를 찾아오는 일본인에게 새로운 신오쿠보의 매력을 어떻게 보여줄지 그 변화가 기대된다.

한국인과 일본인의 생활 문화 차이

– 아동 팬티 디자인이 다르고 선물 주는 방법도
다른 양국 문화

홍유선(일본어 번역작가)

일본에서는 아직도 남자 아이들의 팬티 디자인이 크게 바뀌지 않았다. 오래전 큰애가 초등학교 1학년 때였다. 하루는 학교에 갔다 오더니 "엄마, 친구들이 나더러 여자라고 놀려요"라고 말했다. 어디를 봐도 내 아들이 여자애 같은 구석은 전혀 없어 "왜?"라고 물었더니 돌아온 대답이 기가 막혔다. "엄마, 팬티 앞에 트임이 없는 여자 팬티 입었다고 친구들이 여자라고 놀렸어."그 말을 들은 순간, 나는 둔기로 머리를 얻어맞은 듯한 충격에 어지럽기까지 했다. 아, 이런 것이 문화 쇼크구나. 생활문화의 이질감이란 이런 사소한 데서 비롯된다는 것을 알았다. 일본에 처음 와서 보육원에 보낼 때 어린이용 일본 팬티를 사 입히고 싶었는데 값이 너무 비싸 한국에 다녀올 때마다 팬티며 러닝셔츠, 양말 등을 사다 입혔는데, 남아용 일본 팬티와 한국 팬티는 모양이 확실하게 달랐다. 일본에서는 지금도 남자 팬티는 대부분 앞부분이 트여 있다. 최근에는 성인용은 앞트임 모양만 있고 앞이 막혔거나 아예 막힌 디자인이 많아졌지만 어린이용은 아직도 트여 있다. 그 후 팬티가 아무리 비싸도 일본에서 아이들이 좋아하는 것으로 사 입혔다. 당시 새삼 느낀 것이지만 나라마다 아이들이 입는 속옷이 이렇게 다르고 아주 사소한 것 같으면서도 아이에겐 팬티 한 장이 남녀의 성을 구분하는 정도로 중요하다는 것을 알게 해 준 사례였다.

생활하면서 한국과 일본이 다르다고 느낀 사례가 또 있다. 초등학생인 아이들 친구들이 우리집에 놀러올 때면 일본 엄마들은 꼭 과자 한 봉지라도 간식을 아이들 편에 챙겨 보낸다. 그중에는 개인 물통까지 가져와 목이 마르면 가져온 물을 먹는 아이도 있다. '물까지 챙겨 보내다니'라고 생각하는 것은 우리 한국인들이고, 남의 집에 가서 시끄럽게 해서 폐를 끼치면 안 된다고 주의사항을 일러주며 최소한의 간식을 싸서 보내는 게 보통의 일본 엄마들이다. 물론 아이들과 엄마들끼리도 친해지면 허물없이 지내기도 한다.

일본인의 말 속에 자주 등장하는 속담 중에 '게이조쿠와 치카라나리 _{계속하는 것이 힘이다}'라는 것이 있다. 18년 전 문화센터에서 한국어를 가르칠 때 이 말을 처음 들었다. 당시 50대 중반이던 여성이 이 말을 자주 사용했다. 자기는 배우는 속도는 더디지만 오랫동안 계속 한국어를 공부할 생각이고 언젠가는 잘했으면 좋겠다면서 여간해서는 잘 늘지 않는 한국어에 은근한 애정을 드러냈다. 그 후로 나 역시 종종 그 말을 되새김질해 본다. 계속 진행될 때 모든 것은 의미 있음을 그때 알게 됐다. 그래서인지 일본인의 취미생활은 매우 다양하며 천천히 오랜 기간 지속된다. 다른 한국어 강좌의 학생 중에서도 한 달에 1번씩 가는 도예, 꽃꽂이, 음식, 수예 등을 10년, 20년을 계속 같은 선생님에게 배우러 다니는 사람이 있다. 게다가 1년이나 2년마다 한번씩 취미 교실 참가자는 그들 작품이나 실력을 전시회나 발표회를 통해서 가족이나 친구들에게 선보인다. 우리나라에서는 취미 생활이든 뭐든 레슨이라면 최저 1주에 1~2번은 가는데, 일본에서 취미나 레슨은 아무리 자주 해도 1주에 한 번이고 2주에 한 번 가는 레슨이 보편적이다. 그들은 가서 배우고 스스로 하는 행위 자체를 즐기는 취미생활이 주를 이룬다. 일본인에게 취미생활은 기술 향상이 아니라 참여에 의미가 있어 보인다.

작은아이가 학교 다닐 때 친구들에게 선물을 자주 받아왔다. 선물은 거창하지 않아도 디즈니랜드에 놀러 갔다 오면서 산 디즈니랜드 마크가 찍힌 손바닥만한 과자 한 봉지, 지방에 사는 할머니 집이나 온천에 다녀오면서 산 열쇠고리나 손가락만한 작은 곰 인형 등 아주 자잘한 것이지만 마음이 담긴 선물이 대부분이다. 큰애도 일본 학교에 다닐 때는 꽤 자주 받아 왔다.

일본 아줌마들이 한국에 여행 다녀올 때 선물을 사서 나눠 주는 것을 보면 더 재미있다. 예를 들면 봉투 하나에 커피믹스 5개, 1회용 옥수수차 5개, 립밤 1개, 초코파이 2개 정도를 넣어 예쁘게 포장해서 한국에서 사온 선물이라며 친구들에게 하나씩 돌린다.

일본에는 없는 것으로 이것저것 한국문화를 조금씩 섞은 한국 물건 맛보기용 선물인 것이다. 통 큰 한국인이 보면 그런 것을 어떻게 남에게 선물로 줄 수 있냐고 할지 모르나 일본인 입장에서는 최소한의 성의 표시를 한 선물 구성이다. 그래서 한국인 거리로 유명한 신주쿠의 신오쿠보 한인 거리 슈퍼에서는 이렇게 여러 가지를 한두 개씩 넣어 파는 선물용 포장 상품도 등장했다. 금액은 적지만 마음이 담긴 선물을 선호하는 일본인의 쇼핑 성격에 맞춘 상품이다. 우리 아이들도 한국에 가면 친구들에게 준다며 인사동이나 마트에서 책갈피, 일본에서 인기 있는 과자, 스이카 카드 일본의 교통 카드 뒷면에 붙이는 스티커, 지우개, 샤프펜슬 등을 사와서 나누어준다.

일본어로 선물은 오미야게 お土産 인데, 그 지역에서 나는 특산물이라는 뜻이다. 그곳에 가야만 살 수 있는 특산품을 선물로 사오는 게 일반적이다. 일본에 살면서 가장 많이 받은 선물은 쌀로 만든 교토의 센베와 찹쌀떡이다. 나에게 한국어 배우는 학생은 아들이 사는 교토에 자주 가는데, 아들 집에 다녀올 적마다 센베와 찹쌀떡을 사다 준다. 이 역시 금액으로 치면 아주 작지만 교토까지 가서 나에게 줄 선물을 사오는 마음을 생각하면 결코 작은 선물이 아니다. 여행을 다녀와서 주고받는 선물로 그 지역의 쓰케모노 김치에 해당도 인기 품목 중 하나다. 여행 가서 누군가를 생각하고 선물을 준비하는 것은 곧 그 사람을 사랑하고 아낀다는 뜻이다. 그래서 일본인들은 선물을 받으면 진심으로 좋아하고 고마워한다.

깔끔하게 정리정돈된 선물가게 오미야게

한국에 있고 일본에 없는 것,
일본에 있고 한국에 없는 것

야마기시 아키코(포항대 교양일본어 교수)

한국과 일본은 아주 가까운 나라다. 밥을 먹고 차를 마시고, 신발을 벗고 집에 들어가고 언뜻 보기에는 비슷한 점이 많지만 다른 점도 의외로 많다. 언어의 구조나 얼굴 생김새만 보아서는 거의 같다고 할 수 있지만 자세히 보면 너무 다르다. 사실 다른 것이 당연하다. 왜냐하면 같은 일본 내라고 하더라도 47개 지역1道 1都 2府 43県의 특성이 다르기 때문이다.

한국에 있고 일본에 없는 것

● 참외

한국의 대표적인 여름 과일이 바로 참외다. 참외는 전파된 지역에 따라 동양계 참외와 서양계 멜론으로 나눌 수 있다. 참외는 고온을 좋아하므로 기온이 20℃ 이상 올라가는 시기에 심는 것이 좋다. 5월 말에 모종을 심으면 자리를 잡고 활기를 찾는 데 2주면 충분하다. 한국의 참외 재래종에는 성환 참외 등이 있으나 오늘날에는 대부분 은천 참외를 재배하고 있다. 은천 참외는 단맛이 강하고 육질도 매우 좋다. 씨가 있는 부분이 가장 당도가 높아서 한국에서는 씨도 과육과 함께 먹는다.

한국 참외　　　　　　　　　일본 마쿠와우리

처음에는 씨를 빼고 먹었는데 한국에서는 씨도 같이 먹는다고 해서 놀랐지만 요즘에는 씨도 맛있게 먹고 있다. 일본에서는 한국 참외를 수입해서 많이 먹는다. 일본에는 참외와 비슷한 마쿠와우리 マクワウリ가 있는데 참외가 훨씬 당도가 높고 맛있다.

● 깻잎

깻잎은 사전적 의미로는 들깻잎과 참깻잎을 통틀어 이르는 말이다. 시중에 유통되는 깻잎은 들깻잎을 지칭한다. 잎은 독특한 향이 있어 쌈 채소나 반찬으로 활용되며, 씨는 기름을 짜내어 식용하는데 고소한 냄새가 나는 것이 특징이다. 원산지는 동남아시아로 한국과 중국, 일본, 인도 등에서 주로 재배된다.

한국인은 고기나 생선회를 먹을 때 주로 쌈을 싸서 먹는다. 한국에서 가장 오래된 식이요법 책으로 1460년 세조 임금의 주치의인 전순의가 편찬한 《식료찬요》가 있다. 여기에 깻잎은 좋지 않은 냄새를 제거해 줄 뿐만 아니라 속을 다스리는 데 좋고, 소화를 도우며 속을 따뜻하게 만들어 몸을 보호한다고 했다. 고기나 생선회를 먹을 때 누린내와 비린내를 없애 주는 역할은 물론이고 특히 차가운 생선회를 먹을 때 소화를 돕고 몸을 따뜻하게 해 준다. 한국에서는 쌈으로도 먹고 반찬으로도 먹지만 일본에서는 지역에 따라 다르지만 잘 먹지 않는다.

● 김치냉장고

김치냉장고는 한국의 전통 음식인 김치를 전용으로 보관하기 위한 한국 고유의 냉장고다. 요즘에는 김장을 하지 않아도 김치냉장고는 꼭 있어야 한다고 생각하는 사람이 많다. 김치냉장고는 1984년 금성사^현 LG전자에서 처음 출시되었고, 그 후 아파트문화가 대중화된 1994년에 만도기계^{현 위니아 딤채}가 출시한 '딤채'가 히트 상품이 되고 난 후 대중화되어 20여 개의 회사에서 판매하고 있다. 초기의 김치냉장고는 외부 공기와 접촉면을 최소화하는 항아리형 구조로 위에서 뚜껑을 열고 김치용기를 위로 꺼내 올리는 형식이었지만 무거운 김치용기를 꺼내는 불편함 때문에 서랍식이 개발되었으며, 최근에는 두 가지 방식을 겸한 타워식이 출시되고 있다. 일본은 물론이고 다른 나라에도 없는 냉장고 모델이다.

● 과속 방지 턱

도로 구간이나 지역에 과속을 방지하고 속도를 낮추기 위해 길바닥에 설치하는 턱으로, 보행자 통행의 안전성과 편의를 도모하고 지역 내의 생활환경을 보호한다. 또한 교통사고의 위험성도 줄일 수 있다. 보통 차량통행 속도를 30km 이하로 제한할 필요가 있는 구간에 설치하므로 고속도로, 고속화도로, 자동차전용도로, 간선도로, 산업도로, 국도, 국가지원지방도나 보조간선 도로 등 이동성 기능을 갖는 도로에는 과속 방지 턱을 설치하지 않는다.

교통사고를 방지하기 위하여 설치하는 도로안전시설 중에서 과속 방지시설 도로의 구조·시설 기준에 관한 규칙 제38조 제1항의 한 가지이지만, 평평한 도로를 주행하도록 설계된 차량에 과속 방지턱은 상당한 충격을 가한다. 이 때문에 과속 방지 턱은 자동차 수명 단축에 직접적으로 큰 영향을 준다. 반복적인 방지턱 충격으로 헤드라이트나 안개등이 나가는 경우도 많으며, 그 밖에 차량의 모든 부품에 반복해서 충격을 가하면 차량 수명을 크게 단축시킨다. 현재 대한민국에는 다른 선진국에 비해 과도할 정도로 과속 방지 턱이 많이 설치되어 있어 외국인이 한국을 방문했을 때 놀라는 경우가 많다. 나도 운전을 하면서 깜짝 놀랄 때가 많은데 이런 과속 방지턱이 일본에는 없다.

일본에 있고 한국에 없는 것

● 핫사쿠

핫사쿠 八朔, *Citrus hassaku* 는 일본 원산 귤과로 감귤류의 하나다. 껍질뿐만 아니라 과육을 싸고 있는 안쪽 껍질도 두껍기 때문에 보통 안쪽 껍질도 벗겨 먹는다. 독특한 쓴맛과 신맛이 있지만 신선도가 높으며 수분도 많다. 일본 내 핫사쿠 재배는 에도시대 말기에 히로시마현 오노미치시 인노시마 다구마쵸 尾道市因島田熊町, 구 인노시마쵸 의 죠도사 浄土寺에서 원목이 발견된 것을 계기로 시작되었다고 한다. 현재 인노시마에서는 약 2,000가구의 농가가 핫사쿠를 재배하고 있다. 원산지는 히로시마현이지만 주산지는 와카야마현으로 전국의

핫사쿠

68%를 생산한다. 이름은 핫사쿠를 팔삭음력 8월 1일무렵부터 먹은 데서 유래했다고 전해지지만 실제로 이 시기에는 아직 과실이 작아 식용에 적합하지 않다. 현재는 12~2월경에 수확돼 한두 달 정도 냉암소에서 숙성시켜 신맛을 가라앉힌 뒤 출하한다. 열매가 겨울을 넘겨 이듬해 여름이 제철이 되기 때문에, '나쓰다이다이夏代代'라는 별명이 있다. 학명은 시트러스 나쓰다이다이 *Citrus natsudaidai* 라고 한다. 한국의 천혜향과 외형이 비슷하지만 맛은 전혀 다르다. 핫사쿠는 신맛이 매우 강하기 때문에 어릴 때는 설탕에 찍어 먹었다. 일본인은 여름에 핫사쿠를 자주 먹지만 한국인의 입맛에는 안 맞을 수도 있다. 일본에서는 시중에 많이 판매되고 있어서 쉽게 구입할 수 있지만 귤과 달리 신맛이 너무 강해서 신세계를 경험할 수 있다.

● 시소

한자명중국식물명은 자소紫蘇로 한국어로는 차조기라고 한다. '시소'는 한자명 자소를 일본식으로 음독한 이름이다.

자소라는 이름의 유래는 어느 젊은이가 게를 먹고 식중독으로 죽을 뻔했는데 자소를 달여 먹었더니 회복되어서 이후 보라색인 자紫자와 되살아나는 뜻인 소蘇자를 붙여서 자소紫蘇라고 했던 것이다. 한자 紫蘇는 원래 붉은색 자소에서 유래한 것이다.

아오지소

아카지소

옛 이름은 '이누에'라고 하는데 '이누'는 '비슷하면서도 서로 다른 것'이라는 뜻으로, '에'는 들깨를 가리키며 들깨와 비숫하지만 들깨와는 다른 식물이라는 의미로 생각된다. 잎 색깔에 따라 붉은색 시소^{아카지소}, 푸른색 시소^{아오지소}로 크게 나뉘며 잎 주름이 많은 것은 '칠리멘시소'라고 부른다. 일본의 대표적인 전통 음식인 '우메보시'의 색을 내는 데 붉은색 시소를 사용한다. 깔끔한 뒷맛은 물론 선명한 녹색으로 식탁을 장식해 주는 푸른색 시소는 절기상으로 여름이 시작되는 입하^{5월 5일쯤}가 지나고부터 제철을 맞이한다. 푸른색 시소는 튀김으로 먹으면 별미다.

● 우메보시

우메보시^{梅干し}는 일본의 전통 요리로 매실을 소금에 절여서 만든 장아찌의 한 종류다. 매실의 껍질을 벗긴 다음 짚불 연기에 그을려 말린 오매^{烏梅}는 7세기에 중국에서 전해져 유래된 요리로 에도시대에 들어 우메보시를 먹는 풍습이 전국적으로 전파되면서 일본을 대표하는 음식이 되었다. 우메보시는 '우메'가 일본어로 '매실^梅', '보시'는 일본어로 '말린다^{干す}'라는 의미로, 말 그대로 '말린 매실'이라는 뜻이다.

일본에서 우메보시의 가장 유명한 생산지는 와카야마^{和歌山}현으로, 이곳에서 생산하는 기슈난코우메^{紀州南高梅}는 껍질이 얇으면서 과육은 두툼하고 부드러운 것이 특징이다. 이 매실로 만든 우메보시는 가치가 높게 평가되어 일반적인 우메보시보다 2배 이상 비싸다. 우메보시는 밥과 함께 먹는 것이 일반적이며, 살균과 방부 효과가 있어 도시락을 쌀 때 밥 위에 올리면 반찬이 쉽게 상하지 않는다. 그러나 우메보시는 소금에 절여 만들

우메보시

기 때문에 염분 함량이 높아서 최근에는 소금에 절인 매실을 탈염한 후 가쓰오부시나 다시마 등으로 따로 조미한 저염 우메보시가 판매되고 있다.

우메보시의 종류에는 소금에 절인 매실에 붉은 들깻잎의 색과 향이 스며들도록 만든 아카지소 우메赤じそ梅, 시라보시 우메에서 소금기를 뺀 후 가쓰오부시, 간장과 미림 등으로 간을 한 가쓰오 우메, 말리지 않은 매실을 사용해서 오이처럼 아삭아삭한 식감이 있고 상큼한 맛이 나서 간식처럼 먹는 가리카리 우메かりかり梅, 시라보시 우메白干し梅, 곤부 우메昆布梅 등이 있다. 일본에서는 주식이 밥이기 때문에 우메보시를 밥과 함께 먹으면 뱃속에서 밥을 중화시키고 소화를 도와준다. 그렇기 때문에 일본 가정집에 없어서는 안 되는 음식이다.

● 아마도

아마도는 방풍·방범·차광·눈가리개 등의 목적으로 건물의 개구부에 설치하는 창호를 말한다. 창문과 마당으로 나가는 문 등의 바깥쪽에 세우는 창호로 헤이안시대의 귀족 주택형식인 신덴즈쿠리寝殿造 양식에는 없었으며 무로마치 말기부터 생긴 무사의 저택 방식인 쇼인즈쿠리書院造 양식 이후 점차 사용되었다. 일본 주택에서는 일반적이지만 다른 나라 주택에서는 잘 볼 수 없다. 일본 국내에서도 지역마다 차이가 있다.

아마도는 태풍 등 강풍으로 유리창과 창호지가 파손되는 것을 방지하는 목적이다. 거의 같은 조건의 집이 나란히 있는 곳에 토네이도가 덮쳤는데, 덧문을 닫지 않았던 집에서는 어느 한쪽에 접한 유리창이 모두 깨져 버렸지만 덧문을 닫아 둔 집은 덧문에 상처만 났다는 등의 사례가 보고되고 있다. 구조적으로 튼튼하고 안쪽에서만 자물쇠를 열수 있기 때문에 방범 효과도 있다. 최근에는 방화 역할도 겸하고 있어 금속 제품이 대다수를 차지한다. 또한 우천 시 추위를 막고 낮에 직사 광선에 따른 실온 변화를 막는 효과가 있다. 바깥 공기가 차가워지는 야간에 덧문을 닫는 것과 닫지 않는 것은 단열 효과에 큰 차이가 생긴다. 유리창 한 장으로도 덧문을 닫아 높은 단열효과를 기대할 수 있고, 페어유리를 사용하는 가정에서는 더 뛰어난 단열효과를 체감할 수 있다. 근래에는 일반 주택을 노린 범죄 건수가 증가하고 그중에서도 빈 집털이 등 창문으로 침입하는 범죄가 많아서 덧문을 설치하면 방범 효과도 있다.

- 그 밖의 것

일본 하면 제일 먼저 떠오르는 것 중 하나가 바로 기모노와 맨살 위에 입는 여름의 평상복 유카타다. 그리고 일본에서 점점 사라지고 있지만 세계에서 유례가 없는 일본 고유의 문화가 바로 다다미 문화다. 다다미는 습도가 높은 일본의 기후에 맞게 습기를 흡수하고 겨울에는 보온효과가 있어서 유용하게 사용된다. 또 일본의 난방 기구에는 고타쓰가 있다. 고타쓰는 일본의 전통적인 난방 기구다. 탁자 다리를 이불이나 담요로 덮은 뒤 그 위에 상판을 놓는 형태로 내부에 발열장치가 있어 들어가면 매우 따뜻하다. 과거에는 숯이나 연탄 등을 넣었지만 현재는 대부분 전기장치를 사용한다. 여름에는 이불을 벗겨 일반 탁자로 쓰는 경우가 많다. 겨울철에는 고타쓰에서 저녁을 먹어서 추운 일본 가정집에서 고타쓰는 생활의 중심이 된다. 난방비가 비싸고 바닥 난방을 하지 않는 일본에서 경제적으로 겨울을 보내는 방법 중 하나다. 이란이나 스페인에 고타쓰와 유사한 난방기구가 있다고 하지만 한국에서는 볼 수 없다.

여름 하면 생각이 나는 것은 팥빙수다. 일본의 빙수가키고오리는 말 그대로 얼음을 갈아서 레몬, 딸기, 멜론 등의 시럽을 뿌리는 것이다. 그 외에는 말차나 우유 등을 뿌리기도 하지만 아주 간단하다. 한국 빙수의 특징인 갈아 넣은 얼음과 팥의 조합은 한국에서 발명한 것이라고 한다. 일본의 빙수와 달리 한국의 팥빙수는 팥소, 과일, 떡 등 토핑이 풍부하고 콩가루를 사용하며 비빔밥처럼 먹기 전에 섞는 것이 특징이다. 팥 대신 과일을 얹은 과일빙수 등 여러 종류가 있다. 가게에서는 보통 2인분 이상 큰 그릇에 담아 여러 명이 나눠 먹는 것이 일반적이다. 한국의 팥빙수는 일본에서도 인기가 있다.

한국에서는 카드 결제가 많이 이루어지는 반면 일본에서는 현금 결제를 선호하는 편이다. 그래서 일본 여성들은 물론이고 남성들도 동전 지갑을 가지고 다닌다. 일본의 동전 지갑은 디자인이 다양하며 백화점이나 마트 등 어느 매장에서나 흔히 볼 수 있다.

일본에는 최근까지 주민등록증이 없다가 개인번호카드マイナンバーカード, 한국의 주민등록증과 같은 것의 발급이 2016년에 시작되었다. 현재 6년이 지났지만 10년마다 갱신해야 하고 운전면허증 등 다른 신분증이 있으면 필요 없기 때문에 따로 발급받지 않는 사람이 많다. 신분증을 희망자에게만 발급하게 한다는 점은 한국인이 이해하기가 어렵다.

그 외에 일본에만 있는 것은 택시의 자동문, 고속도로의 오토바이 주행, 다양한 자판기채소, 과일, 우동, 다시국물, 우산, 색종이, 도장, 부적 등등가 있고, 한국에만 있는 것은 한복, 온돌, 다락, 쇠로 만든 수저, 고속도로의 버스전용차로 등이다.

한국과 일본은 유사하면서도 다른 나라

한국과 일본은 아주 가까운 나라로 서로 배울 것이 많다. 하지만 막상 한국과 일본은 서로가 잘 아는 것 같으면서도 잘 모르는 부분도 많다. 그만큼 일본과 한국은 서로 다른 나라다. 한일의 문화 차이는 알면 알수록 새롭고 신기하다. 각 나라 문화는 선조들이 지혜롭게 살아온 결과로 지역과 생활환경에 잘 맞게 만들어진 부산물이다. 좋은 것은 유지하고 보존하는 것이 우리 후세대의 커다란 임무다. 한국과 일본의 많은 사람들이 서로의 문화를 이해하고 가깝게 지냈으면 한다.

비운의 조선 옹주
덕혜옹주와의 만남

무라타 가즈코(일본방송대 가나가와 학습센터), 한국어 번역: 신재관

덕혜옹주와의 만남

　내 소개를 하자면 일본의 요코하마에 거주하는 일본인이다. 그리고 조선의 마지막 황녀이자 고종황제의 비운의 늦둥이 딸로 30여 년 전에 세상을 떠난 덕혜옹주에 관심이 많다. 덕혜옹주를 처음 알게 된 것은 2010년 한국 여행을 하던 때였다.

　여행 막바지 날 간토關東 지방에서 참가한 일원과 함께 KTX 광명역에서 동대구행 열차를 기다리고 있었다. 동대구역에는 한국 여성 가이드가 흥분한 목소리로 한 권의 책을 꺼내들고 "이 책이 한국에서 70만 부나 팔린 베스트셀러 《덕혜옹주》입니다!"라고 소개해 주었다. 이 책은 권비영 작가의 작품다산책방으로 2009년 초판 발행 후 59쇄 발행과 더불어 손예진 주연의 영화로 한국에서 꽤나 인기를 얻은 〈조선의 마지막 황녀 덕혜옹주〉의 원작이었다.

　처음 들어보는 이름에 412쪽이나 되는 꽤나 두꺼운 책이었다. 한국에 대한 많은 관심과 책에 대한 호기심으로 책을 바로 구매했지만 두꺼운 책의 내용과 한글을 읽어 내는 어려움을 예상하지 못했고 당시 이 책과의 만남이 논문 발표까지 이어질 줄은 꿈에도 생각하지 못했다.

일본 소설 《도쿠에 히메德惠姬》와 뜻밖의 만남

서울로 돌아오는 KTX 열차 안에서 동료들과 이야기하다가 덕혜옹주를 다룬 일본 소설도 있다는 것을 알게 되었다. 일본 소설의 제목은 《도쿠에 히메德惠姬》로 혼마 야스코本間恭子가 쓴 이 소설이 10년 전에 이미 출판되어 있었다. 놀랍게도 덕혜옹주의 외동딸인 '정혜正惠, 일본명 마사에'를 양육해 준 쓰시마 출신인 나카무라 쿠니에中村國枝의 장남이 이번 여행의 동료 참가자였다. 나카무라 부부는 지바현 소데가우라千葉県袖ヶ浦에서 여행에 참가했지만 물론 우리는 서로 아는 사이는 아니었다. 나카무라씨는 "우리집에 《도쿠에 히메》가 몇 권 있으니 무라타씨가 원하시면 보내 드릴게요"라고 말해 주었다. 이게 무슨 인연일까?

이렇게 나는 한국 소설 《덕혜옹주》와 일본 소설 《도쿠에 히메》 두 권의 책을 통해 전혀 몰랐던 덕혜옹주의 존재와 역사를 알게 되었다.

권비영 작가의 《덕혜옹주》와 혼마 야스코의 《도쿠에 히메》 비교

● 접근 방법의 미묘한 차이

간략하게나마 작가의 의도를 살펴보자. 크게 보아서 한국의 《덕혜옹주》는 기본적으로 여러 역사 기록을 바탕으로 한 것이 틀림없지만 소설의 구성 등에서 약간의 허구가 들어 있다.

물론 비참하게 버려진 조선의 황녀, 고종의 사랑스러운 막내딸로 일본에 볼모로 잡혀가 감내해야 했던 37년간의 처절한 삶, 일본인과의 강제 결혼, 15년간의 정신병동 감금, 하나뿐인 딸 '정혜'의 자살, 조국의 외면, 그리고 잊혀져간 여인 등 이런 진실을 알리는 것이 반드시 필요할 것이다.

권비영 작가는 덕혜가 지은 죄가 3가지 있다고 주장한다. 첫째가 지나치게 영민하다는 것이고, 둘째는 품어서는 안 될 그리움을 품은 것이고, 셋째는 조선의 마지막 황제의 딸로 태어난 것이다. 물론 타당한 부분도 있지만 시대 조류의 희생양이라는 느낌도 든다.

권비영 작가의 소설에 옹주를 바라보는 주변 시선과 옹주의 쓰라린 마음을 표현한 부분이 있어 소개해 본다. 덕혜옹주의 정신 병원에 들어가기 전의 심정을 작가의 글에서 살펴보면, 망국의 옹주로 태어나 서러운 생의 한탄을 노래하고 있다. "어머니로서도 여성으로서도 슬프다. 나라에서도 세상 어디에서도 나를 모른다 하니 삶이 무겁고 참으로 힘들다"라고 외로움을 표현하고 있다.

일본인 입장에서는 무엇보다도 미안하고 애틋한 마음이다. 다만 아쉬움이라면 조금은 감성에 치우친 부분이 많다고 느껴지는 것이다. 한편 일본 소설에서는 정략결혼과 일본에서의 생활을 중심으로 사실적으로 서술하고 있다.

쓰시마번은 에도시대에 조선통신사를 영접하는 곳으로 쇄국정책을 펼치는 시대였으나 한국과의 중요한 무역거점이었다. 한국 소설은 덕혜옹주가 정략결혼으로 맺어진 쓰시마의 소가 당주宗家堂主인 소宗武志와의 생활이 비극적으로 각색되어 있다. 소 타케유키 본명 구로다 타케시, 구로다가는 지바현 구루리 번주 가문는 15살에 구로다가에서 독립해서 소가 종가를 이어받았다. 대마도 15대 번주 요시요리의 6남이 아버지인 요리유키和志이다. 36대 당주 시게모치重望가 자식이 없었기 때문에 시게모치의 사촌동생인 타케유키武志가 특별히 선발된 것이다. 소 타게유키宗武志는 도쿄제국대 영문과를 졸업하고 후에 레이타쿠대麗澤大 교수를 지낸 영문학자이자 시인으로 화가로서도 다채로운 활동의 발자취를 남겼지만, 덕혜옹주와의 결혼 생활에 대해서는 일절 침묵을 지켰다. 이런 연유로 옹주의 일본 생활은 단지 추측할 수밖에 없다. 당시 한국과 일본 사이에 놓인 정략결혼이라는 굴레와 감시를 당하며 무엇 하나 본인의 뜻대로 할 수 없었던 참담한 삶 속에서 끝내 정신 이상이 생긴 한 여인의 처절했던 삶이었을 것이다. 그 깊이를 다 알 수는 없지만 다만 조국으로 돌아가고 싶은 마음이 아마도 남편인 소 타케유키에게도 전해진 것은 아닌가 하는 생각이 든다. 권비영 작가도 인정했듯이, 10년 앞서 일본인으로서 역사적 사실에 좀 더 근거를 두고 덕혜옹주의 삶을 중심으로 처절함을 서술한 일본 작가 혼마 야스코의 작가 정신과 작가가 한국의 대학 도서관에 그 작품을 기증한 점은 높이 평가할 대목이다.

인연의 소중함

일본방송대학에 입학한 것이 2002년이다. 처음에는 1년간 지체부자유 어린이 교육을 배우기 위해 입학했다. 그 후에 시험을 거쳐 '양호학교 교원 면허'를 취득하고 그 이후에 배움과 알아가는 재미를 깨달으면서 전과해서 재입학을 했다. 그 무렵 큰딸과 함께 한국의 제주도를 방문하면서 한국에 관심이 많아졌고, 요시다 미츠오吉田光男 교수의 지도로 '조선사'를 배우면서 한반도에 대해 더욱 알고 싶어졌다. 요시다 교수의 모교인 도쿄대학과 묘가타니茗荷谷의 방송대학 분교文京학습센터에서 개최한 '조선사 연구·요시다 세미나'에 참석했다. 그 후

한국방송통신대학교를 방문해서 교육 시스템을 공유하면서 더욱 한국에 관심을 갖게 되었다. 일본사에 나오는 '분로쿠노에키 文禄の役'를 한국에서는 '임진왜란'이라고 부른다는 사실을 알게 된 것도 이 무렵이다. 역사는 상대의 입장에서도 배워야 한다는 것을 알게 되었다.

2014년 8월 요코하마에서 한일문화교류회가 개최되었을 때, 나는 교류회 회원들에게 덕혜옹주와 소 타케유키에 대한 설문 조사를 부탁했다. 그때 어떤 한국 회원이 '권비영 작가의 《덕혜옹주》 소설 중에는 사실과 다르게 각색된 부분이 있다'라고 답해 주었다. 이 조사를 소개하는 목적은 권비영 작가의 《덕혜옹주》 책 마지막에 각색된 부분이 있다고 나와 있지만, 일부 와전되어 있는 진실을 바로 잡고자 하는 것이다. 이와 관련해서 설문 조사를 실시했고, 그 결과 다음과 같은 내용이 수집되었다.

① 다시는 조국의 땅을 밟지 못했다.
② 어린 나이에 정략결혼으로 나이 든 일본인과 결혼했다.
③ 쓰시마 섬에 덕혜옹주의 무덤이 있다.

역사소설이란 기본적으로 사실에 바탕을 두지만 어느 정도 독자의 흥미를 끌기 위해 픽션을 도입하기도 한다. 이것을 하나하나 살펴보면 사실과 다른 부분이 있다고 생각된다. 이런 관점에서 세 가지 부분을 짚고 넘어가고 싶다. 그렇다고 해서 일본의 입장을 옹호하는 것이 아님을 다시 한 번 강조한다.

첫째로 덕혜옹주의 귀국이 늦어진 이유는 이승만 정권의 정치적 논리가 있다고 생각된다. 이승만 대통령과 덕혜옹주는 본관本貫이 같은 전주 이씨 李氏로 조선왕조의 혈통이라는 상징성 때문에 귀국하게 되면 왕정복고를 상징한다는 옹색한 정치적 판단으로 귀국이 미뤄지다가, 박정희 대통령이 집권한 이후인 1962년 1월 26일에서야 옹주가 정신적 인지저하증 등으로 피폐해진 몸으로 귀국하여 영친왕의 부인인 이방자 여사와 창덕궁 낙선재에서 생활하게 된다. 그 후 덕혜옹주는 1989년 4월 21일에 세상을 뜨고, 그로부터 9일 후에 이방자 여사도 세상을 떠난다.

둘째, 정략결혼이라는 주장에 초점이 맞춰져야 한다고 본다. 비슷한 논리로 일본에서 영친왕과 결혼하고 덕혜옹주의 후견인 역할을 하면서 한국인으로 여생을 마친 이방자 여사의 관점이 피력되었으면 한다.

셋째, 덕혜옹주의 묘는 고종의 능인 남양주 홍릉과 유릉 옆에 있다. 덕혜옹주의 남편이 쓰시마번의 소가 집안의 당주 當主의 양자라는 점에서 쓰시마에 묘소가 있을 것이라고 생각하는데, 이런 인식은 덕혜옹주의 삶을 좀 더 조명하고 홍보하여 진실을 알려야 할 부분이다.

미래지향적 한일관계를 위해서는

필자는 한일 관계의 원만한 복원과 상호협력을 바라는 마음을 가지고 2016년 6월 20일부터 25일까지 가나가와 학습센터의 동료들과 조선통신사가 걸었던 길을 탐방하기 위해 후쿠오카, 이키섬, 쓰시마를 다녀왔다. 한국의 《덕혜옹주》를 쓴 권비영 작가가 도쿄신문 2010년 4월 8일 도쿄신문에 인터뷰한 내용 중에 소설 《덕혜옹주》는 역사소설이지만, 독자의 흥미를 돋우기 위해 일부 픽션이 가미 되었다는 소식을 접했다. 그런 작가의 심정을 이해 못하는 바는 아님을 거듭 강조하고 싶다. 다만 필자는 한국과 일본의 지식인이라면 지나친 과거의 감정에 치우치지 말고 어느 쪽이 우월적 입장이 아니라는 의식을 가지고 역사를 되돌아 보는 안목을 키워야 한다고 생각한다. 선린우호, 즉 서로 돕는 가까운 이웃나라로 밝은 미래를 열어가는 공동 운명체가 되었으면 한다. 한국과 일본에서 서로 존중하고 보완해 가는 참 좋은 관계를 시민교류에서부터 계속 추진해 가면 좋겠다. 가깝고도 먼 나라가 아닌 가깝고 친밀한 이웃으로 서로의 존재를 인정하면서 민간인 교류를 더욱 넓혀 한일 간에 문화교류를 지속해서 서로 윈윈하는 관계가 되기를 간절히 소망한다.

조선통신사가 본
'에도시대의 여성상과 성 풍속'

문희진(아이치가쿠인대 교양부 교수)

일본과 교류하기 위해 떠난 외교 사절단

　조선통신사는 조선시대에 일본과 교류하기 위해 보낸 외교 사절단으로 1429년에서 1811년까지 총 20회에 걸쳐 왕래했다. 에도시대를 한정해서 보면 조선통신사는 1607년부터 1811년까지 일본 막부의 요청으로 약 200여 년 동안 12차례 파견된 외교 사절단이다. 이 기간 동안 외교적인 임무뿐만 아니라 '문화사절단'의 성격을 띤 조선통신사 일행은 일본을 오고가며 문물을 전하는 창구 역할을 충실히 했고 우리의 문화 교류사에 많은 족적을 남겼다.

　조선의 한성에서 일본의 에도까지 가는 길은 최소한 6개월 이상 걸리는 험난한 여로였다. 통신사의 공식 임무는 에도의 쇼군에게 조선 국왕의 국서를 전달하는 것이었지만 일행이 체류하는 곳마다 양 국민 사이에 활발한 문화 교류가 이루어졌다. 통신사 일행은 각계각층의 일본인과 접촉했고 조선의 선진 문물이 자연스럽게 민중에게 전달되었다. 조선통신사가 남겨 놓은 발자취는 3세기 이상이 지난 오늘날까지도 일본 곳곳에 뚜렷하게 남아 있다.

　당시 통신사 일행은 공적인 기록문을 비롯해서 사적인 기행문이나 일기 등을 남겼다. 이 기록물은 '유네스코 세계기록 문화유산'의 외교

13. 닮은 듯 다른 한국과 일본의 관계　449

조선통신사의 행로(https://www.welcometojapan.or.kr/board/tong/참조, 재작성)

기록, 여정 기록, 문화교류 기록 등으로 분류되어 2017년 10월 31일에 등재되었다.

조선통신사는 부산을 출발해서 에도 혹은 후시미伏見에 도착할 때까지 많은 일본인과 접촉했고 통신사 일행을 구경하기 위해 모여든 민중을 관찰할 기회가 많았다. 직간접적인 접촉 과정을 통해서 통신사는 일본인에 대해 그 나름의 인식이 생겼을 것이다.

조선통신사의 행로

통신사의 구성원이 아무래도 남성이다 보니 사신행차의 경험으로 형성된 '일본 인식'에 대한 내용은 일본 남성에 관한 서술이 중심적이다. 기록 속에는 일정 부분 여성에 관한 기술도 보이지만 현존하는 문헌과 논문 등은 거의 남성 사회를 중심으로 분석한 내용과 서술이 많다.

여기서는 당시 통신사가 일본인, 특히 에도시대의 여성을 어떤 시각에서 관찰하고 인식했는지를 살펴볼 것이다. 구체적인 실상을 알아보고자 일본 사행록을 참고하려고 한다. 에도시대의 여성상과 성 풍속이 어떻게 통신사에게 투영되었는지를 유교적인 가치관의 관점에서 바라보되 기본적인 사료를 활용하면 쉽게 이해가 된다.

일본 여성을 바라보는 조선통신사의 한계

조선 후기 임진왜란 이후 의 통신사는 12회에 걸쳐 일본에 갔다. 그때 일본 여성과 직접적으로 대화 또는 필담 등을 할 기회는 거의 없었던 것으로 전해진다. 하지만 매번의 사행 기록에는 직접 접촉할 기회가 매우 적었으나 일본 여성의 성격, 몸짓, 복장, 머리 모양, 얼굴 등 여러 양상이 자주 묘사된다. 그 기록 속에는 천황의 딸을 비롯한 귀족 여성, 서민 여성, 유녀, 여승에 이르기까지 다양한 계층에 관한 감상이 나온다.

그리고 기록에는 통신사가 일본의 구경꾼을 직접 관찰하거나, 수행하는 일본인에게서 들은 내용 등을 기술하고 있다. 따라서 그 기록을 유교적인 시각에서 분석하면 통신사가 일본의 '성 풍속'을 바라보는 인식이 어떻게 만들어졌는지 어느 정도 파악할 수 있다. 다만 일본 여성에 대한 통신사의 인상이 실상과 다소 괴리가 있어도 당시 일본 여성에 관한 그들의 관찰이 어떠했는지 한 단면을 볼 수 있다는 점에서 중요하다.

우선, 통신사가 기록한 사행록은 '일기체'의 형식으로 된 보고문에 가깝기 때문에 통신사 개인이 어느 정도 정확하고 객관적으로 묘사했는지 생각해야 한다. 왜냐하면 조선 사회에서 양반지배 계급인 남성 지식인이 여성을 생생하게 묘사하는 것은 일종의 금기 사항이었기 때문이다.

또한 매번 통신사의 사행 기록에는 그 전의 기록에서 나온 정보를 답습한다는 점에 주목해야 한다. 통신사로 선발된 인물이 일본에 관한 지식이나 정보를 얻는 과정에서 선입견이 생겨 일본의 여성상을 정립했을 가능성도 있다는 뜻이다.

그뿐만 아니라 조선통신사의 행동 범위는 극히 한정된 공간에서 이루어진 관찰이었다는 점도 주목해야 한다. 통신사는 부산을 출발해서 오사카까지 배를 탔고, 오사카에서 에도까지 말 등을 이용해서 이동했다고 한다. 그러므로 통신사는 부산에서 오사카까지 각 항구에서 정박했을 때나 오사카에서 에도까지 사행 중에 만난 구경꾼을 관찰했던 것이다. 그 때문에 극히 한정된 일본인을 관찰한 '풍속도'라는 인상이 강하며 항구나 역관 마을의 색조가 농후하게 나타나는 경향도 보인다.

에도성에 들어가는 조선통신사와 그 인파

통신사는 일본 여성과 직접 만날 기회가 거의 없었기 때문에 사행록마다 묘사한 일본 여성은 내면이 아니라 외적인 묘사에 그치고 있다.

에도성에 들어가는 조선통신사와 그 인파(羽川藤永筆『朝鮮通信使来朝図』)

위와 같은 점을 염두에 두고 통신사의 에도시대의 여성상과 성 풍속을 살펴본다.

조선 후기_{임진왜란 이후} 조선통신사의 에도시대 여성상

조선 후기에 파견된 조선통신사들이 남긴 문헌 사료는 전기 사료에 비하면 압도적으로 양이 많다. 따라서 조선 후기의 에도시대의 여성상과 성 풍속을 살펴볼 때 문헌 사료『국역 해행총재』는 필요한 부분만 참고한다.

● 천황계의 딸

각 사행록에는 다양한 여성에 관해서 언급하지만 그중에서 가장 신분이 높은 여성인 천황계의 딸에 대해서는 들은 것만 적고 있다. 특히 천황계의 딸에 대해서는 일관된 내용이 기록되어 있다. 여기서 말하는 천황계란 천황이 될 왕위 계승권을 소유한 집안을 말한다.

① 천황의 딸은 그 존귀함에 상대가 없다 하여 출가시키지 않고 모두 여승을 삼았는데, 다만 지금 천황의 딸을 현 관백_{장군}의 아내로 삼았다 한다. 1624년 강홍중 동사록(東槎錄) 문견총록

② 맏아들 이외의 여러 아들은 다 장가를 가지 않고 승려가 되며, 여자는 모두 여승尼이 되게 하니… 왜냐하면 그 지위가 너무 높아서 하가下嫁할 수 없기 때문이다. 1711년 임수간 동사일기(東槎日記) 문견록

위의 내용은 통신사가 직접적으로 관찰한 것이 아니라 일본인과 필

담이나 통역을 통해 간접적으로 얻은 정보를 바탕으로 한 기록이다. 당시 천황계 딸들의 혼인 관계를 보면 사이구斎宮, 당대의 천황의 딸이나 왕녀가 천황을 대신하여 이세신궁에서 의식을 행하는 자가 될 딸 이외는 모두 여승이 된 것은 어느 정도 사실로 보인다. 하지만 역사를 연구하는 사람들이 분석한 내용에 따르면 천황계의 딸들이 결혼을 못했던 이유는 대략 두 가지였다. 신분이 높아서 그에 상응하는 상대가 없었거나 천황계의 경제적인 빈곤함 때문이었다.

또한 천황계의 딸이 관백장군의 아내가 되었다는 기록은 당시 사료를 살펴보면 사실관계가 발견되지 않고 역으로 1620년 6월에 쇼군 도쿠가와 히데타다의 딸인 가즈코가 입궁해서 1624년에 중궁中宮, 황후의 별칭이 되었다는 기록이 남아 있다. 이런 오류는 통신사가 관백장군의 딸을 천황의 딸로 착각했거나 아니면 전달하는 쪽이 잘못 말했거나 듣는 쪽이 잘못 이해하고 기록했기 때문으로 보인다.

하지만 사행록에 통신사들이 천황계의 딸에 대해 감정을 이입해 주관적으로 묘사한 내용은 거의 발견되지 않는다. 통신사도 천황계의 딸이 평생 결혼을 안 하고 여승이 된 것을 사실로 받아들여 어느 정도 이해하고 있었다는 뜻이다. 그 근거로 조선의 '경국대전' 이전吏典의 외명부에 '부인의 작위는 남편의 관직에 따른다'라는 조항에서 찾을 수 있다. 신분제에 따른 가치관이 뿌리 깊게 정착될수록 하위 신분과 혼인 관계를 피하려는 경우가 많이 생겨난다. 따라서 통신사도 그와 같은 유교적인 관점에서 '천황계의 딸'을 평가했다고 보이며 충분히 납득할 수 있는 일이라고 생각한 듯하다.

● 일반 여성

일반 여성에는 귀족 여성, 좋은 가문의 여성, 상인 집안의 여성, 상가商家의 여성, 통신사를 구경하고 있는 여성 등이 포함되어 있다. 사행록에는 예외 없이 이런 일반 여성에 관한 내용이 상대적으로 많다. 그만큼 일반 여성을 관찰할 기회가 많았다는 뜻이다. 일반 여성에 관한 예를 몇 가지 들어 보자.

① 좌우에 있는 여염이 모두 저자 가게로서 물화가 무더기로 쌓였고, 남녀가 가득하게 붐벼 형언할 수 없었다.중략 남녀와 승니僧尼들이 난잡하게 섞여 참으로 하나의 금수들이 우글거리는 터였다. 1617년 이경직 부상록(扶桑録) 8월 21일

② 관광하는 남녀들이 길 좌우를 메웠으나 고요하여 떠드는 소리가 없다. 아이들까지도 모두 꿇어앉아 구경하고 감히 어른 앞을 가로막지 않으니, 평일 법령이 엄중한 것을 여기서 알 수 있다. 1624년 강홍중 동차록(東槎録) 11월 15일

③ 아낙네는 가뿐하고 맑으며 영리하고, 얼굴은 흔히 밝고 조촐하나 성품은 자못 음탕하다. 1636년 김세렴 해사록(海槎録) 견문잡록·1655년 남용익 부상록(扶桑録) 10월 28일

④ 구경하는 사람들은 길을 메우고, 누상樓上에서는 발을 걷고 구경하는 자들 또한 많아, 그 찬란한 비단 옷차림은 사람의 눈을 현란시켰다. 1711년 임수간 동사일기(東槎日記) 10월 18일·1719년 신유한 해유록(海游録)하 문견잡록·1719년 신유한해유록(海游録)상 9월 4일

⑤ 자식을 안고 젖을 먹이는 여자는 유방을 내놓고도 조금도 부끄러워하는 기색이 없다. 1811년 유상필 동사록(東槎録) 윤 3월 14일

菱川師宣筆(히시카와 모로노부 그림)『見返り美人図』(돌아보는 미인도)

에도시대 여성을 인용한 통신사의 사료 사행록의 내용을 정리해 보면 다음과 같다. 1617년 종사관 이경직 이후의 사료에서 많은 남녀와 여승이 뒤섞여 구경하고 있는 모습을 보고 "그들은 마치 금수 같고 또는 남녀의 구별이 없이 그들의 말은 금수와 같은 목소리"①라고 표현했다.

그러나 1624년 강홍중의 기록이나 그 이후의 사행록에 "내외内外의 구별이 있는 양반의 여성 여기서는 귀부인처럼 보였던 사람은 장의長衣를 걸치고 그 머리나 얼굴을 가리고 있다"라고 한 기록이나 1719년 신유한의 "귀한 집안의 여자는 가마를 타고 창으로 가리고 관광한다"라고 한 기록을 많이 볼 수 있다. 또한 통신사는 구경하고 있는 남녀가 "조용히 무릎을 꿇고 앉아 있는 모습이나 연장자의 앞을 가로막지 않은 모습을 보고 일본 법령의 엄중함이나 혹은 그런 통제에 익숙한 질서"②를 잘 지키는 것으로 평가했다.

그리고 남녀 분별이 없다고 하면서도 1636년 부사 김세렴은 에도시대 여성들의 내면은 "가뿐하고 맑고 영리하다"③라고 기술하고 외면에 대해서는 대부분의 통신사들이 이구동성으로 "화려하고 찬란하다"라는 표현을 썼다. 특히 1719년 제술관 신유한의 사행록에 따르면 "여성의 용모는 요염하며 피부도 아름다우며 매끄럽고 반들반들하다"라고 표현하고 있다. 에도시대의 여성에 대해 '예쁘다'거나 '불화仏画 같다' 등 긍정적인 어휘로 묘사한 것은 1655년 이후 종사관 남용익의 기록에서는 많지 않으나 1719년 신유한의 기록에서는 여성뿐만 아니라 다양한 장면에서 자주 사용되었다.

위에서 소개한 사료뿐만 아니라 통신사 기록에서 일관되게 나타난 내용이 있다. 일본의 모든 계층의 여성이 남녀 구별이나 정조 관념이 없이 음란한 행동을 하고 음탕한 성격을 지녔다는 것이다. 이런 견해는 뒤에서 설명하는 유녀와 기이한 풍속과도 깊이 관련된다고 생각한다. 당시 통신사가 가진 유교적 가치관이 타국의 문화와 여성이라는 점을 간과하고 일본의 일반 여성에게까지 그대로 적용되고 있다는 증거다.

1811년의 군관 유상필은 앞가슴을 내놓고 수유하는 여성의 모습을 보고 "그 여자가 부끄러워하는 기색이 없다"⑤라며 한 점도 수치스럽게 느끼지 않는다고 기록되어 있다. 아이에게 젖을 먹이는 모습조차 여성이 성을 드러내고 있다고 판단할 정도로 통신사는 유교적 가치관에 사로잡혀 있었다. 따라서 일본 여성을 보는 통신사의 눈은 극히 고정되고 제한되었다. 당시 조선 사회에서 일반 민중은 양반이 되고 싶은 열망이 급격히 높아지고 있었다. 따라서 유교적 관점이 강한 당시 조선의 관점으로 봐도 아이에게 젖을 먹이는 것은 자연스러운 육아 행위가 아니라 부끄러워해야 할 행동으로 해석될 수 있었다.

항상 엄격한 논조로 여성을 비평하는 점이 유교적 가치관이다. 외국의 여성, 즉 에도시대의 일본 여성에 대해서도 동일한 유교적 척도로 평가한 것이다.

● 유녀

일본에서 유녀 遊女라는 직업은 시대에 따라 그 의미가 다르다. 에도

시대의 유녀는 유곽에서 남성을 맞이해서 성적인 관계를 맺는 여성을 말한다. 통신사가 일본 여성들과 직접적으로 접촉할 기회는 거의 없었지만 적어도 일본 유녀와 접촉이 있었음을 나타내는 기록이 남아 있다. 예를 들면 1636년의 통신사 일행에 대한 고지 사항을 살펴보면 일행의 유곽 출입에 대한 금지령이 내려졌다는 기록이 존재한다.

> 유곽에 드나드는 자는 중한 법률로 죄를 논한다. 고발하는 자는 상을 준다. 1636년 김세렴 해사록(海槎錄) 9월 30일

이것은 통신사의 수행원 중에서 유녀와의 접촉이 있었을 가능성이 어느 정도 있었음을 보여 주는 기록이다. 그 밖에도 1711년 부사 임수간의 기록에는 "하졸이 유녀와 놀아서 1차 형벌에 처해졌다고 들었다"라는 내용도 보인다. 이 내용만 가지고 수행원과 일본 유녀 사이에 빈번한 접촉이 있었는지 평가하기는 힘들지만 적어도 접촉이 있었다는 사실은 알 수 있다. 또 다음과 같이 문헌 사료에도 유녀에 관한 기록이 남아 있다.

① 배를 머물러 둔 곳이 곧 경성점傾城店이므로, 남자를 유혹하는 유녀가 손을 흔들어 나오기를 청하며, 배에 올라 들어가자고 하는 것이 하루에도 부지기수이니, 격군을 엄금하게 하소서. 1636년 김세렴 해사록(海槎錄) 11월 13일

② 여자의 경우엔 얼굴은 아름다우나 음행이 많은지라, 양가良家의 여인도 사통하기가 일쑤이고, 창녀라도 뛰어난 미인이면 온 시중 사람을 맞이하면서 조금도 부끄러움이 없다. 1711년 임수간 동사일기 (東槎日記) 문견록·1607년 경섬 해사록(海槎錄) 4월 11일

일본 유녀가 적극적으로 손님을 끌어들이
는 모습은 조선 전기 사료인 송희경의《노송
당일본행록 老松堂日本行錄》에 나타나기 시작
했고, 이후 조선시대의 모든 시기에 빈번히 언
급되어 왔다. 또한 유녀의 얼굴은 색기 흐르
는 요염한 모습으로 종종 그려진다. 1711년 임
수간에 따르면 "뛰어난 미인인 유녀도 시중市
中 사람을 많이 맞이하면서도 창피한 것은 모
른다"②라고 비판하고 있다. 하지만 오히려 이

鳥居清長「美南見十二候
九月」유녀들이 유곽에서 쉬
고 있는 모습

내용은 당시 일본 사회에서 '예쁜 유녀'에 대한 관심이 어느 정도 높았
는지를 보여 주는 증거 역할을 한다.

그뿐만 아니라 1636년 김세렴의 기록에는 "유녀들이 통신사가 탔
던 배를 향해 유혹을 해서 올라타고 온 사람도 있을 정도다"①라는 기
술도 보인다. 유녀들이 일본인뿐만 아니라 외국인도 쉽게 손님으로 받
아들이고 있었다는 뜻이다. 통신사들은 이를 바탕으로 당시 일본 사회
가 성에 개방적이라고 느꼈던 것 같다. 하지만 일본 사회의 성적 개방
성을 보며 '음탕한 풍속'이라고 일관되게 비판적인 유교적인 시각으로 평
가한다. 당시 유녀를 다룬 일본인 학자들의 연구에 따르면 유녀들은
공간적인 제약도 심했고 사회적 지위도 현저히 낮았다고 한다. 그러나
통신사행록의 문헌 자료에는 이와 상관없이 당시 일본 사회의 성 풍속
이 대담하고 개방적이라며 가감 없이 면밀하게 묘사하고 있다.

아울러 아래의 1719년 신유한의 기록에는 다른 통신 기록에는 보이
지 않는 성에 관한 풍속이 상당히 구체적으로 묘사된 귀중한 모습들이
포함되어 있다.

"풍속에 측간변소을 설은雪隱이라 하고, 설은의 옆에는 반드시 욕실이 있고 욕실 가운데는 큰 통을 두어 물을 저장하고, 옆에는 상이 하나 있어 상위에는 흰 저포紵布 두어 자를 두었다. 그 풍속이 측간에 간 다음에는 반드시 씻으므로 물통이 있고, 상이 있고, 수건이 있다. 남녀가 교합하는 방에도 또한 이것을 설치하였다 한다." 1719년 신유한 해유록(海游錄)하 문견잡록

이처럼 통신사들은 일본의 유녀를 바라볼 때도 유교적인 가치관으로 평가하는 경향이 보인다.

'자문화 중심주의' 시각에서 바라본 일본 '에도시대 여성상'

이처럼 조선 후기의 조선통신사의 사행록에 기록된 내용을 통해 '에도시대 여성상'을 알아보았다. 어느 정도 한계는 있어도 당시 일본 사회를 살아가는 각 계층의 여성상을 단편적으로나마 이해할 수 있었다. 그리고 조선통신사들은 유교적인 가치관윤리관을 기본으로 '여성상과 성 풍속'를 바라보며 설명하고 있기에 이런 내용이 나왔다는 점을 충분히 이해할 수 있다.

다른 문화를 바라보는 조선 당시의 시각을 현재 21세기에서 자주 언급하는 '이문화 이해'의 관점으로 보면 해석이 달라질 수도 있다. 왜냐하면 조선통신사가 유교적 가치관을 기본으로 고찰한 여성상과 성 풍속의 결론은 '자문화 중심주의' 시각에서 일본 '에도시대 여성'을 바라본 해석에만 머물렀기 때문이다. 그 시대에는 '상호이해'라는 현대적인 분석틀을 통한 해석을 할 여지도 없진 않겠지만 현재의 극히 보편적인 분석틀인 '상호주의'에 입각한 '이문화 이해'라는 관점에서 서로의 문화를 바라본다면 더욱더 이해의 폭을 넓힐 수 있을 것이다.

참고 자료

● 한국어 자료

강상규, 「역사적 전환기 한반도의 국제정치 경험에 관한 연구 - 류큐왕국/
오키나와 및 대만과의 비교를 중심으로 - 」, 『진단학보』 135호, 진단학회,
2020 (겨울호)

강태웅, 『이만큼 가까운 일본』, 창비, 2016

강호철, 『천년 세월로 빚은 교토의 정원』, 시공문화사, 2015

개번 매코맥·노리마쯔 사또꼬, 정영신 역, 『저항하는 섬, 오끼나와』, 창비,
2014

구로카미 슈텐도, 김창복 외 역, 『일본 도자기의 신, 사기장 이삼평』, 지식과
감성, 2015

구태훈, 『일본사 강의』, 히스토리메이커, 2017

국립고궁박물관 편저, 서유정 외 역, 『류큐 왕국의 보물』, 국립고궁박물관,
2014

김병철, 『일본이 보인다』, 북랩, 2019

김세진, 『요시다 쇼인 시대를 반역하다』, 호밀밭, 2018

김숙자 외, 『日本事情, 사진으로 보고 가장 쉽게 읽는 일본문화』, 시사일본
어사, 2020

김영길·이향란, 『250가지 일본의 냄새』, 북랩, 2018

김용태, 『한 권으로 읽는 일본의 모든 것』, 아름다운사람들, 2007

김진경, 『인형의 시간들』, 바다출판사, 2019

김찬훈, 『다시 보는 일본, 일본인』, 나라아이넷, 2017

김효진 외, 『난감한 이웃 일본을 이해하는 여섯 가지 시선』, 위즈덤하우스, 2018

김희영, 『이야기 일본사』, 청아출판사, 1979

나쓰메 소세키, 박현석 역, 『도련님』, 동해출판, 2005

니시우미 고엔, 박양순 역, 『그때 일본이 만들어졌다』, 한울, 2013

다치바나노 도시쓰나, 다케이 지로·마크 킨 주해, 김승윤 역, 『사쿠테이키 - 일본정원의 미학』, 연암서가, 2012

다키우라 마사토·오하시 리에, 이경수·사공환 역, 『일본어와 커뮤니케이션』, 지식의 날개, 2020

도요자키 요코·스튜어트 버남 앳킨, 송현주 역, 『일본 의식주 사전』, 한울, 2015

라프카디오 헌, 박행웅·박화진 역, 『신국일본』, 한울, 2013

마에다 히로미, 『학교에서 배울 수 없는 일본문화』, 넥서스JAPANESE, 2008

무라카미 하루키, 양억관 역, 『노르웨이의 숲』, 민음사, 2019

_____, 유유정 역, 『상실의 시대』, 문학사상, 2019

미야케 히데토시, 김세민 외 역, 『조선통신사와 일본』, 지성의 샘, 1996

민족문화추진회 편저, 『국역 해행총재』, 민족문화추진회, 1974

박경연, 『사진으로 보는 일본과 일본문화』, 노스보스, 2019

박경자, 『일본의 정원』, 학연문화사, 2013

박경희, 『연표와 사진으로 보는 일본사』, 일빛, 1998

박규태, 『현대 일본의 순례 문화』, 한양대학교출판부, 2020

박미정, 「재번역의 충실성과 번역윤리」, 『일본어문학』 78호, 한국일본어문학회, 2018

박상현, 『일본문화의 패턴』, 박문사, 2017

박영수, 『그 나라의 문화가 궁금하다』, 학민사, 2003

박정의, 『일본의 사회와 문화』, 제이앤씨, 2005

방극철, 「한일 양 언어의 감사와 사죄표현의 선택 메커니즘」, 『일본근대학
　　연구』 67권, 한국일본근대학회, 2020

사에키 쇼이치 외, 배준호 역, 『파란 눈에 비친 일본』, 계명, 2000

(사)한국전통조경학회 편저, 『최신 동양조경문화사』, 대가, 2016

서태구, 『47 빛깔의 일본』, 푸른나무, 2008

손재현, 「일본어 차용접미사 '的(teki)'의 한일번역의 제문제」, 『번역학연구』
　　9권 4호, 한국번역학회, 2008

신경호, 『현대 일본 사정과 문화』, 성안당, 2014

신상목, 『학교에서 가르쳐주지 않는 일본사』, 뿌리와이파리, 2017

신성순·이근성, 『조선통신사 - 우리역사 발굴기행』, 중앙일보사, 1994

심훈, 『일본을 보면 한국이 보인다 - 심훈 교수의 신 일본견문록』, 한울,
　　2012

아오키 미치오, 허은주 역, 『일본 대중문화의 원형』, 소명출판, 2016

야마모토 쓰네토모, 이강희 역, 『하가쿠레』, 사과나무, 2013

야마쿠세 요지, 이경수 역, 『일본인이 오해받는 100가지 말과 행동』, 한울,
　　2013

양은경, 『일본사를 움직인 100인』, 청아출판사, 2012

오경순, 「무라카미 하루키 문학의 한국어판 번역의 검증과 조망」, 『일본근
　　대학연구』 56권, 한국일본근대학회, 2017

오에 겐자부로, 이애숙 역, 『오키나와 노트』, 삼천리, 2012

오쿠다 히데오, 이영미 역, 『공중그네』, 은행나무, 2020

요시모토 바나나, 김난주 역, 『키친』, 민음사, 2019

유영수, 『일본인 심리 상자』, 한스미디어, 2016

유정래, 『이것이 진짜 일본이다』, 세나북스, 2015

유홍준, 『나의 문화유산답사기 - 일본편 5』, 창비, 2020

윤호숙, 「일본문화의 한국어 번역 양상」, 『일본어교육연구』 28권, 한국일어
　　교육학회, 2014

이경규, 『문화코드로 읽는 일본이야기』, 신아사, 2018

이다경, 『함께 걷는 건축 여행, 일본 간사이로 가자』, 제이앤제이제이, 2018

이명원, 『두 섬 - 저항의 양극, 한국과 오키나와』, 삶창, 2017

이스안, 『내멋대로 일본으로』, 토이필북스, 2017

이케나미 쇼타로, 이성범 역, 『일본전국을 통일한 3人 영웅전』, 제이앤씨,
　　2001

이한정, 『일본문학의 수용과 번역』, 소명출판, 2016

일본사학회 편저, 『아틀라스 일본사』, 사계절, 2011

임용택, 『일본의 사회와 문학』, 제이앤씨, 2018

자크 브누아 메샹, 이봉재 역, 『정원의 역사』, 르네상스, 2005

장성훈, 『사무라이정신은 없다』, 북마크, 2011

전남대학교 일본문화연구센터 편저, 『일본 문화의 현장과 현재』, 민속원,
　　2018

정인영, 「무라카미 하루키 소설의 한국어 번역양상 비교연구 試論 - 노르웨
　　이의 숲을 중심으로 - 」, 『일본연구』 26호, 중앙대학교 일본연구소, 2009

조경숙, 『영화로 보는 일본의 문화와 문학』, 제이앤씨, 2015

조성관, 『도쿄가 사랑한 천재들 - 하루키에서 하야오까지』, 열대림, 2019

조양욱, 『상징어와 떠나는 일본 역사문화 기행』, 엔북, 2018

지지통신사(時事通信社) 편저, 이경수 외 역, 『인구감소와 지방 소멸』, 지식
　　과감성, 2018

찐원쉐·찐밍쉐, 『누구도 쓰지 못한 일본문화의 수수께끼』, 우석, 1998

최수진, 『책과 여행으로 만난 일본 문화 이야기』, 세나북스, 2020

최순육·노희진, 『일본문학의 이해』, 제이앤씨, 2014

최재철, 『문학, 일본의 문학 : 현대의 테마』, 제이앤씨, 2012

하종문, 『일본사 여행』, 역사비평사, 2014

한국일본학회 편저, 『일본 전후문학과 마이너리티문학의 단층』, 보고사, 2018

허문명 외, 『한국의 일본, 일본의 한국』, 은행나무, 2016

홍광표, 『교토 속의 정원, 정원 속의 교토』, 한숲, 2020

황미옥, 『일본어와 일본 문화』, 제이앤씨, 2019

● 일본어 자료

青木保他, 『近代日本文化論7』, 岩波書店, 1999

朝尾直弘他, 『日本の歴史17 - 鎖国─』, 小学館, 1975

荒川洋平, 『日本語という外国語(講談社現代親書)』, 講談社, 2009

アレックス·カー, 『ニッポン巡礼』, 集英社, 2020

庵功雄, 『やさしい日本語─多文化共生社会へ』, 岩波書店, 2016

庵功雄(編集), イヨンスク(編集)、森篤嗣(編集)『「やさしい日本語」は何を目指すか』, ココ出版, 2013

庵功雄(他), 『やさしい日本語のしくみ：改訂版』, くろしお出版, 2020

磯野栄治, 『言語景観から学ぶ日本語』, 大修舘書店, 2020

稲賀繁美, 「古寂びを帯びる《束の間》フランスから見る伊勢神宮」, 『あいだ』159号, 2009

石毛直道, 『日本の食文化史』, 岩波書店, 2015

上杉孝久, 『日本史がおもしろくなる日本酒の話』, サンマーク出版, 2014

魚住孝至『文学·芸術·武道にみる日本文化』, 放送大学振興会, 2019

エー·アール·ティ, 『西日本 美術館 ベストガイド』, メイツ出版株式会社, 2012

枻出版社, 『Discover Japan』Vol.55, 2016

旺文社(編集), 『学校では教えてくれない大切なこと―伝統·文化·風習』, 旺文社, 2020

オギュスタンベルク, 『空間の日本文化』, 筑摩書房, 1994

生越まり子, 「感謝の対照研究」, 『日本語学』13-7, 明治書院, 1994

小田榮一, 『茶道具の世界2 高麗茶碗』, 淡交社, 2014

大津ひかり, 『本当はひどかった昔の日本』, 新潮社, 2016

岡崎知子他, 『ここが面白い！日本語学』, ココ出版, 2017

奥田英朗, 『空中ブランコ』, 文春文庫, 2019

柿原武史他, 『今そこにある多言語なニッポン』, くろしお出版, 2020

加藤周, 『日本文化における時間と空間』, 岩波書店, 2007

川島蓉子, 『なぜデパ地下には人が集まるのか』, PHP研究所, 2008

神崎宣武, 『酒の日本文化』, 角川学芸出版, 2006

＿＿＿＿, 『しきたりの日本文化』, 角川学芸出版, 2008

＿＿＿＿, 『旬の日本文化』, 角川学芸出版, 2009

芳即正, 『薩摩の七傑』, 高城書房, 2000

北康利, 『匠の国 日本』, PHP研究所, 2008

北原モコットゥナシ·谷本晃久, 『アイヌの真実』, ベスト新書, 2020

清水由美, 『日本語びいき』, 中央公論新社, 2018

熊谷智子, 「依頼と謝罪における働きかけのスタイル」, 『月刊言語』37-1, 大修館書店, 2008

久保田淳, 『日本文学の古典50選』, KADOKAWA, 2020

栗巣満,「日本体育(身体運動)・スポーツ再考II–「武士道(精神)」と日本体育・スポーツ–」,『京都精華大学 紀要』第十九号, 京都精華大学全学研究センター, 2000

桑原功次,『英語で紹介する日本文化』, ナツメ社, 2009

後藤紀彦・網野義彦,『週刊朝日百科 日本の歴史 三, 遊女・傀儡・白拍子』, 朝日新聞社, 1986

五味文彦,『伝統文化(日本の伝統文化)』, 山川出版社, 2019

齊藤勇,『超・相槌–心理学の権威が教える–人生が劇的に変わるコミュニケーションスキル』, 文響社, 2016

_____,『声に出して読みたい日本語』, 草思社, 2001

_____,『頭のいい子が育つ–日本語の名文–声に出して読みたい48選』, 新星出版社, 2017

_____,『日本語力で切り開く未来』, 集英社, 2020

三省堂,『新明解国語辞典 第七版』, 2012

島田雅彦,『深読み日本文学』, 集英社, 2017

下橋敬重,『幕末の宮廷 (東洋文庫353)』, 平凡社, 1979

柴崎直人,『イラスト図解 <小笠源流>日本の礼儀作法・しきたり』, PHP研究所, 2008

司馬 遼太郎(他),『日本人と日本文化』, 中公文庫, 1984

進士五十八,『日本の庭園』, 中公新書, 2005

角謙二,『武士道入門』, エイ出版社, 2013

シンシアリー,『「高文脈文化」日本の行間~韓国人による日韓比較論』, 扶桑社, 2020

庄司博史編(他),『日本語言語景観』, 三元社, 2009

瀬川拓郎,『アイヌ学入門』, 講談社, 2015

関根尚『教科書では教えてくれない日本文学のススメ』, 学研プラス, 2015

ゼリービーンズ(外), 『LIFE IN JAPAN '日本で暮そう'』, JTB パブリッシング, 2010

高岡美知子, 『人形大使―もうひとつの日米現代史』, 日経BP出版センター, 2004

高階秀爾, 『日本美術を見る眼』, 岩波書店, 1991

滝浦真人・大橋理枝, 『日本語とコミュニケーション』, 放送大学教育振興会, 2018

巽尚之, 『日本一の「デパ地下」を作った男』, 集英社インターナショナル, 2018

辻原康夫, 『旅を深める日本文化の知識』, 中央書院, 2006

坪内稔典, 小西昭夫編集, 『子規百句』, 創風社出版, 2004

寺石悦章, 「伊勢神宮の庶民性と式年遷宮」, 四日市大学ジャーナル フリー5巻 1_2号, 2006

土井健郎, 『「甘え」の構造』, 弘文堂, 1971

ドナルド・キーン(著), 吉田健一(翻訳), 『日本の文学』, 中央公論新社, 2020

仲尾宏, 『朝鮮通信使と徳川幕府』, 明石書店, 1997

中村誠, 『酒のほそ道 宗達と飲みたいお酒ベストセレクション』, 日本文芸社, 2015

夏目金之助, 『漱石全集』第二巻, 岩波出版, 1994

_____, 『坊ちゃん』, 新潮文庫, 2003

新渡戸稲造, 『武士道』, 株式会社三笠書房, 2013

新渡戸稲造, 矢内原忠雄 訳, 『武士道』, 岩波文庫, 2003

日本城郭協会,『日本100名城と続日本100名城に行こう公式スタンプ
　帳つき(歴史群像シリーズ)』, ワン・パブリッシング, 2020

日経HR編集部,『業界・企業研究にも使える図解でわかる時事重要テ
　ーマ100 2021年度版』, 日経HR, 2020

林屋辰三郎,『茶道大事典』, 角川書店, 2003

芳賀綏,『日本人の表現心理』, 中央公論社, 1979

濱田美和(他),「中国人留学生と日本人大学生の断りのＥメールの比
　較」,『富山大学人間発達科学部紀要』8‐1, 富山大学, 2013

藤田正勝,『日本文化をよむ５つのキーワード』, 岩波親書, 2017

藤森弘子,「日本語学習者にみられる'弁明'意味公式の形式と使用」,
　『日本語教育』87, 日本語教育学会, 1995

蛇蔵・海野凪子,『日本人の知らない日本語』, KADOKAWA, 2009

＿＿＿＿＿＿＿＿,『日本人なら知っておきたい日本文学』, 幼冬, 2011

前田勇,『大阪弁』, 朝日新聞社, 1977

増田アヤコ・柳原 満月,『漫画で学ぶ日本語上級表現使い分け100』, ア
　ルク, 2011

松井剛,『ことばとマーケティング～癒しブームの消費社会史～』, 碩
　学舎, 2013

南雅彦,『言語と文化言語学から読み解くことばのバリエーション』,
　くろしお出版, 2009

北岡哲子他,「癒しの構造分析とグッズ分析・評価への応用」,『日本感
　性工学会論文誌』第9巻第1号, 日本感性工学会, 2009

松山市立子規記念博物館,『樗堂と一茶 そして子規へ』, 松山市立子規
　記念博物館, 2013

＿＿＿＿＿＿＿,『子規と草花─命の輝き─』, 松山市立子規記念博物館, 2019

水谷信子,「『共話』から『対話』へ」,『日本語学』12-4, 明治書院, 1993

南不二男,『現代日本語の構造』, 大修館書店, 1974

三宅和子,『日本語の対人関係把握と配慮言語行動』, ひつじ書房, 2011

三宅英利,『近世日朝関係史の研究』, 文献出版, 1986

宮澤誠一,『赤穂浪士』, 三省堂, 1999

村上春樹,『ノルウェイの森(上)』, 講談社文庫, 2019

望月真美子・三浦たまみ,『いつでも名画に会える日本10大美術館』, 大和書房, 2017

森脇昭介,『松山句碑めぐり』, 愛媛新聞サービスセンター, 2014

矢野憲一,「伊勢神宮の式年遷宮」,『ターボ機械』16-1, ターボ機械協会, 1988

矢野恒太記念会,『日本のすがた2014』, 矢野恒太記念会, 2014

山川和彦,『観光言語を考える』, くろしお出版, 2020

山田忠雄・柴田武他編,『新明解国語辞典』第七版, 三省堂, 2011

山田徳兵衛,『日本人形史』, 株式会社講談社, 2001

山本淳子,『源氏物語の時代一』, 朝日新聞社, 2007

横田八重美,『茶の湯の逸話』, 淡交社, 2012

横田弘幸,『ほろ酔いばなし-酒の日本文化史』, 敬文舎, 2019

吉田菊次郎,『デパートB1物語』, 株式会社平凡社, 1999

吉本ばなな,『キッチン』, 角川文庫, 2019

ルース・ジャーマン・白石,『日本人が世界に誇れる33のこと』, 株式会社あさ出版, 2012

ロジャー・パルバース, 早川敦子訳,『驚くべき日本語』, 集英社, 2020

和歌森太郎,『酒が語る日本史』, 河出書房新社, 2013

金蘭美(他),「韓国人日本語学習者の断りのメール文の特徴」,『日本語

學研究』第55輯, 韓国日本語学会, 2018

金水敏,『ヴァーチャル日本語役割語の謎』岩波書店, 2003

文嬉眞,「前近代における韓国の日本認識」, 名古屋大学, 1997

張琳,「'けっこう'の意味機能の多様性」, 東洋大学大学院紀要51, 2014

Alan Scott Pate,『Japanese Dolls』, TUTTLE, 2008

Donald Keene,『日本文学を讀む・日本の面影』, 新潮選書, 2020

KKベストセラーズ,『「茶の湯」入門』, KKベストセラーズ, 2012

NHKテキスト,『趣味どきっ!「茶の湯を楽しむ」』, NHK出版, 2020

NPO法人日本語多読研究会,『レベル別日本語多読ライブラリーにほんごーにほんごよむよむ文庫』, アスク, 2006

● 홈페이지

https://www.gotokyo.org/kr/destinations/central‑tokyo/kanda‑and‑jimbocho/index.html (간다·진보초)

https://www.komeda.co.jp/menu/morning.html (고메다 모닝세트)

https://www.komeda.co.jp/menu/shirono.html (고메다 시로노와루)

https://www.hkd.mlit.go.jp (국토교통성)

https://www.kirin.co.jp (기린맥주 홈페이지)

http://kyoukaigun.jp/ (나가사키교회군 인포메이션)

http://kirishitan.jp/ (나가사키와 아마쿠사 지방의 잠복 크리스찬 관련 유산)

https://www.nagasaki‑tabinet.com/junrei/359/ (나가사키 여행)

https://bjtp.tokyo/omosiroi‑osakaben/ (대일본관광신문)

https://www.1010.or.jp/guide/history/ (도쿄센토)

https://www.tokyo‑jinken.or.jp/publication/tj_63_feature.html (도쿄도인권계발센터)

https://benesse.jp/kyouiku/201604/20160418 - 2.html (동아리활동 어떤 의미가 있을까? 동아리 활동에서 배울 수 있는 것은?)

https://manabi.benesse.ne.jp/plus/univ/univ028/ ('동아리활동과 서클, 무엇이 다른가?' 캠퍼스라 이프 기초지식)

https://ja.wikipedia.org/wiki/%E3%83%A9%E3%83%B3%E3%83%89%E3%82%BB%E3%83%AB (란도셀)

https://dentsu - ho.com/articles/1373, //news.livedoor.com/article/detail/8995227/ (리게인 광 고)

https://ja.wikipedia.org/wiki/%E9%8A%AD%E6%B9%AF (목욕탕 반다이, 노렌)

https://haa.athuman.com/media/japanese/culture/855/ (무도에서 예의를 중요시하는 이유는?)

https://www.bunka.go.jp/seisaku/bunkashingikai/kondankaito/bunkakatsudo_guideline/01/pdf/r1407482_03.pdf (문화부활동의 현상에 대해 - 문화청)

https://hokkejimonzeki.or.jp/ (법화사)

https://www.city.sakaiminato.lg.jp/ (사카이미나토시 거리 만들기 종합계획)

www.city.sakaiminato.lg.jp/upload/user/00104317 - h5xXNX.pdf (사카이미나토시 거리만들기 종합 계획)

https://www.sapporoholdings.jp (삿포로맥주 홈페이지)

https://asei01b.at.webry.info (세베의 모바일 생활)

https://ja.wikipedia.org/wiki/ (센토)

http://sentogurashi.com/ (센토생활)

https://note.com/sento_saiko_pj (센토재건프로젝트)

http://arukenkyo.or.jp (술과 문화 - 공익사단법인 알코올 건강의학협회)

https://ja.wikipedia.org/wiki/%E5%BE%B3%E5%88%A9 (술병과 술잔)

https://www.mext.go.jp/sports/b_menu/toukei/chousa04/sports/1402342.
htm(스포츠 실시상황 등에 관한 여론 조사, 2019, 스포츠청)

https://webronza.asahi.com/culture/articles/2018073100005.html (아사히
신문강좌)

https://www.cinemacafe.net/article/img/2018/07/07/57462/388837.html
(아야세 하루카)

https://www.ff-ainu.or.jp/web/learn/index.html (아이누민족문화
재단)

https://www.tatemonoen.jp/ (에도도쿄 건물의 정원)

https://ja.wikipedia.org/wiki/%E9%A7%85%E4%BC%9D%E7%AB%B6%E
8%B5%B0 (역전마라톤)

https://cinema-rank.net/list/10259 (영화랭킹)

http://blog.naver.com/PostView.nhn?blogId=kaytspace&logNo=4000
5309348 (오사카 사투리 배우기 Blog: Kay T. Space)

https://ja.wikipedia.org/wiki/Category:%E5%A4%A7%E9%98%AA%E5%B8%
82%E3%81%AE%E6%96%87%E5%8C%96 (오사카시 문화, 위키피디아)

http://www.churashima.net/diving/bn.html (오키나와의 바다)

http://www.urasenke.or.jp/index2.php (우라센케차도)

https://www.souljewelry.jp/soul_Jewelry/ (유골펜던트 매장)

https://icotto.jp/presses/6300icotto (이코토 Brog)

http://www.ningyo-kyokai.or.jp/sekku/momo.html (일반 사단법인 일본인
형협회 홈페이지)

https://sento.or.jp/about.html (일본센토문화협회)

https://www.hitachi-solutions.co.jp (히타치솔루션스 비지니스 컬럼)

https://media.unipos.me/bukatsu (추천 12! 동아리 활동)

https://www.christiantoday.co.kr/news/304723(크리스천투데이)

https://www.ainu‑assn.or.jp/ainupeople/history.html (홋카이도아이누협회)

http://www.pref.hokkaido.lg.jp/ks/bns/yurai.htm (홋카이도청)

http://running.ciao.jp/iptop.html(황거 런닝 역사, 도쿄 죠깅·런닝 코스 가
이드&로드맵)

https://ja.wikipedia.org/(황사 위키피디아)

https://www.nikkansports.com/entertainment/news/202005180000146.
html (NHK 오우미 아나운 서 충격 고백 '와세다대학 응원부였다')

https://www.nikkansports.com/entertainment/news/202005200000075.
html (NHK 오우미 아나운 서 '역시 응원부가 좋아요')

https://www.picuki.com/media/2075761870334927397 (Pocky 과자)

찾아보기